O LIVRO DA MITOLOGIA

O LIVRO DA MITOLOGIA

GLOBOLIVROS

WWW.DK.COM

GLOBOLIVROS

DK LONDRES

EDITOR DE PROJETO DE ARTE
Duncan Turner

ILUSTRAÇÕES
James Graham

EDITOR DE CAPA
Claire Gell

DESIGNER SÊNIOR DE CAPA
Mark Cavanagh

GERENTE DE DESENVOLVIMENTO DE
DESIGN DE CAPA
Sophia MTT

PRODUTOR, PRÉ-PRODUÇÃO
Andy Hilliard

PRODUTOR
Alex Bell

GERENTE EDITORIAL
Angeles Gavira

GERENTE EDITORIAL DE ARTE
Michael Duffy

DIRETORA ASSOCIADA DE PUBLICAÇÕES
Liz Wheeler

DIRETORA DE ARTE
Karen Self

DIRETOR DE DESIGN
Philip Ormerod

DIRETOR DE PUBLICAÇÕES
Jonathan Metcalf

PROJETO ORIGINAL
STUDIO8 DESIGN

GLOBO LIVROS

EDITORA RESPONSÁVEL
Camila Werner

EDITOR ASSISTENTE
Lucas de Sena Lima

TRADUÇÃO
Bruno Alexander

PREPARAÇÃO DE TEXTO
Jane Pessoa

CONSULTORIA
Leandro Gaffo

REVISÃO DE TEXTO
Bruno Fiuza
Rita Godoy

EDITORAÇÃO ELETRÔNICA
Equatorium Design

Editora Globo S.A.
Rua Marquês de Pombal, 25 — 20230-240
Rio de Janeiro — RJ — Brasil
www.globolivros.com.br

Texto fixado conforme as regras do Acordo
Ortográfico da Língua Portuguesa (Decreto
Legislativo nº 54, de 1995).

Todos os direitos reservados. Nenhuma parte desta
edição pode ser utilizada ou reproduzida — em
qualquer meio ou forma, seja mecânico ou eletrônico,
fotocópia, gravação etc. — nem apropriada ou
estocada em sistema de banco de dados sem a
expressa autorização da editora.

Publicado originalmente na Grã-Bretanha em 2018
por Dorling Kindersley Limited, 80 Strand London,
WC2R 0RL. Parte da Penguin Random House.

Título original: *The Mythology Book*

1ª edição, 2018

Impressão e acabamento:
Ipsis

Copyright © Dorling Kindersley Limited, 2018
Copyright da tradução © Editora Globo S.A., 2018

UM MUNDO DE IDEIAS
www.dk.com

CIP-BRASIL. CATALOGAÇÃO NA PUBLICAÇÃO
SINDICATO NACIONAL DOS EDITORES DE LIVROS, RJ

L762

O livro da mitologia / Philip Wilkinson ; [tradução Bruno Alexander]. - 1. ed. - São Paulo : Globo
Livros, 2018.
 352 p. : il. ; 20 cm.
 Tradução de: The mythology book
 ISBN 9788525065782

 1. Mitologia. I. Wilkinson, Philip. II. Alexander, Bruno. III. Título.

18-48564
CDD: 292
CDU: 292

COLABORADORES

PHILIP WILKINSON, CONSULTOR

Philip Wilkinson escreveu mais de cinquenta livros sobre história, religiões, artes e mitologia, entre eles: *Mythology* e *Religions*, da série Eyewitness Companions, da editora Dorling Kindersley; *Myths and Legends*; e *A Celebration of Customs and Rituals of the World*, recomendado e adotado pelas Nações Unidas.

GEORGIE CARROLL

Georgie Carroll é doutoranda pela soas (School of Oriental and African Studies), da Universidade de Londres, e trabalha com ecoestética na literatura indiana. É escritora de ficção e publicou *Mouse* (Animal Series), em 2015.

DR. MARK FAULKNER

Dr. Mark Faulkner viveu e trabalhou na África por dezessete anos antes de voltar ao meio acadêmico e obter o doutorado sobre a comunidade boni de caçadores-coletores. Hoje ministra palestras sobre religiões da África na soas, Universidade de Londres.

DR. JACOB F. FIELD

Dr. Jacob F. Field é historiador e atualmente trabalha como pesquisador associado na Universidade de Cambridge, dedicando-se à pesquisa sobre o Grande Incêndio de Londres e a história econômica e social britânica. Também é autor de cinco livros para o público em geral.

DR. JOHN HAYWOOD

Dr. John Haywood estudou história medieval nas universidades de Lancaster, Cambridge e Copenhague. É autor de mais de vinte livros, incluindo *Viking: The Norse Warrior's Unofficial Manual* (2013) e *Northmen: the Viking Saga 793-1241* (2015).

MICHAEL KERRIGAN

Michael Kerrigan colaborou no *Chambers Dictionary of Beliefs and Religion* (1993) e *The Times World Religion* (2002). Publicou ainda: *Ancient Civilizations: Greece* (2001) e *Ancient Rome* (2002), ambos pela bbc Books; *The Ancients in their Own Words* (2009); e *Celtic Legends* (2016).

NEIL PHILIP

Neil Philip é autor de vários livros sobre folclore e mitologia, entre eles: *Mythology of the World*; *The Great Mystery*; *Myths of Native America*; e *Mythology*, da série Eyewitness Companion, da editora Dorling Kindersley.

DR. NICHOLAUS PUMPHREY

Dr. Nicholaus Pumphrey é professor-assistente de estudos religiosos e curador da Quayle Bible Collection, da Baker University, em Baldwin City, Kansas. É especialista em estudos bíblicos, história e literatura antigas do Oriente Médio e estudos islâmicos. Atualmente é membro sênior da equipe do projeto Tel Akko Total Archaeology, em Acre, Israel.

JULIETTE TOCINO-SMITH

Juliette Tocino-Smith é pós-graduanda na University College, em Londres. Durante seus estudos no curso de graduação, passou um semestre na Coreia do Sul e ficou fascinada pela forma como ficção e mitologia se uniram para configurar a sociedade coreana contemporânea.

SUMÁRIO

NORTE DA EUROPA

EGITO ANTIGO E ÁFRICA

OCEANIA

INTRODU

ÇÃO

Com raras exceções, a exemplo da tribo amazônica dos pirahãs recém-descoberta, toda cultura humana desenvolveu uma mitologia própria para explicar suas origens e conseguir entender os fenômenos observados no mundo natural. A palavra "mitologia" vem do grego *mythós*, significando "história", e *logia*, "conhecimento". Os mitos falam sobre a criação do mundo ou preveem seu fim; explicam como os animais foram feitos e como a Terra se formou; fazem uma ponte ligando o mundo dos humanos com o mundo dos espíritos ou deuses; tentam impor uma ordem num caos aterrorizante e confrontar os mistérios da morte. Essencialmente, os mitos estão na base das religiões: eles definem as culturas e codificam seus valores.

Civilizações antigas
As mitologias do mundo antigo ocupam grande parte deste livro. Na antiga Mesopotâmia — no cadinho da civilização do 4º milênio a.C., quando a humanidade começou a aprender a viver em cidades —, os sumérios desenvolveram o primeiro panteão de divindades de que se tem registro. Ele ficou preservado em estátuas, entalhes e textos antigos, como *A epopeia de Gilgamesh*, em que o herói de mesmo nome está à procura da imortalidade. Esse tipo de busca se repetiu em mitos pelo mundo afora. As civilizações mesopotâmicas subsequentes aperfeiçoaram, rebaixaram ou descartaram os deuses sumérios e os mitos a eles associados. A poderosa deusa Inanna, por exemplo, tornou-se Ishtar no panteão babilônico e, mais tarde, a deusa fenícia Astarte. Como em outras civilizações, a antiga Mesopotâmia foi moldada por narrativas usadas para explicar o cosmos. Seus governantes eram guiados pelos deuses, cuja vontade, cheia de caprichos, era interpretada por sacerdotes. Os deuses precisavam ser sempre glorificados e aplacados. Durante o Akitu, festival de doze dias de duração no grande templo de Marduk, as pessoas entoavam o *Enuma Elish*, o mito babilônico da Criação, com a força de um feitiço mágico em seu rito a fim de reenergizar o cosmos.

Grandes culturas
Os mitos exerceram grande influência no tecido social das maiores civilizações da história. A rica e complexa mitologia do antigo Egito enfatizou a criação da ordem a partir do caos. Tais histórias validavam a governança da sociedade e legitimavam um status quo em que o próprio faraó era visto como divino e, portanto, merecedor de ser servido. Os egípcios também viam o tempo como cíclico, e eventos ocorridos em sua sociedade estariam meramente repetindo o que já acontecera antes e fora registrado em seus mitos. Nas antigas Grécia e Roma, os mitos fundadores das cidades-estado foram fundamentais para os conceitos de cidadania. Eles associavam ideias de patriotismo e interesse comum à autoridade divina. Na Grécia, formada por mais de mil cidades-estado, cada uma delas tinha um mito fundador e uma divindade protetora, o que levava a um conjunto de mitos altamente complexos, muitas vezes contraditórios. Foi preciso que os poetas Homero e

Mitos são fatos da mente manifestos numa ficção da matéria.
Maya Deren
Antropóloga

Hesíodo criassem um registro pan-helênico da mitologia grega. Os relatos épicos de Homero — a *Ilíada* e a *Odisseia* — e a *Teogonia* de Hesíodo reuniram as primeiras e mais confiáveis tentativas de tecer a disparidade dos mitos gregos num único fio narrativo. Na Roma antiga, os mitos locais dos povos itálicos, como os latinos e os etruscos, mesclaram-se aos dos gregos, que os havia precedido. O poeta Virgílio compôs um mito fundador para Roma, a *Eneida*, conscientemente modelado segundo os épicos de Homero, enquanto Ovídio recontou muitos mitos gregos em sua narrativa *Metamorfoses* e registrou os mitos de uma série de divindades puramente romanas no poema sobre o ano religioso, *Fasti*. Os romanos enriqueceram a mistura, acrescendo divindades da Frígia, do Egito e da Síria.

Preservando os mitos
A linha entre literatura, mito e narrativa folclórica é difusa; muitos mitos foram preservados como obras literárias. As populares histórias do rei Artur têm suas raízes no mito céltico, enquanto o *Ramayana* e o *Mahabharata*, que fazem parte da mitologia hindu, são obras-primas consagradas da poesia épica. Nas sociedades pré-letradas, os mitos eram narrados e passados adiante oralmente. O registro escrito de um mito dependia da sorte, o que provavelmente levou ao desaparecimento de grande quantidade de mitologias. Mesmo nas sociedades letradas, como a nórdica da Era Viking, alguns mitos sobreviveram por meio de uma única fonte. Caso os manuscritos dos poemas mitológicos conhecidos como a *Edda* tivessem sido destruídos, saberíamos tão pouco sobre a mitologia nórdica quanto sabemos sobre os mitos dos antigos bretões.

Religiões vivas
Vários povos tribais, como os dogons do Mali, os baigas da Índia central, os tikopias das Ilhas Salomão e os ifugaos das Filipinas, ainda vivem num mundo imerso no que alguém de fora chamaria de mitos. Nessas sociedades, a tradição oral é notavelmente duradoura, conforme comprovado pelos *Dreamings* dos aborígenes australianos, pelos mitos do déma (espíritos da criação) entre os povos marind-anim, na Nova Guiné, ou pelos cânticos eloquentes dos índios navajos na América do Norte. Porém, muitos desses mitos não chegaram até nós por serem secretos, ou por ainda não terem sido reunidos ou traduzidos, ou porque se perderam, já que a exposição a forasteiros levou ao ataque e à destruição das culturas nativas. A mitologia é o território da imaginação poética, e as histórias contadas individualmente pelas culturas são expressão profunda do impulso criativo. No entanto, os mitos são mais do que simples histórias; são as histórias que as culturas contam para si mesmas sobre os grandes mistérios que intrigam e confundem a todos: questões relativas ao nascimento e à morte, e a tudo o que se passa entre esses dois eventos. Até hoje os mitos continuam como baluartes da tradição e como guia moral e espiritual de povos pelo mundo afora. ∎

O mito… recolhe tudo o que se conhece e lhe restaura o rico significado encoberto pelo véu da familiaridade.
C. S. Lewis
Escritor, estudioso e autor de
As crônicas de Nárnia

GRÉCIA

ANTIGA

Na Idade do Bronze, queda dos reinos egeu e mediterrâneo; **Troia é destruída pela guerra**.

A *Teogonia* de Hesíodo rastreia **as origens e as genealogias** de uma vasta gama de divindades gregas.

Em *A Natureza*, **Heráclito** discorre sobre ética, teologia e o universo.

Ésquilo encena *Oresteia*, trilogia que reconta um ciclo de **mitos sanguinolentos**.

c.**1200** a.C.   c.**700** a.C.   c.**500** a.C.   c.**458–430** a.C.

c.**800** a.C.   c.**600** a.C.   c.**432** a.C.   c.**450–400** a.C.

Os poemas épicos de Homero, a *Ilíada* e a *Odisseia*, figuram entre as obras mais antigas da literatura ocidental que sobreviveram aos tempos.

Os *Hinos homéricos*, de autor anônimo, são **dedicados ao louvor** de 33 deuses.

O templo Partenon é dedicado à deusa Atena e marca o apogeu da **Grécia Clássica**.

Em *Édipo Rei*, Sófocles contrasta destino e livre-arbítrio numa história sinistra de **assassinato e incesto**.

Os antigos gregos entraram no território hoje associado a eles em torno do ano 2000 a.C., quando o Egito ainda era uma grande potência e os minoicos de Creta evoluíam para se tornar uma sociedade altamente sofisticada. Os primeiros migrantes, provavelmente oriundos da Rússia e da Ásia central, estabeleceram-se no norte montanhoso e no Peloponeso, até o sul, onde a cidade de Mecenas foi fundada em c. 1600 a.C. Descrita por Homero como "rica em ouro", a civilização micênica prosperou graças às rotas de comércio cruzando os mares Egeu e Mediterrâneo. Com o colapso da cultura palaciana da Idade do Bronze e o fim da civilização micênica em c. 1100 a.C., a Grécia entrou em decadência. Por volta de 800 a.C., as *poleis* [cidades-estado] começaram a surgir como centros agrícolas e comerciais. A Grécia tornou-se uma coleção de cidades-estado separadas — como Atenas, Esparta e Corinto — unidas pela mesma língua e pela adoração aos mesmos deuses. Entretanto, a religião grega não era padronizada; não havia um livro doutrinador que dissesse às pessoas como deveriam adorá-los. Sua mitologia era emprestada de seus antepassados — o mito do Minotauro veio dos minoicos de Creta, e a era micênica foi o cenário para a guerra de Troia, imortalizada na *Ilíada* de Homero.

O domínio ateniense

A era clássica grega começou com a queda do poderoso império persa, em 479 a.C. Ao derrotar os persas, as cidades-estado de Atenas e Esparta lutaram entre si pelo domínio sobre a Grécia. Por ser mais pujante, Atenas foi cenário de muitos mitos gregos, desde sua origem sob a proteção da deusa Atena até histórias como as de Jasão e Medeia. Muitos dos mitos gregos sobreviventes nos chegaram por intermédio de dramaturgos atenienses: desde as tragédias de Ésquilo, Sófocles e Eurípedes no século V a.C., até as comédias de Aristófanes (c. 446-386 a.C.) e Menandro (c. 342-291 a.C.). Essas obras, que versavam sobre deuses e heróis, influenciaram escritores como Shakespeare (1564-1616), cujas peças *Sonho de uma noite de verão* e *Romeu e Julieta* foram inspiradas no mito grego. A era do domínio grego terminou no século IV a.C., quando o soberano macedônio Alexandre, o Grande, construiu seu

Em *As bacantes*, Eurípedes explora a **natureza dual** do homem — a racional versus a instintiva.

Os diálogos de Platão, *Timeu* e *Crítias*, apresentam a ideia da **lendária cidade de Atlântida**.

A Grécia é **derrotada no campo de batalha** e encara o domínio romano, levando à integração das duas culturas.

A *Biblioteca* de Pseudo-Apolodoro documenta uma **variedade de lendas** e mitos gregos.

408–405 a.C.   **c.360** a.C.   **146** a.C.   **c.100** d.C.

c.370 a.C.   **c.250** a.C.   **c.30** a.C.   **c.150** d.C.

Anábase, de Xenofonte, contém a história do **rei Midas** e seu toque de ouro.

Apolônio de Rodes descreve em *As argonáuticas* as **aventuras de Jasão** e os argonautas.

Diodoro Sículo inclui o **mito de Ícaro e Dédalo** em sua *Biblioteca histórica* de quarenta livros.

Pausânias explora locais famosos e a **identidade grega** em *Descrição da Grécia*.

império. Graças às conquistas de Alexandre, a cultura e a mitologia gregas ultrapassaram fronteiras, alcançando a Ásia Menor, o Egito, a Mesopotâmia e a Índia.

As principais divindades

Foram os poetas Homero e Hesíodo que estabeleceram uma ordem sobre a miríade de deuses e crenças herdadas dos primeiros tempos. A poesia de Homero, oriunda da tradição oral, foi escrita por volta de 800 a.C., após as migrações que se seguiram à ruína da cultura micênica. Seus dois poemas épicos, *Ilíada* e *Odisseia*, proporcionaram aos gregos uma história, um panteão e as linhas mestras sobre sua conduta de vida. À medida que a família olímpica dos doze principais deuses que habitavam no monte Olimpo foi substituindo crenças mais antigas, Homero e Hesíodo lhes atribuíram características e aparências distintas. Pelo fato de os poemas épicos de Homero terem sido criados numa sociedade feudal e aristocrática, que precedeu o berço da democracia na Atenas do século v a.C., seus deuses se comportavam como chefes tribais, motivados apenas por seus próprios desejos.

Como outros povos agrícolas antigos, os gregos eram bem arraigados a sua terra. Organizavam sua vida religiosa em torno da região, identificando montes, rios e planícies com diferentes divindades. Os mitos buscavam explicar aspectos da vida agrária. A história de Perséfone, filha da deusa da colheita Deméter, e o seu aprisionamento por Hades no Submundo, servia para deslindar os ciclos mutantes do ano agrícola.

A ascensão do rito

No final do século v a.C., surgiram diversos ritos misteriosos no mundo de língua grega. Dentre os principais estavam os mistérios eleusinos (ou de Elêusis), antigo rito agrícola em homenagem a Deméter e Perséfone que prometia o paraíso aos mortos. O culto a Dionísio, originário da Ásia, e sua adoração envolviam dança frenética, exageros com bebida e arrebatamento. Diferente da adoração pública dos deuses, que foi bem documentada, esses cultos consistiam em ritos e doutrinas secretos, que permanecem enigmáticos até hoje, mas que prosseguiram influenciando as crenças e os mitos da Roma antiga. ∎

PRIMEIRO, GAIA DEU À LUZ URANO, SEU IGUAL

A ORIGEM DO UNIVERSO

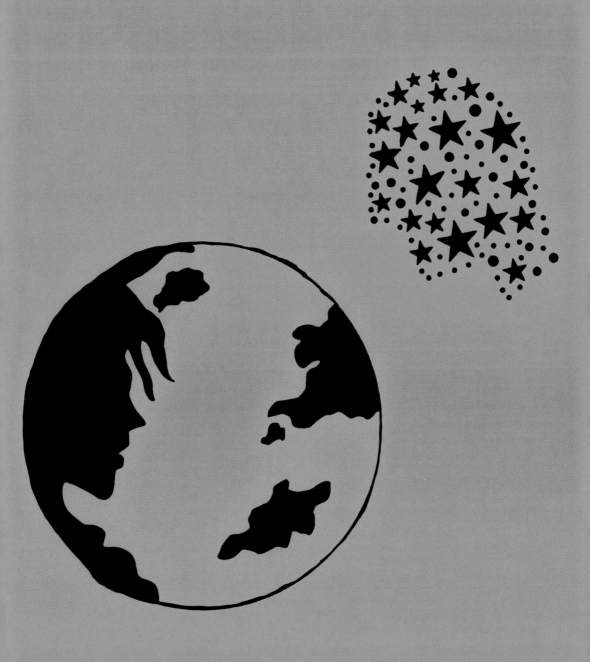

EM RESUMO

TEMA
Criação pela Mãe Terra

FONTES
Teogonia, Hesíodo, c. 700 a.C.;
As argonáuticas, Apolônio de
Rodes, c. 250 a.C.; *História
natural*, Plínio, o Velho, 79 d.C.;
Biblioteca, Pseudo-Apolodoro,
c. 100 d.C.

CENÁRIO
O Caos — um vácuo, vasto e
infinitamente escuro, na
origem do universo.

PRINCIPAIS FIGURAS
Gaia A deusa Mãe Terra
primordial e personificação do
mundo concreto.

Urano O deus do céu. Filho de
Gaia, espontaneamente
concebido; mais tarde, pai dos
titãs, dos hecatônquiros, dos
ciclopes, das erínias, de
Afrodite e de muitos outros
deuses e deusas.

Cronos Titã que castrou o pai,
Urano; também associado à
colheita.

Do Abismo veio a Noite,
e da Noite, veio o Dia.
Teogonia

No princípio era o Caos, um
espaço aberto no vazio —
um abismo infinitamente
profundo, escuro e silencioso. Em sua
visão da origem do universo, descrita
na *Teogonia*, o poeta grego Hesíodo
viu a criação como a imposição de
uma realidade positiva sobre essa
negatividade e ausência. O
fundamental para essa realidade era
a capacidade de mudar. A nulidade
do Caos poderia ter prosseguido para
sempre, inalterada, mas a existência,
uma vez criada, trouxe consigo ciclos
intermináveis — o início e o fim das
estações, as gerações dos humanos,
o nascimento e a morte. Tais ciclos
eram acionados pela criação da
divisão original entre noite e dia. O
tempo, agora, era mensurável e
significativo.

Mãe Terra
Gaia, a primeira deusa grega, era a
Terra em sua forma mineral — as
rochas, os solos, as montanhas e as
planícies. Do estado sólido e
aparentemente inerte, ela se tornou
vibrante, com potencial para uma
nova vida. A primeira manifestação
dessa nova vitalidade foi Urano,
deus do céu, espontaneamente
concebido dentro do útero da
grande Mãe Terra Gaia, com quem
depois viria a ter filhos.

Embora sendo filho de Gaia,
Urano era seu igual. Segundo
Hesíodo, Gaia concebeu Urano
especificamente para "ser coberta"
por ele. Mesmo ante a constatação
desse fato — o céu fica sobre a terra
—, acrescenta-se aí algo mais do
que uma insinuação de sexualidade
ao relacionamento entre o céu e a
terra. Na vida real, os gregos
sentiam-se tão horrorizados com a
ideia do incesto quanto nós. A
função do incesto em sua mitologia
parece ter sido a de mostrar que
todos os diferentes aspectos da
existência são bastante conflitantes,

Gaia, a Mãe Terra, sentada, tendo ao
lado dois de seus devotados
descendentes, num relevo em pedra
grego. Dizia-se que uma praga rogada
por Gaia seria fatal.

ainda que intimamente ligados. O
céu não estava apenas posicionado
acima da terra; associava-se a ela de
forma dinâmica e essencialmente
criativa, assim como o dia fazia com
a noite, a escuridão com a luz e a
morte com a vida.

Parentesco e conflito
Ainda que fossem criativas, essas
associações lançavam os princípios
contrários numa luta interminável
pela supremacia. A descrição de
Hesíodo das relações sexuais
primordiais era essencialmente
violenta; as forças masculinas e
femininas como complementares,
mas também competitivas. Tal
descrição estava longe de uma visão
idealizada do mundo, e a de Urano
era ainda mais pungente: o patriarca
despótico não toleraria nenhum rival
— nem mesmo os próprios filhos.

O ciúme de Urano em relação
aos filhos e filhas era tanto que, a

Veja também: Os deuses olímpicos 24-31 ▪ A guerra entre deuses e titãs 32-33 ▪ Os muitos "casos" de Zeus 42-47 ▪ A sina de Édipo 86-87

O deus do céu, Urano, é retratado como um pai benfazejo, cercado por sua imensa prole, em entalhe de madeira inspirado em afresco do artista prussiano Karl Friedrich Schinkel (1781-1841).

cada nascimento, ele os levava embora e os escondia em algum lugar recôndito da terra — que, na verdade, era o corpo de sua mulher. Fazia isso para consolidar sua propriedade de Gaia, cuja atenção sexual deveria estar inteira e eternamente disponível para ele. Assim, não era permitido que sua prole visse a luz do dia. Um após outro, os recém-nascidos eram despachados para as profundezas subterrâneas.

Primeiro vieram os doze titãs — as irmãs Teia, Mnemosine, Febe, Têmis, Tétis e Reia, e os irmãos Oceano, Céos, Crio, Hiperião, Jápeto e Cronos. Ao nascer, cada um deles era alojado em alguma fenda ou reentrância da terra e deixado ali. Após os titãs, vieram os três irmãos gigantes, os ciclopes, cada um com seu único olho no meio da testa. Como os demais, ao

Hesíodo e sua *Teogonia*

O poeta Hesíodo da Grécia antiga pode muito bem ser um mito, pois não há evidências de que tenha de fato existido. As obras a ele atribuídas — poesias diversas datadas dos séculos VIII e VII a.C. — podem ter sido apenas convenientemente reunidas. Dentre elas, inclui-se uma miscelânea de poemas, contendo desde breves narrativas até genealogias que registram a ancestralidade heroica de famílias importantes.

É inegável sua relevância para o estudo pregresso das tradições e a descoberta de origens. Os poemas genealógicos falam dos primórdios dos humanos, enquanto o foco da *Teogonia*, a obra mais famosa de Hesíodo, é o nascimento dos deuses, sendo a fonte de muito do que conhecemos sobre os mitos gregos. Hesíodo não era a única autoridade existente; outros pensadores e escritores de orientação mais mística criaram uma tradição alternativa "órfica", construída em torno do mito de Orfeu, o trovador e músico. Entretanto, em geral — e por bem mais de 2 mil anos hoje —, é a versão dos acontecimentos míticos atribuída a Hesíodo que tem prevalecido.

nascer, estavam fadados a ser enterrados no coração da terra. Depois vieram três outros gigantes de força ainda maior — os hecatônquiros, cujo nome, em grego, significa "os de cem mãos". Dizia-se que cada um deles tinha cinquenta cabeças, tornando-os descomunais — eles também foram encarcerados por Urano nas profundezas da terra.

O primogênito

Gaia, a Mãe Terra, sentia-se fisicamente sobrecarregada pelo número de recém-nascidos literalmente forçados de volta para dentro dela, e também demasiado transtornada pelas tentativas de lhe tirarem os filhos. Por fim, ela se rebelou e recorreu à ajuda de seus filhos homens. Em segredo, fez uma foice de diamante — segundo a lenda, um mineral indestrutível — e a deu a Cronos. Quando Urano se estendeu sobre ela, tentando forçá-la ao ato sexual, Cronos saltou de seu esconderijo para ajudar a mãe. Empunhando a foice, de um só golpe, cortou o órgão genital do pai.

Aquele foi o pior dos pesadelos patriarcais — além de suplantado pelo filho, Urano viu-se castrado por ele, com a conivência da esposa. Mesmo assim, sua potência não fora totalmente perdida. Os respingos de sangue e sêmen saídos do corte espalharam vida espiritual onde quer que caíssem, fazendo brotar uma vasta variedade de ninfas e gigantes recém--nascidos, bons e maus. As erínias,

> Uma espuma branca se formou onde a imortal pele tocou na água: em meio às ondas, uma bela donzela surgiu.
> *Teogonia*

três irmãs perversas, hoje mais conhecidas como fúrias, eram espíritos raivosos e vingativos. Já Afrodite era uma divindade bem diferente. A mais bela das deusas nasceu dos respingos da ferida que foram parar no oceano. Ela emergiu das ondas, trazendo consigo todos os prazeres do amor erótico.

Titãs para todos os gostos

Quando Cronos enfim libertou seus irmãos e irmãs do cativeiro dentro da terra, os titãs exerceram uma dupla função mítica. Primeiro, eles eram personalidades vivas que respiravam, amavam e lutavam. Cada uma delas simbolizava um aspecto diferente da existência, e, portanto, coletivamente, representavam uma forma de ordenar o mundo. A filha mais velha, Mnemosine, por exemplo, representava a faculdade da memória e tudo o que isso envolvia em termos de história, cultura e legado. Mais tarde, depois de se deitar com o sobrinho Zeus, ela daria à luz as nove musas —

A bela Afrodite emerge do oceano, onde o sêmen do pai cruel havia caído. O quadro *O Nascimento de Vênus* (seu nome na mitologia romana) foi pintado por Peter Paul Rubens (c. 1637).

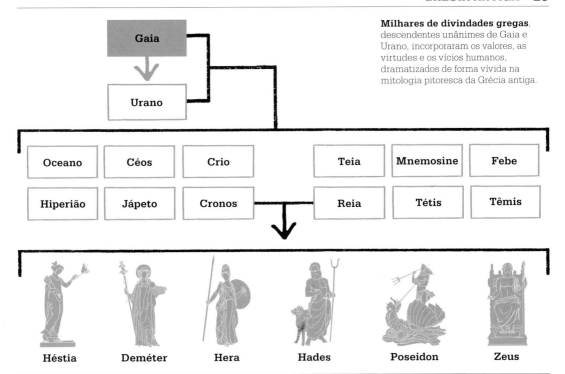

Milhares de divindades gregas, descendentes unânimes de Gaia e Urano, incorporaram os valores, as virtudes e os vícios humanos, dramatizados de forma vívida na mitologia pitoresca da Grécia antiga.

protetoras divinas do estudo científico e histórico, da poesia e das artes cênicas. Tétis, que se casou com o irmão Oceano, chegou a lhe dar 3 mil filhos — todos deuses-rios — e muitas filhas, as Oceânides, que eram ninfas das nascentes, dos rios, lagos e mares. A irmã mais nova, Teia, também fez de um irmão, Hiperião, seu marido; com ele, teve Hélio, o sol, e Eos, a deusa da aurora. Hélio e Eos tinham uma irmã, Selene, uma deusa da Lua, embora sua tia Febe — irmã de Tétis, Mnemosine e Teia — também fosse uma divindade lunar. Têmis, a caçula dos titãs femininos, estava associada à razão, à justiça e à conduta ordenada da existência no universo. Como sua irmã Mnemosine, por um tempo, também desposou o sobrinho Zeus. De seus filhos, as Horas eram incumbidas de supervisionar a medida e a passagem das estações e do tempo. Outra filha, Nêmesis, levou a ligação da mãe com a justiça a extremos violentos; ficou famosa como a personificação do castigo e da vingança divina. O nome do mais jovem dos titãs masculinos, Jápeto, vem de *iapto*, palavra grega para "ferida" ou "perfurar". Os poetas antigos parecem se sentir inseguros quanto a se ele teria esse nome por ter sofrido um ferimento ou por ser o criador da arma que o causou. Entretanto, na literatura clássica, Jápeto aparece como uma divindade tanto da mortalidade quanto da habilidade com trabalhos manuais.

O patriarca parricida

Os artistas da Grécia antiga invariavelmente representavam Cronos carregando uma foice, que simbolizava o ataque ao pai. A foice também adquiriu conotações mais corriqueiras e práticas. Cronos passou a ser visto como o supremo garantidor de uma colheita bem-sucedida. A conexão entre essas duas funções — a ideia de que uma geração teria de ser efetivamente destruída para que seus sucessores e prosperassem — cedo se incorporou à consciência grega. Ao matar o pai, Cronos o substituiu como chefe da família: casou-se então com a irmã Reia e começou a gerar filhos. De forma bem semelhante ao pai, ele logo confrontaria a ideia de que a vida humana só pode avançar por meio da luta intergeracional. É um tema que perpassa a tradição mitológica grega e costuma ser mais notadamente associado à história do rei Édipo. ∎

REIA ENFAIXOU UMA PEDRA E A DEU A CRONOS PARA QUE A ENGOLISSE

OS DEUSES OLÍMPICOS

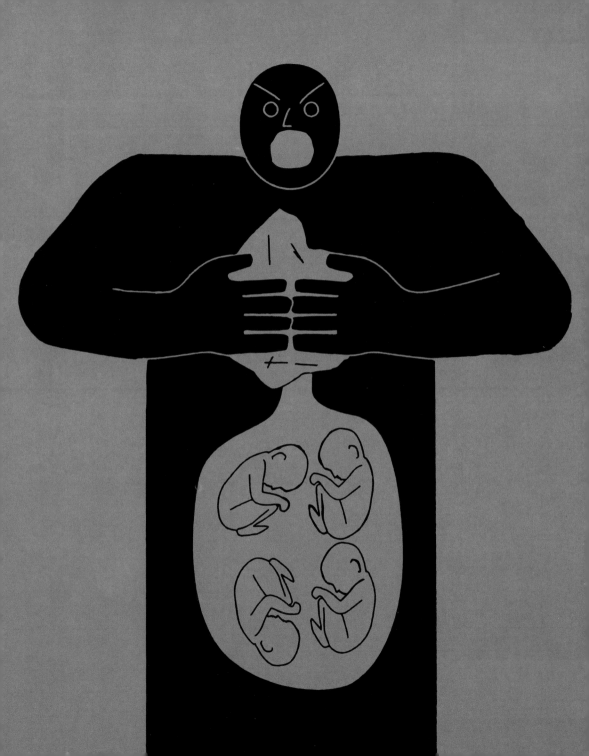

EM RESUMO

TEMA
A origem dos deuses olímpicos

FONTES
Teogonia, Hesíodo, c. 700 a.C.;
Biblioteca, Pseudo-Apolodoro, c. 100 d.C.

CENÁRIO
Creta.

PRINCIPAIS FIGURAS
Cronos Rei dos titãs; filho de Gaia e Urano.

Reia Irmã e mulher de Cronos.

Héstia Deusa da Terra.

Deméter Deusa da colheita.

Hera Rainha dos deuses olímpicos.

Hades Senhor do Submundo.

Poseidon Deus dos mares.

Zeus Rei dos deuses olímpicos; assassino de Cronos.

Tanto Terra quanto Céu profetizavam que ele seria destronado pelo próprio filho.
Biblioteca

C ronos, o titã filho da deusa da Terra, Gaia, e do deus do céu, Urano, mostrou-se um patriarca tão possessivo quanto o pai. Após uma geração apenas, surgiu um padrão deplorável de conduta divina. Assim como Urano dominara Gaia, Cronos exigia que sua mulher e irmã Reia estivesse exclusiva e indefinidamente disponível para lhe satisfazer as necessidades sexuais. Ninguém mais, muito menos os filhos, podia disputar a atenção dela. Tendo deposto o próprio pai para se tornar o rei dos titãs, Cronos sabia como era perigoso criar um filho em meio à cobiça e à raiva. Determinado a garantir que ninguém constituísse uma ameaça contra si, Cronos fazia com que seus filhos fossem destruídos logo após o nascimento. Assim que Reia dava à luz um novo bebê, ele tratava de engoli-lo inteiro. Héstia, a primeira filha, foi engolida de uma só vez, antes mesmo que a mãe a embalasse nos braços. Outra filha, Deméter, foi engolida de imediato. Com Hera, a terceira filha, aconteceu o mesmo, e os filhos homens de Cronos não tiveram melhor sorte. Primeiro veio Hades, rapidamente seguido por Poseidon, que enfrentou o mesmo destino.

Cronos, conhecido como Saturno pelos romanos, conforme retratado em *Saturno devorando seu filho*, de Francisco Goya (1821-1823). A obra faz parte da série de "Pinturas Negras" do artista.

Reia, desesperada, finalmente recorreu à ajuda da mãe, a idosa Gaia, e do pai castrado, Urano. Juntos, eles arquitetaram um plano ardiloso para salvar o próximo filho de sua filha.

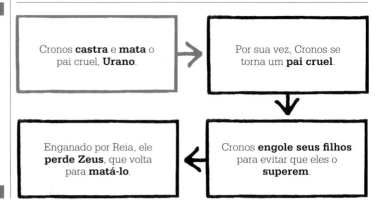

Cronos **castra** e **mata** o pai cruel, **Urano**.

Por sua vez, Cronos se torna um **pai cruel**.

Cronos **engole seus filhos** para evitar que eles o **superem**.

Enganado por Reia, ele **perde Zeus**, que volta para **matá-lo**.

Trocado por uma pedra

Reia seguiu o conselho dos pais. Tão logo seu último filho, Zeus, nasceu, e antes que seu pai Cronos tivesse a chance de vê-lo, ela escondeu o bebê. Em seguida, enfaixou uma pedra e a entregou ao marido no lugar do recém-nascido.

Cronos, com sua gana opressora, nem olhou para o amarrado antes de virar a cabeça para trás, abrir bem a boca e engoli-lo. O "bebê" foi parar direto em seu estômago, pronto para se juntar à multidão de filhos que ali se encontravam. À revelia de Cronos, todos tinham sobrevivido nas profundezas escuras de sua barriga. Ali cresceram, em tamanho e ressentimento.

Criado em segurança

Reia, seguindo a recomendação de Gaia, a avó da criança, sumiu com Zeus sem que ninguém percebesse, atravessando com ele o mar até a fértil ilha de Creta. Ali, numa caverna oculta nas encostas do monte Ida (hoje conhecido como Psilorítis, a montanha mais alta de Creta), cercado por densa floresta, Reia deixou o filho sob os cuidados da tribo guerreira dos curetes. Eles, por sua vez, deram o bebê para uma ninfa de nome Adamantea (Amalteia, segundo algumas fontes), que cuidou de Zeus em segredo. De acordo com Hesíodo, a ninfa tinha medo de que Cronos — graças à sua autoridade universal sobre a terra, o céu e o mar — tivesse como ver onde o filho estava escondido. Para evitar

Zeus é protegido de Cronos, que tudo vê, por suas atentas ninfas cuidadoras e pelo ruído dos curetes, conforme pintura do século XVII, *A infância de Zeus no monte Ida.*

que Cronos o achasse, ela pendurou Zeus em uma corda que oscilava entre a terra e os céus, mas que não estava em nenhum dos dois reinos.

Adamantea cuidou de Zeus e o amamentou com leite de um rebanho de cabras que ela pastoreava. Sempre que o bebê gorgolejava, gritava ou chorava, os curetes dançavam e cantavam para disfarçar o barulho. Como resultado, Cronos ignorou completamente que o filho mais novo ainda vivia.

Zeus procura o pai

Ao que parece, Zeus logo chegou à idade adulta, e sedento de vingança contra o pai cruel. Ademais, se em algum momento Zeus saísse do esconderijo, seria inevitável algum tipo de entrevero entre eles. Cronos não suportaria deixar um usurpador em potencial com vida. Se soubesse da existência de Zeus, veria o filho apenas como uma ameaça ao seu poder. O medo que Cronos tinha de ser usurpado era

inteiramente justificado. Quando por fim encontrou o filho que julgava morto, foi forçado a capitular da forma mais brutal: um dia Zeus simplesmente apareceu e, com a ajuda da avó Gaia, armou uma tocaia para o pai. Ele chutou Cronos violentamente na altura do estômago e o forçou a vomitar todo o seu conteúdo. A primeira coisa a surgir foi a pedra engolida por Cronos, que ele pensava ser Zeus recém-nascido. O jovem deus pegou a pedra e a colocou de pé sobre a terra como um monumento à crueldade de Cronos e como símbolo do seu triunfo sobre o deus perverso. Zeus colocou a pedra no *omphalos* ou no "umbigo" do mundo grego antigo — em Delfos, bem no centro da Grécia. Mais tarde, a pedra se tornaria um local sagrado, renomado por seu oráculo. Os peregrinos o visitavam em busca da orientação da sacerdotisa, ou Sibila, em relação aos seus problemas, e ela lhes passava mensagens de sabedoria, que se dizia vir diretamente dos deuses.

Grandes divindades regurgitadas

Depois de vomitar a pedra, Cronos começou a expelir sua prole. Um a

> Primeiro vomitou a pedra por último engolida. Zeus cravou-a sobre a terra …, signo ao porvir e espanto dos perecíveis mortais.
> ***Teogonia***

um, as irmãs e os irmãos mais velhos de Zeus foram saindo da boca do pai — agora não mais como bebês, mas já adultos. Uma vez renascidos, eles se tornaram os deuses olímpicos e foram reverenciados por seus poderes.

Logo após o renascimento, os filhos e filhas de Cronos foram à guerra contra os poderosos titãs pelo controle do cosmos. Depois da vitória, os deuses estabeleceram seu trono no monte Olimpo e tiraram a sorte para definir quem ficaria com que papel no controle do universo. Os três filhos de Cronos dividiram o cosmos entre eles. Um ficaria com o

controle do céu, outro com o do mar e o terceiro governaria o Submundo. Zeus, cuja arma preferida era o raio, tornou-se o soberano do céu e líder de todos os deuses olímpicos.

Hades, o primeiro filho a nascer e o último a ser regurgitado, tornou-se o senhor do Submundo. Seu nome passou a representar tanto a divindade quanto seu mundo invisível, para onde as almas iam após a morte. Ele não ficou feliz com o domínio que lhe fora destinado, mas nada pôde fazer em relação a isso. Por outro lado, Poseidon, que fora o último bebê, tornou-se o todo-poderoso "agitador da terra", o deus dos mares.

Deusas desiguais

As três filhas de Cronos também tinham papéis importantes a desempenhar. Héstia, deusa da Terra, governava a vida doméstica do povo. Como deusa da colheita, Deméter era vital para os adoradores que acreditavam em sua recompensa anual. Ela se mostrava uma protetora incansável, porém pronta não só para lutar contra seus irmãos, como também para negar favores à humanidade ante qualquer desfeita.

Héstia

Filha mais velha de Cronos e Reia, Héstia (casa, família) foi a primeira a ser engolida pelo pai — e a última a reaparecer quando Zeus o forçou a vomitar a prole. Por ser a mais velha e a mais nova dos filhos, era amplamente conhecida como "Héstia, primeira e última". Assim como o posterior deus romano Jano, Héstia era vista como a personificação de todas as ambiguidades e ambivalências da vida. Como Jano, veio a ser associada ao lar,

à vida em família e a todas as suas bênçãos. Seu reino, em particular, era o da lareira — o fogo que era centro hospitaleiro e aconchegante do lar. A lareira era também o altar no qual os sacrifícios eram oferecidos a qualquer deus doméstico; ela também dirigia esses rituais.

Embora sendo virgem intocada, tendo recusado todos os pedidos de casamento, Héstia era considerada a protetora da família. A família metafórica do estado também fazia parte do seu mundo, e cabia a ela cuidar do altar ou lareira pública de uma cidade.

Zeus e Hera tornam-se homem e mulher em cena de friso decorativo de mármore e calcário, parte de um templo em Selinunte, na Sicília, datado do século v a.C.

O papel de Hera se destacava entre o das irmãs, e ela se tornou a divindade feminina mais importante depois de seu casamento com o irmão Zeus. Para seu grande desalento, entretanto, nunca chegou a receber o reconhecimento e as honras que esperava como rainha dos deuses. Como deusa das mulheres e do casamento, esperava-se que Hera representasse o arquétipo da condição matrimonial, mas se tornou conhecida pelos seus problemas conjugais.

Também não foi a deusa inspiradora das paixões masculinas. Enquanto Hera costumava ser retratada como exemplo de esposa, Afrodite era a deusa associada à beleza feminina, à sexualidade e aos prazeres eróticos. Os gregos possuíam essas duas diferentes divindades para o que, na antiguidade, eram consideradas duas esferas do afeto.

Afrodite teve um caso ilícito com outro olímpico — Ares, o deus da guerra. Foram flagrados na cama pelo marido dela, Hefesto, o deus ferreiro ou da metalurgia, que jogou uma rede sobre o casal.

Uma divindade representava o amor conjugal; a outra, o amor romântico e erótico. Embora hoje tal distinção pareça estranha para muitos, na maior parte das culturas e das épocas da história, os casamentos eram arranjados — como transações para administração, transmissão de terras e propriedades. A ideia de um casamento "companheiro" — no qual o amor entre marido e mulher é o fator propulsor — é uma convenção relativamente moderna.

O dodecateão

Afrodite foi a única integrante da primeira geração dos olímpicos que não era filha de Cronos e Reia. Em alguns relatos consta que ela era filha de Zeus, mas Hesíodo, Pausânias e Ovídio, todos a descreveram como irmã de Cronos, nascida da espuma do mar depois da castração de Urano. Apesar de pertencer à mesma geração de Cronos e Reia, sempre foi considerada uma olímpica, em vez de titã, e uma das deusas e deuses que acabaram formando o dodecateão — os doze olímpicos mais importantes do panteão grego. O dodecateão incluía Zeus, Deméter, Hera, Poseidon e Afrodite, da primeira geração de olímpicos. A deusa da Terra Héstia não figurava entre eles, já que mais tarde decidiu viver na terra para evitar as brigas dos irmãos. De forma semelhante, Hades não foi incluído porque residia permanentemente no Submundo. Depois que a guerra entre titãs e olímpicos consolidou estes últimos como os soberanos do cosmos, a primeira geração de deuses continuou tendo filhos. Muitos dos deuses e outros personagens da mitologia grega eram filhos de Zeus. Da segunda geração de deuses, vários passaram a pertencer ao dodecateão e por si só eram divindades poderosas. Os deuses Apolo, Ares, Héstia, Hefesto e Hermes cerraram fileira junto a

Zeus e seus irmãos no monte Olimpo, assim como as deusas Artemísia e Atena. O dodecateão se reunia como um conselho para tratar dos assuntos referentes ao comando do cosmos, e Dionísio, deus do vinho, conquistou seu lugar à mesa só depois que Héstia deixou o Olimpo e fixou residência na terra.

Esculturas de mármore do templo Partenon, na Acrópole, em Atenas, mostram os deuses — da esq. para a dir.: Dionísio, Deméter, Perséfone e Artemísia — reagindo ao nascimento de Atena.

Personalidades humanas

Os deuses olímpicos tinham uma personalidade extremamente humanizada, e era comum lhes faltar a transcendência elevada dos seres supremos das religiões posteriores. Numa trama novelesca de rivalidades ferozes e pequenas disputas, suas ações eram influenciadas não pela vontade de trabalhar pelo bem da humanidade, mas pela satisfação de seus próprios desejos e caprichos. Os gregos, portanto, não adoravam os deuses tentando imitá-los. Em vez disso, tratavam-nos como o fariam em relação a um soberano humano

Atena e seu tio Poseidon guerrearam por Atenas — uma briga de família vencida pela deusa. A luta é retratada neste afresco veneziano de Giambattista Mengardi (1787).

poderoso, oferecendo-lhes sacrifícios e os homenageando em frequentes festivais. No fundo, era um sistema de trocas: o povo oferecia presentes aos deuses na esperança de que eles atendessem seus pedidos. Muitas vezes os deuses recompensavam os mortais que os tratavam bem e que lhes demonstravam a devida deferência.

Zeus e seus irmãos podiam ser desnecessariamente cruéis, e era comum se prestarem a ciúmes e brigas insignificantes. Poseidon e Hades costumavam fazer os humanos de joguetes nessas rixas, que em geral brotavam da relutância em aceitar a autoridade do deus supremo como inquestionável.

Ainda mais relutante era Deméter, uma divindade por si só voluntariosa. Depois de ser perseguida e violentada por Poseidon e de ter a filha Perséfone sequestrada por Hades, Deméter causou muitos estragos pelo mundo. O adultério também é um tema de destaque em todos os mitos gregos — e não apenas nos

Deméter ficou furiosa
com os deuses e
abandonou os céus.
Biblioteca

casos (e assédios) de Zeus que
irritavam a ciumenta Hera.

Entre deuses e os mortais

De várias formas, apesar de seu
poder, as divindades gregas parecem
ocupar um status intermediário,
pairando em alguma esfera entre o
espiritual e o real. Seus atributos
refletem os incontáveis aspectos do
cotidiano grego, em que os deuses
desempenhavam um papel implícito.
Todos possuíam áreas específicas de
influência, como Zeus e Atena, que
figuravam entre os *theoi agoraioi*
(deuses da ágora — centro de reunião
social e comercial). Tanto Zeus
quanto Héstia eram também deuses
do lar (*theoi ktesioi*). Héstia, Dionísio
e Afrodite estavam entre os *theoi
daitioi*, que supervisionavam as
festas e os banquetes. Os deuses
também precisavam de alimento.
Conforme a tradição grega, sua
dieta consistia em néctar e
ambrosia, levados até o alto do
monte Olimpo por pombos. Para
sistemas de crença posteriores, a
noção de que os deuses precisavam
de sustento material parece não
estar de acordo com sua divindade.
Entretanto, as autoridades da
Grécia antiga concordavam com a
importância dessa alimentação
para os deuses, o que lhes provia
sustento e poder. ■

Os 12 olímpicos		
Descrição	**Símbolos dos deuses**	
Afrodite, a deusa do amor e da beleza, era muitas vezes exibida com um cetro, uma coroa de murta e um pombo.	Cetro / Murta	Pombo
Apolo era um arqueiro, mas também tocava lira, e o louro simbolizava seu amor por Dafne.	Arco / Lira	Louro
Ares era o deus sanguinário da guerra. Seu amor pelas armas costumava ser representado por uma lança.	Lança	
Artemísia, a deusa da caça e gêmea de Apolo, era exibida com um arco e seu cervo sagrado.	Arco	Cervo
Atena, deusa da sabedoria, usava o escudo da Égide; seu pássaro era a coruja, sua árvore, a oliveira.	Égide / Coruja	Oliveira
Deméter, a deusa da colheita, detentora do cetro, carregava uma tocha, apostando que encontraria a filha.	Cetro / Tocha	Grãos
Dionísio, deus do vinho, foi coroado com hera e empunhava um tirso — símbolo do prazer.	Videira / Hera	Tirso
Hefesto era o deus dos ferreiros, dos artífices e do fogo. Trazia um machado sempre consigo.	Machado	
Hera, rainha de Zeus, carregava um cetro e usava a coroa real. Seu pássaro era o pavão.	Cetro / Diadema	Pavão
Hermes, o mensageiro dos deuses, usava botas aladas e levava consigo um caduceu, uma insígnia mágica.	Caduceu	Botas aladas
Poseidon, deus dos mares, empunhava um tridente para sacudir a terra. Para ele, touros e cavalos eram sagrados.	Tridente / Touro	Cavalo
Zeus, o deus supremo, lançava raios sobre os adversários. A águia era o seu pássaro, e o carvalho, sua árvore.	Raio / Águia	Carvalho

NO INÍCIO DA JUVENTUDE, ZEUS ESPANCOU OS TITÃS NASCIDOS NA TERRA

A GUERRA ENTRE DEUSES E TITÃS

EM RESUMO

TEMA
Os olímpicos assumem o poder

FONTES
Ilíada, Homero, século VIII a.C.;
Teogonia, Hesíodo, c. 700 a.C.;
Biblioteca, Pseudo-Apolodoro, c. 100 d.C.

CENÁRIO
As encostas do monte Olimpo e as planícies de Tessália, ao norte da Grécia.

PRINCIPAIS FIGURAS
Olímpicos Os deuses Zeus, Poseidon, Hades, Hera, Deméter e Héstia.

Titãs Oceano, Hiperião, Céos, Tétis, Febe, Reia, Mnemosine, Têmis, Teia, Crio, Cronos e Jápeto.

Ciclopes Os gigantes de um só olho Brontes, Estéropes e Arges; filhos de Urano.

Hecatônquiros Os gigantes Briareu, Coto e Giges; filhos de Urano e Gaia.

Zeus facilmente se encaixou numa posição de autoridade sobre seus irmãos e irmãs: embora caçula, ele habitava o mundo havia muito mais tempo. Seus irmãos o apoiaram na luta para derrubar o pai e afirmar sua primazia sobre todo o cosmos. Assim começou a Titanomaquia — a Guerra entre Deuses e Titãs.

Com a ajuda dos irmãos, Zeus desferiu um ataque organizado e determinado contra os deuses titãs. Aos irmãos juntaram-se alguns dos filhos rejeitados de Urano. Os três ciclopes — gigantes de um olho só, Brontes, Estéropes e Arges — cerraram fileira com Zeus depois que ele os libertou do Submundo. Eram artífices qualificados e fabricaram armas para os deuses: um raio poderoso para Zeus; um manto de invisibilidade para Hades; e um tridente para Poseidon. Os hecatônquiros — Briareu, Coto e Giges — também lutaram ao lado dos deuses. Cada um desses gigantes aterrorizantes tinha cinquenta cabeças e cem mãos, e uivava no campo de batalha.

Guerra total

A guerra foi travada nas partes mais baixas das encostas do monte Olimpo e sobre as planícies abertas da Tessália, mas o conflito bombástico envolveu o mundo inteiro. Pedras imensas foram

Zeus, líder dos deuses, ao lado de uma águia, nesta estátua do século IV a.C. A águia, mensageira de Zeus, conservou-se como símbolo de poder desde a Roma antiga até a Alemanha nazista.

Veja também: Os deuses olímpicos 24-31 ▪ A guerra dos deuses 140-41 ▪ Um deus complexo 164 ▪ O Jogo dos Dados 202-03

A guerra na Grécia antiga

Após o surgimento das cidades-estado Atenas, Esparta e outras, a guerra tornou-se um modo de vida para o povo da Grécia antiga. Os estados lutavam entre si por território, comércio e poder em guerras altamente ritualizadas — ambos os lados consultavam os oráculos e entoavam hinos para os deuses antes de se defrontarem no campo de batalha. Estudiosos usam o termo "guerra limitada" para descrever o modelo grego antigo, em que as cidades eram destruídas, mas os vencedores, respeitosos, lutavam segundo regras de conduta. Algumas cidades-estado, como Esparta, tornaram-se muito militarizadas. Isso talvez explique a recorrência da ideia de uma guerra no céu. Tais histórias dramatizavam mudanças práticas no pensamento teológico e espiritual nas sociedades antigas: por exemplo, a Titanomaquia explica a mudança de um culto terreno, centrado nas divindades que habitavam o Submundo, para uma teologia fundamentada no céu, encontrada na antiga Grécia.

lançadas por toda a parte; picos de montanhas, arrancados e arremessados feito projéteis, para lá e para cá; raios e relâmpagos rasgaram o céu como dardos; labaredas se elevaram até o ponto mais alto do céu; a batida forte da marcha estremeceu os recantos mais afastados do Submundo; nuvens em redemoinho, carregadas de poeira, escureceram o céu; e o ruído constante e indefinido era ensurdecedor. Segundo Hesíodo, a intensidade da luta "causava dor à alma". Na verdade, a superioridade avançou e recuou sem intervalo por dez anos. Nenhum dos lados capitulava, então finalmente Zeus reagrupou seus companheiros. Ele reforçou os hecatônquiros com néctar e ambrosia — o alimento divino que conferia imortalidade a quem o consumisse. Pode não ter sido esse o efeito causado nos hecatônquiros, mas, de acordo com

A queda dos titãs, de Giulio Romano (1523-1535). Este afresco inteiriço, retratando a guerra dos titãs, reveste as paredes e o teto da Sala dei Giganti, no Palazzo Te, na Itália.

Hesíodo, "os espíritos heroicos cresceram no coração de todos eles" depois que Zeus lhes alimentou.

O triunfo definitivo

Revigorados, os hecatônquiros foram decisivos. Com aliados e armas tão formidáveis, os deuses finalmente foram capazes de derrotar os titãs. Eles os baniram para o Tártaro, o buraco mais fundo do Submundo, onde foram aprisionados por toda a eternidade, sob a vigilância dos hecatônquiros. Zeus e seus irmãos detinham agora o controle total do cosmos. Estabeleceram o trono imperial no topo do monte Olimpo, de onde comandavam o universo. ▪

Os raios de Zeus dispararam de suas poderosas mãos, rápidos e carregados, com relâmpagos, trovões e chamas
Teogonia

AQUI RARAMENTE VENTA, NEVA OU CHOVE

O MONTE OLIMPO

EM RESUMO

TEMA
O lar dos deuses

FONTES
Teogonia, Hesíodo, c. 700 a.C.;
Ilíada e *Odisseia*, Homero, c.
800 a.C.; *Descrição da Grécia*,
Pausânias, c. 150 d.C.

CENÁRIO
Monte Olimpo, nordeste da
Grécia.

PRINCIPAIS FIGURAS
Zeus Rei dos deuses
olímpicos.

Hera Mulher e irmã de Zeus;
rainha dos deuses.

Hefesto O deus ferreiro; filho
de Hera.

As Musas Filhas de Zeus.

As Horas Três irmãs; deusas
do tempo e das estações.

As Moiras Três irmãs; deusas
do destino.

A princípio, a moradia das divindades da Grécia antiga não era nos céus, mas no coração da terra. Entretanto, uma vez que Zeus e seus irmãos derrotaram os titãs, os gregos voltaram os olhos em direção ao céu para adorar uma nova geração de deuses e deusas. Hefesto, o deus do fogo e da forja, construiu palácios para eles nas grotas protegidas do monte Olimpo. Hesíodo descrevia a montanha como "cheia de reentrâncias", uma expressão sugestiva de uma fortaleza celeste repleta de segredos. Os palácios eram feitos de pedra sobre fundações de bronze. Eram gigantescos e luxuosos, com o chão incrustado de ouro e pedras preciosas. Zeus instalou seu trono no alto do pico

Stefani. Dali ele disparava seus raios sobre aqueles que o desagradavam no mundo lá embaixo.

A vida no Olimpo

O conselho dos deuses costumava se reunir no pátio dourado de Zeus para discutir o controle do cosmos, e no saguão para desfrutar as noites com festejos. Apolo cantava para eles, tocando sua lira. Por vezes, as musas vinham de sua casa, ao pé do Olimpo, para cantar, dançar e contar histórias. Havia estábulos separados para as criaturas que conduziam as

O monte Olimpo, lar dos deuses
gregos, emerge das planícies da
Tessália. A Tessália foi onde se travou
a guerra de dez anos entre os titãs e
Zeus com seus irmãos.

Veja também: Os deuses olímpicos 24-31 ▪ A guerra entre deuses e titãs 32-33 ▪ Cupido e Psiquê 112-13 ▪ Pangu e a criação do mundo 214-15 ▪ A lendária fundação da Coreia 228-29

Os deuses pressionaram o sagaz Zeus do Olimpo para que reinasse sobre eles.
Teogonia

O conselho dos deuses se reúne no Olimpo, em meio às nuvens, no afresco do mestre renascentista Rafael (1518), que retrata Zeus conferindo imortalidade a Psiquê.

bigas dos deuses — sendo os mais famosos os que puxavam o carro reluzente de Apolo, o deus do Sol. Zeus tinha uma biga puxada pelos quatro Anemoi, deuses dos ventos — Bóreas (norte), Euro (leste), Noto (sul) e Zéfiro (oeste). O carro de guerra de Poseidon era puxado por cavalos-marinhos, enquanto Afrodite era levada por um conjunto de pombos. As Horas — as irmãs Irene, Eunomia e Dice — guardavam as portas do Olimpo e cuidavam da correta passagem do tempo e das estações. Outro trio de deusas, as Moiras (ou Parcas, responsáveis pelo destino), sentava-se aos pés do trono de Zeus e observava do alto a vida dos mortais.

Físico e simbólico

O que hoje se conhece como "monte" Olimpo é, de fato, um maciço com cinquenta picos distintos, quase 3.000 m acima do nível do mar. Na maior parte do tempo, as encostas ficavam cobertas de neve ou envoltas em nuvens densas, impedindo os mortais de verem o pico. Não é de admirar que os gregos antigos sustentassem que era ali o trono real da dinastia de seus deuses. A ideia de uma montanha sagrada existiu muito antes de os gregos adorarem os olímpicos, e é encontrada em diversas outras culturas. O monte Meru, por exemplo, dominou o centro cosmológico das religiões indianas; o monte Fuji dominou o

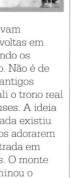

plano religioso japonês; e os sacerdotes incas no Peru ofereciam sacrifícios no alto dos cumes andinos. Na mitologia, o pico parece muitas vezes ocupar um espaço físico separado da terra. Homero salientou isso ao mostrar o monte Olimpo de diferentes perspectivas. Visto da terra, era descrito como "coberto de neve" ou "envolto em nuvens". Já para os deuses, seu lar era um local onde o sol brilhava permanentemente e o céu era sempre azul e límpido. ▪

Deuses mutantes

Os antropólogos empregam o termo "sincretismo" para descrever a confluência de elementos de diferentes sistemas religiosos. Na Grécia antiga há muitos exemplos. O santuário de Dodona, no noroeste da Grécia, situava-se num vale cercado por um bosque de carvalhos. O local parece ter sido consagrado a uma deusa matriarcal da terra desde pelo menos o segundo milênio a.C. — antes que a ideia de Zeus se arraigasse. Após o domínio dos olímpicos, a deusa da Terra foi derrubada, e uma das muitas esposas de Zeus, Dione, passou a ser adorada em Dodona.

A Istmia — na estreita faixa de terra que liga a península do Peloponeso ao resto da Grécia, atingida por ondas bravias nos dois lados — era o local óbvio para um santuário para Poseidon, deus do mar. No entanto, arqueólogos encontraram ali ruínas datando de uma época bem anterior à dos olímpicos, dedicadas a uma divindade ou divindades desconhecidas.

ELE PRENDEU O ASTUCIOSO PROMETEU COM CORRENTES INESCAPÁVEIS

PROMETEU AJUDA A HUMANIDADE

EM RESUMO

TEMA
A origem da humanidade

FONTES
Teogonia e *Os trabalhos e os dias*, Hesíodo, c. 700 a.C.;
Biblioteca, Pseudo-Apolodoro, c. 100 d.C.

CENÁRIO
Grécia, o mar Egeu e as montanhas do Cáucaso, na Ásia ocidental.

PRINCIPAIS FIGURAS
Zeus Rei dos deuses.

Jápeto O caçula dos titãs, filho de Urano e Gaia.

Climene Oceânide, filha do titã Oceano.

Prometeu Filho de Jápeto e Climene.

Deucalião Filho humano de Prometeu.

Pirra Mulher de Deucalião.

Hefesto O deus ferreiro.

A vitória de Zeus na guerra contra os titãs fora difícil, porém decisiva. Ele e seus irmãos detinham o poderio inabalável sobre os céus, a terra e o mar. Usurpador de outro usurpador, ele alcançara a supremacia ao destronar Cronos, que, por sua vez, derrubara Urano. Nenhum soberano podia se dar ao luxo de ser complacente, por mais que sua posição parecesse inatingível — e uma ameaça à autoridade de Zeus se aproximava rapidamente.

Um espírito rebelde

Prometeu, um jovem titã e, portanto, sobrevivente do antigo regime, era filho de Jápeto e Climene,

Veja também: A origem do universo 18-23 ▪ A guerra entre deuses e titãs 32-33 ▪ A caixa de Pandora 40-41 ▪ Os muitos "casos" de Zeus 42-47

reconhecido pela agilidade de pensamento, destreza e habilidade. Seu próprio nome significava "aquele que pensa adiante": ele era inventor e estrategista. Diferentes fontes discordam quanto ao papel exato de Prometeu na luta contínua entre Zeus e seus súditos. Apesar

Prometeu carregando o fogo, do pintor holandês Jan Cossiers (1671), mostra o jovem titã roubando o precioso recurso para a humanidade.

disso, todas o consideram parte central do conflito.

Autoconfiante pela sua sagacidade, Prometeu tinha um pensamento independente, era irreverente e desafiador. Seu desprezo pela autoridade de Zeus era evidente demais. Para piorar, ele parecia influenciar os súditos de Zeus com seu espírito rebelde.

Do barro à pedra

Segundo a *Biblioteca* de Apolodoro, Prometeu foi o criador da humanidade, moldando os primeiros homem e mulher com barro umedecido. Essa primeira raça de humanos andou pela terra apenas por uma geração, antes de ser varrida numa enchente de alcance mundial por um Zeus irado. Deucalião, o filho humano de Prometeu, e sua mulher, Pirra, foram os únicos sobreviventes. Como de costume, Prometeu

Prometeu moldou os homens com água e barro.
Biblioteca

ludibriou Zeus, incitando o filho e a nora a construírem uma arca de madeira para escaparem do dilúvio.

Deucalião sobreviveu à grande enchente e às suas consequências, demonstrando mais tato do que o pai. Ele agradeceu a Zeus por preservar sua vida e a de Pirra, erigiu um altar e lhe ofereceu um sacrifício. Zeus ficou tão feliz com tal espírito submisso que não só permitiu que Deucalião e Pirra sobrevivessem, como também disse a Deucalião como ele poderia recriar a humanidade. Eles deveriam pegar

Os filhos de Climene

Segundo a *Teogonia* de Hesíodo, "Jápeto levou Climene, a filha de Oceano dos belos tornozelos, para o seu leito". Outros autores antigos, porém, referiam-se a ela como "Ásia". Com Jápeto, Climene teve quatro filhos, todos, em última instância, fadados à miséria.

Durante a guerra dos titãs, Zeus matou o orgulhoso filho de Climene, Menoécio, atirando-o como um raio ao Submundo. Após a vitória dos deuses olímpicos, Atlas, outro dos filhos

de Climene, foi levado a sofrer por seu papel de líder das forças titânicas. Zeus o condenou a carregar os céus sobre os ombros, por ter resistido à ascendência olímpica.

O que Prometeu tinha de ardiloso, Epimeteu, terceiro filho de Climene, tinha de tolo. Contrariando o conselho do irmão, foi ludibriado, aceitando Pandora como presente e se casando com ela. Ele não fazia ideia de que ela tinha sido criada para ser, ao mesmo tempo, bela e dissimulada, e fora enviada por Zeus para levar ao mundo todo o tipo de tristeza.

Atlas carrega os céus sobre os ombros. Embora seja comumente confundida com um globo terrestre, a estrutura esférica que Atlas carrega representa a abóbada celeste.

escolhesse o tipo de sacrifício a lhe
ser oferecido dali em diante. Zeus
parecia ter caído na "peça", optando
pelo feixe de ossos, aparentemente
atraente — embora Hesíodo insinue
que a escolha do rei dos deuses fora
deliberada, para ter uma desculpa
para odiar os humanos.

De qualquer modo, Zeus se
enfureceu. Longe de aliviar o fardo
das pessoas, a esperteza de
Prometeu fizera delas vítimas da ira
de Zeus. O deus enraivecido
escondeu o segredo do fogo de seus
súditos humanos. Assim, eles não
só se viram privados do calor e do
conforto, como também o progresso
humano foi prejudicado.

pedras e jogá-las para trás, por cima
da cabeça. Assim fizeram eles e,
então, onde quer que as pedras de
Deucalião caíssem, o corpo de um
homem vivo assumia sua forma;
onde as de Pirra tombassem,
mulheres brotavam do chão.

A "peça" que saiu pela culatra

Diferente de Apolodoro, a
genealogia de Hesíodo incorporou
humanos mortais desde o início,
embora informasse pouco sobre

suas origens. Foram mencionados
durante o reinado de Cronos, mas
apenas casualmente, ocupando a
cena na era dos deuses olímpicos.
Quando Zeus convocou os humanos
para uma reunião sobre o tipo de
sacrifícios que teriam de lhe
oferecer, Prometeu intercedeu em
favor deles. Ele embrulhou uma
porção de carne de boa qualidade
dentro de um estômago de boi
repugnante e um feixe de ossos
envolto "em reluzente gordura", e os
apresentou a Zeus, para que

Passando frio

Privados do fogo ou das tecnologias
para produzi-lo, os mortais
passaram a viver em estado de
deplorável subsistência.
Procuravam por comida no escuro e
no frio, vestidos apenas com peles
de animais, sobrevivendo de raízes

As cinco Idades

O reinado de Cronos pode ter
sido desagradável para os filhos
dos titãs, mas, diz Hesíodo, foi
uma "Idade de Ouro" para os
humanos. Doença, guerra e
discórdia eram desconhecidas;
humanos viviam por séculos,
árvores frutificavam numa
primavera sem fim. A ascensão
de Zeus acarretou um declínio
imediato das fortunas humanas.
Os homens e as mulheres dessa
"Idade de Prata" viviam apenas
cem anos, cuja maior parte era
passada numa infância

prolongada; quando por fim
cresciam, eram tolos e tagarelas.
Uma "Idade de Bronze" veio em
seguida: os homens eram
guerreiros, passavam a vida
criando confusão e brigando. A
"Idade Heroica" que se seguiu foi
um aperfeiçoamento da Idade de
Bronze: suas guerras assumiram
um caráter nobre e épico. Foi a
época da Guerra de Troia de
Homero, e muito diferente da
"Idade de Ferro" de Hesíodo,
período em que ele mesmo viveu
— e no qual vivemos hoje —, em
meio ao medo, à escassez, à
miséria e ao trabalho árduo.

cruas, frutinhas silvestres e frutos (quando estavam na estação), e carne putrefata. Usavam gravetos como utensílios rudimentares e ossos velhos como armas, no que mal podia qualificar como uma existência "primitiva". Ao terem de travar uma batalha diária para não morrer de fome, era impensável qualquer possibilidade de construir um destino promissor.

O fogo roubado

Prometeu veio em socorro da humanidade. Retirou algumas brasas vivas de uma fogueira construída pelos deuses no alto do monte Olimpo e, escondendo-as dentro de um imenso caule de erva-doce, desceu até os pequenos acampamentos nas planícies, onde homens e mulheres tremiam de frio. Logo, "visíveis de longe", focos de fogo brilharam em toda a largura e extensão do mundo habitado. Naquele instante, a vida humana foi transformada. Para começar, havia calor, aconchego, luz e segurança contra os predadores. Mais do que depressa a humanidade passou a

Prometeu foi castigado pelos deuses por prover fogo aos humanos. Acorrentado no monte Cáucaso, sofreu tortura contínua, conforme pintura de Jacob Jordaens (1640).

prosperar — derretendo metais, criando joias mais sofisticadas e ferramentas mais fortes, e forjando todo o tipo de arma, de enxadas e martelos a lanças e espadas. Cada inovação abria caminho para outras — de repente a humanidade progredia em ritmo acelerado.

Castigo cruel

Zeus encolerizou-se com Prometeu pelo roubo do fogo. Ele não só havia sido desafiado, como também seu poder sobre a humanidade fora abalado. Zeus decidiu que Prometeu merecia um castigo doloroso e eterno. O ladrão foi agarrado por seus dois escudeiros, Bia (Violência) e Cratos (Poder), e levado até o pico de uma alta montanha. Ali, com a ajuda de Hefesto, eles acorrentaram Prometeu a uma rocha. Desceu do céu uma águia, que lhe rasgou o abdome, retirou dali o fígado vivo e pulsante e o devorou. Apesar da agonia dessa tortura, ela era apenas o começo para o titã rebelde. Todas as noites sua pele e seus órgãos internos se regeneravam, prontos para ser atacados pela águia no dia seguinte. Por séculos, Prometeu ficou acorrentado à rocha. Por fim, foi resgatado de seus tormentos por Hércules, que o encontrou enquanto procurava pelas maçãs de ouro das hespérides. Prometeu só revelaria a Hércules a localização das maçãs depois que ele matasse a águia e o libertasse. Prometeu não foi o único a ser punido por roubar fogo dos deuses. Zeus também descarregou sua raiva sobre a humanidade, instruindo Hefesto a criar Pandora para punir os humanos, trazendo-lhes as dificuldades, a guerra e a morte. ∎

Prometeu modela o primeiro homem com barro…

… salva seu filho da enchente causada por **Zeus**…

… tapeia **Zeus** com sacrifícios falsos…

… e rouba o fogo dos **deuses**.

Prometeu é castigado por sua afronta.

Mordeu fundo o ânimo de Zeus tonitruante e enraivou seu coração ver entre homens o brilho longe-visível do fogo.
Teogonia

SEU IMPULSO TROUXE A TRISTEZA E A MALDADE À VIDA DOS HOMENS

A CAIXA DE PANDORA

EM RESUMO

TEMA
As origens do mal

FONTES
Os trabalhos e os dias,
Hesíodo, c. 700 a.C.

CENÁRIO
Sopé do monte Olimpo,
Grécia.

PRINCIPAIS FIGURAS
Prometeu Irmão titã de
Epimeteu; criador da
humanidade e seu maior
benfeitor.

Zeus Rei dos deuses do monte
Olimpo.

Hefesto Deus olímpico dos
ferreiros e criador da primeira
mulher.

Pandora A primeira mulher;
criada por ordem de Zeus.

Epimeteu Irmão titã de
Prometeu.

Segundo Hesíodo em seu relato sobre as origens míticas da humanidade no livro *Os trabalhos e os dias*, o homem foi criado primeiro sozinho, sem uma contrapartida feminina para acompanhá-lo em sua jornada pelo mundo. A mulher faria sua primeira aparição não como parceira e companheira do homem, mas como seu castigo.

Um deus invejoso

Ao roubar o fogo dos deuses, o titã Prometeu muito contribuiu para conferir mais poder à humanidade, a um custo pessoal elevado. Numa existência praticamente livre de percalços, os humanos, a quem ele havia ofertado o dom do fogo,

O famoso deus dos metais modelou o barro na forma de bela e recatada donzela.
Os trabalhos e os dias

continuaram a se desenvolver e prosperar. Como castigo, porém, Prometeu foi mantido preso e torturado durante séculos pelas mãos de Zeus, divindade invejosa e rancorosa. Longe de se alegrar com a perspectiva progressista do homem, o deus sentia-se ameaçado pela crescente confiança da humanidade.

Zeus concluiu que, para corrigir o equilíbrio entre o poder divino e o humano, era preciso haver uma grande calamidade no mundo. Essa calamidade foi a mulher. Obedecendo às ordens de Zeus, o deus do fogo e dos ferreiros, Hefesto, pôs mãos à obra e moldou com barro úmido uma fêmea para o homem.

A vã tentativa de enfeitar o que já é belo

Os outros olímpicos, então, contribuíram para a "produção" da mulher: Afrodite deu-lhe a beleza e a atração; Atena, a habilidade para costurar; Hera, a curiosidade, e assim por diante. Hermes, o mensageiro dos deuses, deu à mulher o poder da fala, para ajudá-la a se comunicar — mas também lhe deu o perigoso dom da astúcia. Essa nova mulher era de uma beleza encantadora, sedutora em sua suavidade, dotada de um sorriso inspirador e de uma

Veja também: Os deuses olímpicos 24-31 ▪ Prometeu ajuda a humanidade 36-39 ▪ O hidromel da poesia 142-43 ▪ As origens das baigas 212-13

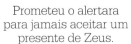

Prometeu o alertara para jamais aceitar um presente de Zeus.
Os trabalhos e os dias

delicadeza reconfortante. À luz desses traços, ela recebeu o nome de Pandora (literalmente, "todos os dons"). O nome em si era motivo de preocupação para Prometeu. Ele havia previamente alertado o irmão Epimeteu para que não aceitasse nenhum presente de Zeus, que resultaria em "algo ruim para os mortais". No entanto, devido ao castigo do irmão, Epimeteu ficou encarregado do mundo dos homens. Enquanto o nome de Prometeu significava "o visionário", Epimeteu significava "o que pensa depois". Ele era crédulo e não parou para pensar

Pandora, retratada pelo artista britânico pré-rafaelita Dante Gabriel Rossetti (1828-1882). Ela segura a famosa caixa de onde brotaram todos os males do mundo.

quando o mensageiro Hermes lhe trouxe Pandora como presente que Zeus, de bom grado, oferecia à humanidade. Nem mesmo se atentou ao presente que ela trazia — um pote de cerâmica (em geral imaginado, nas modernas versões da narrativa, como uma caixa ornamentada). A moça, muito prendada, era ao mesmo tempo dádiva e dadivosa.

Curiosidade fatal

Não havia nada de inerentemente ruim em Pandora. Embora tivesse sido advertida para que não abrisse o pote, foi sua curiosidade inocente — a característica ofertada por Hera — que a levou à ruína. Quando não mais resistiu à vontade de espiar dentro do pote, ela o destampou, deixando escapar todas as desgraças e infortúnios do mundo: a fome, a doença, a perda, a solidão e a morte. Horrorizada, Pandora

rapidamente tampou o pote — bem a tempo de evitar que a esperança saltasse. Com a esperança, o mundo ainda conseguiria perseverar, apesar da adversidade que o invejoso Zeus havia imposto à humanidade. ▪

Hefesto

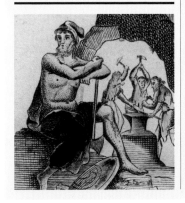

Pelo menos uma fonte afirma que Hefesto era feio e atarracado desde o nascimento, daí a razão para Hera, sua mãe desgostosa, tê-lo atirado do topo do monte Olimpo. Ao aterrissar com um estrondo, acabou ficando também aleijado.

A aparência repulsiva desse primeiro artífice divino contrastava de forma drástica e altamente simbólica com a beleza de muitas de suas criações. Era comum ele contar com o auxílio de serventes como Cedalião, que colaborou em suas obras. Hefesto é amplamente conhecido como o "deus grego dos ferreiros" e

comandava a manufatura em seu sentido mais abrangente — aperfeiçoando sua destreza em tudo, desde a metalurgia e o fabrico de armas, até a confecção de joias refinadas e peças elaboradas do vestuário. Entre suas inúmeras criações, Pandora é certamente a mais fantástica — e a mais imperfeita. De acordo com Hesíodo, foi Hefesto o criador da primeira mulher, capacitando assim cada geração a se replicar repetidamente. Nesse sentido, a arte de Hefesto deu origem ao futuro da humanidade.

ZEUS TEVE MUITAS MULHERES, MORTAIS E IMORTAIS

OS MUITOS "CASOS" DE ZEUS

EM RESUMO

TEMA
Amantes dos deuses

FONTES
Ilíada, Homero, século VIII a.C.;
Teogonia, Os trabalhos e os dias, O escudo de Hércules,
Hesíodo, c. 700 a.C.; *Biblioteca*,
Pseudo-Apolodoro, c. 100 d.C.

CENÁRIO
Grécia e o mar Egeu.

PRINCIPAIS FIGURAS
Zeus Pai dos deuses.

Hera Mulher de Zeus; rainha dos deuses.

Mnemosine Deusa da memória.

Europa Princesa fenícia.

Antíope Filha do deus-rio Asopo.

Leda Princesa espartana.

Métis Filha do Oceano.

Atena Filha de Métis.

As Musas alegram
o grande espírito
de seu pai Zeus,
no Olimpo, cantando
e contando sobre
o que há de vir.
Teogonia

As aventuras sexuais de Zeus, o rei dos deuses, constituíram uma vertente significativa da mitologia grega antiga. Sem os adultérios, os mitos sugerem que o conhecimento e a expressão artística de todo o tipo — poesia, música, teatro ou obras de arte — não existiriam.

Um dos primeiros casos de Zeus foi Mnemosine, a deusa titã da memória. Depois de dormir com ela por nove noites consecutivas, nasceram nove filhas. No conjunto conhecido como as Musas, cada uma dessas filhas tornou-se responsável por inspirar os mortais numa área de empreendimento artístico: Calíope inspirava a poesia épica; Clio, a história; Euterpe, a poesia lírica e a canção; Erato, a poesia amorosa; e Polímnia, a poesia sagrada. Melpômene responsabilizou-se por inspirar o teatro trágico; Talia assumiu a comédia e a poesia pastoril; Terpsícore inspirou a dança; e Urânia, a astronomia. Por todo o período clássico, músicos e poetas recorriam à assistência das Musas enquanto compunham. "Abençoado é aquele a quem as Musas amam", disse o poeta grego Hesíodo, após

invocar a ajuda delas na *Teogonia*, seu poema sobre a genealogia dos deuses. Com a inspiração das Musas, disse ele, músicos e poetas poderiam aliviar uma mente sofredora de suas preocupações.

Hera e o cuco
O instinto trapaceiro de Zeus era parte integrante de sua personalidade e permeava todas as suas façanhas eróticas. Ele assumiu a forma de um mortal — um belo pastor — para seduzir Mnemosine, e muitas de suas conquistas amorosas envolveram tipos semelhantes de mudança de aparência. Hera, a mulher de Zeus, também tinha sido conquistada dessa forma. A deusa, notoriamente impiedosa, havia descartado Zeus com desdém quando de sua primeira investida, forçando-o a dissimular para ganhar seu afeto. Primeiro, ele provocou uma tempestade de raios; em seguida,

As nove Musas viviam no monte Hélicon, na Grécia central. Na cena abaixo, de Jacques Stella (c. 1640), elas são visitadas por Minerva (Atena), deusa da sabedoria e protetora das artes.

Veja também: Os deuses olímpicos 24-31 ▪ A guerra entre deuses e titãs 32-33 ▪ Os deuses olímpicos 24-31

Zeus e seus disfarces

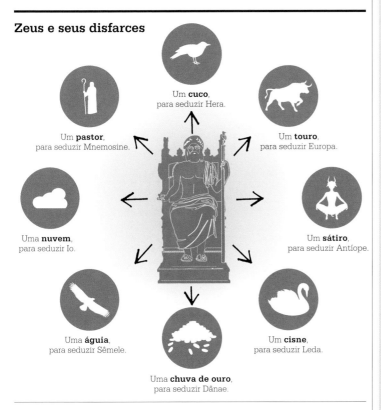

Um **cuco**,
para seduzir Hera.

Um **pastor**,
para seduzir Mnemosine.

Um **touro**,
para seduzir Europa.

Uma **nuvem**,
para seduzir Io.

Um **sátiro**,
para seduzir Antíope.

Uma **águia**,
para seduzir Sêmele.

Um **cisne**,
para seduzir Leda.

Uma **chuva de ouro**,
para seduzir Dânae.

Hera

Como filha dos titãs Cronos e Reia, e mulher e irmã do poderoso Zeus, pode parecer estranho Hera ser comumente associada ao gado. Ela costumava ser retratada com uma vaca sagrada, e na *Ilíada* é descrita como tendo "rosto de vaca" ou "olho de boi". Tal representação era provavelmente mais honrosa do que parece. Para os antigos gregos, a vaca simbolizava a maternidade e a prosperidade; a riqueza era muitas vezes medida pelo número de reses que se possuía. Mesmo claramente não sendo um símbolo sexual — papel mais associado à deusa da beleza Afrodite —, Hera de fato exemplificou a relevância das mulheres no cotidiano grego. Era famosa como a deusa tanto do casamento quanto da virgindade. Em Kanathos, no Peloponeso, era adorada como Hera *Parthenos* (Virgem), e dizia-se que renovava sua virgindade anualmente banhando-se na fonte sagrada. O Heraion de Argos — talvez o primeiro dos muitos templos dedicados a Hera — a reverenciava como consorte e rainha de Zeus. Argos, Esparta e Micenas, segundo Homero, eram suas cidades preferidas.

ficou do lado de fora da janela de Hera, assumindo a forma de um filhote de cuco de plumagem nova, com expressão de penúria, cujas penas se sacudiam, resfriadas e açoitadas pelo granizo trazido pelo vento. Hera não suportou ver a criaturinha em sofrimento. Pegou o cuco na palma da mão e o acomodou dentro do vestido, junto ao peito, para aquecê-lo. Nesse momento, Zeus assumiu sua forma normal quase humana e a seduziu. A conquista de Hera não foi a única vez em que Zeus assumiu a forma de ave. Ele simulou ser um cisne para seduzir a princesa espartana Leda. Assim como fez com Hera,

valeu-se da compaixão de sua vítima. Aparentemente fugindo de uma águia que o atacava, caiu nos braços dela, mas, ao tentar protegê-lo, embalando-o, ele a violou. No caso da princesa Sêmele, de Tebas, a escolha da espécie — uma ave de rapina — sinalizou suas intenções predatórias. Assumindo a forma de águia, seu emblema real, ele visitou Sêmele e a engravidou. Dionísio, o rei do vinho e das festividades, resultou dessa união.

Inocência destruída

A conquista de Alcmena — uma princesa mortal com quem ele teve Hércules — foi mais sinistra.

Alcmena era um modelo de beleza, encanto e sabedoria. Era noiva de Anfitrião, filho de um general tebano. Zeus assumiu a aparência dele para se aproximar de Alcmena enquanto o noivo estava ausente, vingando a morte dos irmãos dela.

O rei Acrísio de Argos sentia-se especialmente ansioso por preservar a castidade de sua única filha, Dânae. Um oráculo o havia alertado de que ela estava destinada a ter um filho que, um dia, o mataria. Disposto a evitar tal sina, ele a trancou numa cela para que ninguém dela se aproximasse. Entretanto, Zeus assumiu a forma de uma chuva de ouro para poder penetrar no local pela claraboia. Mais tarde, o filho resultante do encontro, Perseu, viria a causar, involuntariamente, a morte do avô.

Zeus vira bicho
Apesar de seu nome, Europa era filha de Ásia, princesa da Fenícia, região que abrangia partes de Israel, Síria e Líbano. Impressionado por seus encantos, Zeus assumiu a forma de um belo touro branco e se misturou ao gado do pai dela. Europa colhia flores quando avistou o touro novo no rebanho, sendo impactada pela beleza e aparente docilidade do animal. Ao se aproximar para acarinhá-lo, o touro abaixou-se e ela montou em seu dorso. De repente, o touro deu um salto e saiu em disparada pelos campos e alcançou o mar, enquanto a moça aterrorizada se agarrava a ele, temendo pela própria vida. O touro só parou ao chegar à ilha de Creta, onde Zeus, por fim, se revelou e possuiu sua jovem vítima. Zeus recompensou Europa, tornando-a a primeira rainha de Creta. Logo, ela deu à luz Minos, o primeiro rei da ilha. Segundo os estudiosos, a história da Europa pode ter se originado em Creta, onde o culto ao touro também deu origem à história de Teseu e o Minotauro. Para

> De repente, o touro, possuído de desejo, saltou e partiu a galope na direção do mar.
> *Europa*

assediar Antíope, filha de Asopo, um deus-rio da Ática, na Grécia central, Zeus assumiu a forma de um sátiro — metade homem, metade bode, que vivia pelos bosques. Comumente associados à depravação, os sátiros eram muitas vezes retratados em estado de ereção na arte antiga: Zeus disfarçara sua identidade, mas não a sua luxúria.

Escondendo-se de Hera
Em algumas histórias, era a presa de Zeus que devia assumir uma forma diferente. No caso de Io — filha do rei de Argos e sacerdotisa no templo da mulher de Zeus, Hera —, ele se transformou numa nuvem para poder se aproximar às escondidas da vigilante Hera. Tendo violado Io, fez dela uma linda novilha branca, para escondê-la de sua esposa. Hera percebeu a "armação" e perguntou se podia tê-la como presente. Zeus não teve alternativa a não ser concordar. Hera deixou Io sob os cuidados do gigante de cem olhos, Argos Panoptes, que a vigiaria. Enlouquecido pela frustração, Zeus enviou seu filho

Europa, amedrontada, enfrenta as ondas agarrada a Zeus, que assumira a forma de um touro para raptá-la. A imagem impactante data de 1910, de autoria do artista russo Valentin Serov.

Atena brota do corte profundo na cabeça de Zeus, em cena decorativa de uma ânfora (c. 500 a.C.) da Ática, na Grécia. Por trás de Zeus, Prometeu segura o machado que o feriu.

Hermes para destruir o onividente vaqueiro; o mensageiro divino cegou Argos com seu *kerykeion*, ou lança. Enquanto o gigante jazia no chão, morto, Hermes retirou-lhe os cem olhos e os colocou numa cauda de pavão: dali em diante, a ave foi consagrada a Hera. Zeus achava que agora o caminho estava livre para acossar Io, mas se enganou. Hera enviou um moscardo (ou mutuca) para atacá-la. Picando-a sem parar, o inseto pôs Io para correr e a perseguiu pelo mundo afora. Io nunca mais teve sossego.

O nascimento de Atena

Métis, prima de Zeus — e segundo alguns relatos, sua primeira mulher —, forjou a própria transformação numa tentativa de escapar da perseguição de Zeus. Ela assumiu uma série de formas para evitá-lo, mas Zeus acabou conseguindo agarrá-la e a engravidou. Mesmo assim, Zeus se preocupava: Métis era renomada pelas perspicácia e velhacaria, e um oráculo lhe dissera que ela estava predestinada a ter um filho que a igualaria em força e

Astéria, sob a forma de codorna, voou cruzando o mar, com Zeus em seu encalço.
Biblioteca

sagacidade. Zeus — usurpador que derrubara o próprio pai — ficou de sobreaviso quanto à tal criança. Pouco antes de Métis dar à luz, Zeus a desafiou a uma partida de transformações, e ela foi tola o bastante ao concordar. Quando Zeus disse que não acreditava que ela se transformasse numa mosquinha, Métis prontamente o atendeu, e foi engolida por um Zeus triunfante.

Um truque esperto, porém sem sucesso. Ao ser acometido por uma dor de cabeça insuportável, o deus titã Prometeu golpeou a cabeça de Zeus com um machado, abrindo-a. Do corte, surgiu Atena, a deusa da guerra e da sabedoria, envergando uma armadura da cabeça aos pés. Ela se tornou uma das mais importantes divindades do Olimpo e a deusa protetora da poderosa cidade-estado de Atenas.

Ambos transformados

Em algumas histórias, tanto predador quanto presa transformaram-se. Zeus novamente se disfarçou de águia para perseguir Astéria, a deusa titã das estrelas cadentes. Ela se transformou em outra ave — a tímida codorna — e, desesperada para escapar, acabou mergulhando no mar. Ali se transformou de novo e ficou preservada para sempre sob a forma de uma ilha, mais tarde identificada por Delos ou Sicília. Foi nessa ilha que Leto, a irmã caçula de Astéria, alguns anos depois, encontraria refúgio após também ser vítima do olho libidinoso de Zeus. Ali ela deu à luz gêmeos: Apolo, deus do Sol e da poesia, da profecia e da cura; e Artemísia, deusa da Lua. A mitologia relata numerosas façanhas de Zeus, destacando um apetite sexual que aparentemente merecia pouca censura na Grécia antiga. Apesar dos incontáveis atos de estupro, dissimulação e adultério, o rei dos deuses não era visto como vilão. Em seu diálogo *Êutifron*, o filósofo Platão declarou: "Os homens não veem Zeus como o melhor e mais virtuoso dos deuses?" ∎

O PODEROSO HADES QUE MORA EM CASAS SOB A TERRA

HADES E O SUBMUNDO

EM RESUMO

TEMA
O Submundo

FONTES
Ilíada e *Odisseia*, Homero, século VIII a.C.; *Teogonia*, Hesíodo, c. 700 a.C.

CENÁRIO
O Submundo.

PRINCIPAIS FIGURAS
Hades Irmão de Zeus; deus do Submundo.

Caronte Barqueiro do rio Estige.

Cérbero Guardião de três cabeças do Submundo; filho dos serpentiformes Tifão e Equidna.

Tântalo Rei frígio mantido cativo por Hades.

Sísifo Rei de Corinto, que trapaceou Hades para obter a liberdade.

Hécate Deusa da feitiçaria e da necromancia.

Enquanto Zeus comandava os céus e Poseidon os mares, seu irmão Hades guardava as almas no Submundo — o reino que tinha seu nome e para onde iam os humanos mortais após a morte. Cinco rios escuros delimitavam o reino de Hades. Aqueronte era o rio da tristeza, Cócito, do lamento. Lete era o rio do esquecimento e Flegetonte, um rio de fogo intransponível. O rio Estige traçava a fronteira principal entre a Terra e o Submundo. Os mortos faziam fila numa das margens do rio e pagavam com uma moeda o barqueiro Caronte para lhes garantir acesso ao Hades. Por força dessa crença, os gregos antigos eram, às vezes, enterrados com uma moeda na boca, conhecida como o "óbolo de Caronte". Do outro lado do rio ficava uma região escura e lúgubre. Ali os recém-chegados tinham de atravessar um grande portão, guardado por um monstro de três cabeças e rabo de cobra, Cérbero. Embora descrito com

Hades e sua noiva raptada, Perséfone, observam as almas torturadas dos mortos em tela do século XVII, de François de Nomé, retratando o Submundo.

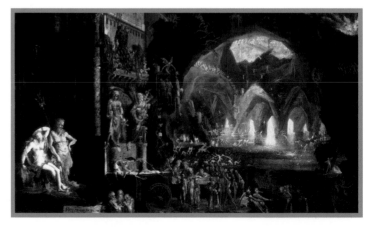

Veja também: A guerra entre deuses e titãs 32-33 ▪ O rapto de Perséfone 50-51 ▪ A saga de Odisseu 66-71 ▪ A Sibila de Cumas 110-11

certa imprecisão como sendo um cão, essa criatura nasceu da união entre o gigantesco homem-cobra Tifão e a donzela-serpente devoradora, Equidna. Cérbero dirigia essa mesma ferocidade àqueles que tentavam escapar. Caronte e Cérbero não eram os únicos residentes não humanos do Hades. Nix, a deusa da noite, vivia ali, assim como Eurínome, demônio devorador de cadáveres, e a deusa Hécate. As fúrias serviam a Hades como torturadoras, enquanto Tártaro era, a um só tempo, uma divindade e o fosso onde os titãs foram castigados.

Castigos infernais

Algumas almas encararam tormentos abomináveis. Os crimes de Tântalo, um soberano frígio, tiveram dois desdobramentos: para testar os deuses, ele cozinhara e servira o próprio filho num banquete preparado para recebê-los; e como convidado à mesa de Zeus, ele tentou roubar néctar e ambrosia, que o imortalizariam, e levá-los consigo para a terra. Por isso, ele foi aprisionado no Hades, condenado à sede e à fome, cercado

> Em torno do fosso, por todos os lados, a multidão se amontoava com gritos estranhos, e eu empalideci de medo.
> *Odisseia*

> Uma vez em poder de um homem, a morte jamais o deixa partir.
> *Teogonia*

por água em abundância e ramos de árvores frutíferas carregadas que pendiam a pouca distância de seu rosto. Cada vez que se aproximava da água ou dos frutos, eles se afastavam para longe de seu alcance, levando-o ao desvario.

Sísifo, rei de Corinto, enganou Hades, induzindo-o a pensar que o trouxera ao Submundo prematuramente, e assim conseguiu voltar à terra. Como castigo, foi condenado a empurrar uma enorme rocha morro acima. Cada vez que chegava ao topo, a pedra rolava de volta, até embaixo, e ele tinha de começar tudo de novo — e de novo, para todo o sempre.

Os gregos e a vida após a morte

Hades não era o único espaço reservado aos mortos. Segundo os autores antigos, os heróis e os mais virtuosos eram enviados para os Campos Elísios — ilhas paradisíacas onde vivia-se em felicidade. Nem Hades nem os Elísios, porém, caracterizavam a visão grega antiga da vida após a morte. Histórias sobre os Elísios ou o castigo de Sísifo eram narrativas isoladas: não há consenso de que os gregos antigos como um todo acreditavam num julgamento dos mortos. ▪

Hécate

Apesar da vitória de Zeus sobre Cronos e os titãs, e de sua inabalável autoridade sobre o universo, a *Teogonia* de Hesíodo registra que a deusa Hécate, associada à escuridão, era respeitada "acima de todos os outros". A escuridão e a morte eram vistas como elementos imutáveis e poderosos. Hécate era comumente retratada com três cabeças, representando a lua cheia, a crescente e a escuridão do céu. Costumava ser identificada com encruzilhadas, especialmente onde três caminhos se entroncavam. Associada a espaços intermediários e transições, era muitas vezes louvada por aqueles desejosos de que os entes queridos tivessem uma travessia segura para o reino dos mortos. Hécate foi convidada a permanecer no Submundo como companhia para a mulher de Hades, Perséfone, mas podia ir e vir quando bem entendesse. No mito, Perséfone costuma ser vista como a donzela e Deméter, a mãe; Hécate é a velha que completa o trio.

FURTIVAMENTE, ELE PASSOU ÀS MÃOS DELA UMA ROMÃ, DOCE COMO MEL
O RAPTO DE PERSÉFONE

EM RESUMO

TEMA
Vida, morte e as estações

FONTES
Teogonia, Hesíodo, c. 700 a.C.; *Hino a Deméter*, Homero, c. 600 a.C.; *Descrição da Grécia*, Pausânias, c. 150 d.C.

CENÁRIO
Sicília; o Submundo.

PRINCIPAIS FIGURAS
Deméter Deusa da colheita, irmã de Zeus e Hades.

Perséfone Filha de Deméter, que se tornou rainha do Submundo.

Hades Deus do Submundo e irmão de Deméter

Um dos clássicos gregos, *Hinos homéricos*, refere-se a Deméter como a "deusa de cabelos gloriosos" — suas tranças fartas e sedosas simbolizavam a abundância da colheita. Deméter era a deusa da colheita, responsável por assegurar campos ricos e férteis. Antes que a tragédia lhe acometesse, não havia inverno, frio ou deterioração.

O rapto de Perséfone
Certo dia, Perséfone, a amada filha de Deméter, saiu com algumas ninfas para colher flores num dos vales mais bonitos da Sicília. Perséfone maravilhou-se com as "rosas, o açafrão, lindas violetas… íris, jacintos e narcisos", exultante

Hades rapta Perséfone num campo de narcisos, em *O destino de Perséfone*, do pintor britânico Walter Crane (1877). Dois de seus quatro cavalos refugam entre um mundo ensolarado e a total escuridão.

com a beleza das cores e as fragrâncias do entorno.

Ao arrancar um narciso, a terra se abriu sob seus pés. Uma imensa biga, puxada por cavalos negros, saiu do solo. Suas companheiras fugiram, mas Perséfone ficou paralisada. Uma silhueta alta e sombria apeou da biga e a apanhou. O tio de Perséfone, Hades, tinha vindo do Submundo para fazer dela sua noiva. Perséfone lutou e chorou, gritando por seu pai, Zeus. Mas

Veja também: Os deuses olímpicos 24-31 ▪ Hades e o Submundo 48-49 ▪ Cupido e Psiquê 112-13

Hades arrastou
Perséfone para sua
veloz carruagem
e ela gritou bem alto.
Hino a Deméter

os apelos ficaram sem resposta. Algumas versões do mito sugerem que o próprio Zeus tomara parte no rapto, conspirando com o irmão. Hades levou Perséfone consigo para o lúgubre Submundo, prometendo-lhe torná-la rainha de seu mundo subterrâneo, adorada e reverenciada por todos — mas ela permaneceu inconsolável.

O desespero de Deméter

Deméter, mãe de Perséfone, igualmente atormentada, saiu descontrolada à procura da filha, vasculhando florestas, campos e elevações. Gritou por ela várias vezes, sem obter resposta. Em seu sofrimento, Deméter danificou os campos, destruindo as plantações e secando todas as folhas. Era como se a terra inteira tivesse morrido. Por fim, o deus do Sol, Hélio, acabou contando a Deméter que seu irmão Hades havia sumido com sua filha, levando-a para seu reino funesto. Com essa notícia, Deméter encheu-se de ira e trouxe ainda mais destruição à terra. O

sequestro de Perséfone desestabilizou toda a criação. Por fim, Zeus foi forçado a intervir na briga entre os irmãos. Ele ordenou que Hades deveria libertar Perséfone, contanto que ela não tivesse comido ou bebido nada desde sua chegada ao Submundo.

Uma solução temporária

Infelizmente, Perséfone tinha comido algo no Submundo. Hades lhe dera uma romã, fruto dos mortos, e ela ingerira vários dos doces caroços. Isso resultou em uma nova sentença de Zeus, que decidiu que Perséfone poderia voltar ao mundo de cima — mas teria de descer ao Submundo e morar com Hades por três meses todos os anos.

A sentença de Perséfone explicava por que, com o início do inverno, o mundo parece desaparecer e morrer, enquanto Deméter lamenta a ausência da filha. Em seguida, com a chegada da primavera e Perséfone de volta à superfície da terra, os campos e as florestas voltam a vicejar. ▪

Furtivamente, porém,
Hades passou às
mãos de Perséfone
uma romã, doce
como mel.
Hino a Deméter

Os mistérios eleusinos

Os sacerdotes do santuário de Elêusis, localidade perto de Atenas, na região da Ática, criaram um conjunto esmerado de cerimônias, baseado na história do sequestro de Perséfone. Os "mistérios eleusinos" figuram entre os mais antigos e famosos ritos religiosos secretos dos antigos gregos. No período clássico grego (séculos V e IV a.C.), os mistérios eleusinos já eram antigos. O culto se espalhou até Atenas logo após a anexação de Elêusis em 600 a.C. Como em rituais semelhantes, em outras sociedades primitivas, o culto eleusino lutou para impor uma noção de controle sobre o ciclo de crescimento e das estações.

O ponto alto do calendário eleusino acontecia por volta do final do inverno, com cerimônias concebidas para garantir a volta do sol e a renovação da terra. As cerimônias envolviam ritos de purificação pessoal, sacrifícios de animais, libações (o ritual de derramar vinho sobre a terra), jejuns e festejos.

Os sacerdotes de Elêusis cultuavam Deméter, Cibele e Perséfone neste altar de Calandri, na Ática, c. 360 d.C. A figura masculina é Iaco, líder dos mistérios eleusinos.

AS DAMAS DESVAIRADAS SAÍAM CORRENDO DE SUAS CASAS
O CULTO A DIONÍSIO

EM RESUMO

TEMA
Paixão versus repressão

FONTES
Hinos homéricos a Dionísio, Homero, c. 600 a.C.; *Sobre a natureza*, Heráclito, c. 500 a.C.; *As bacantes*, Eurípedes, 405 a.C.

CENÁRIO
Área rural ao redor de Tebas, Grécia central, durante o reinado do rei Penteu.

PRINCIPAIS FIGURAS
Dionísio Deus da fertilidade, do vinho e da loucura.

Zeus Rei dos deuses.

Sêmele Mãe de Dionísio, uma mortal.

Hera Mulher de Zeus; deusa das mulheres e do casamento.

Mênades ou bacantes Figuras femininas delirantes, ébrias, seguidoras de Dionísio.

Penteu Rei de Tebas.

Dionísio, o deus do vinho e do êxtase, nasceu da ligação de Zeus com uma mortal chamada Sêmele. A insistência dela em ver Zeus revelado em seu esplendor divino causou-lhe a morte, porque não era permitido que uma reles mortal visse um deus sem disfarce, ou seja, em sua forma real. Zeus resgatou o feto e o costurou em sua coxa. Depois disso, Dionísio nasceu novamente — como um deus-menino e como símbolo da fertilidade. Então, Hera, a mulher de Zeus, amaldiçoou Dionísio, enviando os titãs para matá-lo e esquartejá-lo.

Mulheres, ei-lo aqui: o homem que zomba de vocês e de mim, e dos nossos rituais desregrados.
As bacantes

Entretanto, mais uma vez, Zeus trouxe o filho de volta à vida.

As mênades ou bacantes
Dionísio governava a fertilidade, tanto dos vinhedos quanto do útero das mulheres. Era seguido, sobretudo, por mulheres conhecidas como mênades — ou "as desvairadas". Elas partilhavam o mesmo amor pelo vinho e o comportamento turbulento de seu deus, e ele as estimulava a se entregar a ambos. As mênades perambulavam em bandos, aterrorizando a área rural de Tebas, de tal forma que Penteu, o rei de Tebas, baniu o culto a Dionísio. Muitas mulheres, inclusive a mãe do rei, rejeitaram com veemência o decreto. Dirigiram-se, então, àquela região para louvar o deus do vinho num rito culminante e derradeiro.

Dionísio convenceu Penteu a subir numa árvore para apreciar a orgia final. Vestido de mulher, o rei pôs-se a observar, mas foi flagrado pelas mênades arrebatadas. Tomando-o por um animal selvagem, cortaram-lhe os membros, um a um. ∎

Veja também: Os deuses olímpicos 24-31 ▪ Os muitos "casos" de Zeus 42-47 ▪ Vesta e Príapo 108-09 ▪ Um deus complexo 164

VOLTANDO-SE, OLHOU DE RELANCE PARA A ESPOSA, E ELA TEVE DE DESCER DE VOLTA
ORFEU E EURÍDICE

EM RESUMO

TEMA
A inevitabilidade da morte

FONTES
As argonáuticas, Apolônio de Rodes, c. 250 a.C.; *Biblioteca*, Pseudo-Apolodoro, c. 100 d.C.

CENÁRIO
Grécia e o Submundo.

PRINCIPAIS FIGURAS
Orfeu Músico renomado; filho de Calíope e Éagro.

Eurídice A noiva de Orfeu; morta no dia do casamento.

Hades O rei do Submundo.

Perséfone A jovem esposa de Hades e rainha do Submundo.

O grande trovador da mitologia grega, Orfeu, nasceu do relacionamento entre Calíope, a musa da poesia, e Éagro, deus-rio da Trácia. Os versos mais sentimentais de Orfeu foram dedicados a Eurídice, que se tornou sua mulher — morta por uma picada de cobra no dia de seu casamento.

Pranto lírico
Vagando pelos bosques, Orfeu pranteou Eurídice com uma canção apaixonada, muito superior a tudo o que já havia composto. A melodia era tão comovente que as ninfas e os deuses choraram ao ouvi-la. Por fim, Orfeu decidiu viajar até o Submundo para implorar a Hades e sua rainha que tivessem compaixão dele e devolvessem a vida a Eurídice.

No Submundo, ele tocou para Hades e Perséfone. A rainha ficou tão impressionada com a música que implorou ao marido para burlar as regras do Submundo e libertar Eurídice. Hades concordou, com a condição de que Orfeu não pusesse os olhos sobre Eurídice enquanto ela estivesse no Submundo. Orfeu conduziu a noiva pelas cavernas da escuridão e do desespero, subindo lentamente em direção à superfície da terra. Eurídice o seguia a certa distância, para que ele não a olhasse.

Por fim, Orfeu vislumbrou acima um vestígio da luz do dia. Todo feliz, olhou rapidamente para trás, para sua mulher, apenas em tempo de se dar conta de que a perdera, ao vê-la sendo puxada para baixo, em desespero, para os domínios da morte. ∎

Orfeu toca sua lira em um mosaico romano do século III d.C., de Antáquia, Turquia. O trovador está cercado por animais selvagens, extasiados com sua música sublime.

Veja também: Hades e o Submundo 48-49 ∎ O rapto de Perséfone 50-51 ∎ *A descida de Inanna* 182-87 ∎ Osíris e o Submundo 276-83

UM PROVEDUR DE SONHOS

O PRIMEIRO DIA DE HERMES

EM RESUMO

TEMA
Imprevisibilidade e mudança

FONTES
Odisseia, Homero, século VIII a.C.; *Teogonia*, Hesíodo, c. 700 a.C.; *Hinos homéricos*, autor anônimo, c. 600 a.C.; *Hinos órficos*, autor anônimo, c. 250 a.C.-150 d.C.

CENÁRIO
Monte Olimpo, Grécia.

PRINCIPAIS FIGURAS
Hermes O deus mensageiro; filho de Zeus e Maia.

Zeus Rei dos deuses.

Maia Filha de Atlas e Pleione; mãe de Hermes.

Atlas Um titã; pai de Maia.

Pleione Uma oceânide; mãe de Maia.

Apolo O deus do Sol.

Órion Um gigante caçador.

Em geral conhecido como o "mensageiro dos deuses", Hermes era isso e muito mais. Ficou famoso por ir de um lugar a outro em instantes, levado pelos ares pelas sandálias aladas que se tornariam seu símbolo. A habilidade para voar era essencial ao papel de mensageiro. Simbolicamente, porém, o deslocamento rápido do deus

O deus Hermes, empunhando um açoite na mão direita, conduz a biga que levava a ninfa Basile e Echelo, seu raptor, em relevo comemorativo de mármore datado de 410 a.C.

sugeria sua rapidez de pensamento e o desprezo pelas restrições normais de tempo e espaço.

Brotando para a vida
Hermes era filho de Zeus e Maia, filha do titã Atlas e da oceânide Pleione. Conhecido como Mercúrio pelos romanos, ele manifestou sua natureza mercurial desde que (segundo o *Hino homérico* a Hermes) "saltou direto do útero de sua mãe", aterrissando dentro do berço. O jovem deus não ficou deitado ali por muito tempo. Em vez disso — e mesmo tendo apenas uma hora de vida — saiu da gruta

Veja também: A guerra entre deuses e titãs 32-33 ▪ Os muitos "casos" de Zeus 42-47 ▪ A saga de Odisseu 66-71 ▪ Aracne e Minerva 115 ▪ As aventuras de Thor e Loki em Jötunheim 146-47 ▪ Ananse, a aranha 286-87

As sete filhas de Atlas e Pleione — aqui retratadas por Elihu Vedder (1885) — voam para os céus e se tornam as Plêiades.

Maia e as Plêiades

A mãe de Hermes foi uma das muitas conquistas amorosas de Zeus. Segundo a *Teogonia* de Hesíodo, Maia, a filha de Atlas, o titã, e de Pleione, a oceânide, subiu até o "leito sagrado" de Zeus, dormiu com ele e lhe deu um filho — o deus mensageiro. Maia, por sua vez, foi recompensada com sua própria transformação, ganhando asas.

Após a guerra entre deuses e titãs, enquanto Atlas foi obrigado a carregar os céus nos ombros, sua mulher Pleione foi perseguida romanticamente por Órion, o enorme caçador. Por sete anos, Órion assediou não só a oceânide, como também suas sete filhas. Por fim, Zeus atendeu às preces delas e interveio, primeiro transformando Órion no conjunto de estrelas hoje associado ao nome dele — o cinturão de Órion. Em seguida, transformou Pleione e suas filhas, inclusive Maia, em pombas. Elas voaram pela noite para se tornar as Plêiades, uma constelação cuja aparência é tradicionalmente associada à chegada do tempo chuvoso.

que servia de refúgio à sua mãe decidido a encontrar e roubar o gado do deus do Sol, Apolo. Mal Hermes pisou fora da gruta, distraiu-se com um jabuti. Esvaziou o casco do animal e fez dele "um instrumento". Recobriu o casco com couro de boi, deixando uma abertura para produzir o som; em seguida, esticou cordas ao longo do casco e criou uma ponte de madeira para prendê-las, fabricando a primeira lira do mundo. Dedilhando as cordas, entoou canções que recontavam histórias épicas sobre o mundo e a criação — sobre os titãs, os olímpicos, as ninfas, os homens e as mulheres e outros seres.

Um deus de muitas faces

Ainda não contava um dia de vida e Hermes já era o primeiro músico, poeta e historiador do mundo. Sua natureza multifacetada também era inconstante. Os *Hinos homéricos* afirmam que, mesmo enquanto cantava, ele estava "internamente voltado para outros assuntos": quando o sol de Apolo se pôs, Hermes entrou furtivamente nas terras do deus e roubou seu gado. Tratou de levar o rebanho para sua casa de marcha a ré, de modo que o rastro deixado parecesse seguir na direção oposta.

A esperteza ágil demonstrada por Hermes tinha muito em comum com espíritos "trapaceiros" de outras mitologias, como o de Ananse do oeste africano ou de Loki, de uma lenda nórdica. Apesar de gostar de pregar peças, Hermes também era capaz de feitos mais sérios. Por exemplo, ele é tido como o inventor do ritual do sacrifício, ao abater duas vacas de Apolo, esfolando-as e

[Hermes] amarrou nos pés as sandálias douradas, imortais, que o levavam mais rápido do que o vento.
Odisseia

E Maia teve com Zeus o glorioso Hermes, o arauto dos deuses imortais.
Teogonia

assando-as. Embora faminto, deixou a apetitosa carne sobre uma plataforma para expiar o roubo.

O caduceu, bastão que Hermes carregava na mão esquerda, conferia sono e cura a um simples toque. As duas serpentes sinuosas, simetricamente entrelaçadas em torno do caduceu, sugerem sua capacidade de equilibrar e reconciliar lados contrários, seja pela alteração de suas formas ou por meio de negociação ou troca — acreditava-se também que Hermes era o deus do comércio. ▪

ATENA OFERECE A OLIVEIRA, POSEIDON, A ONDA

A FUNDAÇÃO DE ATENAS

EM RESUMO

TEMA
As origens do estado

FONTES
Hinos homéricos, autor anônimo, c. 600 a.C.; *Biblioteca*, Pseudo-Apolodoro, c. 100 d.C.; *Descrição da Grécia*, Pausânias, c. 150 d.C.

CENÁRIO
Atenas, Grécia.

PRINCIPAIS FIGURAS
Atena Deusa da sabedoria e divindade protetora de Atenas.

Hefesto Deus dos ferreiros e artífices; pai de Erictônio.

Erictônio Fundador da cidade de Atenas.

Poseidon Rei dos mares e concorrente a protetor de Atenas.

Cécrope Primeiro rei de Atenas.

O *Hino homérico* a Atena começa com as palavras: "Canto a respeito de Atena, guardiã da cidade". Nenhuma outra divindade foi tão identificada com um lugar, nem outro local tem tamanha expressão na percepção que modernamente temos da cultura grega. Quando pensamos na Grécia antiga — em sua literatura, arte e democracia —, a antiga Atenas é nossa maior referência. As associações mitológicas de Atenas com a deusa da sabedoria refletem-se em sua reputação como um reduto repleto de filósofos, artistas e dramaturgos. Esse legado fascinante originou-se de fundações sólidas, comerciais e industriais, na

O Partenon (Templo da Deusa Virgem) foi construído no topo da Acrópole de Atenas, em meados do século v a.C., substituindo um templo anterior dedicado a Atena.

medida em que a prosperidade, a confiança e a qualificação técnica de seu povo se fundiram para fazer a cidade crescer e prosperar.

Trabalho e prazer
Há um mito de fundação que torna explícita essa união entre beleza e tecnologia, ligando os primórdios de Atenas a Hefesto, o deus ferreiro. Aleijado e feio, Hefesto era casado com a bela Afrodite, união simbolicamente sugestiva do

Veja também: Os deuses olímpicos 24-31 ▪ Os muitos "casos" de Zeus 42-47 ▪ Cupido e Psiquê 112-13 ▪ Aracne e Minerva 115

casamento entre utilidade e beleza, entre trabalho e prazer, prevalecente na cultura grega. Entretanto, assim como em outros casamentos olímpicos, eram frequentes as infidelidades nessa união.

Nasce um filho

A certa altura, Afrodite abandonou completamente o marido e ficou com o deus da guerra, Ares. Depois que ela se foi, Hefesto caiu de amores por Atena, assediou-a e tentou estuprá-la.

Resistindo furiosamente, Atena afastou Hefesto dela no momento da ejaculação. O sêmen atingiu a coxa de Atena, que o descartou com desprezo. O líquido seminal foi parar em solo grego, produzindo ali uma nova vida; em algumas narrativas, esse rebento foi Erictônio (nascido do próprio solo), que viria a fundar a cidade de Atenas.

Por terra e por mar

Atena desempenhou um papel central em outros mitos da fundação da cidade. Enquanto Erictônio se empenhava em estabelecer sua comunidade na costa da Ática, convocou os deuses para que um protetor divino fosse escolhido. Com Atena e Poseidon ferrenhamente interessados no cargo, organizou-se uma competição para ver o que cada uma das divindades tinha a oferecer à cidade e ao povo. A vitória seria decidida — bem de acordo com o berço da democracia — pelo voto.

Na competição, Poseidon sacudiu a terra, golpeando-a com seu tridente e provocando uma onda enorme, que criou uma fonte abundante de água — porém salgada. Em resposta, Atena esmurrou o chão, de onde surgiu uma oliveira, carregada de seus

Os atenienses são muito mais devotados à religião do que os outros homens.
Descrição da Grécia

valiosos frutos. Cécrope, rei da cidade, confirmou a deusa da sabedoria como a eleita pelo povo. No entanto, o presente de Poseidon assegurou que o porto de Atenas seria tão importante para sua prosperidade quanto seus campos e pomares férteis. "Olhai com bondade para aqueles que trilham seu caminho com navios", diz o *Hino homérico* a Poseidon. O rei dos mares permaneceu nas orações da cidade. ▪

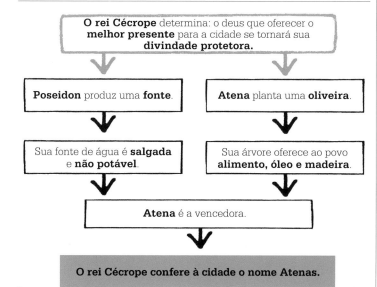

O rei Cécrope determina: o deus que oferecer o **melhor presente** para a cidade se tornará sua **divindade protetora.**

Poseidon produz uma **fonte.** → Sua fonte de água é **salgada** e **não potável.**

Atena planta uma **oliveira.** → Sua árvore oferece ao povo **alimento, óleo e madeira.**

Atena é a vencedora.

O rei Cécrope confere à cidade o nome Atenas.

A competição entre Atena e Poseidon, retratada numa ânfora criada pelo Pintor de Amasis, c. 540 a.C. Na assinatura entre os dois deuses, lê-se *Amasis mepoiesen* (Feita por Amasis).

DAREI CONSELHO INFALÍVEL A TODOS OS QUE O BUSCAREM

APOLO E O ORÁCULO DE DELFOS

EM RESUMO

TEMA
Inspiração, poesia e sabedoria

FONTES
Hinos homéricos, autor anônimo, c. 600 a.C.; *Descrição da Grécia*, Pausânias, c. 150 d.C.

CENÁRIO
Delfos, nas encostas do monte Parnaso, na Grécia central.

PRINCIPAIS FIGURAS
Apolo Rei do sol e das artes, e que também era associado à sabedoria.

A Pítia A sumo sacerdotisa de Apolo, em Delfos.

Hera Mulher de Zeus.

Zeus O rei dos deuses olímpicos; pai de Apolo.

Leto Mãe de Apolo e Artemísia.

Artemísia Irmã de Apolo.

Esculápio Filho de Apolo.

No Templo de Apolo em Delfos, nas encostas do monte Parnaso, no centro da Grécia, encontrava-se o mais importante oráculo do mundo antigo. Acreditava-se que o deus Apolo transmitia suas profecias por intermédio da Pítia, a sumo sacerdotisa do templo.

Erigindo um templo

A ligação de Apolo com Delfos começou quando ele tinha apenas quatro dias de nascido. Assumindo a forma de um golfinho, Apolo deixou seu lugar de nascença, na ilha de Delos, nas Cíclades — conjunto de ilhas no mar Egeu —, para sair à procura e matar o temido Píton. Esse dragão imenso e feroz vivia no interior da terra, embaixo do que era considerado seu *omphalos* ou "umbigo", perto da cidade de Delfos. Tomada de raiva, Hera, mulher de

A Pítia sentada sobre um tripé enquanto recebe mensagem de Apolo, no quadro *O oráculo* (1880), de Camilo Miola. As figuras ajoelhadas à frente balançam ramos de louro como parte do ritual.

Veja também: A guerra entre deuses e titãs 32-33 ▪ O monte Olimpo 34-35 ▪ Os muitos "casos" de Zeus 42-47 ▪ Apolo e Dafne 60-61 ▪ A Sibila de Cumas 110-11

Zeus, tinha enviado o monstro para perseguir a mãe de Apolo, a deusa Leto, que engravidara de Zeus.

Embora Leto tivesse escapado e dado à luz Apolo e sua irmã gêmea Artemísia em Delos, Apolo queria vingar a tentativa de destruir sua mãe. Ele matou Píton com o arco e as flechas fabricadas para ele por Hefesto, o deus ferreiro. Enterrou a criatura embaixo da pedra do *omphalos*, que marcava o centro geográfico da terra, e erigiu seu templo para simbolizar o triunfo retumbante do céu sobre a terra.

Alegria e sabedoria

Já no século V a.C., Apolo havia superado Hélio, o titã, como deus do Sol no panteão grego. O *Hino homérico* a Apolo aplaude o "esplendor de seu brilho". Diz ainda que o deus nascera para ser a "alegria dos homens" e que "declararia aos homens a vontade infalível de Zeus", referências a seu papel como deus da poesia e da música, e à sua ligação com a sabedoria. A invenção da medicina

foi igualmente atribuída a Apolo — embora ele transferisse a maior parte desse papel a Esculápio, um de seus filhos. Era também protetor dos pastores, identificados com o idílio pastoril, cantado na poesia grega. Pã, deus da fertilidade e dos pastores, e tocador de pífanos, desafiou Apolo para um duelo musical. Apolo, que tocava a lira dourada (um dos muitos atributos do deus e que consta de muitas de suas representações), cativou a

A criança saltou
para a luz e todas
as deusas soltaram
um grito.
Hino homérico a Apolo

O templo de Apolo em Delfos, do século IV a.C. Segundo Pausânias, templos anteriores no mesmo local foram feitos com ramos de loureiro, cera de abelha ou bronze.

plateia e foi aclamado por unanimidade o vencedor.

Apolo comunicava sua sabedoria por intermédio do oráculo de Delfos. O povo acorria a Delfos de todos os cantos da Grécia para tomar conhecimento dos eventos futuros e da vontade de Zeus, especialmente em tempos de crise nacional, como na guerra, quando mais de uma pítia desempenhava o papel de porta-voz de Apolo. O povo oferecia sacrifícios de animais a Apolo e em seguida esperava pacientemente enquanto a Pítia, sentada à beira de um caldeirão, com o vapor vulcânico a envolvendo, canalizava as respostas do deus. A Pítia emitia uma profusão de falas, muitas vezes incoerentes. As autoridades do santuário as interpretavam e depois registravam as preciosas palavras de sabedoria em versos hexâmetros. ▪

ELE AMOU; ELA FUGIU DO AMOR

APOLO E DAFNE

Apolo se destacou entre os maiores deuses, dono de prestígio incontestável, um ser radiante com todo o esplendor do sol. Em contrapartida, Eros personificou o desejo sexual em toda a sua carência e ousadia. Como uma criança crescida, era um encrenqueiro imprevisível que agia segundo seus impulsos.

Apolo foi o deus do arco e flecha e exímio arqueiro. O arco de prata tanto era um símbolo de poder quanto uma arma; as flechas raramente eram usadas. Eros também tinha arco e flechas, usados habitualmente em suas conquistas. Seus dardos afiados, com ponta de ouro, faziam o alvo se apaixonar imediatamente. Ele tinha ainda um segundo conjunto de flechas: com pontas cegas e recobertas de chumbo, acabavam com o afeto de qualquer pessoa que atingissem. As armas tornaram Eros sedento pelo poder.

Deuses em desacordo
Vendo Eros cheio de si, Apolo não podia deixar de zombá-lo. Recém-chegado do triunfo acachapante sobre o monstruoso Píton — abatido por mil flechas de sua aljava —, Apolo riu ao ver aquela criancinha armada, toda orgulhosa. Apolo acreditava que o menino atrevido não estava apto a carregar arco e flecha, e disse isso ao jovem Eros.

Inflado pela ira petulante, o menino retrucou, gritando que se vingaria; faria o deus do Sol se arrepender pelo desdém em relação a ele. As paixões que suas flechas com ponta de ouro despertavam prevaleceriam sobre o mais poderoso dos indivíduos. Nem mesmo Apolo estaria imune, conforme o deus do Sol logo veio a constatar.

Eros se vinga
Dependendo da versão, a vingança ocorreu perto do rio Peneu, na planície da Tessália, na Grécia central, ou no rio Ladão, no

Você não sabe de quem está fugindo, ninfa desatenta.
Metamorfoses

Veja também: Os deuses olímpicos 24-31 ▪ Apolo e o oráculo de Delfos 58-59 ▪ Afrodite e Adônis 88-89 ▪ Cupido e Psiquê 112-13

Peloponeso, ao sul da Grécia. Eros encontrou Dafne, uma bela e virginal náiade (ninfa da água) e filha do deus-rio — chamado por Ovídio de Peneu —, nas margens do rio de seu pai. Eros mirou e acertou Dafne com sua flecha de chumbo. Virando-se, ele atirou outra flecha, dessa vez com a ponta de ouro, acertando Apolo. O deus do Sol mal teve tempo de sentir a dor: vendo Dafne, ficou imediata e completamente apaixonado, tomado de desejo.

Dafne, entretanto, fora golpeada com a mesma força pela flecha de chumbo de Eros. Vendo Apolo, mesmo com toda sua beleza, ela se

Dafne se esquiva de Apolo nesta pintura do artista italiano Giovanni Battista Tiepolo, de meados do século XVIII. Eros se esconde e Peneu vê a ninfa se transformar num loureiro.

esquivou. Conforme ele se aproximava dela com votos de amor eterno, Dafne se virava e fugia. Perseguida por Apolo, ela chamou por seu pai enquanto corria, e tão logo Apolo a pegou e a tomou em seus braços, Peneu respondeu aos apelos da filha, transformando-a em um loureiro. Apolo, ainda ardendo de desejo, declarou que mesmo que Dafne não pudesse ser sua noiva tomaria posse do loureiro. Daquele dia em diante, as folhas do loureiro sempre adornariam seus cabelos, a lira e a aljava. Guirlandas de loureiro seriam usadas para homenagear generais vitoriosos em cortejos triunfais, e combinando com a imortalidade e o cabelo sempre brilhoso de Apolo, as folhas de louro jamais perderiam o viço. O loureiro, então, inclinou seus galhos como se estivesse concordando. ▪

Eros

Em geral um personagem menor nas histórias da mitologia grega, Eros era filho de Afrodite, a deusa do amor. Ele também representava o amor, porém como desejo sexual, o "erotismo". Muitas vezes retratado como um menino franzino e perturbador, podia ser melindroso e se ofender com facilidade, como quando provocado por Apolo. Também se mostrava indiscreto e caprichoso, e até mesmo perverso; a vingança contra Apolo teve a mais cruel das consequências para Dafne. Por vezes, Eros era retratado com uma venda, para mostrar sua falta de discernimento — a luxúria via de regra não envolve muita lógica ou julgamento. Eros talvez seja mais conhecido hoje pelo seu nome romano, Cupido. Com o tempo, o modo de esse deus ser retratado foi se modificando, do menino franzino da tradição grega para o jovem querubim rechonchudo tão familiar na arte clássica ocidental e nos atuais cartões do dia dos namorados.

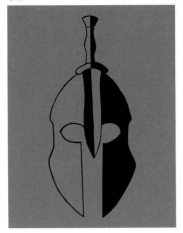

VIDA E MORTE EQUILIBRADAS NO FIO DE UMA LANÇA

A GUERRA DE TROIA

EM RESUMO

TEMA
Guerra épica

FONTES
Ilíada e *Odisseia*, Homero,
século VIII a.C.

CENÁRIO
A cidade de Troia, na Ásia
Menor (Turquia ocidental), e
Grécia, c. século XII a.C.

PRINCIPAIS FIGURAS
Afrodite Filha de Urano,
deusa do amor.

Páris Um príncipe de Troia.

Helena Rainha de Esparta.

Menelau Rei de Esparta.

Agamenon Rei de Micenas,
ao sul da Grécia.

Aquiles Semideus; o maior
guerreiro grego.

Pátroclo Companheiro de
Aquiles.

Heitor Irmão de Páris.

Odisseu Rei de Ítaca.

A Guerra de Troia inspirou alguns dos maiores e mais antigos poetas gregos: Homero, autor da *Ilíada* e da *Odisseia*. Embora possuindo aspectos míticos, a história pode ter se baseado num conflito entre micênicos e hititas do século XII a.C. A cadeia de eventos que levou à guerra teve início quando a deusa Afrodite ofereceu a Páris, um príncipe troiano, o amor de Helena, a mulher mais bonita do mundo. Helena já era casada com o rei Menelau de Esparta, mas Páris, ignorando isso, raptou-a. O marido ficou furioso. Menelau persuadiu seu irmão Agamenon, rei de Micenas, a liderar uma aliança grega até Troia para recapturar sua esposa. Faziam

parte do exército grego o semideus guerreiro Aquiles, filho da oceânide Tétis, e Odisseu, o astuto rei de Ítaca. Eles atravessaram o mar rumo a Troia, mas não foram capazes de romper os muros da cidade. Após nove anos fora de casa, a aliança grega se enfraquecia. Os homens estavam à beira do motim, e uma praga diminuiu suas fileiras. Aquiles recusou-se a lutar depois que Agamenon se apoderou de uma de suas concubinas. Apesar da

Helena foi raptada por Páris e levada para seu navio, mas, impressionada com sua beleza, pode ter ido por vontade própria. Este relevo em alabastro decora uma urna funerária etrusca, séc. II a.C.

Veja também: A saga de Odisseu 66-71 ▪ Eneias, fundador de Roma 96-101 ▪ *O roubo do gado de Cooley* 166-67

O cavalo de madeira é trazido para dentro dos muros da cidade em *A procissão do cavalo troiano*, de Giovanni Battista Tiepolo (c. 1760).

ausência, os gregos se uniram e travaram uma batalha campal com os troianos. Menelau estava prestes a matar Páris quando Afrodite interveio para salvá-lo.

Atacando os muros da cidade

Os troianos se reagruparam e expulsaram os gregos. Aquiles recusou-se a lutar, mas permitiu que seu companheiro mais próximo Pátroclo pegasse emprestada sua armadura. Pátroclo inspirou o contra-ataque grego e encurralou os troianos contra os muros da cidade. Ele foi assassinado por Heitor, o maior de todos os guerreiros de Troia, que o despiu da armadura. Devastado, Aquiles construiu uma imensa pira funerária para seu querido Pátroclo, promoveu jogos fúnebres em sua homenagem e voltou para a batalha para se vingar. Matando Heitor num combate individual, recusou-se a devolver o corpo para o enterro real; em vez disso, arrastou-o com sua biga ao redor dos muros de Troia. Logo depois, Aquiles foi mortalmente ferido quando Páris o atingiu com uma flecha no calcanhar — a única parte mortal de seu corpo. Então no décimo ano, a guerra foi vencida não pela força, mas por um estratagema. Odisseu fez os gregos construírem um cavalo de madeira gigantesco e oco. Eles o encheram com soldados e o deixaram do lado de fora dos portões de Troia. O restante dos gregos ficou fora do campo de visão, de modo que os troianos acreditaram que tinham ido embora. Pensando que a guerra havia acabado, os troianos puxaram o cavalo para dentro dos muros da cidade. Ao anoitecer, os gregos que estavam dentro do cavalo saíram, exterminaram os guardas de Troia e deixaram entrar a outra parte do exército grego. Um massacre selvagem se seguiu e Troia foi completamente queimada. Menelau recapturou Helena, mas ambos os lados perderam alguns de seus mais famosos guerreiros e grande parte da população. Os gregos, devido à deliberada destruição dos templos durante o saque de Troia, perderam também a boa vontade dos deuses. ▪

Aquiles

O guerreiro Aquiles era filho de Tétis, uma oceânide, e do rei Peleu da Pítia. Quando nasceu, sua mãe, para torná-lo imortal, o mergulhou no rio Estige, que corria entre a terra e o Hades. Ela o segurou pelo calcanhar esquerdo, deixando ali um ponto vulnerável. Ao crescer, ensinado pelo sábio centauro Quíron, Aquiles se tornou um guerreiro. Quando a Guerra de Troia teve início, Quíron deu a Aquiles um poderoso escudo, mas Tétis interveio antes que o filho se juntasse ao combate. Calchas havia profetizado que Aquiles ajudaria os gregos a tomarem Troia. Temendo pelo filho, Tétis disfarçou Aquiles de mulher, escondendo-o na casa do rei de Ciros. Odisseu, entretanto, logo o encontrou e descobriu sua verdadeira identidade. Depois de se casar com a filha do rei, Aquiles saiu de Ciros para liderar o exército de Odisseu.

ESTE CASAL DE TIRANOS. MATARAM MEU PAI

ORESTES VINGA AGAMENON

EM RESUMO

TEMA
Vingança versus justiça

FONTES
Odisseia, Homero, século VIII a.C.; *Oresteia*, Ésquilo, 458 a.C.; *Orestes*, Eurípedes, 408 a.C.; *Electra*, Sófocles, c. 400 a.C.

CENÁRIO
Palácio de Agamenon, Micenas, Argos, Grécia.

PRINCIPAIS FIGURAS
Agamenon O rei de Argos assassinado.

Ifigênia A filha sacrificada de Agamenon.

Clitmnestra Esposa de Agamenon.

Egisto Amante de Clitmnestra; sucessor de Agamenon como rei.

Orestes Filho de Agamenon, que matou Egisto.

Electra Filha de Agamenon.

gamenon, rei de Argos, comandou as forças gregas durante a lendária Guerra de Troia. A história de sua família esteve imersa em sangue e traição. Uma hostilidade implacável entre seu pai, Atreu, e seu tio, Tiestes, já havia gerado adultério, múltiplos assassinatos e um ódio permanente na época do início do conflito de Troia na Ásia Menor. Essa terrível ancestralidade viria a ser passada para a nova geração.

O sacrifício de Ifigênia

A partida de Agamenon para Troia com sua frota de mil navios se atrasou por semanas devido aos ventos adversos enviados pela deusa Artemísia, a quem ele havia ofendido

Este homem, Agamenon, meu marido, está morto, obra desta mão direita.
Oresteia

matando um cervo sagrado. Para banir esses ventos, o rei, relutantemente atendendo ao conselho de um profeta, sacrificou sua própria e inocente filha, Ifigênia, a quem havia atraído para a costa sob a falsa promessa de um marido. Esse foi o ato que sua mulher, Clitmnestra, não perdoaria nem esqueceria.

O rei é assassinado

Enquanto Agamenon estava fora, na guerra, a rainha arranjou um amante chamado Egisto, primo em primeiro grau de Agamenon. Eles tinham se tornado inimigos mortais desde que o pai do rei assassinara os irmãos de Egisto. Ganhando acesso ao leito de Agamenon, Egisto rapidamente apossou-se também de sua coroa. Logo, ele e Clitmnestra estavam governando como rei e rainha em Argos e expondo abertamente sua união adúltera.

Tal foi a situação encontrada por Agamenon ao retornar finalmente vitorioso após dez longos anos de guerra. Não sendo mais o senhor da própria casa, ele lutou para recuperar o que era seu. Uma luta, porém, logo perdida, ao ser assassinado pela esposa e seu amante. Diferentes versões da história expressam detalhes variados: umas dizem que o

Veja também: Os muitos "casos" de Zeus 42-47 ▪ A fundação de Atenas 56-57 ▪ A saga de Odisseu 66-71

Orestes assassina a mãe para vingar a morte do pai nesta pintura de Bernardino Mei (1655). O amante de Clitmnestra, Egisto, jaz ao lado dela, também assassinado pela mão de Orestes.

filha. Outros registros citam Clitmnestra como uma mulher com sexualidade e paixão desgovernadas.

Ambos os filhos de Agamenon — o filho Orestes e a filha Electra — estavam fora de casa quando o pai foi morto. Ao retornarem a Argos, encontraram a mãe e Egisto reinando em seu lugar. Como filho, Orestes se sentiu no dever de vingar a morte do pai, e então — com a ajuda e o estímulo da irmã — disfarçou-se e teve acesso ao palácio, onde matou Egisto.

O espírito de vingança exigiu que Clitmnestra pagasse o preço pela participação no crime. Orestes também a matou, mas levou consigo a maldição no momento da morte da mãe: as fúrias impiedosas, as erínias, o assombraram por toda a terra, até a morte, pelo crime de matricídio. Electra escapou da maldição, casando-se com o amigo de Orestes, e um dos conspiradores, Pilades. ▪

rei foi morto durante um banquete em comemoração ao seu retorno da guerra; outras, que ele foi assassinado enquanto estava nu e indefeso, após o banho.

Crime e castigo

As diferentes fontes também citam várias motivações possíveis para o assassinato de Agamenon. Em algumas, a culpa recai totalmente sobre Egisto, seu inimigo de longa data, como um ato de vingança pelos crimes do pai do rei. Noutras, a culpa recai direto sobre Clitmnestra, mostrando-a como uma mulher destemida e hostil, que assassinou o marido como vingança pela morte da

---

Ésquilo

Reverenciado como pai da tragédia, Ésquilo foi um dos primeiros dramaturgos gregos — junto com Eurípedes e Sófocles, cujos trabalhos ainda são encenados. Nasceu em 525 a.C., em Elêusis, nordeste de Atenas, e teve de lutar contra duas invasões persas. Quando não estava em guerra, Ésquilo costumava participar do concurso anual para escritores de peças, Dionísia. Ele afirmava que o deus do teatro, o próprio Dionísio, o visitara enquanto dormia e o persuadira a seguir aquela arte. Ésquilo era conhecido como um escritor produtivo, ainda que hoje apenas sete de suas peças existam. Acredita-se que cada uma ganhou o primeiro prêmio na Dionísia. A trilogia *Oresteia* — *Agamenon*, *Coéforas* e *Eumênides* — são suas peças mais conhecidas. Foi creditada a Ésquilo a autoria de *Prometeu acorrentado*, embora hoje isso seja contestado.

CONTE-ME, Ó MUSA, A HISTÓRIA DO HERÓI

A SAGA DE ODISSEU

EM RESUMO

TEMA
Viagens heroicas

FONTES
Odisseia, Homero, século VIII a.C.

CENÁRIO
A Guerra de Troia, séculos XIII e XII a.C.; o mar Egeu; Ásia Menor (Turquia ocidental); a península do Peloponeso, no sul da Grécia.

PRINCIPAIS FIGURAS
Odisseu Um guerreiro perspicaz.

Poseidon Deus do mar.

Telêmaco Filho de Odisseu.

Penélope Mulher fiel de Odisseu.

Calipso Uma ninfa.

Alcino Deus da Faécia; pai de Nausica.

Polifemo O gigante de um olho, ou ciclope.

Circe Uma feiticeira.

De todas as criaturas existentes na terra, nenhuma é mais fraca ou sem importância do que o homem.
Odisseia

Um dos vários heróis gregos que lutaram em Troia, conforme narrado na *Ilíada*, Odisseu sobressaiu por sua perspicácia e engenhosidade. Ao se tornar o tema central do segundo grande épico de Homero, a *Odisseia*, essas qualidades foram testadas ao extremo. Os eventos fatídicos relatados em ambos os poemas fazem parte de uma grande tradição oral ocorrida centenas de anos antes de terem sido escritos e mais tarde atribuídos a Homero, seu lendário autor. O retorno de Odisseu da Ásia Menor para seu reino na ilha jônica de Ítaca — na costa ocidental da Grécia — devia ter levado no máximo uma semana pelo mar. Fossem os ventos fracos ou fortes, uma antiga galera grega podia fazer um bom deslocamento, graças às turmas de 25 remadores, uma de cada lado. A viagem de Odisseu, entretanto, levou cerca de dez anos — por obstáculos e desafios que o deus do mar, Poseidon, pôs em seu caminho. Como um sinal das forças contrárias, Homero escreveu que o nome do herói em si significa "vítima da hostilidade".

Pontos bem dados

A *Odisseia* é uma peça de adiamentos; cada passo à frente é seguido quase que imediatamente por um revés. No início da história, que se passa na metade da viagem de Odisseu, a ação já estava paralisada. Calipso, uma ninfa sedutora, manteve Odisseu prisioneiro em sua ilha (possivelmente Gozo, perto de Malta). Entre os momentos de prazer com o herói cativo, ela trabalhava em seu tear, usando uma lançadeira de ouro. Ironicamente, a tecelagem de Calipso refletia o trabalho manual heroico de Penélope, mulher de Odisseu, em sua casa, em Ítaca. Ela

Calipso exibe todos os encantos com os quais captura Odisseu em sua ilha, numa pintura do século XVI, do artista flamengo Hendrick van Balen.

também se ocupava intensamente do tear. Embora muitos dos habitantes da ilha se desesperassem por não verem o retorno de Odisseu, e apesar das buscas infrutíferas de seu filho Telêmaco, Penélope permanecia fiel à memória do marido. Mantinha a distância seus vários pretendentes cada vez mais ansiosos e insistentes, prometendo fazer a escolha tão logo concluísse a tapeçaria. Toda noite, entretanto, ela passava horas desfazendo o trabalho anterior. Como Calipso, Penélope ganhava tempo, mas suas táticas de adiamento também mostravam que ela estava à altura do marido em astúcia.

Padrões duplos

Admiradora de Odisseu como homem de ação, Atena, deusa da guerra, decidiu intervir a seu favor junto ao pai, Zeus. Calipso foi obrigada a deixar Odisseu partir; ele construiu um barco para escapar da ilha da ninfa e voltar para casa. Quando Poseidon descobriu, provocou uma tempestade para frustrar o herói. Náufrago e jogado na praia na costa da Feácia (talvez Corfu), Odisseu foi descoberto por Nausica, a filha de Alcino, que era o rei do país. Arrebatado pela beleza de Nausica, Odisseu foi ao palácio do rei pedir sua mão. Enquanto Odisseu e seus homens se entretinham como convidados no saguão do rei Alcino, o herói contou ao rei a impressionante história de suas viagens até aquele momento.

Doce torpor

Odisseu começou com a história da curta temporada na terra dos lotófagos (comedores de lótus); ele fora até lá após seus homens saquearem Ísmaro, a primeira parada depois de Troia. Os lotófagos viviam em transe permanente. Os brotos de lótus possuíam valor nutritivo e também induziam a um torpor de calma e contentamento. Apenas Odisseu teve o pensamento ágil e foi autodisciplinado para reconhecer o perigo quando os companheiros de viagem começaram a cair sob o efeito das flores narcóticas. Agarrando seus homens à força, ele os empurrou de volta ao navio e ordenou à tripulação que partissem.

Os ciclopes e o deus do mar

Famintos e cansados depois de tantos dias no mar, Odisseu e seus homens alcançaram outra costa, onde baixaram âncora. Indo até a praia para explorar, os homens acharam uma gruta e ficaram estupefatos ao encontrar grande

Quem foi Homero?

O poeta a quem se atribui tanto a *Ilíada* quanto a *Odisseia* é uma figura mítica. A tradição antiga o retratava como um poeta cego e barbudo, dedilhando uma lira. Diziam que vinha de Iônia, atual Turquia. É improvável que tal pessoa tenha existido e que um único poeta tenha criado a *Ilíada* ou a *Odisseia*, muito menos as duas. Em vez disso, "Homero" parece ter sido uma racionalização posterior para explicar a existência das duas grandes obras. Elas são provavelmente a compilação de histórias contadas por inumeráveis poetas anônimos, trabalhando segundo uma "tradição oral" desde o século XII a.C. Tais contadores de histórias memorizavam longos fragmentos de verso narrativo e improvisavam novos enredos; teriam usado vários elementos da narrativa de forma mecânica e imagens prontas, que foram amplamente aceitas e estão fortemente presentes na *Ilíada* e na *Odisseia*. A "escrita" das duas obras no século VIII a.C. foi provavelmente muito mais um registro conclusivo do que um ato criativo.

Os 14 livros da *Odisseia*

I-IV
As lutas de Telêmaco
para se manter na casa do pai

V–VIII
Odisseu é libertado do cativeiro com Calipso e luta para voltar para casa

IX–XII
As perambulações de Odisseu, com sua viagem de volta para Ítaca marcada por reveses

XII–XIV
Odisseu volta para casa, reencontra-se com o filho e recupera seu lar

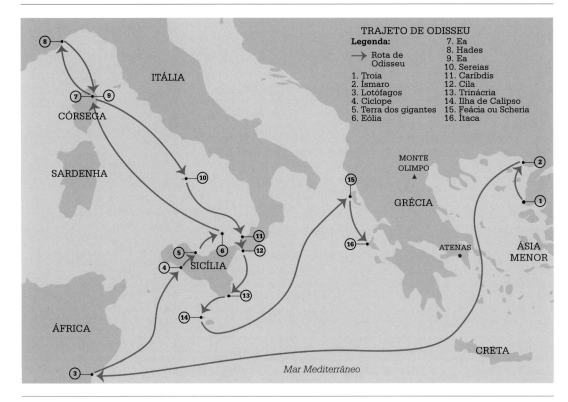

TRAJETO DE ODISSEU

Legenda:

→ Rota de Odisseu

1. Troia
2. Ísmaro
3. Lotófagos
4. Ciclope
5. Terra dos gigantes
6. Eólia

7. Ea
8. Hades
9. Ea
10. Sereias
11. Caríbdis
12. Cila
13. Trinácria
14. Ilha de Calipso
15. Feácia ou Scheria
16. Ítaca

ITÁLIA

CÓRSEGA

SARDENHA

MONTE OLIMPO ▲

GRÉCIA

ATENAS

ÁSIA MENOR

SICÍLIA

ÁFRICA

CRETA

Mar Mediterrâneo

quantidade de comida, vinho e outras provisões. Apenas começavam a se servir, quando foram interrompidos pela volta do dono da caverna. Ele era um horripilante ciclope — gigante de um só olho no meio da testa, chamado Polifemo, que conduzia à sua frente um rebanho de carneiros gigantes. Polifemo era filho do deus do mar, Poseidon.

Ferindo Polifemo

Quando o ciclope descobriu Odisseu e sua tripulação dentro da gruta, ficou furioso. Rolou uma imensa rocha, fechando a entrada e deixando os homens presos. Pegou, em seguida, dois dos homens e os devorou. Desesperado para escapar, Odisseu e a tripulação restante

elaboraram um plano. Esperaram até que o gigante pastor estivesse bêbado e sonolento, aqueceram no fogo uma estaca maciça do tamanho de uma árvore, e a cravaram no único olho do gigante, cegando-o. Tateando em fúria

Todos os dias anseio pelo dia em que avistarei minha casa.
Odisseia

agonizante, Polifemo não conseguiu encontrar seus atacantes. Eles tramaram a fuga e, na manhã seguinte, quando o gigante rolou a rocha para retirar o rebanho, os homens se esconderam embaixo da barriga dos carneiros gigantes, agarrando-se à lã. O gigante tateava cada animal conforme saíam, sem verificar sob as barrigas. Em segurança, dentro do navio, Odisseu zombou do ciclope. Ouvindo sua voz, Polifemo atirou rochas na direção dele enquanto navegavam para longe. Ao ferir Polifemo, Odisseu e seus homens aguçaram a ira de Poseidon, que se mostraria um inimigo implacável a partir daquele momento. Todo vento, onda e corrente eram contra eles. Mesmo um aparente golpe de sorte — quando o rei Éolo presenteou Odisseu com uma bolsa de couro onde todos os ventos estavam armazenados — serviu apenas para atrasá-los ainda mais. O navio aproximava-se de Ítaca quando abriram a bolsa, achando que podia conter ouro. Os ventos sopraram, afastando-os de Ítaca, rumo ao desconhecido, por onde vagaram por muitos anos.

Feitiçaria e profecia

A seguir, Odisseu viajou para Ea, onde a deusa-feiticeira Circe transformou alguns de seus homens em porcos. Ele a forçou a lhes devolver a forma original e se tornou seu amante. Passado um ano, Odisseu perguntou a Circe como poderia voltar para Ítaca, e ela lhe aconselhou a ir até Hades em busca de um profeta cego chamado Tirésias, que os encaminharia para casa. Partiram de Ea e foi ordenado que tapassem os ouvidos com cera para que não ouvissem o sedutor cântico das sereias. A seguir, a tripulação rumou para um estreito (de Messina) diabolicamente apertado. De um lado ficava o redemoinho Caríbdis, pronto para sugar os navios; do outro, um penhasco, no qual uma ninfa-monstro de três cabeças chamada Cila se encontrava, pronta para capturar e engolir quem passasse. Quando Odisseu por fim encontrou Tirésias, o vidente lhe explicou o rancor de Poseidon. Contrariando os conselhos de Tirésias, Odisseu e seus homens pararam para descansar em Trinácria, e ele foi pego por Calipso. Após deixar Calipso, o navio de Odisseu foi

atacado por uma violenta tempestade criada por Zeus e jogado nas praias da Scheria [ou Feácia], onde foi resgatado pela deusa Atena.

Um herói de volta ao lar

Quando a tripulação retornou a Ítaca, Odisseu se disfarçou de modo que não fosse reconhecido pelos pretendentes de Penélope e pudesse planejar a reconquista da "viúva". Seu velho pastor de porcos Eumeu o acolheu, e na choupana do pastor encontrou-se com o filho Telêmaco. A essa altura, os pretendentes já estavam cansados do ardil da tapeçaria de Penélope, e ela, então, lançou um novo desafio. Concordaria em se casar com o homem que com o arco de seu marido atirasse uma flecha que atravessasse uma fileira de doze machados. Penélope sabia que só Odisseu possuía tal habilidade e força. Ainda disfarçado, Odisseu foi bem-sucedido e matou um pretendente em seguida. Os demais pretendentes foram mortos pelo herói, com a ajuda do filho. ∎

"Navios formosos"

O texto de Homero é cheio de reflexões sobre a construção de navios velozes para os antigos gregos. A velha galera dos tempos de Homero era comprida e estreita, subindo graciosamente na popa e na proa, como os chifres de um boi (*Ilíada* XVIII, 3). Adjetivos como "raso" (*Ilíada* I, 25) parecem indicar a ausência de um convés coberto. Os "navios negros" na *Odisseia* eram assim chamados devido ao piche utilizado para vedá-los. Odisseu construiu uma embarcação para sair de Calipso, derrubando 20 árvores, aplainando-as e montando quilha, escoramento e forro. A vela central fornecia propulsão no mar, enquanto 25 homens remavam em cada lado, permitindo-lhe avançar com ventos fracos ou adversos e imprimindo velocidade e capacidade de manobra próximo à costa.

A esposa de Odisseu, sentada ao tear, à espera, é assediada por pedidos de casamento. *Penélope com os pretendentes* foi pintado pelo artista italiano renascentista Pinturicchio (1509).

REALIZADOS OS TRABALHOS, ELE SERIA IMORTAL

OS TRABALHOS DE HÉRCULES

EM RESUMO

TEMA
Reparação

FONTES
As traquínias, Sófocles, c. 450 a.C.; *Biblioteca*, Pseudo-Apolodoro, c. 100 d.C.; *Descrição da Grécia*, Pausânias, c. 150 d.C.

CENÁRIO
Grécia, Creta, norte da África, Cáucaso e Ásia Menor.

PRINCIPAIS FIGURAS
Hércules Filho de Zeus e Alcmena.

Zeus Pai de Hércules, rei dos deuses.

Hera Esposa de Zeus.

Alcmena Mãe de Hércules; a mais alta, mais bonita e mais sábia das mulheres mortais.

Anfitrião Marido de Alcmena.

Embora criado para ser um herói, Hércules (ou Héracles) devia sua existência a uma "armação". Zeus enganou a bela Alcmena para fazer sexo com ela, assumindo a forma de seu marido, Anfitrião. Quando Alcmena deu à luz o filho de Zeus, Hércules, o deus o ignorou. Anfitrião criou o bebê como seu. Ao saber dos malfeitos de Zeus, a deusa Hera, enraivecida por violenta crise de ciúmes, enviou duas serpentes gigantes para matar o bebê Hércules. Ele, porém, não só era grande, como já dotado de uma força descomunal. Hércules estrangulou as serpentes com as próprias mãos. Mais tarde, casou-se com a princesa Megara de Tebas, e o casal teve um filho e uma filha. Mas Hera, ainda enciumada em relação ao

Veja também: Os deuses olímpicos 24-31 ▪ Prometeu ajuda a humanidade 36-39 ▪ Os muitos "casos" de Zeus 42-47 ▪ O culto a Dionísio 52

Hércules estrangula as serpentes enviadas por Hera para matá-lo em seu berço. Seus pais Alcmena e Anfitrião olham surpresos, nesta pintura de Pompeo Batoni, de 1743.

comportamento de Zeus, deixou Hércules temporariamente louco. Perdendo todo o controle, ele esquartejou a mulher e os dois filhos.

Os trabalhos começam

Profundamente afetado pela dor, Hércules, agora estigmatizado como assassino, devia ser castigado. Hera coagiu o oráculo de Delfos a lhe impor uma série de tarefas como castigo. Hércules foi condenado a servir ao rei Euristeu de Micenas e a executar doze trabalhos à sua escolha. Criando as tarefas mais desafiadoras e perigosas que se podia imaginar, o rei primeiro lhe ordenou que encontrasse e matasse o leão de Nemeia. O animal raptava

mulheres na região de Nemeia e as encarcerava em sua caverna. Hércules rastreou o leão e atirou nele com seu arco e flechas, mas as pontas das flechas apenas ricocheteavam na couraça impenetrável. Encurralando o leão na caverna, derrubou-o com sua clave, estrangulando-o em seguida. Como consequência, Hércules é sempre retratado empunhando a clave e a pele do leão morto.

A Hidra

Depois Hércules enfrentou um monstro ainda mais terrível. Morando no lago Lerna, próximo à cidade de Argos, a Hidra era uma cobra-d'água gigantesca, com nove cabeças sibilando e cuspindo veneno. O próprio hálito do monstro era venenoso; seu sangue corroía qualquer coisa em que encostasse; o toque de sua pele era mortal. Quando Hércules cortava uma cabeça, duas novas nasciam no lugar. Incapaz de derrotar a criatura, Hércules implorou pela ajuda de seu sobrinho Iolau. Ele lhe trouxe uma lâmina flamejante, de modo que Hércules pudesse cauterizar a ferida enquanto cortava cada cabeça, evitando o surgimento de uma

A Hidra tinha um corpo gigantesco, com nove cabeças imensas — oito delas mortais.
Biblioteca

Alcmena

Filha de Electrião — este por sua vez filho de Perseu e Andrômeda —, Alcmena era famosa por ser um modelo perfeito da beleza e da virtude femininas na Grécia antiga. Apesar do logro que resultou na concepção de Hércules, ela e o marido amavam o filho e o criaram junto a seus outros dois, que eram gêmeos: o filho, Íficles, que mais tarde morreu em batalha, e a filha, Laonome, que casou com um argonauta.

De acordo com Pausânias, a ciumenta Hera procurou punir Alcmena por carregar um filho de Zeus, enviando feiticeiras para que o nascimento da criança fosse o mais difícil possível. Segundo Ovídio, Alcmena lutou para dar à luz o enorme Hércules, e a deusa dos partos, Ilitia, recusou-se a ajudar — com medo de aborrecer Hera, Ilitia cruzou as pernas de Alcmena para dificultar o nascimento. Em ambas as versões da mitologia, Alcmena foi salva por uma serva, que enganou as asseclas de Hera fazendo-as acreditar que o bebê já havia nascido.

nova. Por fim, Hércules conseguiu matar a Hidra. Hércules então se armou para futuras lutas mergulhando a ponta das fechas no sangue do monstro, enquanto ele jazia morto. Seu sucesso durou pouco: Euristeu decretou que a façanha não tinha valido, já que ele contara com ajuda externa.

Um cervo e outros animais
O cervo da Cireneia era um veado com a galhada de ouro, consagrado a Artemísia. A criatura era tão rápida que superava a velocidade de uma flecha. Euristeu disse a Hércules que trouxesse o animal vivo para pôr em seu zoológico. Localizar o extraordinário animal não era problema — o brilho do sol na galhada de ouro o denunciava —, mas capturá-lo, sim, era bem mais difícil. Hércules o caçou durante um ano por toda a Grécia antes de finalmente pegá-lo com uma rede e rumar para casa. O próximo alvo de Hércules — o javali de Erimanto —, além de rápido, era muito feroz, e Euristeu estava apavorado. O javali vivia no monte Erimanto, onde

Os trabalhos de Hércules foram um tema comum nas esculturas gregas e romanas. Este friso cobre um dos lados de um sarcófago (c. 240-250 d.C.), atualmente no Palazzo Altemps, em Roma.

Depois de espantar o javali de certa mata com seus gritos, Hércules levou o animal exausto para a neve profunda.
Biblioteca

devastava os campos dos fazendeiros. Após caçá-lo por toda a Grécia, e até nas terras mais altas do Oriente Próximo —, Hércules levou o javali até um monte coberto de neve onde ele podia amarrar a fera, que se debatia. Eristeu lhe implorou para que se livrasse do animal, e então Hércules jogou o javali no mar. O quinto trabalho foi limpar os estábulos de Áugias, que não abrigava cavalos, mas o gado do rei, que governava Olímpia. Abrigo para mais de mil vacas, o lugar não era limpo havia mais de trinta anos. Hércules tomou para si a suja e degradante tarefa com miraculosa facilidade, desviando o curso de um rio próximo para lavar o terreno. Euristeu protestou com veemência: Hércules não fizera o trabalho pessoalmente, e não poderia

considerá-lo como tarefa realizada.

Em seguida, Hércules foi enviado a um pântano nos arredores da cidade de Estinfália, perto de Corinto, onde aves com bico de metal que se alimentavam de carne humana ficavam empoleiradas. Hércules teve dificuldade para abrir caminho pelo terreno macio e encharcado, de modo que Atena lhe deu um chocalho. Quando balançado, o chocalho fazia um som apavorante, assustando as aves, que saíam em revoada. Ele então podia abatê-las com seu arco e flechas.

Mais animais e um cinto
Depois de acabar com os pássaros de Estinfália, Hércules recebeu a tarefa de capturar o touro de Creta: o animal que havia cruzado com Pasífae, esposa do rei Minos. Levado à loucura por Poseidon, o touro passou por toda a ilha de Creta causando estragos. Hércules pegou a criatura de surpresa, chegando por trás dela e estrangulando-a com suas mãos enormes. Ele levou o touro acorrentado para a corte de Euristeu, que, mais tarde, o soltou. Mais adiante, Hércules teve de roubar as éguas antropófagas de Diomedes, rei da Trácia. Elas tinham a fama de serem

Os doze trabalhos de Hércules

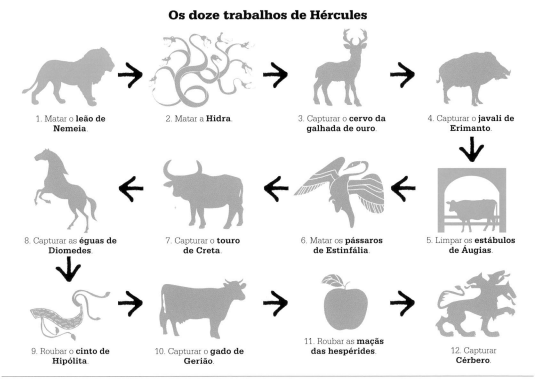

1. Matar o **leão de Nemeia**.

2. Matar a **Hidra**.

3. Capturar o **cervo da galhada de ouro**.

4. Capturar o **javali de Erimanto**.

8. Capturar as **éguas de Diomedes**.

7. Capturar o **touro de Creta**.

6. Matar os **pássaros de Estinfália**.

5. Limpar os **estábulos de Áugias**.

9. Roubar o **cinto de Hipólita**.

10. Capturar o **gado de Gerião**.

11. Roubar as **maçãs das hespérides**.

12. Capturar **Cérbero**.

incontroláveis, e o companheiro de Hércules, Abdero, fora anteriormente devorado por elas. Hércules matou o rei para vingar Abdero e alimentou as éguas de Diomedes com sua carne. Isso rapidamente aplacou sua fome, deixando-as calmas o suficiente para Hércules colocar-lhe o bridão na boca, selá-las e levá-las para Micenas. O nono trabalho foi, afinal, o mais fácil. Hércules tinha de roubar o cinto de Hipólita, rainha das amazonas — uma tribo de mulheres guerreiras cruéis que viviam na cidade grega de Temiscira. A rainha Hipólita ficou tão encantada com Hércules que lhe ofereceu seu cinto, mas Hera interveio. Determinada a continuar com seu rancor em relação a Hércules, a vingativa deusa provocou hostilidade entre as amazonas, forçando Hércules a matar Hipólita para escapar.

Mais pesos

O próximo trabalho de Hércules levou-o ao extremo do oceano ocidental, a uma ilha da Eriteia, próximo à Líbia. Ali, teria de roubar o gado vermelho de Gerião, o gigante de três cabeças. Hércules matou o pastor de Gerião, Euritião, e seu cachorro Ortros — um monstro de duas cabeças com uma cobra retorcida como rabo. Em seguida, com grande dificuldade, levou o gado de Gerião de volta para casa, na Grécia. Para a 11ª tarefa, Hércules partiu em direção ao ocidente de novo para colher as maçãs das hespérides, ninfas do pôr do sol. Incapaz de pegar as maçãs sozinho, convenceu Atlas a fazê-lo em seu lugar. O titã concordou — enquanto Hércules sustentasse os céus para ele. Atlas voltou com as maçãs, mas ameaçou deixar Hércules lá para sempre. Hércules pediu então que ele segurasse o peso apenas por um momento e — quando Atlas, sem pensar, concordou — o herói escapou com seu prêmio.

De volta a Micenas, Hércules recebeu a tarefa final: descer às profundezas da terra e trazer de volta o cão de guarda de Hades, Cérbero. Hércules poderia pegar Cérbero, disse Hades, mas apenas se o capturasse sem usar quaisquer de suas armas — Hércules, então, levou o cão do inferno dentro de sua pele de leão. Ele expiara todas as suas faltas e, redimido, via-se finalmente livre da maldição de servir a Euristeu. ∎

TINHA ROSTO DE TOURO, MAS O RESTO ERA HUMANO

TESEU E O MINOTAURO

EM RESUMO

TEMA
Homem e monstro

FONTES
Vidas paralelas, Plutarco, 75
d.C.; *Biblioteca*, Pseudo-
-Apolodoro, c. 100 d.C.

CENÁRIO
Palácio do rei Minos, Cnossos,
Creta.

PRINCIPAIS FIGURAS
Egeu Rei de Atenas.

Minos Rei de Creta, filho de
Zeus e Europa.

Pasífae Rainha de Creta;
esposa de Minos.

Poseidon Deus do mar.

Minotauro Monstro metade
homem e metade touro.

Dédalo Inventor.

Teseu Filho do rei Egeu e da
oceânide Etra.

Ariadne Filha de Minos e
Pasífae.

A ilha de Creta ficava no coração da civilização minoica, que dominava o mundo do mar Egeu e do Mediterrâneo no segundo milênio a.C. Os minoicos eram comerciantes experientes e possuíam uma cultura sofisticada. Sua rivalidade com os gregos do continente pode estar na origem do mito do Minotauro.

Tributo de sacrifício

Quando o rei Egeu de Atenas mandou matar o filho do rei Minos, Androgeu, o oráculo de Delfos ordenou que ele se redimisse do crime. A cada sete anos Egeu teria que enviar sete dos melhores jovens da cidade e sete das mais belas

Dédalo construiu um labirinto, cuja complexa sinuosidade confundia quem quer que tentasse sair.
Biblioteca

virgens, escolhidos por sorteio, para a capital do rei Minos, Cnossos, para servir de alimento ao Minotauro, monstro que vivia num complexo emaranhado chamado Labirinto.

Metade homem e metade touro, o Minotauro era filho da mulher de Minos, Pasífae, e de um touro branco enviado ao rei Minos por Poseidon. Em vez de sacrificar o touro como o deus do mar pretendia, o rei Minos o manteve em seu rebanho. Amaldiçoando o rei, Poseidon fez Pasífae se apaixonar pela criatura. Quando a rainha, que se disfarçara de vaca para visitar o touro, concebeu e deu à luz o Minotauro, o rei Minos ordenou que Dédalo construísse um labirinto para esconder o monstro.

A missão de Teseu

Na época em que Atenas sorteou o terceiro lote para o sacrifício, o filho do rei Egeu, Teseu, atingia a maioridade. Determinado a matar o Minotauro, perguntou ao pai se podia se juntar ao grupo rumo a Creta. Ele prometeu trocar as velas do navio de pretas para brancas na viagem de volta, como sinal de seu êxito.

Quando Teseu chegou a Cnossos, Ariadne, filha do rei Minos, se apaixonou perdidamente por ele. Ela

Veja também: Os muitos "casos" de Zeus 42-47 ▪ Apolo e o oráculo de Delfos 58-59 ▪ Dédalo e Ícaro 78-81 ▪ Mitra e o touro 118-19 ▪ *A epopeia de Gilgamesh* 190-97

Teseu derrota o Minotauro, cena num *kylix* (tipo taça) de c. 420 a.C. Decorada com os feitos heroicos de Teseu, a taça é assinada pelo pintor de vasos grego Aison.

implorou a Dédalo para ajudar o amado em sua missão. A fim de assegurar que Teseu encontrasse o caminho de volta do labirinto, Dédalo deu a ela um novelo de lã a ser preso na entrada do labirinto e que, então, seria desenrolado conforme Teseu nele adentrasse. Após uma luta épica, ele matou o touro e fez o caminho de volta são e salvo.

Saída apressada

Com Ariadne ao lado, Teseu zarpou para Atenas, mas Atena interveio, ordenando-lhe que deixasse Ariadne na ilha de Naxos. Agustiado por abandonar a amada, Teseu se esqueceu de trocar as velas pretas por brancas. À espera no topo de um rochedo, Egeu avistou o navio com as velas pretas e, em sua dor — acreditando que o filho estava morto —, atirou-se ao mar. O mar passou a ser "Egeu" desde então. ▪

O touro

Ninguém teve o touro em mais alta consideração do que os habitantes de Creta por vários séculos durante o segundo milênio a.C. De certa forma, o rei Minos, o primeiro e mítico rei de Creta, era metade touro como o Minotauro: seu pai, Zeus, assumira aquela forma ao estuprar sua mãe, Europa.

O culto ao touro ocupava o centro da cultura minoica: a arte retratando touros é abundante no complexo palaciano de Cnossos, incluindo uma na qual atletas saltam sobre um touro. Escavado no início do século XX pelo arqueólogo britânico Arthur Evans, o palácio é o mais elaborado desses complexos na ilha de Creta. Evans o chamou de cultura "minoica" devido à obsessão pelo touro e também ao emaranhado de caminhos confusos encontrados na escavação do palácio real, a que Evans se referiu como Labirinto.

Este rhyton minoico (um vasilhame para libação, entalhado com a forma de cabeça de um animal), de c. 1500 a.C., foi encontrado num palácio em Cnossos.

IGNORANDO AS ADVERTÊNCIAS DO PAI, O ALEGRE ÍCARO VOOU AINDA MAIS ALTO
DÉDALO E ÍCARO

EM RESUMO

TEMA
**Orgulho e castigo
do homem**

FONTES
Biblioteca histórica, Diodoro
Sículo, c. 30 a.C.; *Biblioteca*,
Pseudo-Apolodoro, c. 100 d.C.;
Metamorfoses, Ovídio, 8 d.C.;
História natural, Plínio
c. 78 d.C.

CENÁRIO
Creta e o mar Egeu.

PRINCIPAIS FIGURAS
Minos Rei de Creta; filho de
Zeus e Europa.

Dédalo Inventor grego
empregado do rei Minos.

Ícaro Filho de Dédalo com
Naucrate, uma escrava
egípcia.

Cócalo Rei de Kamikos,
Sicília; protetor de Dédalo.

Dédalo era inventor e foi responsável por numerosas inovações: ele equipou navios com mastros, velas e proas com aríete para que superassem as frotas rivais nos combates; construiu estátuas muito realistas e autômatos que podiam pensar e sentir como o homem; e inventou ferramentas novas para construção. Nascido em Atenas, trabalhou para o rei Minos em Creta e construiu não apenas o labirinto que escondia o Minotauro, como também a vaca de madeira na qual a mãe do monstro se escondeu para copular com o touro especial do rei. Minos estimava tanto Dédalo que não queria perdê-lo de vista. As invenções de Dédalo o tornaram

Veja também: Teseu e o Minotauro 76-77 ▪ Aracne e Minerva 115 ▪ *A epopeia de Gilgamesh* 190-97

Dédalo e Ícaro construíram uma vaca de madeira para a rainha Pasífae (à esquerda) neste mosaico no chão de Zeugma, Turquia. Escondida na vaca, Pasífae copulou com o touro do marido.

indispensável, mas perigoso — ele sabia dos segredos mais escusos do rei, e Minos temia perdê-lo. Depois que Dédalo ajudou Teseu a escapar do labirinto, Minos instalou o inventor numa torre, onde ele vivia como um cativo mimado, dispondo de todo tipo de luxo, exceto a liberdade. Com ele estava Ícaro, filho de Dédalo com a escrava egípcia de Minos, Naucrate.

Criando asas

Dédalo resolveu fugir de sua gaiola dourada. Rotas de fuga da torre e para fora da ilha estavam impedidas, primeiro pela queda vertiginosa sob a janela; depois, pelos homens de Minos, lá embaixo; e, por último, pelas ondas do mar Egeu. Olhando de sua janela os pássaros voarem, compreendeu que o céu ainda estava aberto para ele como uma opção — se pudesse voar.

Dédalo dedicou horas de estudo aos pássaros; examinou a anatomia das asas e a aerodinâmica dos voos. Dia e noite trabalhou, sem cessar, para construir dois pares de asas — um para ele e outro para o filho.

As asas eram complexas: suas estruturas tinham que ser fortes, mas flexíveis e leves, com sustentação suficiente para vencer a gravidade e

O passado negro de Dédalo

Originário de Atenas, Dédalo fugiu para Creta após o assassinato de seu sobrinho Talos (algumas vezes identificado como Perdix), também um talentoso aprendiz. Acredita-se que Dédalo tenha se sentido ameaçado pelo crescente poder inventivo de Talos, que parecia suplantar o seu. Aos doze anos, Talos já havia inventado a roda de oleiro, o formão e a primeira bússola, confeccionada com duas peças de ferro que articulou com um pino. Tomado de inveja, Dédalo empurrou Talos do topo da Acrópole. Na versão de Ovídio sobre o mito, Palas Minerva (Atena) testemunhou o incidente e interveio para pegar Talos no ar, transformando-o numa perdiz — pássaro que, observa o poeta, gosta de viver próximo ao chão. Procurando escapar do julgamento, Dédalo fugiu com seu filho Ícaro para Creta, enquanto a mãe de Talos, a irmã de Dédalo, deu fim à própria vida.

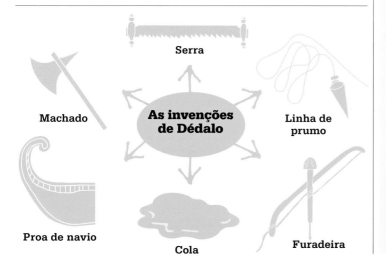

Serra

Machado

As invenções de Dédalo

Linha de prumo

Proa de navio

Cola

Furadeira

Dédalo e Ícaro, do artista genovês Domenico Piola (c. 1670), mostra Dédalo amarrando as asas nas costas do filho, enquanto olha o céu e a perigosa viagem à frente.

manter Dédalo e Ícaro no ar. Dédalo recobriu as asas com penas verdadeiras, mas estava intrigado sobre como iria prendê-las. A resposta, ele decidiu, estava na cera: simultaneamente forte e flexível, prenderia as penas com firmeza, permitindo a flexibilidade. Dédalo começou o trabalho. Fileira a fileira e camada a camada, cada pena tinha que ser cuidadosamente colocada e afixada com precisão para recriar o contorno de uma asa de verdade.

Voo arriscado

Finalmente as asas ficaram prontas. Os resultados eram surpreendentes: o homem criara asas que replicavam o movimento dos pássaros com

A virtude tanto encontra como escolhe aquilo que é intermediário.
Aristóteles
Ética a Nicômano

perfeição. Ainda assim, o inventor sabia da fragilidade delas e deu severas instruções ao filho: de forma alguma ele devia voar muito baixo, porque as ondas podiam respingar nas asas e o peso extra da água arrastá-lo para o oceano. Nem devia voar muito alto, para que os raios do sol não derretessem a cera que segurava as penas. Dédalo encorajou Ícaro a optar pelo caminho do meio.

Usando a invenção do pai, o jovem rapaz pulou da torre e, em vez de saltar para a morte, foi levado a uma grande altura, pelo lento bater das asas atravessando o ar. Ícaro estava exultante; jamais se sentira tão poderoso e livre. Seu pai mostrava-se mais apreensivo e cautelosamente fez um caminho em direção às nuvens, medindo a altura a cada etapa da viagem e usando marcos referenciais no chão para realizar um percurso seguro. Ícaro não sentia o mesmo medo do pai. A cada batida de asa, sentia-se mais magistral e audacioso,

lançando-se a uma altura cada vez maior, esquecido das repetidas recomendações paternas. Já bem longe, sobre o mar Egeu, ele voou ainda mais alto e riu ao ver o pai seguindo mais lentamente abaixo.

A queda do rapaz

Ícaro exultava com o calor do sol no rosto, quando, de repente, lembrou-se das advertências do pai. Vendo as penas das asas se afrouxarem e caírem, compreendeu que a cera derretia com o calor. Alarmado, despencou rapidamente. Na queda, as penas foram se desprendendo das asas conforme a cera derretia, e Ícaro mergulhou no mar.

Dédalo ouviu o grito de desespero do filho e olhou para trás apenas para ver o monte de penas e a espuma onde ele havia atingido a superfície da água — a ilha mais próxima dali recebeu o nome de Icária, para lembrar o local onde ele caiu. Devastado pela perda do filho, Dédalo não teve opção senão continuar sozinho. Apesar de Icária se situar no nordeste de Creta, perto da costa da Turquia, fontes dizem que Dédalo acabou pousando na Sicília, bem mais a oeste. Lá, o rei Cócalo de Kamikos o acolheu.

Arrogância

O mito de Dédalo e Ícaro adverte sobre o excesso de confiança ou a arrogância. Os mortais considerados culpados de arrogância eram castigados nos mitos gregos, assim como na poesia e nas peças inspiradas por aquelas histórias. A ofensa era considerada grave porque ameaçava a ordem do cosmo e as limitações impostas aos mortais pelos deuses. Aristóteles proclamou a vantagem do "meio-termo" ideal — o caminho do meio entre dois extremos. A conveniência desse ideal se aplicava a todos os aspectos da vida, e era considerado um atributo de beleza. Na arquitetura, o meio-termo era expresso nas proporções ideais derivadas da matemática. Por exemplo, o Partenon, construído entre 447 e 432 a.C. em agradecimento a uma vitória ateniense sobre invasores persas, foi a coroação da glória de uma cidade em seu apogeu na política e no militarismo, mas também um hino à simetria e ao equilíbrio — a materialização da moderação e da beleza.

Testado por um enigma

Enquanto isso, o rei Minos empenhava-se em encontrar seu engenhoso inventor e trazê-lo de volta para Creta. Ele seguiu Dédalo até a Sicília, onde vasculhou a ilha com um enigma cuja solução apenas Dédalo saberia — atravessar uma concha espiral com um fio de seda sem quebrá-la. Quando o rei Cócalo devolveu a concha com o fio perfeitamente atravessado, Minos imaginou que Dédalo o tivesse ajudado. E estava certo: Dédalo amarrara o fio a uma formiga e deixou que a pequena criatura fizesse o percurso.

Minos exigiu que Dédalo se rendesse, mas Cócalo ganhou tempo e pediu ao visitante para esperar e desfrutar de sua hospitalidade por um tempo. Uns

Ícaro cai do céu sob o olhar do pai, nesta pintura de Jean Matheus (c. 1610), de uma tradução de *Metamorfoses* de Ovídio, pelo francês Nicholas Renouard.

> Devido à ignorância da juventude, ele voou alto demais e caiu no mar.
> **Biblioteca histórica**

dizem que suas filhas atacaram e mataram o rei Minos enquanto ele tomava banho, outros que o próprio Dédalo teve participação em sua morte, colocando água fervente no banho através de canos secretos. Algumas versões do mito dizem que, depois de morto, os deuses levaram Minos para o Olimpo, onde ele trabalhou com Hefesto, o deus da metalurgia e dos ferreiros. ∎

Fáeton e Hélio

O mito de Ícaro e Dédalo é muitas vezes comparado ao de Fáeton e Hélio; o titã deus do Sol, que atravessava o céu todos os dias em direção ao ocidente numa carruagem dourada puxada por cavalos em chamas e mergulhava no horizonte a oeste ao cair da noite. Todos os dias, o filho de Hélio, Fáeton (O Brilhante), a tudo assistia com admiração e inveja, implorando ao pai que o deixasse dirigir a carruagem. Apesar de seus temores, Hélio por fim concordou, e Fáeton decolou, rindo, exultante. Logo, porém, Fáeton entrou em pânico; os cavalos o desviaram do curso, escoiceando, mergulhando e empinando pelo céu. Voando baixo, queimaram a terra; depois, cada vez mais alto no espaço, deixaram os campos congelados e inúteis. Zeus já tinha visto o suficiente: arremessou um raio mortal em Fáeton, como castigo por tentar voar muito alto. Enquanto a história de Ícaro é vista como uma advertência contra a arrogância, o relato de Ovídio sobre a queda de Fáeton pode ser lido como uma história, a um só tempo, da nobreza e da loucura das aspirações humanas.

MIRANDO A CABEÇA DA GÓRGONA NO ESCUDO POLIDO, ELE A DEGOLOU

PERSEU E MEDUSA

EM RESUMO

TEMA
A ameaça da sexualidade feminina

FONTES
Teogonia, Hesíodo, c. 700 a.C.;
Prometeu acorrentado, Ésquilo,
c. 430 a.C.; *Biblioteca*, Pseudo-
-Apolodoro, c. 100 d.C.;
Descrição da Grécia,
Pausânias, c. 150 d.C.

CENÁRIO
Argos, Ásia, Etiópia.

PRINCIPAIS FIGURAS
Perseu Um herói; filho de Zeus
e Dânae.

Dânae Filha de Acrísio; mãe
de Perseu.

Zeus Rei dos deuses; pai de
Perseu.

Medusa Uma das três
górgonas.

Andrômeda Filha da rainha
Cassiopeia e do rei Cefeu da
Etiópia.

A origem de Perseu foi tão extraordinária quanto improvável — sua mãe, Dânae, o concebeu depois de ser fecundada por Zeus, que assumira a forma de chuva de ouro. Perseu nasceu em Argos, na Grécia, mas quando seu avô Acrísio foi alertado de que um dia seria morto pelo neto, chamou Dânae e Perseu e os lançou à deriva numa arca de madeira para que se afogassem. Eles aportaram na ilha de Sérifos, no mar Egeu, onde o rei os acolheu.

A saga de Perseu

Passaram-se os anos e o rei Polidectes queria se casar com a bela Dânae, mas ela o recusou. Em algumas versões, o rei envia Perseu para bem longe com a terrível missão de matar Medusa, deixando Polidectes livre para se casar com Dânae. Noutras, Perseu se ofereceu como voluntário para o desafio. Em quaisquer dos casos, Perseu partiu para matar a Medusa e trazer de volta sua cabeça como prova. Medusa era parte de um trio de górgonas: criaturas com serpentes em vez de cabelos, e rostos tão horrendos que transformava quem as olhasse em pedra. Segundo alguns mitos, Medusa tinha nascido monstruosa, noutros, ela foi amaldiçoada pela deusa Atena por sua vaidade. As duas irmãs de Medusa eram imortais, mas ela tinha sido castigada por Atena com a mortalidade, e portanto podia ser destruída.

Assistência divina

Diante do desafio de matar Medusa, Perseu recorreu à ajuda dos deuses. Atena lhe deu um escudo reluzente

A decapitação da Medusa por Perseu, acompanhada por Atena, conforme retratado no relevo de pedra calcária do século VI a.C., no Templo C, em Selinunte, na Sicília.

Veja também: Prometeu ajuda a humanidade 36-39 ▪ Os muitos "casos" de Zeus 42-47 ▪ Os trabalhos de Hércules 72-75 ▪ Teseu e o Minotauro 76-77

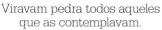

> Viravam pedra todos aqueles que as contemplavam.
> *Biblioteca*

de bronze; do pai Zeus, ganhou uma espada; de Hades, um capacete de invisibilidade; e de Hermes, sandálias aladas. Por insistência de Atena, Perseu também visitou as hespérides, que lhe deram uma bolsa em que traria a cabeça da Medusa em segurança: mesmo depois de morta, seu olhar petrificante e a cabeleira de serpentes poderiam ser fatais. Por fim, Perseu chegou à ilha das górgonas, Sarpedon, próximo a Cistene. As górgonas dormiam numa caverna vigiada pelas greias: três irmãs bruxas que compartilhavam um único dente e um olho. Enquanto se ocupavam compartilhando entre si o dente e o olho, Perseu agarrou duas delas e passou despercebido. Encontrando Medusa adormecida, aproximou-se furtivamente, sem olhar para o rosto real, e mirando o reflexo dele em seu escudo. Erguendo a espada no alto, baixou-a com toda a força, decepando a cabeça e colocando-a dentro da bolsa — sem jamais olhar para o rosto petrificante da Medusa.

Vida nova

Poseidon tinha engravidado a Medusa, e, do buraco da ferida deixado pela sua decapitação, o cavalo alado Pégaso saiu galopando, seguido por seu irmão gigante Crisaor, que empunhava uma espada de ouro. Perseu saiu montado em Pégaso e, na volta para casa, resgatou a virgem Andrômeda de um monstro do mar. Ao retornar, Perseu chegou ao palácio, segurando a cabeça da Medusa. Polidectes olhou para ela e foi transformado em pedra. Perseu então devolveu os presentes para os deuses, dando a cabeça de Medusa a Atena. ▪

Espada-foice, dada por Zeus.

O **capacete da escuridão de Hades** tornava Perseu invisível ao inimigo.

O **escudo espelhado de Atena** permitia que Perseu olhasse o reflexo de Medusa em segurança.

As **sandálias aladas** eram capazes de levar Perseu voando até o fim do mundo.

A armadura de Perseu era formada por itens dados por vários deuses. Na mitologia grega, era comum objetos encantados, dotados de magia, ajudarem o herói em sua missão.

Andrômeda

Filha do rei e da rainha do antigo reino da Etiópia — região superior do rio Nilo, na África —, Andrômeda era famosa por sua beleza. Ela era humilde, mas sua mãe — a oceânide Cassiopeia — não. Vangloriando-se de que a beleza da filha ultrapassava até a das nereidas — as ninfas que serviam a Poseidon —, ela ofendeu o deus do mar de modo imperdoável. Todo dia ele mandava o monstro do mar gigante Cetus atacar os campos e vilarejos da Etiópia. O pai de Andrômeda, Cefeu, implorou a Poseidon para poupar seu reino de mais perseguição. Ele respondeu que só cessaria a perseguição se Cefeu oferecesse a filha em sacrifício. Andrômeda foi deixada à própria sorte, nua e acorrentada a uma rocha próxima ao mar, quando Perseu presenciou a cena e baixou dos céus para intervir. Ele matou Cetus, libertou Andrômeda das correntes, levando-a como noiva para viver com ele em sua casa na ilha de Sérifos.

O ÓDIO É UM COPO SEM FUNDO, QUE ENCHO SEM PARAR

JASÃO E MEDEIA

EM RESUMO

TEMA
Traição e vingança

FONTES
Medeia, Eurípedes, 431 a.C.;
As argonáuticas, Apolônio de
Rodes, c. 250 a.C.; *Biblioteca*,
Pseudo-Apolodoro, c. 100 d.C.;
Descrição da Grécia,
Pausânias, c. 150 d.C.

CENÁRIO
Iolcos, na Tessália; Cólquida,
no mar Negro; Corinto, no
Peloponeso.

PRINCIPAIS FIGURAS
Jasão Filho de Creteu;
herdeiro do trono por direito.

Pélias Rei de Iolcos.

Rei Eetes Filho do deus do
Sol, Hélio; rei da Cólquida.

Os argonautas Grupo de
heróis de Jasão, que
comandavam um navio
chamado *Argo*.

Medeia Feiticeira e filha do rei
Eetes.

Jasão, herdeiro legítimo do trono de Iolcos, cresceu no exílio, expulso pelo meio-irmão de seu pai, Pélias. Assim que teve idade suficiente, Jasão voltou ao seu reino na Tessália para recuperar a coroa. Pélias atendeu ao pedido de Jasão, mas insistiu que, para ser rei de Iolcos, ele deveria primeiro viajar para o leste, na direção do Cáucaso, trazendo de lá o Velocino (ou velo) de Ouro mágico do rei Eetes da Cólquida.

Os argonautas
Pélias confiava que a missão seria suicida e Jasão jamais retornaria, mas ele contava com a deusa Atena a seu lado. Seguindo suas instruções, Jasão reuniu um grupo de guerreiros e fez com que construíssem um navio — o *Argo*. Os guerreiros, então, lançaram-se ao mar, se autodenominando "argonautas", e depois de muitas aventuras atracaram na Cólquida. Esta era uma ilha considerada à margem da terra pelos gregos. Trilhando o caminho morro acima numa região montanhosa selvagem, os argonautas encontraram o lendário Velocino pendendo de um galho num bosque sagrado — guardado por um dragão feroz que nunca dormia.

A obsessão de Medeia
À chegada de Jasão, o imprevisível Eros, deus do desejo, atingiu a filha do rei, Medeia, com uma de suas flechas com ponta de ouro. A jovem princesa instantaneamente se apaixonou. Apesar de ser sobrinha de Circe, e feiticeira por direito, Medeia sentiu-se impotente para resistir. Consumida pelo desejo, tudo que ela queria era estar com

Medeia segura sua poção mortal
enquanto as filhas de Pélias trazem um caldeirão para o banho fatal, em cópia romana de uma lápide funerária grega de mármore, c. 420 a.C.

Veja também: Os trabalhos de Hércules 72-75 ▪ Teseu e o Minotauro 76-77 ▪ Perseu e Medusa 82-83 ▪ Cupido e Psiquê 112-13

Medeia prepara-se para assassinar Absirto e jogar seus restos pela amurada, enquanto ela e Jasão fogem juntos da Cólquida a bordo do *Argo* nesta tela de Herbert James Draper (1904).

Jasão e ajudá-lo de todo modo. Ela preparou uma poção que faria com que o dragão entrasse em sono profundo por muito tempo, de modo que Jasão pudesse passar por cima do seu corpo adormecido e pegar o Velocino de Ouro.

Tendo enganado o pai em relação ao Velocino, Medeia recorreu, em seguida, a um pavoroso assassinato para escapar com Jasão e os argonautas. Ao fugir da Cólquida a bordo do *Argo*, ela esquartejou seu irmão mais novo e jogou as partes do corpo no mar, de modo que a perseguição de seu pai teve que se deter para recolher os restos do filho para o funeral.

Uma mulher desprezada
Quando Jasão chegou a Iolcos com o Velocino de Ouro, Pélias recusou-se a cumprir seu acordo. Medeia o enganou, fazendo-o beber uma poção mortal, que, segundo ela, lhe daria a

eterna juventude. Após esse segundo assassinato, Jasão, Medeia e seus filhos tiveram que fugir para Corinto. Lá, em busca de vantagens políticas, Jasão traiu Medeia e a trocou por Gláucia, princesa pertencente à família que governava a cidade.

Medeia logo se vingou dela. Presenteou-a com um vestido de noiva envenenado que, ao ser colocado, pegou fogo, matando Gláucia e o pai. Em seguida, Medeia matou dois de seus filhos, deixando apenas Téssalo vivo. Antes que Jasão pudesse castigá-la pelo terrível crime, ela fugiu para Atenas, voando na biga dourada de seu avô, Hélio. ▪

Mais forte que o amor do amante é o ódio do amante. Incuráveis, em cada um, as feridas que eles causam.
Medeia

Eurípides

Os três maiores dramaturgos da Grécia antiga transformaram os mitos em tragédias que até hoje são encenadas e articulam com eloquência o desamparo da humanidade ante um destino inexorável. Ésquilo (c. 525-455 a.C.) e Sófocles (c. 496-405 a.C.) escreveram sobre a angústia existencial da humanidade, mas Eurípides (c. 480-406 a.C.) foi mais longe, revelando a angustiante vida interior de indivíduos fascinantes, tanto homens quanto mulheres. Seus trabalhos, mais do que os de Ésquilo e Sófocles juntos, sobreviveram aos tempos — sua popularidade cresceu no período helênico que se seguiu à morte de Alexandre em 323 a.C., e ele é tido como a pedra angular da literatura ocidental.

A *Medeia* de Eurípedes é especialmente impactante pela sofisticação psicológica e pela compaixão por Medeia. Sua fúria é evocada em todo o seu horror. Assim também é o tormento que ela sente ao ser abandonada, e a dor que enfrenta como mulher e mãe. "Eu preferiria ficar na linha de frente de batalha por três vezes", diz ela, "a passar pelo sofrimento de dar à luz ainda que por uma vez".

POBRE ÉDIPO – DE TODOS OS HOMENS, O MENOS INVEJADO!

A SINA DE ÉDIPO

O rei Laio de Tebas foi alertado por seu adivinho (um médium) para nunca ser pai. Caso isso acontecesse, o profeta previu que a criança cresceria e o mataria, casando-se depois com sua esposa. Entretanto, Jocasta, a rainha de Laio, era irresistivelmente bonita. Ele acabou dominado pelo desejo e dormiram juntos. Nove meses mais tarde, Jocasta deu à luz um filho, Édipo.

O lar dentro do lar

Atento à profecia, Laio deu o bebê a um servo, dizendo-lhe que abandonasse Édipo na encosta da montanha e ali o deixasse morrer. Mas uma família de pastores encontrou o bebê e cuidou dele, mais tarde oferecendo-o ao rei Pólibo e à rainha Mérope de Corinto, que não tinham filhos. Édipo cresceu feliz, mas um dia ouviu murmurarem que não era filho de seus pais. Dirigiu-se, então, a Delfos para perguntar ao oráculo e descobriu estar fadado a matar o pai e casar com a mãe.

Édipo responde à Esfinge no detalhe de um sarcófago do período helênico (c. 323-31 a.C.), hoje exposto no Museu Nacional de Arqueologia em Atenas.

Perturbado com o pensamento de matar Pólibo e casar com Mérope, Édipo fugiu em direção a Tebas — sem saber que ali era a casa de sua família biológica.

Profecia cumprida

Na estrada para Tebas, Édipo encontrou uma autoridade de grande projeção, que exigiu que Édipo lhe desse passagem. Ele discutiu com o homem e o matou, sem saber que era o rei Laio, seu pai. Quando se apaixonou por Jocasta, viúva do rei, Édipo não tinha ideia de que ela era sua própria mãe. Qualquer homem que pensasse em se casar com Jocasta e se tornar o novo rei de Tebas deveria solucionar um enigma proposto por uma criatura com

Veja também: Os deuses olímpicos 24-31 ▪ Orestes vinga Agamenon 64-65 ▪ A saga de Odisseu 66-71 ▪ Exu e o panteão iorubá 294-97

Que infortúnios
do homem sempre
atiram seus êxitos num
revés tão violento?
Édipo Rei

O complexo de Édipo

Sigmund Freud (1856-1939), fundador da psicanálise, chocou o mundo com suas teorias do inconsciente. Sua ideia de que as pessoas agiam segundo partes de sua personalidade de que não tinham conhecimento foi profundamente perturbadora para a época. Uma afronta especial coube à sua teoria do "complexo de Édipo", assim chamado em homenagem aos personagens da peça de Sófocles. Segundo Freud, em toda família, o filho subconscientemente anseia possuir a mãe — seu primeiro amor de infância — e expulsar o pai do primeiro lugar nos afetos dela. As teorias de Freud eram impossíveis de serem provadas ou refutadas, e muitas delas são desconsideradas pelos psiquiatras modernos. Mesmo assim, a ideia do complexo de Édipo persiste na cultura popular, posto que ajuda a dar um sentido emocional às rivalidades e aos ciúmes aparentemente irracionais dentro das famílias.

cabeça humana num corpo de leão e asas de pássaro, conhecida como Esfinge. "O que", perguntou Esfinge, "anda com quatro pernas de manhã, com duas pernas à tarde e três pernas à noite?" Édipo não hesitou: "O homem", respondeu. Como criança pequena, engatinha sobre os quatro apoios; mais tarde, anda sobre os pés; e, em idade avançada, arrasta os pés com a ajuda de uma bengala.

Condenado pelo destino
Édipo e Jocasta se casaram, viviam felizes num castelo, e tiveram vários filhos antes de Tebas ser assolada por uma praga devastadora. Quando todos os rituais e sacrifícios para trazer a cura falharam, o profeta cego Tirésias contou ao rei, estupefato, que ele havia amaldiçoado a cidade com suas próprias atitudes. Quando

Édipo se cega ao saber da identidade de sua esposa nesta miniatura *De Casibus Virorum Illustrium* [Sobre os destinos de homens famosos], Giovanni Boccaccio (1313-1375).

Tirésias explicou a Édipo que o homem com quem havia lutado e matado era seu pai, ele compreendeu que Jocasta era sua mãe. Com a revelação, Jocasta se suicidou, e ao encontrar seu corpo, Édipo furou os olhos com os alfinetes do vestido dela, cegando-se. Embora Édipo não tivesse consciência de que estava assassinando o pai ou cometendo incesto, seu comportamento tinha de ser castigado. Apesar do nascimento na realeza e da habilidade para solucionar a adivinhação, Édipo foi incapaz, como muitos de nós, de escapar à própria sina. ▪

ELA DESEJA ADÔNIS MAIS QUE O PRÓPRIO PARAÍSO

AFRODITE E ADÔNIS

EM RESUMO

TEMA
O amor platônico

FONTES
Metamorfoses, Ovídio, 8 d.C.;
Biblioteca, Pseudo-Apolodoro,
c. 100 a.C.

CENÁRIO
Grécia antiga.

PRINCIPAIS FIGURAS
Afrodite Deusa do amor;
conhecida como Vênus na
mitologia romana, ela
perseguiu Adônis
incansavelmente.

Eros Filho de Afrodite; Deus
da atração sexual.

Cíniras Rei de Chipre;
enganado, seduzido e depois
repugnado pela própria filha.

Mirra Filha de Cíniras;
condoídos dela, mais tarde, os
deuses a transformaram numa
árvore de mirra.

Adônis Filho de Cíniras e
Mirra, um jovem bonito e casto.

Até Afrodite, a grande deusa do amor, não estava imune aos dardos do desejo. Um dia, enquanto Eros brincava nos braços da mãe, uma de suas flechas lhe roçou o peito. Ao erguer os olhos, a primeira pessoa que Afrodite avistou foi o belo Adônis, que corria com sua matilha de cães de caça em busca de um cervo solitário. Afrodite ficou impressionada.

Adônis, filho de Mirra, não era apenas o mais belo de todos os jovens — a partir desse dia seu nome passou a ser sinônimo de beleza —, mas também o mais

Adônis rejeita Afrodite enquanto sai à caça. No quadro de Ticiano, *Vênus e Adônis* (1554), não é um momento para amar — Eros dorme, o dia amanhece e os cães desejam partir.

Veja também: Orfeu e Eurídice 53 ▪ Perseu e Medusa 82-83 ▪ Cupido e Psiquê 112-13 ▪ Narciso e Eco 114 ▪ Pomona e Vertuno 122-23 ▪ Píramo e Tisbe 124

Mirra

Adônis foi concebido pelo desejo anormal de sua mãe Mirra por seu pai Cíniras, rei de Chipre. Isso aconteceu quando, certa noite, Mirra furtivamente foi para a cama do pai, que bebera muito vinho, fazendo-o acreditar que era sua esposa. Sua paixão incestuosa foi um castigo das fúrias, sendo o envolvimento involuntário de Cíniras um ato de rancor de Afrodite, que ficara muito ofendida quando a mãe de Mirra, Kenkhreis, se vangloriara da beleza da filha. Fugindo do pai ultrajado, Mirra foi transformada numa árvore por seu próprio pedido, depois orou aos deuses pela transformação como castigo por suas ações. Derramando lágrimas de mirra, ela deu à luz Adônis, perversamente casto. Escritores clássicos relatam que o desejo de Mirra por seu pai originou-se numa obsessão por sua virgindade.

Mirra esconde o rosto envergonhada, sob o olhar dos poetas Dante e Virgílio em sua passagem pelo Inferno, em ilustração de Gustave Doré (1885).

inatingível. Casto, não tinha o menor interesse no amor romântico — a caça era a única paixão que agitava a frieza de seu coração. Dia e noite, ele corria pela floresta densa e escura em busca de qualquer tipo de presa. Inflamada pelo desejo, Afrodite partiu em busca de Adônis, com os longos cabelos esvoaçantes e as vestes se abrindo conforme corria. Cada vez que agarrava Adônis, ele conseguia se livrar. Não se submeteu aos seus abraços, por mais que ela lhe implorasse.

Avisos discretos

Na perseguição a Adônis pela mata, Afrodite cuidou para se manter fora do alcance de javalis e outros animais selvagens que poderiam atacá-la, e incitou Adônis a fazer o mesmo. Sem considerar os medos de Afrodite, Adônis rejeitou suas súplicas e carinhos, e voltou à caçada — justo para ser atacado por um enorme e feroz javali selvagem. A presa afiada no animal lhe cortou a virilha — uma castração simbólica vista por alguns estudiosos como castigo pela rejeição ao amor sexual. À morte, deitado nos braços da chorosa Afrodite, o sangue de Adônis se derramou. Ao comando de Afrodite, as gotas de sangue mancharam de vermelho-escuro as graciosas pétalas da anêmona, e a flor passou a brotar assim todos os anos.

Adônis e as estações

As mulheres de Atenas promoviam um festival anual em memória de Adônis, chamado Adonia. Platão o desaprovava, mas os cronistas oficiais da vida grega falavam pouco sobre esse festival da sexualidade

Meu querido Adônis, afasta-te das feras selvagens.
Metamorfoses

feminina. As mulheres comemoravam abertamente a beleza física masculina e lamentavam sua natureza fugaz. Junto com as filhas, elas cultivavam jardins em miniatura em vasos, com plantas de crescimento rápido, e os colocavam nos telhados. Quando os oito dias de dança e música terminavam, as plantas eram jogadas nos rios ou oceanos — um ato simbólico visto por estudiosos como tentativa de produzir chuvas abundantes para a colheita vindoura. Em mitos e festivais semelhantes, Adônis não era apenas lembrado por sua beleza fria, era também ligado à fertilidade, às estações do ano e ao ciclo de decadência e regeneração. Um dos mitos conta um conflito entre Afrodite e Perséfone para ver quem deveria ficar com Adônis. Zeus ordenou que Adônis dividisse seu tempo, passando a primavera e o verão com Afrodite (entre os vivos), e o outono e o inverno com Perséfone (no Submundo). Essa lenda reforça a associação de Adônis com o ciclo de morte e renascimento nas colheitas. ▪

QUALQUER COISA EM QUE EU TOCAR, QUE SE TRANSFORME EM OURO PURO

O REI MIDAS

EM RESUMO

TEMA
Um presente amaldiçoado

FONTES
Anábase [A marcha dos 10 mil], Xenofonte, c. 370 a.C.; *Metamorfoses*, Ovídio, 8 d.C.

CENÁRIO
Ancira (agora Ancara), Frígia (Turquia central).

PRINCIPAIS FIGURAS
Midas Rei da Frígia; amaldiçoado com o toque de ouro.

Sileno Meio homem e meio cavalo; deus da fabricação do vinho e dos bêbados; companheiro e tutor de Dionísio.

Dionísio O deus da fertilidade e do vinho, que trazia tanto o êxtase quanto a ira.

O rei Midas foi generoso ao acolher Sileno, companheiro de Dionísio, por dez dias, depois de salvá-lo de uma revolta no vilarejo. Embora o relato de Xenofonte afirme que Midas capturou Sileno para roubar sua sabedoria, na história contada por Ovídio, Dionísio sentiu-se grato pelo retorno seguro do amigo e ofereceu a Midas qualquer coisa que quisesse. Midas pediu que tudo em que tocasse se transformasse em ouro, e o deus

atendeu seu pedido. O rei estava maravilhado e tocava em tudo o que via — um ramo, uma pedra, a ponta do trigo, uma maçã, um galho. Tudo era transformado em ouro maciço e reluzente. Ao chegar em casa, as portas e os peitoris de madeira do seu palácio se transformaram em ouro através de seu toque. Que sorte! Logo percebeu quão faminto estava, e disse aos servos que lhe trouxessem comida. Ao tocá-los, o pão virou ouro e o vinho se transformou em ouro fundido. Será que um dia ele voltaria a comer e a beber novamente? Midas saiu às pressas de casa, com ódio do que havia desejado. Ao buscar abrigo na floresta, clamou por Dionísio, implorando ao benfeitor que lhe retirasse o dom. O deus lhe disse para se banhar nas montanhas, na nascente do rio Pactolo. Lavada a maldição, Midas libertou-se do toque de ouro. ∎

Conforme Midas se banhava na nascente do rio, aqui mostrado na obra de Bartolomeo Manfredi (1617-1619), o ouro lavado era absorvido pela areia, mais tarde enriquecendo o rei Creso.

Veja também: Os muitos "casos" de Zeus 42-47 ▪ O culto a Dionísio 52 ▪ Vesta e Príapo 108-09

DO DIA PARA A NOITE, A ILHA DE ATLÂNTIDA DESAPARECEU SOB AS ONDAS
A LENDA DE ATLÂNTIDA

EM RESUMO

TEMA
A cidade perdida

FONTES
Timeu e *Crítias*, Platão, c. 360 a.C.

CENÁRIO
Para além das Colunas de Hércules (hoje conhecidas como o estreito de Gibraltar), que demarcavam o limite do mundo grego antigo.

Uma confederação de reis, de grande e maravilhoso poder.
Crítias

Atlântida foi uma civilização mítica que floresceu antes que uma malfadada guerra e as forças naturais a destruíssem. É descrita em dois diálogos do filósofo ateniense Platão como uma criativa ilustração de suas crenças em como um estado ideal deve ser governado e nos perigos do uso arrogante do poder.

Apesar de ser uma ilha, Atlântida era "maior que a Líbia e a Ásia". Era uma sociedade avançada, tecnicamente perfeita e bem governada. No entanto, enquanto esse abastado agressor travava uma guerra sem motivo, era a pequena e democrática Atenas que imperava por sua "virtude e força". A aparentemente utópica Atlântida fracassou, Platão observa, porque seu povo se tornou corrupto. Por isso, o grande Zeus o castigou, enviando terremotos e inundações, até que finalmente Atlântida foi engolida pelo mar.

Memórias minoicas
A fábula era de tal forma vívida e sugestiva que a busca pelo local

[Atenas] brilhava adiante, na excelência de sua virtude e força.
Crítias

que inspirara a narrativa de Platão jamais cessou. Havia um precedente histórico para o sumiço de Atlântida: a erupção do vulcão da ilha de Thera (Santorini), no mar Egeu, ao sul da Grécia, por volta de 1500 a.C. Não só a maior parte da ilha afundou, como também o efeito do escurecimento do céu causado pelas cinzas criou um "inverno" que durou muitos anos. Esse desastre provavelmente provocou o fim da civilização minoica, e alguns estudiosos acreditam que a história de Atlântida representou um tipo de memória folclórica desses eventos. ■

Veja também: A fundação de Atenas 56-57 ▪ A Guerra de Troia 62-63 ▪ A saga de Odisseu 66-71

ROMA AN

TIGA

Roma é **fundada**
(de acordo com a
tradição celebrada
no festival anual de
Parilia).

O **épico** de Virgílio,
Eneida, conta a fuga
de Eneias de Troia e
a longa viagem para
a Itália.

A *História de Roma*
de Tito Lívio entrelaça
mitos da fundação
com os registros
históricos de Roma.

753 a.C.   **30–19** a.C.   **27–9** a.C.

509 a.C.   **27** a.C.   **7** a.C.

O último rei de Roma,
Tarquínio, o Soberbo,
é derrubado; Roma se
torna uma **república**.

A **guerra civil** dá
vitória a Otaviano, e
ele se torna o
primeiro imperador
de Roma, Augusto.

*Das antiguidades
romanas* de Dionísio
relata **a história e
as lendas** de Roma
até c. 240 a.C.

Dizem que a cidade de Roma foi fundada em 753 a.C. por Rômulo e Remo — dois descendentes do príncipe troiano Eneias, cuja viagem desde a cidade saqueada de Troia foi tema da *Eneida*. Roma tornou-se um grande poderio imperial, que alcançou sua maior extensão sob Trajano (c. 100 d.C.), abrangendo 20% da população mundial.

Grécia e Roma

A cultura romana absorveu a de várias tribos da Itália — os latinos, os etruscos, os sabinos —, cujos deuses foram adotados pela mitologia romana. Entretanto, os romanos também se apropriaram dos mitos dos gregos antigos, a cujas colônias, cultura e mitos deram continuidade, alinhando muitos de seus próprios deuses aos homólogos gregos. Os deuses romanos, porém, não eram simplesmente deuses gregos com nomes diferentes. Baco, o despreocupado deus romano do vinho e da inspiração, é mais semelhante ao deus etrusco Fufluns, que busca o prazer, do que ao deus grego Dionísio. A "Tríade Capitolina" de Júpiter, Juno e Minerva derivou dos deuses etruscos Tínia, Uni e Menvra. Só mais tarde esses deuses romanos corresponderam a Zeus, Hera e Atena. Muitos escritores romanos se empenharam para enfatizar a superioridade moral dos deuses romanos sobre os gregos. Os romanos não gostavam da imoralidade dos deuses gregos, preferindo destacar a retidão dos deuses de Roma. Um mito como o de Aracne — a bordadeira e tecelã que criticou os deuses, retratando seus atos mais vergonhosos, e por isso foi transformada em aranha — agradava aos valores romanos tanto por condenar a imoralidade quanto por castigar um humano por ousar reprová-los. A história de Aracne foi registrada pelo poeta Ovídio, uma das autoridades em mitologia romana, mas provavelmente ele a terá recolhido de uma fonte grega perdida, já que *arachne* significa "aranha" em grego. A antiga religião romana buscava agradar aos deuses. Antes de o cristianismo ser reconhecido por Constantino em 313 d.C., o calendário romano era repleto de dias festivos, sacrifícios e rituais para as numerosas divindades. Embora os romanos celebrassem os mitos dos seus vários deuses, sua religião se baseava na prática de atos ritualísticos, não nas crenças em narrativas doutrinárias ou mitológicas.

Ovídio explora a criação, as divindades, a história e os rituais de Roma em seus poemas *Fastos* e *Metamorfoses*.

Plutarco escreve 23 **biografias** de gregos e romanos lendários em *Vidas paralelas*.

Sob o imperador Constantino, Roma inicia a transição para o **cristianismo** como religião oficial.

O Império Romano do Oriente, formado em 330 d.C., **cai nas mãos dos turcos otomanos.**

8 a.C.   **c. 100–120** a.C.   **306–337** d.C.   **1453** d.C.

c.80 d.C.   **c. 158–180** d.C.   **476** d.C.

A *Tebaida* de Estácio retrata o assalto à cidade de Tebas **pelos heróis do Argo**.

Metamorfoses de Apuleio, conhecida como *O asno de ouro*, conta a história de **Cupido e Psiquê**.

O líder germânico Odoacro depõe o imperador Rômulo, e o **Império Romano acaba**.

Histórias sobre a origem

Muito da mitologia que pode ser chamada de autenticamente romana — tal como a lenda de Rômulo e Remo — diz respeito à fundação de Roma. O poema épico de Virgílio, *Eneida*, conscientemente espelhado nas obras gregas de Homero, explica como o príncipe troiano Eneias fugiu do saque de Troia e viajou para a Itália a fim de fundar uma nova nação. Outro mito, registrado por Dionísio de Halicarnasso, contava sobre a frota de navios de guerra de Acaia (Grécia), que navegava voltando de Troia com algumas mulheres troianas capturadas. A triunfante viagem foi interrompida quando uma tempestade as forçou a buscar a costa italiana. Os aqueus atacaram os navios atracados durante o inverno e, na primavera, prestes a partir, as mulheres troianas

reagiram. Temendo ser vendidas como escravas, incendiaram os navios, inutilizando-os para a navegação. Por essa razão, os aqueus radicaram-se na Itália, em vez de voltar para a Grécia. Os romanos sentiam-se orgulhosos por remontar sua cultura até a Grécia antiga, passando pelos aqueus vitoriosos ou pelos troianos derrotados. Certa versão, de Helânico de Lesbos, chegou a unificar os dois: Eneias viajava para a Itália acompanhando Odisseu e batizou a cidade de Roma em homenagem a Romê, a mulher troiana que encorajou as demais a queimar os navios.

Outras influências

A mitologia romana também era pitoresca pela influência das divindades e dos cultos de terras além da Itália e da Grécia. Ela

absorveu as histórias da Grande Mãe, Cibele, de Anatólia; do deus egípcio Ísis; e de divindades sírias como Júpiter Heliopolitano. Como Juvenal escreveu em suas *Sátiras*: "O rio sírio Orontes desemboca no rio Tibre já faz um bom tempo". Um deus que conquistou muitos seguidores entre os soldados romanos foi Mitras. Sua origem pode ser persa, mas o culto ao matador de touros era tipicamente romano.

Senhores de um vasto império, os romanos mantiveram extensos registros, que podem explicar por que sua mitologia sobreviveu de modo tão expressivo. Arte e literatura — poemas, cartas e sátiras — preservaram e transformaram mitos gregos, etruscos e orientais em vívidas lembranças que ainda influenciam artistas ocidentais da atualidade. ∎

EU CANTO SOBRE ARMAS E HOMENS

ENEIAS, FUNDADOR DE ROMA

EM RESUMO

TEMA
Épico nacional

FONTES
Eneida, Virgílio, c. 30-19 a.C.;
Metamorfoses, Ovídio, 8 d.C.

CENÁRIO
De Troia à Itália, c. 1000 a.C.

PRINCIPAIS FIGURAS
Eneias Um príncipe de Troia.

Vênus Deusa do amor e mãe de Eneias.

Anquises Pai de Eneias.

Juno Rainha dos deuses; inimiga dos troianos.

Dido Rainha de Cartago; amante de Eneias.

Júpiter Rei dos deuses.

Lavínia Princesa do Lácio; futura esposa de Eneias.

Turno Governante de Rútulos; inimigo de Eneias.

Netuno Deus do mar.

F oi na *Ilíada* de Homero que o príncipe troiano Eneias, filho do mortal Anquises com a deusa Vênus (Afrodite), apareceu pela primeira vez. Mas foi o poderoso épico de Virgílio, *Eneida*, que lhe conferiu o papel de pai fundador de Roma. Sua história começa no final da guerra de Troia. Eneias foi forçado a fugir dali quando a cidade caiu nas mãos dos gregos. A *Eneida* descreve a jornada subsequente de Eneias para a Itália, cheia de tragédias e desgraças.

Fuga de Troia

O poema começa com Eneias encurralado pela tempestade em Cartago, contando para a rainha os eventos que precipitaram sua fuga de Troia. Explicou como os troianos foram enganados por um cavalo de madeira gigante, deixado pelos gregos do lado de fora de Troia.

A princípio, Eneias juntou-se à luta, mas seu primo assassinado Heitor lhe apareceu em sonho dizendo-lhe para fundar uma nova cidade troiana. Sua mãe Vênus também o estimulou a fugir e a levar com ele sua família, as relíquias sagradas de Troia e os deuses da família. Eneias escapou com o filho

Carregando Anquises, seu pai, nos ombros, Eneias foge de Troia com o filho Ascânio. Sua esposa Creusa ainda está ao lado deles neste quadro, pintado em 1598 por Federico Fiori Barocci.

Ascânio e seu pai Anquises, mas a esposa Creusa se separou do grupo. Ao voltar, Eneias encontrou apenas o fantasma dela, dizendo que ele estava predestinado a fundar uma nova cidade na Itália. Fugindo pelo mar, Eneias e seus seguidores foram para a Trácia, e então para Delos, onde Apolo, o deus da profecia, lhe aconselhou a buscar a terra dos seus ancestrais. Eneias então navegou na direção de Creta, berço do ancestral troiano Teucro, mas, em vez disso,

Virgílio

O poeta Publius Vergilius Maro nasceu perto de Mântua em 70 a.C. e morreu em Brindisi, em 19 a.C. É autor de três grandes obras: *Églogas* (ou *Bucólicas*), *Geórgicas* e *Eneida*. Embora os dois primeiros lidem com temas pastoris, Virgílio inspirou-se na *Ilíada* e na *Odisseia* de Homero para criar a *Eneida* como um épico nacional romano e um mito referente à fundação. Apesar de a *Eneida* se seguir imediatamente aos eventos da *Ilíada*, seu herói não é um dos gregos vitoriosos, mas Eneias, um príncipe fugitivo dos troianos vencidos. Eneias não é astuto,

como o Odisseu de Homero; ele é sempre descrito como *pater* (pai) e *pius* (piedoso) para enfatizar sua nobre missão.

De acordo com seu biógrafo, Élio Donato, Virgílio recitou muito da *Eneida* para o imperador Augusto, provocando o desmaio de Otávia, irmã dele, na menção profética a seu filho Marcelo, no livro VI.

Concluída a *Eneida*, Virgílio planejava fazer correções, mas adoeceu. Embora seu desejo no leito de morte fosse a queima do manuscrito, o imperador ordenou a publicação.

Veja também: Hades e o Submundo 48-49 ▪ A saga de Odisseu 66-71 ▪ Os trabalhos de Hércules 72-75 ▪ A fundação de Roma 102-05 ▪ A Sibila de Cumas 110-11

As profecias sobre Eneias

5. Dido condena Roma e Cartago a serem eternos **inimigos** após Eneias abandoná-la.

1. Heitor aparece para Eneias em sonho e lhe diz para **fugir** de Troia e fundar Lavínio.

4. Júpiter diz a Vênus que **Eneias** travará guerra na Itália e **esmagará** seus inimigos.

2. O fantasma de Creusa lhe diz que ele está predestinado a fundar uma cidade na **Itália**.

3. Uma harpia profetiza que os troianos passarão **fome** e comerão até as mesas.

agonia, Juno enviou Íris, o arco-íris, à terra, para lhe libertar a alma, cortando uma mecha do cabelo de Dido como oferta a Dis, governante do mundo subterrâneo. Ao afastar-se de Cartago, Eneias olhou para trás e viu a fumaça da pira funerária. Ele só veio a saber do suicídio de Dido mais tarde, quando encontrou sua sombra no Submundo.

Eneias procura o pai
De retorno à Sicília, Eneias promoveu os jogos fúnebres em homenagem a Anquises, seu pai morto. Enquanto isso, Juno, ainda movida pela antiga animosidade e ansiosa por atrasar a missão de Eneias, inspirou as mulheres troianas a incendiarem os navios. Júpiter enviou uma chuva torrencial para apagar as chamas, e numa visão, Anquises insistiu para que Eneias continuasse a busca e o encontrasse no mundo subterrâneo. Eneias continuou navegando e — apesar da perda do timoneiro Palinuro, que caiu no mar — alcançou a Itália. Ansioso para rever o pai falecido, Eneias foi

foi direcionado por uma visão dos deuses a rumar para a Itália, casa do seu ancestral Dardano. Em seguida, Eneias encontrou as harpias, pássaros ferozes com rosto feminino. Uma delas o amaldiçoou, profetizando que ele só atingiria seu objetivo quando uma terrível fome forçasse o grupo a comer as mesas. Eles navegaram para Sicília, onde o pai idoso de Eneias morreu, e depois partiram para a Itália, mas o deus do vento Éolo — por ordem de Juno, que odiava os troianos — desviou o curso dos navios.

Abrigando-se na cidade de Cartago, ao norte da África, Eneias encontrou a rainha Dido; foi a ela que Eneias contou a história de sua fuga de Troia. Encorajado por Vênus, Eneias e Dido se apaixonaram e consumaram sua

paixão numa gruta durante uma tempestade. Quando Júpiter, rei dos deuses, soube disso, enviou-lhe seu mensageiro Mercúrio para lembrar Eneias da saída de Cartago para fundar uma nova cidade.

A rainha trágica
Ao saber da partida do amado, Dido pediu à sua irmã Ana que construísse uma pira sacrificial e se jogou dentro dela. Em meio às chamas, ela podia ver os navios de Eneias partindo. Em seguida, a rainha transpassou o corpo com a espada do amado. Para dar fim à sua

Dido se apunhala quando Eneias e seus companheiros partem de Cartago, rumo à Itália. Miniatura extraída do exemplar de um pergaminho da *Eneida* feito na França em 1469.

Sequência de eventos na *Eneida*

Em Delos, Eneias oferece sacrifícios a Apolo, mas confunde as pistas sobre o local da sua futura cidade.

As harpias atacam Eneias depois de ele ter o curso desviado em direção à casa delas, nas ilhas Estrófades.

Eneias foge de Troia, com seu pai Anquises, depois que o fantasma da esposa anuncia que ele precisa encontrar a terra do Tibre.

Em Creta, Eneias tem uma visão em que os deuses lhe dizem para viajar para a Itália.

Apaixonado por Dido, rainha de Cartago, Eneias só a deixa quando os deuses o lembram de seu destino.

---

aconselhado pela Sibila de Cumas a arrancar um galho dourado e ofertá-lo a Proserpina, rainha do Submundo e esposa de Dis; o ramo lhe garantia uma passagem segura com o barqueiro Caronte pelo rio Estige. A sibila, então, sedou o cão de guarda Cérbero com um bolo de mel envenenado. No Submundo, Eneias falou com o fantasma de Dido, e ela se afastou sem dizer uma palavra. Anquises, no entanto, ficou radiante ao ver o filho e lhe estendeu os braços. Eneias tentou em vão abraçar o pai; os braços se fechavam no vazio. Enquanto andavam com a Sibila ao lado do rio Lete, Anquises profetizou a fundação de Roma. Para impressionar mais o filho sobre a importância de sua missão, Anquises lhe mostrou uma procissão de espíritos de grandes romanos que nasceriam, incluindo Rômulo, Júlio Cesar e Augusto. Eneias então voltou ao mundo da luz.

A terra prometida

Ao navegarem pela costa ocidental da Itália em direção ao rio Tibre, Eneias e seus seguidores contornaram a ilha da feiticeira Circe, filha do Sol. Lá eles ouviram os uivos e gritos dos homens que ela transformara em animais selvagens. O deus do mar, Netuno, lhes enviou ventos favoráveis, que os levaram em segurança para longe dali. Os troianos atracaram no Lácio, na foz do Tibre, e serviram a primeira refeição em pratos de crosta de pão, enchendo-os fartamente com frutas e vegetais frescos. A fome era tanta que comeram não só a refeição, mas os pratos de pão também. Ascânio, filho de Eneias, brincou dizendo que eles estavam comendo as mesas. Ao perceber que isso cumpria a profecia da harpia, Eneias e seus seguidores entenderam que o local para construir sua cidade tinha sido encontrado, e Júpiter trovejou três vezes, confirmando. Eneias não planejara conquistar o Lácio com uma invasão hostil. Em vez disso, fez a corte a Lavínia, a filha do rei Latino, que acreditavam ser filho do deus Fauno. Mais uma vez, porém, a

Eneias desce a um Submundo de pesadelo, retratado pelo pintor flamengo Jacob Isaacsz van Swanenburg (c. 1600 d.C.). A visão de Virgílio influenciou muitas imagens cristãs do inferno.

Na Sicília, Eneias promove jogos fúnebres após a morte de seu pai, Anquises.

Chegando ao Lácio, Eneias é recepcionado na foz do rio Tibre pelo rei Latino, que lhe oferece a filha Lavínia em casamento.

Num duelo com Turno, Eneias sai vitorioso e a guerra termina.

A Sibila de Cumas leva Eneias ao Submundo, onde conversa com vários espíritos, incluindo Dido e Anquises. O futuro de Roma é revelado para ele.

Os troianos vão à guerra na Itália. Inicialmente, Eneias sofre graves perdas, antes de contar com o rei Evandro e seu povo como aliados.

animosidade de Juno funcionou contra ele. A deusa persuadiu a mãe de Lavínia, a rainha Amata, de que a filha deveria se casar com Turno, legislador da cidade vizinha Rútulos. Juno, em seguida, convocou Alecto, uma das fúrias (ou deusas da vingança), para provocar a guerra.

O conflito final

Vastamente excedido em número pelas forças de Turno, Eneias a princípio se desesperou, mas depois o deus-rio Tiberino em sonho lhe disse que deveria encontrar um local às margens do rio onde uma fêmea de javali branco estivesse amamentando seus trinta filhotes; ali seu filho Ascânio, um dia, fundaria uma cidade chamada Alba

Contra meus próprios desejos eu abandonei Turno e abandonei a terra.
Eneida

Longa. Estimulado por Tiberino, Eneias conseguiu o apoio do velho Evandro, rei de Palante, no monte Palatino, onde mais tarde Roma seria fundada, e de Tarchon, o rei dos etruscos. Com novos aliados — e a ajuda dos deuses —, Eneias começou a ganhar terreno. Quando o inimigo tentou incendiar a frota troiana, a deusa Cibele transformou os navios em ninfas, que nadaram para longe. Entretanto, Turno tinha Juno a seu lado e matou o filho do rei Evandro, Palas, levando consigo o cinto dele como troféu. Finalmente, Eneias e Turno se enfrentaram num combate corpo a corpo; Vênus apoiava Eneias, Turno tinha sua irmã, a ninfa da água Juturna, do seu lado. Júpiter, então, persuadiu Juno a abandonar Turno e cessar sua oposição a Eneias, assegurando-lhe que o nome Lácio (*Latium*) e a língua seriam preservados. Em seguida, Júpiter enviou uma fúria com cabeleira de serpentes para afastar Juturna e perturbar Turno. Eneias feriu Turno e estava prestes a poupar sua vida quando viu que ele usava o cinto de Palas. Enfurecido, atravessou o coração de Turno com sua espada. O poema épico termina com a morte de Turno, que também põe fim à guerra. ∎

Novas cidades

Eneias fundou a cidade de Lavínio no Lácio e a nomeou em homenagem a sua esposa Lavínia. Após sua morte, seu filho Ascânio fundou a cidade de Alba Longa, no local profetizado pelo deus-rio Tiberino, no monte Alba, sudeste de Roma. Por quatrocentos anos, descendentes de Eneias governaram Alba Longa, até Rômulo e Remo fundarem Roma. A lenda diz que a guerra entre as duas cidades data do século VII a.C. Tito Lívio descreveu como os dois pares de trigêmeos — os horácios por Roma e os curiácios por Alba Longa — guerrearam. Os romanos saíram vitoriosos. Historicamente, romanos e o povo do Lácio faziam parte da confederação conhecida como a Liga Latina e uniam-se contra inimigos. Quando albanos abandonaram romanos numa guerra contra os etruscos, os romanos mataram o líder albano, Mécio, arrasando Alba Longa, sem deixar pedra sobre pedra, e levando seus habitantes para Roma.

O DESEJO DE CONSTRUIR UMA CIDADE TOMOU CONTA DE RÔMULO E REMO

A FUNDAÇÃO DE ROMA

EM RESUMO

TEMA
O nascimento de uma nação

FONTES
Antiguidades romanas, Dionísio de Halicarnasso, c. 7 a.C.; *Fastos* [O livro dos dias], Ovídio, 8 d.C.; *Rômulo*, Plutarco, c. 70-110 d.C.

CENÁRIO
Roma, c. 753 a.C.

PRINCIPAIS FIGURAS
Rômulo Fundador de Roma.

Remo Irmão de Rômulo.

Amúlio Rei de Alba Longa.

Numitor Irmão deposto de Amúlio.

Reia Silvia Filha de Numitor.

Marte Deus da guerra.

Fáustulo Um pastor.

Laurência Esposa de Fáustulo.

O mito dos irmãos Rômulo e Remo não foi a única história da fundação de Roma, mas se tornou a mais aceita. Os primeiros relatos afirmavam que os gêmeos eram filhos do herói troiano Eneias, mas a maior parte das versões situa a história quinze gerações à frente. O filho de Eneias, Ascânio, fundou a antiga cidade de Alba Longa a cerca de dezenove quilômetros do local que mais tarde se tornaria Roma. Séculos depois, Alba Longa foi herdada por dois irmãos, Amúlio e Numitor. Amúlio sugeriu ao irmão que dividissem a herança em duas partes, uma englobando o comando do reino e a outra os tesouros trazidos por seu

Ancestrais de Rômulo e Remo

```
┌─────────────────────────────────┐
│  Eneias, príncipe de Troia e    │
│      herói da Eneida            │
└─────────────────────────────────┘
               ⋮
               ↓
      ┌──────────────────┐
      │ Proca, rei de Alba│
      │      Longa        │
      └──────────────────┘
        ↓              ↓
┌──────────────┐  ┌──────────────┐
│   Amúlio     │  │   Numitor    │
└──────────────┘  └──────────────┘
        ↓              ↓
┌──────────────┐  ┌──────────────┐
│ Marte, deus  │  │ Reia Silvia  │
│  da guerra   │  │              │
└──────────────┘  └──────────────┘
        ↓              ↓
┌──────────────┐  ┌──────────────┐
│   Rômulo     │  │    Remo      │
└──────────────┘  └──────────────┘
```

O abandono de crianças romanas

O elemento do mito de Rômulo e Remo que choca leitores modernos não afetava os romanos. O infanticídio pelo abandono era lugar-comum nas sociedades antigas. O que surpreende no mito da fundação de Roma é a sobrevivência dos bebês, não sua rejeição.

Os pais romanos tinham absoluto controle sobre os filhos e podiam optar por não os criar. Em alguns casos, os bebês eram deixados em locais determinados, onde poderiam ser adotados. Mas muitos outros eram simplesmente abandonados. As meninas, que ao se casarem deveriam ter um dote — doação monetária legalmente obrigatória para o marido —, eram as vítimas mais frequentes do abandono. A extensão da prática na Roma antiga é assunto de discussão acadêmica, mas tornou-se ilegal em 374 d.C.

---

ancestral Eneias ao regressar de Troia. Numitor escolheu o reino, e Amúlio o tesouro. Mas com a riqueza proporcionada por aquele tesouro, Amúlio tramou contra o irmão: ele o depôs e o aprisionou.

Nascimento dos gêmeos

Temendo alguma ameaça por parte dos descendentes de Numitor, Amúlio matou o filho dele, Egesto, e forçou sua filha, Reia Silvia, a se tornar uma virgem vestal. De acordo com várias versões, Marte, o deus da guerra, a seduziu enquanto ela dormia à margem do rio, ou numa gruta sagrada, dizendo-lhe que ela teria dois filhos que excederiam todos os homens em bravura; outras

versões dizem que o verdadeiro pai era o próprio Amúlio mascarado. Quando os gêmeos, Rômulo e Remo, nasceram, Reia Silvia ou foi condenada à morte pela quebra dos votos de castidade, ou ficou em prisão perpétua. Quanto aos bebês, Amúlio ordenou que um servo os afogasse no rio Tibre. Em vez disso, o servo colocou-os numa cesta à deriva no rio, e então o deus-rio os levou em segurança até a margem. Uma loba, que tinha acabado de ter filhotes, encontrou os bebês e os

A Loba Capitolina amamentando Rômulo e Remo. A loba de bronze data do século XI ou século XII, e os gêmeos, do século XV.

amamentou. Em seguida, eles foram descobertos por Fáustulo, um pastor (de porcos ou de gado), que os criou com a ajuda da esposa, Laurência. De acordo com algumas fontes, a história da loba surgiu porque Laurência havia sido uma *lupa*, uma

gíria latina para prostituta, que também significava loba.

Roma é fundada

Os meninos cresceram bonitos e fortes. Famosos pela generosidade e pelos atos de bravura, tornaram-se líderes entre os fazendeiros e caçadores locais. Quando Rômulo e Remo ficaram adultos e souberam de sua história — a de Fáustulo ou a de Marte —, provocaram uma revolta. O usurpador Amúlio foi morto e o rei Numitor recuperou o trono. Os gêmeos, então, resolveram fundar sua própria grande cidade. Declararam que, em obediência ao oráculo de Delfos, sua cidade seria um santuário ao deus do acolhimento, e reuniram em torno de si fugitivos, foras da lei e escravos fugidos. No momento de escolher o local exato da cidade, Rômulo preferiu o monte Palatino e Remo, o monte Aventino. Para determinar o local e qual deles deveria ser o primeiro governante da cidade, concordaram em buscar um sinal dos deuses pela observação de pássaros de bons presságios — Rômulo, diferente do irmão, levou um bastão retorcido conhecido

como *lítuo*, usado por áugures (adivinhos) para interpretar eventos futuros pelo estudo do voo dos pássaros. Isso marcou Rômulo como simbolicamente mais consciencioso do que o irmão e, portanto, mais merecedor da vitória. Quando Remo avistou seis abutres, afirmou que os deuses haviam lhe favorecido. Rômulo, em seguida, viu doze abutres, mas, de acordo com a versão de Dionísio, Rômulo estava tentando enganar Remo e não tinha visto pássaro nenhum.

Os seguidores de cada irmão aclamaram os respectivos campeões como rei. Quando Rômulo começou a cavar sulcos para demarcar os limites da cidade, teve início uma briga que rapidamente fugiu ao controle. Remo zombou do irmão e o ridicularizou pulando sobre os sulcos. Nesse ponto, Rômulo (ou, segundo alguns, seu seguidor Celer) o matou. Rômulo então fundou Roma em 753 a.C.

As sabinas

A história da fundação inicial de Roma enfatiza a natureza guerreira de Rômulo, herdada do pai, o deus da guerra, e tem um tema brutal que

> Dado o sinal, eles sacaram as espadas, correram aos gritos e raptaram as filhas dos sabinos.
> **Rômulo**

poderia vir a definir a expansão do Império Romano pelos séculos vindouros. No monte Palatino, logo que Roma foi erguida, Rômulo colocou todos os seus homens em legiões para defendê-la de povos vizinhos, como os sabinos. O primeiro problema enfrentado pela nova cidade foi a falta de mulheres, já que os refugiados e os fora da lei atraídos por Rômulo e Remo eram todos homens. Para solucionar isso, Rômulo anunciou que tinha descoberto o altar do deus da colheita, Conso, sob a cidade, e promoveu um festival, Consuália, em homenagem ao deus. Ele convidou os sabinos para o evento, mas enquanto

O autor greco-romano Plutarco (45 d.C.-c. 120 d.C.) compôs mais de 225 obras sobre a cultura e a história da Grécia e de Roma.

Rômulo de Plutarco

Entre os tesouros guardados pelas Virgens Vestais havia um falo que conta uma curiosa história sobre o nascimento de Rômulo e Remo. De acordo com Plutarco, havia um rei perverso em Alba Longa, chamado Tarquécio, em cuja casa apareceu um falo. Um oráculo profetizou que se uma virgem tivesse relações com esse falo, ela daria à luz uma criança de inominável força e boa sorte. Tarquécio ordenou que sua filha obedecesse ao oráculo, mas, em vez disso, ela enviou uma escrava

em seu lugar. Quando Tarquécio descobriu a mentira da filha, ordenou que ambas as moças fossem mortas. Entretanto, Vesta, deusa do lar, lhe apareceu em sonho, alertando-o para que não matasse as meninas — ele, então, as aprisionou. Quando a escrava teve os gêmeos, Tarquécio ordenou que eles fossem deixados à míngua. Entretanto, conforme a história mais conhecida, Rômulo e Remo foram amamentados e salvos por uma loba, antes de serem encontrados pelos camponeses que os criaram.

O estupro das sabinas foi retratado por vários artistas. Este detalhe é de um grande afresco de Luca Cambiaso (c. 1565) para um salão da Villa Imperiale em Gênova, Itália.

os homens assistiam às corridas de biga, Rômulo fez um sinal, jogando seu manto por cima dos ombros, e com isso, seus homens pegaram as armas. Eles agarraram as mulheres, levando-as para casa e afirmando que eram suas esposas.

Guerra e reconciliação

Humilhados, os sabinos resolveram declarar guerra aos romanos. Depois que Rômulo matou o rei sabino Acron, os sabinos se uniram sob o comando de Tito Tácio e cercaram Roma. Tarpeia, filha do comandante da cidadela de Roma, traiu a cidade: em troca dos braceletes de ouro sabino, ela abriu os portões e deixou o exército estrangeiro entrar. Durante a luta sangrenta que se seguiu, Rômulo foi abatido por uma pedra que lhe atingiu a cabeça. Os romanos

O Fórum era o centro da vida cotidiana na Roma antiga. Entre outros santuários, havia ali o Templo de Vesta — um de seus mais antigos santuários, datando do século VII a.C.

começaram a recuar, animando-se apenas quando Rômulo se levantou e rezou a Júpiter Estator (o tenaz) por ajuda. A batalha foi interrompida pelas mulheres sabinas, que correram entre os dois exércitos e imploraram a seus pais sabinos e seus maridos romanos para não se matarem uns aos outros. A paz foi selada entre ambos os lados sob a liderança conjunta de Rômulo e Tácio. Rômulo governou Roma por quarenta anos, estabelecendo-a como uma grande cidade. Muitas histórias foram contadas sobre sua força superior. Numa demonstração de poder, Rômulo ficou de pé no monte Aventino e fincou sua lança na terra tão profundamente que nenhum homem conseguiu tirá-la. O cabo era feito de madeira dura de corniso, e a árvore que cresceu dela foi tratada com grande reverência. No tempo de Caio César (Augusto), que reinou de 27 a.C. a 14 d.C., as raízes da árvore de Rômulo foram inadvertidamente cortadas por trabalhadores que consertavam alguns degraus próximos, e a árvore murchou e morreu. A cidade de

Roma cresceu em poder e prestígio, mas não sem conflito. Quando embaixadores da cidade de Laurento foram assassinados pelos companheiros de Tácio, ele foi executado por vingança. Roma e Laurento foram atingidas por uma praga, já que ambos os lados foram considerados culpados por não buscarem justiça para seus assassinatos. Aproveitando-se da incidência da praga, o povo de Cameria atacou Roma, porém Rômulo derrotou-os, tomando a cidade e metade de seus habitantes.

Ascensão

Certo dia, enquanto Rômulo inspecionava suas tropas no Campo de Marte, começou uma tempestade. Estrondo de trovões soava pelo ar, e Rômulo, envolto numa nuvem, foi levado pelos céus na biga de seu pai Marte para se tornar ele mesmo um deus. Depois disso, Rômulo foi idolatrado sob o nome de Quirino, o deus sabino da guerra. O primeiro rei após Rômulo, Numa Pompílio, era um sabino, mostrando que a união dos dois povos durou além dos reinados de Rômulo e Tácio. ∎

O PAI DOS DEUSES LANÇA CHAMAS VERMELHAS PELAS NUVENS
NUMA ENGANA JÚPITER

Quando Júpiter, enfurecido, enviou do céu raios flamejantes acompanhados de chuva torrencial, o rei Numa — o segundo rei de Roma — se alarmou. Entretanto, sua esposa, a ninfa Egéria, disse-lhe: "Você precisa apaziguar Júpiter e desviar sua raiva. Procure por Pico e seu filho Fauno, deuses do solo romano, porque eles sabem como fazê-lo". Esses deuses da floresta ficavam no monte Aventino, um local de pastagens com fontes e pequenos vales que ainda não fazia parte da cidade. Numa misturou vinho e mel com água na fonte onde os dois deuses bebiam. Quando adormeceram, Numa amarrou bem as mãos deles com cordas. Ao acordar, Pico e Fauno tentaram escapar, mudando de forma, sem conseguir se libertar. Numa lhes disse que não pretendia prejudicá-los — queria apenas saber como acalmar Júpiter. Os deuses, embora incapazes de ajudar, queriam trazer Júpiter até ele: "Você pergunta o que não é lícito a um homem saber. Liberte-nos, e atrairemos Júpiter lá dos céus até aqui".

Homem versus deus
Conforme prometido, Júpiter desceu à terra, que se afundava sob seu peso. Numa estava com tanto medo que o sangue lhe fugiu do rosto e o cabelo se eriçou, mas ele rogou ao deus: "Rei do céu, chame de volta seus raios e trovões, eu lhe imploro. Diga-me que oferenda deseja". Júpiter respondeu: "Corte a cabeça…". "De uma cebola", respondeu Numa, rápido como um raio. "De um homem…", disse Júpiter. "O cabelo", Numa interrompeu. "A vida de um…" "Peixinho." Nesse momento Júpiter urrou com uma gargalhada. Alegrava-o encontrar um mortal pronto para conversar com um deus — apesar de possuir apenas

Ao serem capturados, eles mudaram de forma, e assumiram muitas outras formas diferentes, apresentando aparências monstruosas e pavorosas.
Plutarco,
Vida de Numa

Numa consulta a Egéria, em sua gruta sagrada, enquanto uma figura desconhecida aparece encurvada ao fundo, em *Pompílio e a ninfa Egéria* (1631-33), do artista Nicolas Poussin.

faculdades humanas, a perspicácia de Numa estava à altura da sua. Júpiter então disse a Numa: "Quando Apolo estiver no ponto mais alto do céu amanhã, eu lhe enviarei sinais do império". Ao dizer isto, Júpiter elevou-se aos céus novamente com o estrondo do trovão, deixando o assustado Numa na encosta. Quando Numa voltou animado para a cidade, os habitantes relutaram em acreditar na sua história. "Ações falam mais alto do que palavras", ele disse. "Vamos nos reunir e ver que presságios Júpiter nos enviará amanhã." Na manhã seguinte, o povo de Roma veio até a porta de Numa. O rei sentou-se no trono entre eles, e todos observaram Apolo subir ao céu e cruzá-lo. Quando o sol alcançou seu ápice, Numa ergueu as mãos para o céu e disse: "Chegou a hora, Júpiter, de cumprir sua promessa".

Júpiter onipotente

Júpiter, do céu, respondeu ao rei Numa, arremessando três raios. Em seguida, um escudo caiu do céu, e uma voz declarou que, enquanto o escudo fosse preservado, Roma governaria o mundo. O esperto Numa pediu ao artífice Mamurius para fazer outros onze escudos exatamente iguais àquele — para confundir eventuais ladrões. Esses doze objetos sagrados foram mantidos no templo de Marte, sob os cuidados dos sacerdotes dançantes, os sálios. ▪

Trindade romana

A Tríade Capitolina de Júpiter, sua esposa Juno e sua filha Minerva, compartilhava um templo no monte Capitolino em Roma. Eles eram vistos como os deuses que governavam Roma. Esse trio de deuses supremos sucedeu uma tríade anterior, conhecida pelos estudiosos como Tríade Arcaica — formada pelos deuses Júpiter, Marte e Quirino. Ambas as tríades foram essenciais para a religião pública da Roma antiga. Templos Capitolinos foram erguidos pela Itália e pelas províncias. Neles, Júpiter era reverenciado como Jupiter Optimus Maximus (Júpiter, o Melhor e o Maior), ao lado de Juno, sua rainha e Minerva, a deusa da guerra. O Templo de Júpiter era visto como um dos mais importantes na Roma antiga. Suas paredes encerraram a estátua de pedra de Júpiter, que era usada por autoridades políticas para fazer seus juramentos. Seu nome em latim — *Iuppiter Lapis* — tornou-se o título para o culto que veio a ver a pedra propriamente dita como deus.

Três templos capitolinos, do século II d.C., em Sufetula (hoje Sbeitla, na Tunísia), são apenas alguns dos muitos templos capitolinos erigidos por todo o mundo romano.

A CONCEPÇÃO DE VESTA COMO NADA ALÉM DA VIVA CHAMA

VESTA E PRÍAPO

EM RESUMO

TEMA
Deusas virgens

FONTES
Fastos [O livro dos dias], Ovídio, 8 d.C.

CENÁRIO
Monte Ida — a montanha da deusa Cibele; Anatólia, a Turquia dos dias atuais.

PRINCIPAIS FIGURAS
Saturno Deus romano da riqueza; equivalente romano de Cronos.

Ops Deusa da Terra; esposa de Saturno.

Vesta Deusa virgem do lar.

Cibele Deusa mãe de Anatólia — a "Grande Mãe" da mitologia romana.

Príapo Deus da sexualidade e da fertilidade; filho rejeitado de Vênus.

Sileno Um velho sátiro bêbado montado num jumento.

As filhas de Saturno e Ops eram Juno, Ceres e Vesta, a deusa do lar. As três eram importantes deusas romanas, mas Vesta, em contraste com as irmãs, raramente aparece nos mitos.

Esse conceito de deusa do lar se originou na religião proto-indo-europeia baseada na antiga Anatólia, da qual sairia um número de deuses gregos e romanos. A palavra latina *Vesta* é proveniente da língua proto-indo-europeia, que significa "queimar", enfatizando as raízes ancestrais da deusa. O pequeno número de mitos focados em Vesta deve-se sobretudo ao fato de que a deusa raramente saía de casa ou do seu templo. Num mito, contado por Ovídio, Vesta foi tentada pela deusa mãe Cibele a ir a uma festa no monte Ida, um local central de adoração a ela, onde havia cultos orgíacos. Com sua coroa mural, que a designava como benfeitora e protetora de Roma, Cibele era constantemente cercada por alegres seguidores tanto femininos

Ninfas e sátiros saltitam juntos em *Um bacanal em frente à estátua de Pan* (1632-1633), do artista francês Nicolas Poussin. Em primeiro plano à direita, Príapo tenta possuir Vesta.

Veja também: Os deuses olímpicos 24-31 ▪ O culto a Dionísio 52 ▪ Cibele e Átis 116-17

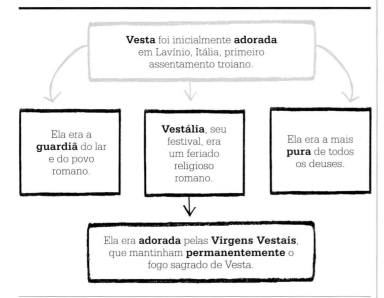

Vesta foi inicialmente **adorada** em Lavínio, Itália, primeiro assentamento troiano.

Ela era a **guardiã** do lar e do povo romano.

Vestália, seu festival, era um feriado religioso romano.

Ela era a mais **pura** de todos os deuses.

Ela era **adorada** pelas **Virgens Vestais**, que mantinham **permanentemente** o fogo sagrado de Vesta.

As virgens vestais

As seis virgens vestais, única classe sacerdotal feminina de Roma, mantinham aceso o fogo de Vesta, lar simbólico da cidade no Templo de Vesta, no Fórum. Se o fogo se extinguisse por uma única vez, isso era visto como um mau presságio, e a Vestal negligente era chicoteada pela suma sacerdotisa. A castidade das vestais era essencial para a segurança de Roma, e qualquer vestal que perdesse a virgindade era enterrada viva, com rações escassas de comida e água, de modo que seu sangue não fosse derramado e a morte resultasse do desejo dos deuses do Submundo. As sacerdotisas eram escolhidas na infância, entre seis e dez anos de idade. Serviam, então, por trinta anos, depois dos quais estavam livres para deixar a ordem — e até mesmo se casar, se assim o desejassem. Entretanto, as que casassem perdiam seu grau incomum de independência, incluindo a liberdade de fazer um testamento.

(mênades ou bacantes) quanto masculinos (coribantes), que lhe ofereciam entretenimento musical.

Cibele convidou todos os deuses para sua festa, junto com sátiros, ninfas e espíritos do campo. Dentre eles estava o lascivo Príapo, aflito com uma permanente e superdimensionada ereção. Vênus, sua mãe, ficara tão envergonhada com a deformidade do filho que o abandonou nas montanhas para ser criado por pastores. Príapo se tornara o deus dos jardins, das abelhas e dos rebanhos. O último convidado a chegar à festa foi o sátiro bêbado Sileno, que compareceu ao evento mesmo sem ser convidado.

Príapo é negado

Os deuses comeram e beberam até se fartar, e à medida que a festa foi chegando ao fim, alguns saíram andando pelo monte Ida, enquanto outros começaram a dançar, e outros ainda se deitaram na relva para purgar seus excessos. Vesta encontrou um local calmo perto do rio e adormeceu, sem saber que Príapo estava à espreita. O sempre lascivo Príapo vagava por ali, procurando por uma deusa ou ninfa para assediar. Vendo a deusa virgem Vesta, foi até ela na ponta dos pés. Entretanto, quando estava prestes a lhe tirar a virgindade, o jumento de Sileno relinchou alto ali perto e a acordou. Os outros deuses acorreram em auxílio de Vesta e rapidamente tiraram Príapo dali.

Em seu centro de culto em Lâmpsaco, ao norte de Trôade, o jumento era o animal de sacrifício de Príapo. Durante o festival Vestália, realizado todo mês de junho em honra de Vesta, pães assados nas cinzas do lar vestal pendiam dos jumentos, e pedras de amolar, que eles giravam, também eram ornadas com flores em honra à deusa. ▪

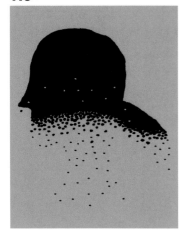

AS PARCAS POUPARÃO A MINHA VOZ, E PELA MINHA VOZ SEREI CONHECIDA

A SIBILA DE CUMAS

Nas tradições greco-romanas, Eneias, o herói de Troia, desejava visitar o fantasma de seu pai, então viajou aos portões do Submundo — a gruta da idosa Sibila de Cumas. Cumas era uma colônia grega em Campânia, no sul da Itália. Lá, a Sibila, uma profetisa divinamente inspirada pelo deus Apolo, guiou Eneias, de forma segura, na ida e na volta ao Submundo. Enquanto Eneias e Sibila subiam de volta ao mundo dos vivos, ele lhe disse que devia sua vida a ela, que sempre a veria como uma deusa e construiria um templo em sua homenagem.

A Sibila disse que não era deusa, e que nenhum ser humano era digno de ser reverenciado. Para provar que ela era muito falível, contou a história de como, ainda jovem, fora cortejada pelo deus Apolo. Ao rejeitá-lo, ela selou seu triste destino.

Apolo e Sibila
Apolo, desesperado para ganhar o favorecimento da Sibila, prometeu-lhe qualquer coisa que desejasse. Ela apontou para um monte de pó e pediu para viver tantos anos quantos grãos de poeira ali houvesse. Apolo ofereceu-lhe tanto os anos desejados quanto a juventude eterna caso ela se submetesse a ele. Porém, ela o rejeitou, daí o deus garantir apenas os anos, mas não a juventude.

À época em que encontrou Eneias, a Sibila era uma velha encurvada e enrugada. Passara sete séculos cantando os destinos

---

Os autores retratam a Sibila de três formas:

Como uma **jovem mulher**, amada por **Apolo**.

Com **700 anos de idade**, quando ela encontra **Eneias**.

Anciã, mas não **imortal**, ansiando pela **morte**.

Veja também: Hades e o Submundo 48-49 ▪ Apolo e o oráculo de Delfos 58-59 ▪ Eneias, fundador de Roma 96-101 ▪ A fundação de Roma 102-05

Os Livros Sibilinos

Os três livros de profecias conhecidos como Livros Sibilinos eram um dos maiores tesouros da Roma antiga. Eles eram mantidos no Templo de Júpiter no monte Capitolino e consultados em tempos de crise.

Os livros originais foram queimados num incêndio no templo em 83 a.C., mas as profecias neles contidas foram cuidadosamente recolhidas em todo o império romano e recolocadas no templo. Mais tarde, o imperador Augusto as transferiu para o templo de Apolo no monte Palatino.

Os livros tiveram dez guardiões, que interpretavam as profecias obscuras e ambíguas. Esses homens também instruíam os romanos sobre como reverenciar os deuses Apolo, Cibele e Ceres. Entretanto, os livros foram intencionalmente destruídos em 405 d.C. por Flávio Estilicão, general romano, acreditando que estavam sendo usados contra ele.

em versos e fazendo profecias com folhas de palmeira, que arrumava na entrada de sua gruta; se o vento espalhasse as folhas, a Sibila se recusava a arrumá-las de novo, e a profecia estava perdida.

Eneias saúda a Sibila no templo de Apolo, acompanhado de Acates, um companheiro exilado de Troia, antes da sua ida ao Submundo, na ilustração deste manuscrito (c. 400 d.C.).

Profecias finais

A Sibila de Cumas se aproximou de Tarquinius Superbus (Tarquínio, o Soberbo), o último rei de Roma antes da república, com nove livros de profecias, oferecendo-os para ele por um preço alto. Tarquínio, vendo

apenas uma anciã encarquilhada e enrugada, dispensou-a de forma arrogante. A Sibila queimou três dos livros e lhe ofereceu os seis livros restantes pelo mesmo preço. Novamente ele recusou. Ela então queimou outros três livros e lhe ofereceu os três restantes pelo mesmo preço dos nove iniciais. Ele ficou tão intrigado que pagou o valor pedido.

Vendidos os livros, a Sibila desapareceu e não mais foi mencionada, até ser localizada por Trimálquio, um ex-escravo, no século I d.C., no *Satiricon* de Petrônio. Naquela época, seu corpo curvo e enrugado já era tão pequeno que ela foi pendurada num vaso. Quando alguns meninos da região lhe perguntavam o que ela queria, a Sibila respondia: "Eu quero morrer". Por fim, restou-lhe apenas a voz. ▪

É tempo de perguntar aos oráculos; o deus, vejam! O deus!
Sibila de Cumas,
Eneida

A Sibila de Cumas, retratada na Capela Sistina do Vaticano em Roma, em pintura de Michelangelo (1510), para ilustrar que os pagãos podem entrar no reino de Deus.

EU TE AMO COMO AMO MINHA PRÓPRIA ALMA

CUPIDO E PSIQUÊ

EM RESUMO

TEMA
O amor verdadeiro

FONTES
Metamorfoses (Também conhecido como *O asno de ouro*), Apuleio, c. 158-180 d.C.

CENÁRIO
Grécia antiga.

PRINCIPAIS FIGURAS
Vênus Deusa do amor, que sente inveja de Psiquê.

Psiquê Uma bela princesa mortal; torna-se a deusa do espírito.

Cupido Filho de Vênus, o deus do amor; um encrenqueiro que se apaixona por Psiquê.

Apolo O deus do Sol; também o deus da sabedoria e da profecia.

Júpiter Rei dos deuses.

Psiquê tenta alcançar as flechas de Cupido neste mosaico romano do século III d.C. Ela é retratada com asas de borboleta, que representavam a alma.

Dizia-se que a princesa mortal Psiquê era tão bonita que as pessoas começaram a venerá-la e a desprezar Vênus — a verdadeira deusa do amor — e seus templos. Enraivecida, Vênus chamou o filho, Cupido — um garoto travesso que costumava causar transtornos com suas flechas de amor e a tocha do desejo —, e o incitou a castigar Psiquê, fazendo-a se apaixonar por um homem infame e deplorável. Mas, sem querer, Cupido se arranhou com a própria flecha da paixão e caiu de amores por Psiquê. Enquanto isso, Apolo avisou ao pai de Psiquê que ela não estava destinada a se casar com um mortal, mas sim com uma serpente alada horrenda. Os pais de Psiquê, desolados, prepararam-na para o terrível casamento e,

Veja também: Hades e o Submundo 48-49 ▪ O rapto de Perséfone 50-51 ▪ Apolo e Dafne 60-61 ▪ Afrodite e Adônis 88-89

Tarefas que Vênus atribuiu a Psiquê

Ordenar uma pilha de grãos misturados. Formigas ajudaram Psiquê a separar cevada, trigo, lentilhas, painço, sementes de papoula, grão-de-bico e feijões em pilhas distintas.

Obter a lã de um carneiro de ouro. Um junco à beira do rio conta a Psiquê como juntar as mechas de ouro de forma segura.

Encher um recipiente com água do rio Estige. A águia de Júpiter voa acima dos perigos e enche a jarra de Psiquê.

Reunir num jarro a beleza de Proserpina, no Hades. A torre de um castelo fala e orienta o caminho de Psiquê.

conforme Apolo exigira, levaram-na ao topo de um penhasco, onde foi deixada para encarar seu destino.

O marido secreto

Nenhuma serpente apareceu; em vez disso, o vento do Oeste, Zéfiro, arrebatou Psiquê e a levou até um palácio maravilhoso, que, de tão exuberante, ela achou ser a casa de um deus. Uma voz invisível lhe disse que o palácio era dela, e servos igualmente invisíveis a banharam, a vestiram, lhe trouxeram comida e tocaram música. Entretanto, no escuro daquela noite, o marido invisível de Psiquê foi até sua cama, fez amor com ela e partiu antes do alvorecer. Aquilo se tornou o padrão de suas noites — dormir com um marido que nunca via. Sozinha e agora grávida, Psiquê persuadiu o marido a permitir que suas duas irmãs mais velhas viessem visitá-la. Ele a alertou para que não deixasse que as irmãs a convencessem a descobrir a aparência dele. Caso o fizesse, sua felicidade acabaria. As irmãs invejosas de Psiquê chegaram e a lembraram da profecia de Apolo, de que ela se casaria com uma fera monstruosa. À noite, enquanto o marido dormia, Psiquê aproximou-se dele com uma lamparina a óleo

acesa e uma faca, pretendendo matá-lo. No entanto, para sua surpresa, a luz revelou que ele era Cupido. Ao tentar pegar uma de suas flechas, ela acidentalmente espetou o polegar na ponta, apaixonando-se. A mão dela tremeu, e uma gota de óleo quente pingou no ombro de Cupido. Machucado e traído, ele fugiu.

À procura do amado

Psiquê viajou por toda parte à procura do marido perdido. Foi inclusive ao palácio da própria Vênus, onde a deusa hostil lhe

atribuiu uma série de tarefas quase impossíveis. A última delas era entrar no Submundo e pegar o frasco da beleza da rainha Proserpina. Ao regressar, Psiquê esqueceu-se da advertência para não abrir o frasco. Tão logo o abriu, um sono profundo a dominou e ela caiu como se estivesse morta. Cupido voou até Psiquê e a despertou daquela letargia. Júpiter concordou com o casamento deles e a tornou imortal, e depois disso Vênus finalmente a aceitou. A criança nascida de Psiquê e Cupido foi Volúpia, a deusa do prazer. ▪

Folclore e conto de fadas

Os antigos gregos, romanos e egípcios narravam contos de fadas, que têm ligações com os contos que conhecemos hoje. O elemento alegórico da história de Cupido e Psiquê — com Cupido (amor) se casando com Psiquê (alma) e concebendo Volúpia (prazer) — é construído com base em um conto de fadas. Há claras semelhanças entre as histórias de *Cinderela*, *A Bela e a Fera* e este mito, tipo de lenda disseminado e conhecido por

folcloristas como "a busca do marido perdido" e o "o noivo animal". A história de Cupido e Psiquê é uma rara combinação entre conto de fadas e mito — muitos contos de fadas desse gênero destacam um marido humano transformado em animal, em vez de ter um deus como protagonista. Em *Metamorfoses* de Ovídio, no entanto, quando as filhas de Mínias narram contos de fadas, alguns envolvem deuses. Os limites entre mito e conto de fadas são mais permeáveis em Roma do que em outras culturas.

ARDENDO DE AMOR POR MIM MESMO
NARCISO E ECO

EM RESUMO

TEMA
Amor por si mesmo

FONTES
Metamorfoses, Ovídio, 8 d.C.

CENÁRIO
Monte Hélicon, Grécia.

PRINCIPAIS FIGURAS
Liríope Ninfa do rio, a mãe de Narciso.

Cefiso Deus-rio, que estuprou Liríope e gerou Narciso.

Tirésias Vidente.

Narciso Filho de Liríope e Cefiso que se apaixonou pela própria beleza.

Eco Ninfa da montanha, condenada por Juno a apenas repetir as palavras dos outros.

Nêmesis Deusa da vingança, que castigou Narciso.

D epois que a ninfa Liríope foi estuprada pelo deus-rio Cefiso, ela deu à luz um filho tão bonito que todos se apaixonavam por ele. Liríope perguntou ao vidente cego Tirésias se seu filho Narciso chegaria à idade avançada, e ele respondeu: "Se ele não vier a se conhecer."

Amor não correspondido

Narciso tinha dezesseis anos quando foi visto pela ninfa Eco, que se apaixonou por ele. Eco não podia falar com Narciso — como castigo por ajudar Zeus em um adultério, ela foi amaldiçoada pela deusa Juno, podendo apenas repetir as últimas

palavras que alguém dissesse. Ela seguiu Narciso pelo bosque, onde ele perguntava: "Tem alguém aqui?". Eco respondia: "Aqui". Conforme ela continuava a repetir suas palavras, Narciso ficava cada vez mais impaciente. Quando Eco saiu da floresta para abraçá-lo, ele gritou: "Não me toque!". Humilhada, Eco recolheu-se numa caverna, e ali definhou até restar apenas a sua voz. Um dia, a deusa Nêmesis decidiu vingar Eco e conduziu Narciso a um lago, onde ele finalmente se apaixonou — pelo próprio reflexo. Narciso tentava alcançar, mas não conseguia tocar no parceiro dos seus sonhos. Ardendo com um amor impossível, e com um último "adeus", ele morreu de tristeza. Vendo a cena, Eco gemeu "adeus" de volta. Narciso, então, transformou-se na flor que leva o seu nome. ∎

Eco observa como Narciso busca seu verdadeiro amor, em pintura de J. W. Waterhouse (1903). Após sua morte, Narciso se transforma na flor narciso, que pende à beira d'água.

Veja também: Os deuses olímpicos 24-31 ▪ Dédalo e Ícaro 78-81 ▪ O rei Midas 90 ▪ Vesta e Príapo 108-09

ELA AINDA TECE SEU FIO, COMO UMA ARANHA

ARACNE E MINERVA

EM RESUMO

TEMA
Desafiando os deuses

FONTES
Metamorfoses, Ovídio, 8 d.C.

CENÁRIO
Lídia, Ásia Menor (atualmente Turquia).

PRINCIPAIS FIGURAS
Aracne Jovem mulher da Lídia, tecelã habilidosa, com pouco respeito pelos deuses gregos e por suas atitudes.

Ninfas Belos espíritos femininos associados ao mundo natural.

Minerva Deusa da sabedoria, medicina e artes, incluindo a tecelagem e outros artesanatos.

Netuno Deus do mar, dotado de temperamento violento.

Júpiter Rei dos deuses; irmão de Netuno.

A obra *Metamorfoses*, de Ovídio, narra a história de uma jovem mulher chamada Aracne, da Lídia. Ela era uma tecelã tão habilidosa que as ninfas vinham de todos os lados do monte Tmolus e das margens do rio Pactolo apenas para vê-la trabalhar. As ninfas achavam que ela fora ensinada por Minerva, a deusa da tecelagem, mas Aracne se ofendia com tal sugestão. Orgulhosa, ela desafiou a deusa para uma disputa de tecelagem.

Minerva, igualmente orgulhosa, disfarçou-se de idosa e confrontou Aracne. Embora aplaudisse a habilidade da tecelã, ela lhe sugeriu que demonstrasse certa humildade e honrasse a deusa da tecelagem. Aracne insultou tanto a anciã quanto Minerva — a deusa, então, retirou o disfarce e desafiou Aracne para uma disputa.

A disputa de tecelagem

Minerva teceu uma tapeçaria retratando a disputa entre ela e Netuno para ser o protetor de Atenas. O trabalho de Aracne mostrava a imoralidade dos deuses, com cenas

Aracne não era de família nobre, mas seu talento tornou-a famosa.
Metamorfoses

de luxúria de Júpiter e Netuno enganando e seduzindo suas conquistas, com um disfarce atrás do outro. Minerva não conseguiu encontrar nenhum defeito no trabalho de Aracne, exceto a série de infâmias dos deuses, e então, num acesso de raiva, bateu nela repetidas vezes com a lançadeira de madeira do tear. Incapaz de suportar o tormento, Aracne se enforcou. Minerva, então, sentindo-se culpada, trouxe Aracne de volta à vida como a primeira aranha do mundo. ∎

Veja também: Os deuses olímpicos 24-31 ▪ Os muitos "casos" de Zeus 42-47 ▪ A fundação de Atenas 56-57

EU PAGO O QUE DEVO EM SANGUE

CIBELE E ÁTIS

EM RESUMO

TEMA
Cultos

FONTES
Fastos [O livro dos dias] e
Metamorfoses, Ovídio, 8 d.C.

CENÁRIO
Frígia, parte do antigo reino de
Anatólia.

PRINCIPAIS FIGURAS
Cibele A grande deusa mãe
da Frígia, que representava
todas as mulheres da
humanidade.

Atalanta Caçadora
transformada em leão por
Cibele como castigo.

Hipomene Marido de
Atalanta, também um leão.

Átis Companheiro e devoto de
Cibele.

Sagaritis Ninfa com forma de
árvore; seduziu Átis e foi
castigada com a morte.

Os antigos gregos viam a deusa Cibele como a mãe dos deuses e da humanidade. Sua primeira aparição foi na Frígia, hoje parte da Turquia. Os gregos a associavam à deusa mãe, Reia, assim como fizeram os romanos, que tornaram Cibele o centro de um culto popular do século IV a.C. em diante. Cibele exerceu um papel importante na fundação de Roma: deu a Eneias seus pinheiros sagrados para que ele construísse os navios, implorou a seu filho Júpiter para torná-los insubmergíveis e transformou-os em ninfas do mar (oceânides) no final da viagem. A adoração a Cibele era acompanhada de rituais frenéticos e orgíacos, feitos por mulheres arrebatadoras chamadas mênades (ou bacantes), conhecidas pela dança frenética. Os servos homens eram chamados de coribantes, seres selvagens que tocavam música alta e dissonante com címbalos, flautas e tambores,

Neste altar dedicado a Cibele e Átis, Cibele é puxada em sua biga por um leão, enquanto o belo Átis se recosta numa árvore. Detalhe de um relevo, num altar romano, 295 d.C.

Veja também: O culto a Dionísio 52 ▪ Afrodite e Adônis 88-89 ▪ Vesta e Príapo 108-09 ▪ Mitra e o touro 118-19

Deusas estrangeiras

Cibele não foi a única deusa importada a ter um papel crucial na religião romana. A deusa egípcia Ísis tinha um culto em Roma, especialmente entre as cortesãs e as classes mais baixas. Quando o herói de Apuleio no romance *Metamorfoses* (*O asno de ouro*) teve uma revelação religiosa, era a visão da deusa Ísis. Seus

Sacerdotes de Ísis promovem um banquete ritualístico neste afresco no templo de Ísis, em Herculano — cidade romana destruída pela erupção vulcânica.

devotos eram iniciados em ritos secretos que prometiam a vida após a morte, e os festivais na primavera e no outono comemoravam o renascimento e a ressureição. Os imperadores Augusto e Tibério eram contra a adoração de Ísis por ela não ser uma deusa romana. Ordenaram que seus templos fossem destruídos e suas estátuas jogadas no Tibre. Calígula reabilitou o culto como parte da sua estratégia de desfazer as políticas de Tibério. Depois, Ísis continuou popular até o surgimento do cristianismo.

---

abafando todos os outros sons. Cibele dirigia uma biga puxada por dois leões — a caçadora Atalanta e seu marido Hipomene, transformados em animais selvagens por desonrar o santuário de Cibele com a prática do sexo. Na cabeça, ela usava uma coroa mural, por ter construído os primeiros muros e torres das cidades.

O amado de Cibele

Átis, um mortal da Frígia, conquistou o favorecimento de Cibele com a pureza do seu amor. Ela fez dele consorte e guardião do seu santuário. Ele por sua vez prometeu permanecer casto para sempre. "Se eu quebrar minha promessa, que a primeira mulher com quem eu durma seja a última." Promessa muito dura de ser mantida; ao ser tentado por uma náiade, uma das três ninfas Sagaritis, Átis foi incapaz de resistir aos seus avanços e perdeu a virgindade com ela. Enfurecida, Cibele cortou a árvore de Sagaritis, ferindo fatalmente a própria ninfa, que morreu nos braços de Átis. Como náiade, sua força vital estava

ligada à árvore. Enlouquecido de tanto pesar, Átis acreditou que o teto de sua alcova estivesse caindo, e que as fúrias, dores de consciência que atormentam os culpados, vinham atacá-lo. Ele correu, gritando aterrorizado, até o topo do monte sagrado de Cibele, o monte Dindimo. Arrastou seus cabelos longos pela sujeira e gritou que merecia aquele destino, e que pagaria sua pena com sangue. Pegando uma pedra com ponta afiada, Átis cortou seu órgão genital, a causa de sua desdita. O

Eu o mereci! Pago o que devo com sangue! Que morram as partes que me prejudicaram!
Átis, *Fastos*

sangue que penetrou na base de um pinheiro se transformou em violetas, e Átis morreu dos seus ferimentos. Seguindo seu exemplo, os servos também arrastaram os cabelos e se castraram. A triste Cibele o enterrou onde ele caiu, e ali Átis renasceu como um pinheiro — a árvore que, daquele momento em diante, foi consagrada a Cibele.

Adoração a Átis

Devido a sua automutilação, morte e ressureição, Átis também se tornou um representante da fertilidade. Como outros deuses que espelhavam as estações do ano, era como se ele morresse no inverno e renascesse na primavera. Após sua morte, os sacerdotes de Cibele eram sempre eunucos que se castravam em memória de Átis. Isso também assegurava o voto de castidade que Átis quebrara. No calendário romano, vários dias do festival de Cibele homenageavam Átis: 15 de março era o dia em que Cibele o conhecera; 22 de março, o dia da automutilação; 24 de março, o dia da morte; e 25 de março, a ressureição. ▪

MITRA É O SENHOR DA CRIAÇÃO
MITRA E O TOURO

EM RESUMO

TEMA
Renovação

FONTES
Tebaida, Estácio, c. 80 d.C.;
De antro nympharum [No antro das ninfas], Porfírio, c. 234-305 d.C.

CENÁRIO
O cosmos.

PRINCIPAIS FIGURAS
Mitra Um deus do cosmos; governante do tempo.

Cautes e Cautopates Tocheiros presentes no nascimento de Mitra.

Sol O deus sol.

Um touro cósmico O animal mítico, parte essencial do mito.

Uma poderosa divindade chamada Mitra ocupava o centro de uma religião secreta exclusivamente masculina, praticada durante o Império Romano, do século I ao século IV d.C. Ainda que sob o título pomposo de *Deus Sol Invictus Mithras* [Mitra, Deus do Sol Invencível], seus templos se situavam sempre em cavernas subterrâneas.

Mitra foi um salvador que livrou a criação terrena de uma seca mortal. Ao nascer, irrompeu de uma rocha, já um rapaz, empunhando uma adaga numa das mãos e uma tocha na outra. Esses dois artefatos prenunciavam suas maiores realizações: a criação da luz, ao trazer o sol, e a criação da vida, pelo abate de um touro. Ao nascer, foi amparado por uma serpente, um cachorro, um corvo e por dois tocheiros, Cautes e Cautopates. Mitra, então, atirou uma

Mitra mata o touro em afresco romano do século II d.C., em Marino, sul de Roma. O tamanho dos tocheiros, Cautes e Cautopates, destaca sua força.

Veja também: Teseu e o Minotauro 76-77 ▪ A fundação de Roma 102-05 ▪ Os Gêmeos Heróis 244-47

> Aquele que, sob as rochas da caverna persa, torce os chifres do touro estúpido: Mitra!
> *Tebaida*

flecha na rocha, fazendo jorrar dali uma fonte para regar a terra árida. Mesmo assim, o mundo ainda corria perigo. Por intermédio de seu corvo mensageiro, Sol, o deus do sol, disse a Mitra que caçasse e sacrificasse o touro cósmico, que estava ligado à lua, a suprema fonte de umidade. Mitra dominou o touro e, agarrando-o pelos chifres, cavalgou-o até que a fera fosse subjugada. Ele o arrastou para dentro de uma caverna, agarrou-o pelo focinho e cravou a adaga no pescoço do animal. Com sua morte, trigo e vinhas carregadas brotaram do ferimento, mostrando que o sacrifício do touro cósmico tinha resultado na fecundidade e na regeneração do mundo.

O senhor do cosmos

Juntos, Sol e Mitra se refestelaram com a carne do touro, embora a mitologia sugira uma rivalidade entre eles. Ambos eram deuses do sol, mas pertencia a Mitra o título de "invencível". Nos templos dedicados a Mitra, a deusa da lua, Luna, é muitas vezes posicionada sobre seu ombro esquerdo e Sol, sobre o direito. Mitra e seus ajudantes costumam ser retratados com o boné frígio — mais

provavelmente numa tentativa de distinguir o culto a Mitra de outras religiões da época. Duas cenas encontradas no santuário de Hawarte, na Síria, também mostram Mitra debelando o mal — numa, subjugando um diabo acorrentado, e na outra, atacando uma cidade de demônios.

Nas cenas de Mitra, imagens dos signos do zodíaco reforçam ainda mais o simbolismo cósmico do mito. Na semana de sete dias, instituída na Roma antiga e baseada nos nomes dos planetas, a adoração a Mitra aos domingos sustenta a ideia de que ele era visto como o sol no centro do cosmos.

Em todo santuário, ou *mithraeum*, havia a cena primordial da matança do touro (uma "taurotonia"). Nessas cenas, Mitra é sempre retratado olhando para trás, por cima do ombro direito, exatamente como fez o herói Perseu ao decapitar a Medusa. Nesse sentido, alguns estudiosos acreditam que Mitra represente a constelação de Perseu, que, por sua localização astronômica acima de Touro, é vista como "abatendo" o touro e trazendo uma nova era. ▪

> Salve, ó Senhor da água! Salve, ó Fundador da terra! Salve, ó Soberano do vento!
> *De antro nympharum*

O culto a Mitra

O nome Mitra é persa, mas discute-se a relação entre o culto romano e a semelhante religião misteriosa grega e com o culto mais antigo a Mitra, o deus persa da luz, do sol e da guerra. A quase total falta de evidências escritas levou a uma dependência de achados arqueológicos para amparar as teorias divergentes. É aceito que, em Roma, o culto surgiu primeiro no século I a.C., e pareceu ter semelhanças com a crença cristã posterior, tal como a promessa de uma nova vida após a morte, algo atraente para os soldados, os primeiros seguidores de que se tem registro. Os iniciados cultuavam em templos subterrâneos, conhecidos por *mithraea*, descritos por Porfírio. Pelo fato de os iniciados serem obrigados a jurar segredo, somente através dos entalhes em pedra e de afrescos é possível reconstruir o mito central em que Mitra abateu o touro, num ato simbólico de renovação. As imagens celebram seu poder cósmico para dar forma ao universo e anunciar o equinócio da primavera.

O Santuário do *Mithraeum* de Dura, na Síria, é famoso pela boa preservação de seus relevos em pedra, datados do século III d.C.

ELE ESCULPIU UMA ESTÁTUA DE MÁRMORE BRANCO COMO A NEVE

PIGMALEÃO

EM RESUMO

TEMA
O amor ideal

FONTES
Metamorfoses, Ovídio, 8 d.C.;
De antro nympharum [No antro das ninfas], Porfírio, c. 234-305 d.C.

CENÁRIO
Chipre, onde Vênus nasceu.

PRINCIPAIS FIGURAS
Pigmaleão Jovem escultor que jurou não se casar com mulher nenhuma de sua época.

Vênus A deusa romana do amor e da beleza; conhecida como Afrodite na mitologia grega.

Galateia Estátua de mármore, esculpida com maestria por Pigmaleão, transformada por Vênus numa mulher de carne e osso.

Nas fontes gregas, Pigmaleão é mencionado como sendo um rei de Chipre que se apaixonou por uma estátua votiva de Afrodite, mas só sabemos do mito conhecido de Pigmaleão, o escultor, por intermédio do poeta romano Ovídio.

A criação de Pigmaleão

Pigmaleão andava tão desgostoso com o comportamento condenável das mulheres de sua época — que desafiavam a autoridade de Vênus, a deusa do amor — que jurou nunca se casar. O escultor dedicou seu tempo à escultura de uma estátua de mármore alvíssimo em tamanho natural da mulher mais bela que já tivesse existido. A estátua era tão real que, vez por outra, Pigmaleão tinha de tocá-la para verificar se ainda era de mármore e não de carne e osso. Apaixonou-se por sua criação

A estátua de Pigmaleão ganha vida — graças a Vênus, representada por um cupido nesta escultura de mármore de Étienne Falconet (1763) — e olha com ternura para seu criador.

— beijando-a, abraçando-a, dizendo-lhe palavras de amor, e até lhe dando presentes. Durante o festival de Vênus, após sua oferenda, rezou para que os deuses lhe dessem uma mulher linda como sua estátua. Ao regressar a casa, Pigmaleão abraçou a estátua. Para seu espanto, a carne era morna: a estátua ganhara vida. Ela abriu os olhos e viu seu verdadeiro amor pela primeira vez. A deusa Vênus veio pessoalmente assistir ao casamento. ∎

Veja também: Os deuses olímpicos 24-31 ▪ A sina de Édipo 86-87 ▪ Cupido e Psiquê 112-13 ▪ Pomona e Vertuno 122-23

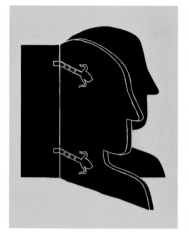

PARA DORMIR COMIGO, ASSUMA O CONTROLE DA DOBRADIÇA

CARNA E JANO

EM RESUMO

TEMA
Sedução e recompensa

FONTES
Fastos [O livro dos dias],
Ovídio, 8 d.C.

CENÁRIO
A gruta de Alerno, às margens
do rio Tibre.

PRINCIPAIS FIGURAS
Carna Linda ninfa, que se
tornou Cardea, deusa das
dobradiças.

Febo Deus do Sol, conhecido
como Apolo na mitologia
grega.

Jano Deus das passagens e
dos portais, que violou Carna
antes de torná-la deusa.

Proca Um bebê; o ancestral de
Rômulo e Remo, fundadores de
Roma.

Segundo a tradição romana, uma ninfa chamada Carna nasceu na gruta antiga e sagrada de Alerno (um deus do Submundo), às margens do rio Tibre. Ela passava o tempo caçando cervos pelos campos com sua lança e os apanhando com redes. Todos os rapazes ficavam tontos com sua beleza e pensavam que ela devia ser irmã de Febo (Apolo), o deus do Sol. A cada um desses pretendentes que a perseguiam, Carna dizia: "Está muito claro aqui fora, e com a luz vem a vergonha. Leve-me até uma gruta isolada". Enquanto o jovem seguia à frente, Carna se escondia entre as árvores e sumia de vista.

Jano e a ninfa

Carna, então, chamou a atenção do deus dos portais, Jano, de duas faces, que a desejava como os demais. Quando ele a abordou com palavras doces, ela, como sempre, sugeriu que se retirassem para uma caverna. Mas ao desaparecer na mata fechada, Jano viu onde Carna se escondera por possuir olhos atrás da cabeça. Ele a surpreendeu

> Leve-me [Carna]
> até uma caverna isolada;
> e eu irei.
> ***Fastos***

e satisfez seu prazer. Para recompensá-la, elegeu-a Cardea, a deusa das dobradiças, que abre o que está fechado e fecha o que está aberto, e deu-lhe um galho de espinheiro branco florido para afastar os maus espíritos.

A capacidade de afastar o mal se mostraria útil no papel de Cardea como protetora dos bebês de berço. Ela salvou Proca (futuro bisavô de Rômulo e Remo), com cinco dias de nascido, do ataque de corujas estridentes que costumavam vampirizar crianças. ∎

Veja também: Hades e o Submundo 48-49 ▪ Apolo e o oráculo de Delfos 58-59 ▪ A fundação de Roma 102-05

NENHUMA DRÍADE ERA UMA JARDINEIRA MAIS HABILIDOSA DO QUE ELA

POMONA E VERTUNO

EM RESUMO

TEMA
Amor e fertilidade

FONTES
Metamorfoses, Ovídio, 8 d.C.

CENÁRIO
Zona rural de Roma.

PRINCIPAIS FIGURAS
Pomona Deusa provedora das árvores frutíferas, dos pomares e jardins.

Sileno Deus velho e libidinoso, quase sempre irremediavelmente bêbado.

Príapo Deus da fertilidade, homem muito pequeno com um falo avantajado.

Vertuno Deus da mudança das estações, capaz de mudar de aparência como bem entendesse.

Pomona foi uma dríade que se tornou a deusa das árvores frutíferas, dos pomares e dos jardins. Era uma deusa provedora, representando a abundância, e uma das poucas divindades sem outra correspondente na mitologia grega. Seu nome deriva da palavra latina *pomum* ou fruta do pomar. Ela sempre trazia consigo a faca de poda curva, e a usava para aparar algum crescimento irregular ou estimulá-lo em determinada direção, e desviava cursos d'água dos rios para regar suas árvores. Não temia nada nem ninguém, exceto algum deus ou sátiro perverso que pudesse violentá-la. Para evitar que isso acontecesse, ela se manteve dentro de seus pomares, onde a entrada de homens não era permitida. Apesar das precauções, muitos dos jovens deuses tentaram seduzi-la, assim como o velho bêbado Sileno, companheiro de Baco, e Príapo. Ela rechaçou todos eles, sem exceção.

Difícil de persuadir

Quando Vertuno, deus das estações cambiantes, viu Pomona, apaixonou-se profundamente — mas ante qualquer presente que lhe trouxesse, ela o mandava embora. Assim, ele resolveu lhe pregar uma peça para que Pomona se casasse com ele. Vertuno podia trocar de forma como bem entendesse, mas, qualquer que fosse o disfarce, Pomona não o deixava entrar. Todos os dias ele arranjava um novo disfarce para se aproximar do seu amor.Desesperado, deixou os

Vertuno e Pomona (1807), recostados num pomar abundante, na pintura do artista britânico Richard Westall, sob encomenda de Richard Payne Knight, um abastado estudioso dos clássicos.

Veja também: O rapto de Perséfone 50-51 ▪ Cupido e Psiquê 112-13 ▪ Carna e Jano 121 ▪ Píramo e Tisbe 124 ▪
Cupido e Psiquê 112-13 ▪ Blodeuwedd 170-71

Os disfarces de Vertuno eram múltiplos e variados.
Quando um não persuadia Pomona a lhe falar,
ele logo assumia outro.

Ceifeiro	**Boiadeiro**	**Vinhateiro**	**Apanhador de frutas** Colheu	**Soldado**	**Pescador**	**Velha**
Vestiu-se como um segador com um cesto de milho.	Fingiu ser um boiadeiro, empunhando um aguilhão.	Fingiu ser um vinhateiro, com uma faca de poda.	frutas, com uma escada no ombro.	Disfarçou-se de soldado, com uma armadura completa.	Apareceu com linha e vara de pescar; ela o despachou.	Vertuno foi ouvido quando usou esse disfarce.

cabelos embranquecer e chegou disfarçado de velha. O plano deu certo; Pomona permitiu que a anciã entrasse — e assustou-se ao ser beijada num abraço apaixonado. Prostrado, encolhido e recurvado, Vertuno apontou para um olmo próximo com uma videira enroscada. Tentou persuadir Pomona das vantagens do casamento e dos perigos de rejeitar um pretendente. "Se essa árvore ficasse sozinha", disse ele, "e não estivesse casada com a videira, teria poucos atrativos. Você evita o casamento, quando devia seguir o exemplo da árvore. Se quiser seguir o conselho de uma anciã, deveria descartar todos os outros e escolher Vertuno para partilhar o seu leito. Ele ama as frutas que você cultiva, mas não mais do que a ama."

Por fim, o amor

Pomona não deu ouvidos às ponderações da velha e, assim, no final, Vertuno livrou-se do disfarce e revelou-se a ela em todo o esplendor de sua juventude divina. Ao ver seu verdadeiro aspecto, Pomona caiu de amores por Vertuno tanto quanto ele caíra por ela, e lhe disse que não queria vê-lo assumindo nenhuma outra forma que não a sua própria. Pomona e Vertuno formavam uma boa dupla: juntos, tinham grande poder sobre as frutas, os pomares, os cultivos e a mudança das estações. As Vertunálias anuais, o festival dedicado a ambos, aconteciam no dia 13 de agosto e criavam uma oportunidade para os cidadãos romanos agradecerem a fartura da colheita anual. Eram conduzidas pelo *flamen Pomonalis* (sacerdote de Pomona) no Pomonal, um bosque sagrado perto de Óstia, principal porto de Roma. ▪

Ovídio

O mito de Pomona e Vertuno chega até nós por intermédio de *Metamorfoses* do poeta romano Ovídio. *Metamorfoses* é um longo poema narrativo, totalizando quinze livros e mais de 250 mitos. Como um dos textos mais influentes da literatura, inspirou obras-primas de escritores, artistas e compositores, de Dante, Chaucer, Shakespeare e Kafka a Ticiano, Richard Strauss e muitos outros.

Publius Ovidius Naso era de uma família importante e nasceu em Sulmo (atual Sulmona, no leste de Roma), em 43 a.C. Com dezoito anos, já era poeta. O fascínio de Ovídio pelas mitologias grega e romana ganhou expressão nas *Heroides*, cartas das heroínas mitológicas aos seus amados. A seguir veio *Metamorfoses* e seu longo poema sobre o calendário dos ritos romanos, *Fastos*.

Em 8 d.C., Ovídio foi banido pelo imperador Augusto para Tomis (hoje Constança, na Romênia), perto do mar Negro, onde morreu em 17 d.C., sem jamais ser perdoado. Desconhece-se o motivo exato do exílio de Ovídio. Ele mesmo teria dito que a causa fora "um poema e um erro".

NEM MESMO A MORTE HÁ DE NOS SEPARAR

PÍRAMO E TISBE

EM RESUMO

TEMA
Amor trágico

FONTES
Metamorfoses, Ovídio, 8 d.C.

CENÁRIO
Babilônia antiga (atual Iraque).

PRINCIPAIS FIGURAS
Píramo Um belo jovem da Babilônia; sente um amor (proibido) pela vizinha, Tisbe.

Tisbe Uma linda moça; proibida de se encontrar com seu amor, Píramo.

Píramo e Tisbe cresceram como vizinhos de porta, na Babilônia. Eles se apaixonaram, mas seus pais proibiram a união; os dois não podiam se encontrar, nem mesmo se falar. Apenas uma fenda na parede que separava as duas casas permitia que sussurrassem palavras doces, e cada um beijava o seu lado da parede para desejar boa-noite. Certa noite, eles decidiram fugir para se encontrar sob a amoreira-branca, fora dos muros da cidade.

Uma reviravolta trágica

Tisbe chegou primeiro, mas se sentiu aterrorizada ao ver uma leoa, que acabara de abater uma presa que viera beber água num lago próximo. Ela então entrou correndo numa caverna, deixando o véu cair dos ombros. A leoa saltou sobre o véu, dilacerando-o e manchando-o de sangue. Quando Píramo chegou e viu o véu ensanguentado e o rastro da leoa na areia, acreditou que Tisbe tivesse sido devorada. Aos prantos, ele atravessou o corpo com a espada; o sangue espirrou da ferida e tingiu os frutos da amoreira de um roxo-escuro. Quando Tisbe voltou ao local e encontrou Píramo à morte, pegou sua espada e se matou, implorando para que o casal, separados em vida, ficasse unido na morte. Seu último desejo foi que as amoras conservassem sempre o colorido sanguíneo em homenagem ao amor deles. Os deuses atenderam ao pedido, e os pais, de um e de outro, enterraram as cinzas dos amantes numa única sepultura.

A história de Píramo e Tisbe exerceu uma influência duradoura, chegando a inspirar obras de Shakespeare como *Romeu e Julieta* e a peça dentro da peça, *Sonho de uma noite de verão*. ■

Parede cruel! Por que manténs separados dois amantes?
Metamorfoses

Veja também: Apolo e Dafne 60-61 ■ Narciso e Eco 114 ■ Cupido e Psiquê 112-13

AQUELES COM QUEM OS DEUSES SE IMPORTAM, DEUSES SÃO

FILÉMON E BÁUCIS

EM RESUMO

TEMA
Recompensa divina

FONTES
Metamorfoses, Ovídio, 8 d.C.

CENÁRIO
Frígia, na Grécia antiga.

PRINCIPAIS FIGURAS
Júpiter Rei dos deuses; deus do céu e do trovão.

Mercúrio Deus do comércio, da comunicação, dos viajantes, da sorte e da trapaça; um dos doze principais deuses romanos.

Filémon e Báucis Pobre dono de uma choupana e sua mulher, que foram poupados quando os deuses inundaram a região onde moravam, na Frígia, para castigar o povo.

Certa vez, Júpiter e Mercúrio estiveram na região montanhosa da Frígia disfarçados de mortais. Bateram em milhares de portas, em busca de comida e abrigo, mas foram rechaçados milhares de vezes. Por fim, chegaram à mais pobre e miserável das choupanas, onde moravam uma mulher idosa, Báucis, e seu marido, Filémon, que acolheram os dois viajantes.

Anfitriões generosos

Enquanto Báucis acendia a lareira, Filémon colheu vegetais na horta e, juntos, providenciaram o melhor banquete possível para os convidados. Ao perceberem o jarro de vinho se reabastecendo sozinho, compreenderam que abrigavam deuses. "Esta maldita área será castigada por sua hostilidade a estrangeiros", disse Júpiter, "mas vocês estarão a salvo". O casal de velhos acompanhou os deuses montanha acima e olhou para baixo. Eles viram, então, a região rural inundada e também sua pequena choupana transformada num templo triunfal. Filémon e

Filémon e Báucis humildemente servem frutas, queijo e vinho a Júpiter e Mercúrio, em pintura neoclássica de Andrea Appiani ou um membro de seu círculo, em Milão (c. 1800).

Báucis pediram para ser guardiões do templo e também que morressem no mesmo instante, para que nenhum dos dois ficasse sozinho. Os deuses atenderam ao pedido. Um dia, Báucis percebeu folhas brotando do corpo de Filémon — e do seu também. Com tempo apenas para dizer adeus, eles foram transformados num carvalho e numa tília, entrelaçados, formando um só tronco. ∎

Veja também: Os deuses olímpicos 24-31 ▪ Numa engana Júpiter 106-07

NORTE EUROPA

DA

A queda do **Império Romano** anuncia o começo da **Idade Média**.

A *Edda poética* registra a **tradição oral** sobre os **deuses nórdicos**.

Missionários anglo-saxões e alemães **convertem** o povo da **Escandinávia** ao cristianismo.

A *História dos reis da Grã-Bretanha* populariza as **lendas arturianas**.

476 d.C.   **SÉCULOS VIII-XI d.C.**   **SÉCULOS X-XI d.C.**   **1136 d.C.**

597 d.C.   **SÉCULOS VII-VIII d.C.**   **SÉCULO XII d.C.**

Santo Agostinho parte para a Grã-Bretanha, iniciando a **conversão** dos **anglo-saxões** ao cristianismo.

O roubo do gado de Cooley conta a história da lenda de **Cúchulainn**.

Four Branches of the Mabinogi [As quatro ramificações dos Mabinogi], uma coleção dos **primeiros contos em prosa**, é escrita no País de Gales.

Os mitos pré-cristãos do Norte da Europa são bem menos registrados do que os dos gregos e romanos. Diferente dessas civilizações clássicas, esses povos só tiveram culturas letradas depois de se tornarem cristãos, nos primórdios da Idade Média. Em seu afã por impor a nova fé, a Igreja não aprovava o registro de mitos e práticas antigos. Portanto, talvez a maior parte deles se perdeu. Os autores cristãos que de fato registraram os mitos pré-cristãos foram muitas vezes indiferentes em relação a eles e deixaram de compreender sua relevância religiosa e, portanto, seus significados são obscuros. Mesmo os escritores não hostis, como o islandês Snorri Sturluson do século XVIII, foram cautelosos ao apresentar os mitos antigos, para não serem acusados de heresia pela Igreja. Outros mitos prosseguiram encobertos e continuaram sendo passados entre o povo. Com o tempo, os mitos perderam seu significado pagão original e evoluíram como contos folclóricos.

As antigas religiões

Antes de se tornarem cristãos, os povos do Norte europeu se dividiam em tribos e clãs. Não havia instituições políticas e religiosas que impusessem uma uniformidade de crença. Assim, via-se uma considerável diversidade regional. Em seu apogeu, nos últimos séculos anteriores à era cristã, os celtas habitaram a Grã-Bretanha, a Irlanda e grandes extensões da Europa central e ocidental. Não possuíam um panteão comum de deuses; embora o culto a algumas divindades, como o deus do trovão Taranis e a deusa dos cavalos Epona, fosse disseminado por todos os povos celtas. Por todo o Norte europeu, apenas os celtas são conhecidos por terem uma instrução sacerdotal formal. Tais sacerdotes, chamados de druidas, passavam por longos aprendizados, em que deviam memorizar todas as leis, história, mitos e práticas religiosas de sua tribo. Por outro lado, entre os nórdicos pré-cristãos, os rituais religiosos eram conduzidos por chefes e reis locais. Não existia uma teologia sistemática a essas antigas religiões nórdicas. Elas focavam em rituais de sacrifício — de tesouros, de animais e, às vezes, humanos —, para angariar favores ou aplacar a ira dos deuses.

Na Irlanda, o escriba Áed Ua Crimthainn e seus pupilos escrevem o **Livro de Leinster**.

c. 1160 d.C.

A saga dos Völsungs, escrita na Islândia, detalha a história do **clã Völsung**.

c. 1260 d.C.

Le Morte d'Arthur, de **sir Thomas Malory**, é publicada pelo impressor William Caxton.

1485 d.C.

Revoluções na Europa alimentam o nacionalismo e reacendem o interesse pelos mitos celtas, nórdicos e outros.

1848 d.C.

---

c. 1150 d.C.

O livro da conquista da Irlanda reúne poemas e prosa sobre a **história mitológica da Irlanda**.

c. 1220 d.C.

Snorri Sturluson escreve a *Edda em prosa* — histórias sobre os **deuses nórdicos**, baseadas na *Edda poética* anterior.

SÉCULO XVI d.C.

A **Renascença** marca o fim da Idade Média.

1835 d.C.

Elias Lönnrot publica o **épico nacional finlandês**, o *Kalevala*.

Origens históricas

Alguns dos mais conhecidos mitos e lendas do Norte europeu se estabeleceram, ou se originaram, nos anos que sucederam a queda do Império Romano, em v d.C. As primeiras lendas do rei Artur, por exemplo, o apresentaram como um heroico senhor da guerra, defensor dos britânicos celtas contra os anglo-saxônicos germânicos, que invadiram a Grã-Bretanha depois da retirada das forças romanas em 410 d.C. Após a conquista normanda em 1066, Artur foi apropriado por escritores franceses e ingleses, que o retrataram como o rei de toda a Inglaterra, idealizado e cavalheiresco. A lenda nórdica do herói matador de dragões Sigurd inclui figuras históricas reais, comprovando sua origem em v ou vi d.C. Embora os mitos e lendas irlandeses remontem a origens bem mais antigas, muitos deles também podem ser inseridos num contexto histórico. Os mitos do Ciclo de Ulster, do herói Cúchulainn, concentram-se em Emain Macha, uma fortaleza natural perto de Armagh, um importante centro de poder na Idade do Ferro (500 a.C.-400 d.C.). O atrativo das lendas nórdicas e celtas permanece forte no mundo moderno. Elas inspiraram muitas obras de arte, música e literatura — desde a pintura pré-rafaelita dos contos arturianos até as óperas de Richard Wagner, *O anel dos Nibelungos*, e o livro de J. R. R. Tolkien, *O senhor dos anéis*.

Propósito nacionalista

Enquanto o que sabemos sobre os mitos celtas e nórdicos foi escrito durante a Idade Média, a mitologia finlandesa só foi registrada no século xix. Na maior parte de sua história escrita, o povo finlandês foi liderado por estrangeiros — primeiro os suecos, depois os russos —, e a alfabetização na língua finlandesa, até o início do século xix, era muito limitada. A reunião da mitologia e do folclore finlandeses começou em 1820 e esteve intimamente ligada ao crescimento do nacionalismo finlandês. Sob o domínio russo a partir de 1815, viram sua identidade nacional cada vez mais ameaçada por políticas de "russificação" e reagiram, desenvolvendo escolas de arte, música e literatura essencialmente finlandesas. Uma das conquistas mais expressivas desse movimento cultural foi o *Kalevala*, de Elias Lönnrot, que costurou mitos e lendas finlandeses, criando um épico nacional específico para seu povo. ∎

DA CARNE DE YMIR, A TERRA FOI FEITA

A CRIAÇÃO DO UNIVERSO

Antes da cristianização da
Escandinávia, nos séculos
X e XI, os nórdicos tinham
uma tradição oral rica, com
mitologias próprias, muitas vezes
épicas e violentas. Mesmo em seu
mito de criação, um assassinato
cometido pelos deuses desempenha
um papel central. A versão completa
do mito de criação nórdico é narrada
por Snorri Sturluson na *Edda em
prosa*. Segundo Snorri, existia apenas
o mundo de Muspelheim, guardado
pelo gigante do fogo primitivo, Surt.
Muitas eras se passaram antes de o
mundo de Niflheim se formar.
Embora os mitos não mencionem
quem ou o que criou os dois mundos,

Veja também: A origem do universo 18-23 ▪ Pangu e a criação do mundo 214-15 ▪ A criação cherokee 236-37 ▪ Ta'aroa dá à luz os deuses 316-17

Ymir mama na teta da vaca Audhumla, no quadro de Nicolai Abildgaard, de 1777. Esta pintura clássica holandesa também mostra outros gigantes de gelo, descendentes de Ymir, nascendo do gelo de Ginnungagap.

eles de fato destacam o contraste entre Muspelheim, um mundo de fogo, e Niflheim, um mundo de gelo. Entre os dois mundos ficava Ginnungagap, o vazio primordial. Onze rios nasciam de uma nascente chamada Hvergelmir e fluíam para esse vazio vindo de Niflheim, levando com eles veios de veneno. Os rios congelavam ao chegar ao vazio, e os vapores venenosos formavam uma geada. A parte norte de Ginnungagap, portanto, ficava sufocada entre as camadas de gelo e a geada. A parte norte do vazio, perto de Muspelheim, era suficientemente quente para derreter rocha, mas o meio, entre o gelo do norte e o fogo do sul, era temperado: aqui o gelo começava a derreter e a gotejar. O calor vindo do sul fazia com que a vida vibrasse nas gotas, e elas assumiram a forma de um gigante de nome Ymir, que se tornou o ancestral da raça dos gigantes de gelo.

Os descendentes de Ymir

Enquanto Ymir dormia, do suor de suas axilas formaram-se dois gigantes, um masculino e outro feminino, e uma de suas pernas gerou um filho na outra. Isso não era tudo: conforme o gelo em Ginnungagap continuava a derreter, surgiu uma vaca. Ela foi chamada de Audhumla e se alimentava lambendo o gelo salgado. Os quatro rios de leite que fluíam de suas tetas alimentaram Ymir. Por volta de anoitecer do primeiro dia, as lambidas de Audhumla tinham revelado o cabelo de outro gigante. Durante o segundo dia, a cabeça apareceu e no terceiro, o gigante surgiu por inteiro. O nome dele era Búri. Búri era grande, forte e bonito. Ele gerou um filho chamado Bor — não há menção de mãe, mas presume-se que seria uma giganta

A *Edda em prosa*

A *Edda em prosa* foi escrita pelo historiador e político islandês Snorri Sturluson (1179-1241) como um manual para a composição de versos escáldicos: tipo de poesia heroica sanguinolenta popular na era viking (c. 800-1100 d.C.). Ela se fundamentava em alusões à mitologia nórdica pela sua imagística, mas o conhecimento acerca desses mitos diminuiu desde a introdução do cristianismo e, com ele, também a popularidade da poesia escáldica. Snorri esperava que, ao registrar os mitos, reviveria o gênero, mas suas tentativas foram malsucedidas. A maior parte das fontes de Snorri é desconhecida — umas foram tradições orais, hoje perdidas —, mas sua obra demonstra conhecimento da antiga *Edda poética*. Snorri, um cristão devoto, configurou essas histórias de modo a evitar acusações de heresia: seus mitos foram interpretados como histórias originalmente contadas sobre antigos heróis *humanos*, que recorriam a uma variedade de trapaças para se passarem por deuses. Tal abordagem para interpretar a mitologia, conhecida como euhemerismo, interpreta os personagens do mito como pessoas reais.

Loki, cujo rosto decora esta pedra de forja, teve os lábios costurados como castigo por recorrer a um jogo de palavras para voltar atrás num trato.

Gigantes e deuses

A relação entre gigantes e deuses era complexa. Nos mitos nórdicos, os gigantes costumavam aparecer numa relação de oposição aos deuses. Ao mesmo tempo, os mitos os mostravam como semelhantes aos deuses. "Gigante" é a tradução comum do nórdico *jötunn*, porém é confusa: tamanho não é a característica que os define. Embora Ymir deva ter sido descomunal para que os deuses usassem seu corpo para formar o mundo, a maioria dos gigantes era como deuses. Tinham poderes sobre-humanos, e enquanto uns eram monstros horrorosos, outros eram tão bonitos que se tornaram amantes dos deuses: Thor era filho de Odin com uma giganta, e todos os deuses, em última instância, descenderam de gigantes. Estes podiam se tornar deuses, como Loki, cujos pais eram gigantes. A distinção entre gigantes e deuses era primordialmente em termos de status em vez de poder: os deuses podiam ser adorados, os gigantes, não.

de gelo, pois nenhum outro ser fora criado. Bor fez de Bestla, filha de outro gigante de gelo de origem desconhecida chamado Bölthorn, sua esposa. Juntos tiveram três filhos, os primeiros deuses.

O filho mais velho foi Odin, o segundo, Vili, e o mais novo, Vé. No entanto, esses três deuses achavam os gigantes rudes e grosseiros. Eles mataram Ymir, e quando ele caiu, a quantidade de sangue jorrada foi tamanha que todos os gigantes de gelo se afogaram, exceto o neto dele, Bergelmir, que escapou com a família num barco e veio a refundar toda a raça de gigantes. Muitos comentaristas suspeitam de uma influência bíblica nessa história —

> Eles o [Ymir] colocaram no centro do Vazio Bocejador e dele fizeram a terra.
> ***Edda em prosa***

com Bergelmir como um gigantesco Noé. Não fica claro se este é um mito genuíno ou uma invenção do cristão Snorri.

Os céus e a terra

Devido ao assassinato de Ymir, os gigantes passaram a ser, a partir de então, hostis aos deuses. Os três deuses levaram o cadáver de Ymir para o meio de Ginnungagap e fizeram o mundo com ele, circundando-o com o mar, formado com seu sangue. A carne de Ymir foi usada para fazer a terra, seus ossos formaram as rochas, e os dentes, pedras menores. Os deuses encontraram larvas carcomendo a carne de Ymir. Com elas, criaram os anões e deram consciência, inteligência e aparência humana a esses seres. Os deuses usaram Ymir para fazer a terra e também os céus. Colocaram a crânio dele sobre a terra para formar o céu. Em cada um dos quatro cantos do céu, posicionaram um anão. O nome deles era Austri (Leste), Vestri (Oeste), Nordri (Norte) e Sudri (Sul). Os deuses pegaram ainda algumas fagulhas e brasas vivas que cintilavam em Muspelheim e as puseram no céu para iluminar a

abóbada celeste. Fixaram algumas das fagulhas no céu, e elas se tornaram os planetas, movidos por cursos estabelecidos pelos deuses. Esse mito também responde pela criação do dia e da noite, ambos personificados como gigantes. Os deuses colocaram a giganta escura Nótt (noite) e seu filho Dag (dia), belo e brilhante, no céu: eles seguiam, um após o outro, em volta do mundo, a cada 24 horas. Ainda no céu, os deuses puseram também os formosos irmão e irmã, Máni (lua) e

Ymir é morto pelos filhos de Bor, no desenho do artista holandês Lorenz Frølich, datado do século XIX. O gigante de gelo é retratado como rude e feio em comparação aos três belos deuses.

A origem dos deuses

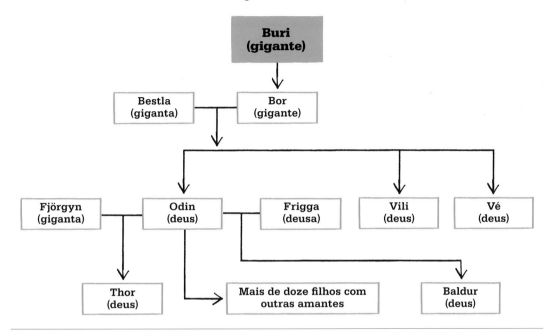

Sól (sol). De acordo com o mito de Snorri, tanto Máni quanto Sól cruzam rapidamente o céu porque são perseguidos por lobos. Ragnarök, o fim do mundo, virá não muito depois do dia em que os lobos, filhos de uma giganta, finalmente alcançarem os irmãos e os devorarem.

A fortaleza de Midgard

Os deuses criaram a terra em formato circular e deram a parte próxima ao litoral aos gigantes, para sua moradia. Esse lugar se chamou Jötunheim (de *jötunn*, a antiga denominação nórdica para os gigantes, e *heim*, significando "lar"). No centro da terra, com as sobrancelhas de Ymir, os deuses construíram uma fortaleza para manter os gigantes a distância. E deram a esse lugar o nome de Midgard. O último passo dos deuses foi pegar o cérebro de Ymir

e colocá-lo no céu, formando as nuvens. E assim encerraram a brutal criação do mundo.

A criação do homem

A criação não estava completa até o dia em que Odin, Vili e Vé, ao caminharem ao longo da costa, encontraram dois troncos de árvore boiando. Com os troncos, os deuses criaram os dois primeiros humanos, dando-lhes vida, consciência, movimento, rostos, audição, fala e visão. Deram-lhes roupas e o nome de Ask (cinza) para o homem e Embla (olmo) para a mulher. A eles e seus descendentes, os deuses deram o reino de Midgard como moradia. Depois dos humanos, os deuses criaram seu próprio domínio de Asgard, bem acima de Midgard. Lá, construíram seus salões, sendo o mais fantástico o do próprio Odin, Valhalla: um lugar semelhante ao

céu, onde os guerreiros mortos seriam acolhidos com festejos. Para ligar Asgard a Midgard, eles construíram uma ponte com um arco-íris ardente, chamada Bifröst. Os humanos costumam olhar rapidamente de relance para Bifröst, mas somente os deuses podem atravessá-la. ∎

Então das sobrancelhas os alegres deuses criaram Midgard para os filhos dos homens.
Edda em prosa

O FREIXO DE YGGDRASIL É A MAIS NOBRE DAS ÁRVORES

ODIN E A ÁRVORE DO MUNDO

EM RESUMO

TEMA
O cosmos nórdico

FONTES
Edda poética, anônimo, séc.
VIII-XI d.C.; *Edda em prosa*,
Snorri Sturluson, c. 1220 d.C.

CENÁRIO
Os nove mundos.

PRINCIPAIS FIGURAS
Odin O líder dos deuses.

Yggdrasil A árvore do mundo.

Nidhögg Uma serpente.

Ratatosk Um esquilo.

Norns Três divindades com
poderes sobre o destino.

Valquírias "As que escolhem
os mortos."

Einherjar Guerreiros mortos.

Hugin e Mumin Dois corvos
que servem a Odin.

Geri e Freki Dois lobos.

Conhecida como Tapeçaria Skog,
séc. XIII-XIV, foi descoberta na Igreja Skog,
na Suécia, em 1912. Supostamente
representa Odin, Thor e Freyr.

O s nórdicos acreditavam que
o universo era formado por
nove mundos, ou reinos,
com Yggdrasil — um imenso freixo
sempre viçoso — no centro. Segundo
"Völuspá" (A profecia da vidente), um
poema édico, essa árvore ligava os
mundos, formando o universo. No
poema não consta o nome deles,
mas são conhecidos como Asgard,
Vanaheim, Álfheim, Jötunheim,
Midgard, Svartálfheim, Niflheim,
Muspelheim e Hel. Cada mundo era
a casa de um ser diferente. Asgard
era o domínio da família de deuses
Aesir, liderada por Odin; Vanaheim
era o lar da família Vanir, de deuses
da fertilidade; Álfheim era a casa dos
elfos de luz; Jötunheim, o domínio
dos gigantes de gelo; Midgard, o
mundo dos humanos; Svartálfaheim
era habitado por elfos e anões pretos;
e Muspelheim, o mundo dos
gigantes de fogo. Miflheim era um
reino de gelo, nevoeiros congelantes
e almas mortas. Hel era o reino do
Submundo da deusa de mesmo
nome, que governava os mortos por
doença ou velhice.

Navegando pelos mundos

As fontes nórdicas são muitas vezes
contraditórias entre si, e permanece
imprecisa a localização de cada um
desses reinos em relação aos demais.
É provável que os próprios nórdicos
não tivessem uma compreensão
definida quanto a isso. A descrição
dos reinos como habitando as raízes e
os galhos de Yggdrasil fornece pouca
referência sobre o real posicionamento
espacial. Asgard é considerado um
mundo celeste, ligado a Midgard pela
ponte de arco-íris Bifröst. Álfheim
provavelmente também foi um
domínio mais elevado, bem próximo a
Asgard. Não temos indícios, segundo
as fontes existentes, sobre a
localização de Vanaheim, mas pelo
fato de os Vanir serem associados ao
crescimento e à fertilidade, ele devia
fazer parte do Submundo. Conforme o
nome indica, Midgard (Mundo do
meio) ficava entre Asgard e o
Submundo e, aparentemente, era
rodeado por um oceano. Não fica claro
se Jötunheim e Svartálfaheim
estariam dentro desse oceano
circundante ou fora dele. Num dos

Veja também: A criação do universo 130-33 ▪ A guerra dos deuses 140-41 ▪ A morte de Baldur 148-49 ▪ O crepúsculo dos deuses 150-57

poemas édicos, a terra dos gigantes é separada do reino dos humanos apenas por um rio. Já que os elfos e anões pretos viviam embaixo da terra, Svartálfaheim provavelmente era subterrâneo, embora sem integrar o Submundo, ao qual Niflheim e Hel pertenciam. Hel se ligava a Niflheim através de Gjallarbrú, uma ponte com telhado de ouro sobre o rio Gjöll, que corria entre os dois domínios.

Raízes e céus

Para complicar a questão, segundo Snorri, Yggdrasil era sustentada por três raízes enormes. Uma alcançava Asgard, outra Jötunheim e a terceira, Niflheim. No relato de Snorri, havia um poço ou nascente embaixo de cada raiz: Urdarbrunn em Asgard; o Poço de Mímir em Jötunheim; e Hvergelmir em Niflheim. Cada poço tinha diferentes propriedades. Urdarbrunn (Poço do Destino) era o lugar onde os deuses se encontravam diariamente para o trabalho de seu tribunal de justiça e a resolução de conflitos; as águas do poço de Mímir continham conhecimento e sabedoria; Hvergelmir era a nascente de todos os rios dos nove mundos. Nos mitos nórdicos, as coisas costumavam acontecer em múltiplos de três; o três e o nove, especificamente, eram números sagrados. Acrescentando-se mais mistério aos nove mundos, havia nove céus. O mais baixo deles podia ser chamado de Vindbláin (Escuridão do Vento), Heidthornir (Brilho da Nuvem) ou Hréggmímir (Tempestade de Mímir). O segundo céu mais baixo era Anlang (Muito Longo) e o terceiro, Vídbláin (Vasta Escuridão). A esses se seguiam Vídfedmir (O que Abraça Amplamente), Hrjód (Monstro de Capa), Hlynir

(Duplamente Aceso), Gimir (Coberto de Joias) e Vetmímir (Vento Mímir). Bem acima de todas as nuvens estava Skatynir (Rica Umidade). De acordo com Snorri Sturluson, os únicos habitantes dos céus eram os elfos de luz, que, talvez influenciado por suas crenças pessoais cristãs, ele via essencialmente como seres angelicais. Embora viessem de Álfheim, eles também protegiam os céus.

As criaturas da árvore

Yggdrasil abrigava várias criaturas que se alimentavam dela, causando-lhe sofrimento permanente — ela era de alguma forma vista como sensível. A serpente Nidhogg (Sopro Vicioso), que vivia perto de Hvergelmir, roía constantemente as raízes de Yggdrasil. Quatro cervos de nome Dáinn, Dvalinn, Duneyrr e Durathrór corriam por entre seus galhos, alimentando-se das folhas mais tenras. Nos galhos mais altos da árvore, ficava uma águia sábia, porém sem nome, cujo bater das asas fazia os ventos soprarem. A águia e Nidhogg eram inimigos de longa data, e a rixa entre eles subsistia graças a um esquilo de nome Ratatosk, que corria para cima e para

O esquilo que corre sobre a magnânima Yggdrasil, e vai até embaixo, a Nidhöggr, trazendo as palavras da águia, é Ratatosk.
Edda poética

As Nornas

Assim como as mênades (ou Parcas) na mitologia grega, as Nornas eram três divindades femininas que determinavam o destino do universo e de cada ser a ele pertencente. Nem mesmo os deuses podiam questionar um veredito dado pelas Nornas, representantes do poder mais alto no universo.

As Nornas habitavam perto de Urdarbrunn, o Poço do Destino, sob a raiz de Yggdrasil em Asgard, terra dos deuses Aesir. "Völuspá", um poema da *Edda em prosa* de Snorri, chamou as Nornas de Urd (Passado), Verdandi (Presente) e Skuld (Futuro). Elas presenciavam o nascimento de todas as crianças, traçando o contorno de sua vida. A arte delas era descrita ora como tecendo as linhas da vida, ora fazendo entalhes em madeira.

A crença nas Nornas dava aos nórdicos uma visão fatalista que os estimulava a assumir riscos. Nada se teria a ganhar fazendo tudo com segurança: o dia de sua morte já estava marcado, mesmo que você se mantivesse longe dos perigos. Era bem melhor morrer na glória e merecer o reconhecimento póstumo do que ser esquecido pela falta de feitos e realizações.

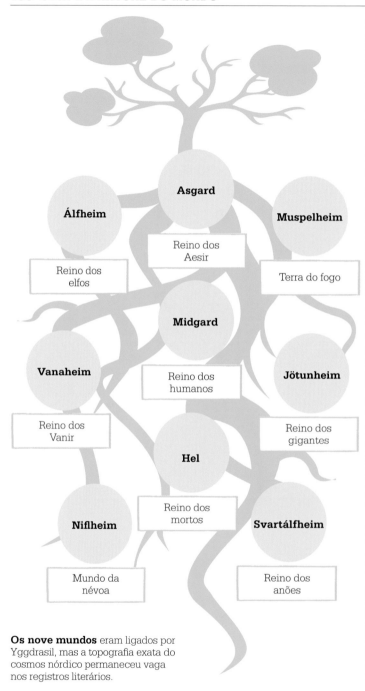

Asgard

Reino dos Aesir

Álfheim

Reino dos elfos

Muspelheim

Terra do fogo

Midgard

Reino dos humanos

Vanaheim

Reino dos Vanir

Jötunheim

Reino dos gigantes

Hel

Reino dos mortos

Niflheim

Mundo da névoa

Svartálfheim

Reino dos anões

Os nove mundos eram ligados por Yggdrasil, mas a topografia exata do cosmos nórdico permaneceu vaga nos registros literários.

baixo em Yggdrasil, levando mensagens hostis entre eles. Yggdrasil entrou em decadência devido aos ataques ocorridos na árvore. Ela era mantida pelas Nornas, três divindades responsáveis pelo destino, que a aspergiam com a água sagrada de Urdarbrunn, e para proteger suas ramificações, as embranqueciam com barro recolhido do entorno do poço. As ações das Nornas mantinham o cosmos em equilíbrio, entre as forças de criação e de destruição. Apesar da importância de Yggdrasil, nenhum mito nórdico contou sobre sua criação ou fim. Em Ragnarök — o fim do mundo profetizado —, Yggdrasil estremeceria e gemeria, sem, contudo, sucumbir; a árvore era tida como eterna.

O saber de Odin

Odin comandava os nove mundos de seu trono Hlidskjálf em Asgard. Dois corvos, Hugin (Pensamento) e Mumin (Memória), simbolizavam sua mente e ficavam pousados em seus ombros. A cada amanhecer, Odin ordenava que sobrevoassem os mundos; eles regressavam ao anoitecer para contar o que tinham descoberto. Yggdrasil também era uma fonte de conhecimento para

Eu sei que pendi da árvore atingida pelos ventos, nove noites completas, com o coração trespassado pela lança e, oferecido a Odin, eu mesmo me ofereci.
Odin, *Edda poética*

Odin, pendurado na árvore do mundo. É possível que o nome de Yggdrasil se origine daí. Significa "cavalo de Ygg". Ygg é um dos nomes de Odin.

Odin. Essencial para isso era o saber que Odin tinha sobre as runas, adquirido por meio de um ato de sacrifício pessoal: ele pendeu de Yggdrasil por nove dias, trespassado pela própria lança. A água do Poço de Mímir provia sabedoria. Por uma única porção de sua água, Odin arrancou um dos olhos e o deixou no poço como garantia. Sua busca pelo conhecimento tinha um propósito: ele previra sua morte em Ragnarök e queria encontrar um jeito de desafiar o destino. Do seu suplício, Odin adquiriu a habilidade de usar as runas, o que lhe garantia poderes bem maiores que os de outros deuses.

Valhalla

Odin se tornou um grande guerreiro, conhecido por seu "Salão dos Mortos", Valhalla. O salão majestoso, recoberto de lanças, tinha 540 portas, sendo cada uma delas com largura suficiente para oitocentos guerreiros passarem, lado a lado. Era um paraíso onde os *einherjar*, os guerreiros mortos, se banqueteavam com carne de porco e hidromel. A promessa de Valhalla devia ser um reconforto para quem encarasse a morte numa batalha, mas a maioria preferia viver e aproveitar da vitória. Apenas os *berserkers* [guerreiros nórdicos conhecidos por sua selvageria] buscavam morrer em combate para garantir sua entrada em Valhalla. Eles entravam numa espécie de transe, desenvolvendo uma fúria incontrolável antes de cada batalha. A gana de Odin por

Todos os homens que sucumbiram em batalhas estão agora com Odin em Valhalla.
Edda em prosa

sangue era avassaladora. Dois lobos, Geri e Freki, eram seus companheiros. Os nomes de ambos significavam "ávidos" e "vorazes". Eles perambulavam pelos campos de batalha se alimentando de cadáveres. Nos banquetes, Odin dava sua comida aos lobos de estimação, alimentando-se apenas com o vinho. Ele também se fazia acompanhar pelas Valquírias (As que escolhem os mortos), que conduziam ao Valhalla as almas dos homens mais corajosos mortos em combate para se juntarem ao seu esquadrão pessoal de guerreiros mortos. Assim, a ordem cósmica espelhava a ordem humana: para a era viking nórdica, o chefe e sua comitiva ocupavam o centro da sociedade. ∎

As runas

As runas eram as letras isoladas do alfabeto rúnico, o sistema de escrita nativo dos povos germânicos primitivos. Os nórdicos acreditavam que as runas eram um legado de Odin para o mundo, mas na realidade elas provavelmente derivaram do latim. Presume-se que o alfabeto rúnico, conhecido como o *futhark* devido às suas seis primeiras letras, foi originalmente concebido para ser inscrito na madeira. As runas evitavam as linhas curvas, que seriam complicadas para entalhar, e as horizontais, que seriam difíceis de distinguir devido aos veios da madeira. As runas eram bem mais do que simples letras. Símbolos poderosos, cada um deles possuía um nome próprio, significativo e mágico. Aos poucos as runas caíram em desuso após a conversão dos nórdicos ao cristianismo nos séculos x e xi devido às suas ligações pagãs. Por volta do século xv, elas foram substituídas pelo alfabeto latino na Escandinávia.

Estas letras rúnicas aparecem numa das duas pedras rúnicas de um monumento, do século xi, em Bjärby, na ilha de Öland, na Suécia.

A PRIMEIRA GUERRA DO MUNDO
A GUERRA DOS DEUSES

EM RESUMO

TEMA
Deuses em guerra

FONTES
Edda poética, autor anônimo,
séculos VIII-XI d.C.;
Heimskringla [História dos reis
nórdicos], Snorri Sturluson, c.
1230 d.C.; *Edda em prosa*,
Snorri Sturluson, c. 1220 d.C.

CENÁRIO
Asgard e Vanaheim — reinos
separados habitados por duas
famílias distintas de deuses:
os Aesir e os Vanir.

PRINCIPAIS FIGURAS
Odin Líder dos Aesir.

Gullveig Feiticeira e sereia.

Njord Líder dos Vanir.

Kvasir Ser sábio criado da
saliva dos deuses.

Mímir Uma cabeça sem
corpo, fonte de sabedoria.

Honir Companheiro de Odin.

O s nórdicos descreviam seus deuses coletivamente como os Aesir, que inspiraram o nome de Asgard, o reino dos deuses. Entretanto, eles acreditavam que teriam existido duas famílias de deuses, os Aesir e os Vanir, e que no alvorecer da história, guerrearam para ver quem seria o merecedor dos tributos (adoração e sacrifícios) dos humanos. A guerra dos deuses começou devido ao tratamento

A deusa Freyja foi capturada por gigantes em *Das Rheingold*, a primeira ópera do *Ciclo dos anéis* de Wagner. Esta ilustração de 1910 a retrata sendo arrastada para longe dos deuses.

dispensado pelos Aesir a uma feiticeira chamada Gullveig durante sua visita ao salão de Odin, em Asgard. Por três vezes, os Aesir tentaram queimá-la, mas ela sobreviveu a cada tentativa. Gullveig criava magias e lançava encantamentos, e tinha o dom da profecia, e isso a definiu como uma das deusas dos Vanir. Depois que os Vanir reclamaram do tratamento dado a Gullveig, ambos os lados se encontraram em Urdarbrunn (o Poço do Destino) para acertar suas diferenças.

Paz e guerra

Em Urdarbrunn, Odin arremessou uma lança sobre os Vanir e a guerra foi deflagrada. Os Vanir atacaram Asgard; os Aesir contra-atacaram, devastando o lar dos Vanir, Vanaheim. Sem vitórias, os deuses concordaram em trocar seus reféns e viver em paz, selando um tratado: todos cuspiram numa mesma vasilha. Da saliva, os deuses criaram Kvasir, um ser de sabedoria excepcional. Depois da guerra, o deus do mar Njord, que era o líder dos Vanir, seu filho Freyr e a filha Freyja, foram viver com os Aesir, assim como Kvasir. Em contrapartida, Honir e o deus sábio Mímir, dos Aesir, foram

Veja também: A guerra entre deuses e titãs 32-33 ▪ Um deus complexo 164 ▪ O crepúsculo dos deuses 150-57 ▪ O Jogo dos Dados 202-03

Os Aesir

Viviam em Asgard, um dos nove mundos.

Descendiam de **Vili, Vé e Odin**.

Principais figuras incluem **Thor e Loki**.

Associados a **poder e guerra**.

Os Vanir

Viviam em Vanaheim, um dos nove mundos.

Origens envoltas em **mistério**.

Principais figuras incluem **Freyja, Freyr e Njord**.

Associados a **fertilidade e natureza**.

viver em Vanaheim. Porém, os Vanir não estavam felizes com seus reféns. Quando Mímir estava ali para dizer a Honir o que falar, ele dava bons conselhos, mas quando Mímir estava fora, respondia apenas: "Deixe que os outros decidam". Sentindo-se traídos, os Vanir decapitaram Mímir e mandaram Honir, com a cabeça dele, de volta para Asgard. Odin conservou a cabeça de Mímir, atribuindo-lhe o poder da fala, para que pudesse se beneficiar de sua sabedoria. A diferença entre os deuses cessou quando os Vanir se tornaram Aesir e passaram a compartilhar os tributos dos humanos.

Choque entre cultos

A história da guerra dos deuses pode ser interpretada como um choque entre dois cultos religiosos. É possível que os Vanir fossem os deuses dos fazendeiros escandinavos da Idade da Pedra (c. 1.000-1800 a.C.), enquanto os Aesir seriam os deuses dos indo-europeus que migraram para a região na Idade do Bronze (c. 1800-500 a.C.). ▪

A trégua se deu com este procedimento: ambos os lados cuspiram em um pote.
Edda em prosa

Os muros de Asgard

Os deuses contrataram um gigante para reconstruir os muros de Asgard depois da guerra com os Vanir. Combinaram de lhe dar o sol, a lua e a deusa Freyja se ele concluísse a tarefa num único inverno, tarefa impossível. O gigante concordou em trabalhar sozinho, contando apenas com garanhão. Quando perceberam que ele cumpriria o prazo, os deuses ordenaram que Loki encontrasse um jeito para que eles não tivessem de manter o combinado. Na forma de égua, Loki atraiu o garanhão para longe, atrapalhando-o. Dando-se conta do logro, o gigante teve um ataque de ira e Thor o matou. Os deuses tinham se transformado em quebradores de juramentos, corrompidos pelo poder. Odin também recebeu um presente inesperado de Loki como resultado da tramoia — um potro de oito patas, cria do garanhão do gigante.

Odin cavalga Sleipnir nesta iluminura islandesa do século XVIII. Sleipnir foi concebido por Loki enquanto o trapaceiro estava sob a forma de égua.

ELES MISTURARAM MEL COM SANGUE E EU O TRANSFORMEI EM HIDROMEL

O HIDROMEL DA POESIA

EM RESUMO

TEMA
Origens da poesia

FONTES
Edda em prosa, Snorri
Sturluson, c. 1220 d.C.

CENÁRIO
Jötunheim, a terra dos
gigantes.

PRINCIPAIS FIGURAS
Odin O líder dos deuses,
transformado num belo homem
chamado Bolverk.

Kvasir Entidade masculina de
sabedoria extraordinária.

Gilling Uma giganta de gelo.

Fjalar e Galar Anões,
assassinos de Kvasir e Gilling.

Suttung Filho de Gilling

Gunnlod Filha de Suttung,
seduzida por Odin.

Baugi Irmão de Suttung, que
ajudou Odin a conseguir o
hidromel.

O din foi primordialmente um rei majestoso, guerreiro e sábio e também o deus da poesia. Todos os poetas humanos devem sua inspiração ao roubo, por ele efetuado, do hidromel da poesia do gigante Suttung. Na história desse roubo, Odin cumpriu o papel de um "herói cultural", uma figura mitológica portadora de um presente valioso para a humanidade.

Como muitos outros tesouros, o hidromel da poesia, que é uma metáfora para a inspiração poética, foi criado por anões. O ser sábio Kvasir aceitou, inocentemente, a hospitalidade dos anões, Fjalar e Galar, que o assassinaram. Eles despejaram o sangue de Kvasir em três recipientes e misturaram o sangue com mel, transformando-o num hidromel que tornava poeta ou estudioso quem quer que o tomasse. Então, disseram aos deuses que Kvasir tinha se sufocado com a própria inteligência por não encontrar ninguém suficientemente preparado para conversar.

Baugi perfurou a montanha Rati com uma verruma, para alcançar o hidromel da poesia. Ele não queria que Odin obtivesse o hidromel e tentou matar o deus com a verruma.

Os anões perderam o hidromel da poesia depois de matarem o gigante Gilling e sua mulher. O filho de Gilling, Suttung, os agarrou e os levou até um rochedo, ameaçando deixá-los ali para se afogarem na maré montante. Os anões, por sua vez, deram a Suttung o hidromel para compensar a morte de seus pais. Suttung o escondeu numa montanha e deixou sua filha Gunnlod montando guarda.

O roubo do hidromel
Odin, o mestre dos disfarces e da transformação, queria roubar o hidromel e ficar com ele. Disfarçado

Veja também: A caixa de Pandora 40-41 ▪ Os muitos "casos" de Zeus 42-47 ▪ Odin e a árvore do mundo 134-39 ▪ As origens dos baigas 212-13

Odin sentado abraçando Gunnlod com um copo de chifre, em ilustração do séc. XIX, do artista alemão Johannes Gehrts. O hidromel da poesia encontra-se à sua volta.

seduziu a solitária Gunnlod. Depois de passar três noites com ela, a grata Gunnlod permitiu que Odin tomasse três doses do hidromel. Ele pegou o primeiro recipiente e o esvaziou de um só gole. Depois de fazer o mesmo com os outros dois vasilhames de hidromel, Odin virou uma águia e fugiu, voando para longe e deixando para trás Gunnlod com o coração partido.

Ao descobrir o roubo, Suttung também assumiu a forma de águia e saiu em louca perseguição. Quando Odin sobrevoou Asgard, ele cuspiu o hidromel em reservatórios que os deuses tinham colocado no pátio. No entanto, vinha sendo perseguido tão de perto por Suttung que, inadvertidamente, Odin expeliu parte do hidromel por trás. Esse hidromel menos puro caiu no chão e ali ficou disponível para quem quer que fizesse uma simples rima. O resto do hidromel Odin guardou para os deuses e inspirar aqueles qualificados em fazer poesia. ▪

de um belo lavrador de nome Bolverk, ele se apresentou a Baugi, irmão de Suttung, concordando em fazer o trabalho de nove homens, por um verão, em troca de uma única dose do hidromel de Suttung. Quando o inverno chegou, Baugi pediu ao irmão que desse a Odin uma dose do hidromel. Suttung recusou, então Baugi concordou em ajudar Odin, perfurando um buraco na montanha e permitindo que ele pudesse penetrar ali sob a forma de serpente.

A fuga de Odin

Retomando a forma de Bolverk, Odin

A poesia nórdica

Dois gêneros de poesia nórdica sobreviveram — os versos escáldicos e os versos édicos. Ambos os estilos recorriam a substituições poéticas chamadas *kennings*. Em termos de ritmo, cada gênero apostava mais na aliteração do que na rima, mas os versos édicos usavam uma métrica mais simples. O verso escáldico era composto por poetas da corte chamados escaldos, cujo maior dever era elogiar as virtudes, a riqueza e a generosidade de seus

benfeitores. Não é de surpreender que a guerra fosse o principal assunto da poesia escáldica: repleta de imagens violentas, foi comparada por alguns estudiosos ao rap de hoje. A maioria dos escaldos era guerreiros, que deviam compor seus versos no calor da batalha para encorajar os combatentes a lutar com bravura. Os versos édicos, por outro lado, abordavam sempre assuntos religiosos ou lendários. Os autores da maior parte dos poemas escáldicos eram conhecidos, os dos édicos eram sempre anônimos.

Odin deu o hidromel de Suttung aos Aesir e àqueles capazes de fazer poesia.
Edda em prosa

THOR GOLPEAVA COM A FORÇA QUE QUISESSE E O MARTELO NÃO FALHAVA

OS TESOUROS DOS DEUSES

EM RESUMO

TEMA
Armas mágicas

FONTES
Edda poética, autor anônimo, séculos X–XIII d.C.; *Edda em prosa*, Snorri Sturluson, c. 1220 d.C.

CENÁRIO
Svartálfheim, o reino dos anões e dos elfos pretos.

PRINCIPAIS FIGURAS
Thor Deus do tempo e do trovão, adorado pelos fazendeiros.

Loki O deus trapaceiro, enigmático e mal-intencionado.

Os filhos de Ivaldi Grupo de anões artífices; o mito nórdico não especifica a identidade do próprio Ivaldi.

Brokk e Eitri Irmãos anões e exímios artífices.

Os deuses nórdicos de maior destaque eram identificados por possuir objetos mágicos, todos fabricados por anões, exímios artífices. Os deuses haviam adquirido esses tesouros com a ajuda do trapaceiro Loki, que cortara os cabelos de Sif, mulher de Thor, sem que ela soubesse. Quando Thor descobriu, ameaçou quebrar todos os ossos de Loki, a menos que ele pedisse aos anões que forjassem cabelos de ouro para Sif.

A disputa de Loki

Loki se dirigiu ao grupo de anões chamados de filhos de Ivaldi e eles fizeram cabelos de ouro perfeitos para Sif. Também fabricaram a lança Gungnir, que jamais errava o alvo, e o navio Skidbladnir, capaz de carregar todo o povo Aesir e ser levado dentro de um bolso. Loki apostou com o anão Brokk que seu irmão Eitri não conseguia fazer tesouros mais refinados que os dos Ivaldi. Combinou-se que quem perdesse ficaria sem a cabeça. Eitri foi para sua forja e disse a Brokk que não parasse de soprar os foles até terminar o trabalho, ou fracassariam. Loki, especialista em transformação como Odin, virou uma mosca e tentou distrair Brokk, picando-o.

Vendo Sif adormecida, Loki cortou seus lindos cabelos loiros, na ilustração de A. Chase, datada de 1894.

Veja também: Odin e a árvore do mundo 134-39 ▪ A guerra dos deuses 140-41 ▪ O hidromel da poesia 142-43 ▪ As aventuras de Thor e Loki em Jötunheim 146-47

Mas Brokk soprou sem parar enquanto Eitri criava um javali de ouro que corria mais do que um cavalo e um bracelete de ouro chamado Draupnir, do qual pendiam outros oito novos braceletes, igualmente pesados, a cada nove noites. Só quando Eitri forjava o martelo Mjölnir foi que Loki fez Brokk parar de soprar por um momento, ao picar suas pálpebras. Assim, o cabo ficou um pouco curto, mas Mjölnir conservou seu imenso poder.

A obra mais refinada

Loki e Brokk foram até Asgard para perguntar aos deuses quem era o autor da melhor obra: Eitri ou os filhos de Ivaldi. Ao eleger Mjölnir o melhor dos tesouros, os deuses declararam Brokk como vencedor. Depois de uma tentativa fracassada de subornar Brokk para salvar a própria pele, Loki fugiu com seus sapatos mágicos, mas foi pego por Thor. Astuto, declarou que sua cabeça poderia pertencer a Brokk, mas que seu pescoço não fazia parte da aposta. O anão, trapaceado, tratou de costurar a boca de Loki. ▪

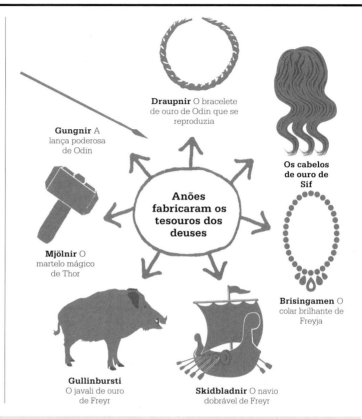

Gungnir A lança poderosa de Odin

Draupnir O bracelete de ouro de Odin que se reproduzia

Os cabelos de ouro de Sif

Anões fabricaram os tesouros dos deuses

Mjölnir O martelo mágico de Thor

Brisingamen O colar brilhante de Freyja

Gullinbursti O javali de ouro de Freyr

Skidbladnir O navio dobrável de Freyr

Thor empunha seu poderoso martelo contra os gigantes, na pintura de 1872, do artista sueco Mârten Eskil Winge.

O martelo de Thor

Diferente da maioria dos deuses, acreditava-se que Thor era bem-intencionado em relação aos humanos. Enquanto Odin era o deus dos reis, dos guerreiros e dos poetas, os fazendeiros comuns preferiam Thor. Os vikings costumavam invocar sua proteção usando amuletos de machado. Graças a seu poder avassalador, o martelo mágico de Thor, Mjölnir, defendia deuses e humanos da hostilidade dos gigantes e trazia ordem ao caos. Mjölnir podia bater com a força que Thor desejasse e jamais errava o alvo. Não importava a distância em que fosse atirado: ele sempre voltava às mãos de Thor. Ele gostava de usar seu martelo para esmagar o crânio dos gigantes. Num mito, o gigante Thrym conseguiu roubar Mjölnir e o escondeu no fundo da terra. Ele esperava que o martelo ficasse fora do alcance dos deuses, e o usou como moeda de troca, pedindo Freyja como garantia para sua devolução. Uma combinação da força de Thor com a astúcia de Loki recuperou o machado para restaurar as defesas de Asgard.

ESTOU ERRADO EM PENSAR QUE ESTE RAPAZINHO É THOR?

AS AVENTURAS DE THOR E LOKI EM JÖTUNHEIM

EM RESUMO

TEMA
As limitações dos deuses

FONTES
Edda em prosa, Snorri Sturluson, c. 1220 d.C.

CENÁRIO
Jötunheim, a terra dos gigantes.

PRINCIPAIS FIGURAS
Thor Deus do trovão.

Loki Irmão de Thor; o deus trapaceiro.

Thialfi Escravo humano de Thor; filho de fazendeiro.

Utgarda-Loki Gigante muito forte, contra quem Thor queria testar sua própria força.

Logi O gigante que venceu Loki na competição de comida.

Hugi Um homenzinho que venceu Thialfi numa série de corridas.

Elli Mulher idosa; ama-seca de Utgarda-Loki.

Embora as virtudes de Thor fossem renomadas, o deus nórdico também era retratado como bastante ingênuo e crédulo. Muitos dos mitos referentes a Thor eram observações bem-humoradas das limitações da força bruta. Com frequência, era equiparado a Loki, o ardiloso e sagaz, mas também covarde, malicioso e trapaceiro. Thor e Loki tinham uma relação antagônica, mas formavam uma boa dupla, e era comum serem companheiros de viagem. A combinação entre a força bruta de Thor e a esperteza de Loki costumava fazer sucesso, mas nem sempre. Numa história da *Edda em prosa*, Thor decidiu viajar para Jötunheim, uma terra de gigantes, para testar sua força contra Utgarda-Loki. Com ele, levou Loki e um servo humano, o escravo Thialfi.

O desafio do gigante

Quando Thor, Loki e Thialfi chegaram a Jötunheim, o gigante Utrgarda-Loki mostrou-se desapontado com Thor, queixando-se de que esperava que o deus fosse bem maior. O gigante prosseguiu explicando que os três

Loki viajou para Jötunheim muitas vezes. Em certa ocasião, ele enganou Idun, a deusa da primavera, e ela foi raptada por um gigante. Disfarçado de falcão, Loki voou até lá para resgatá-la.

Veja também: Prometeu ajuda a humanidade 36-39 ▪ O primeiro dia de Hermes 54-55 ▪ A criação do universo 130-33 ▪ O hidromel da poesia 142-43 ▪ Ananse, a aranha 286-87

Os trapaceiros

Armações e trapaças destacam--se nas mitologias de muitas culturas. Fosse o trapaceiro um humano, um deus, um semideus, ou até mesmo um animal antropomorfizado, todos burlavam as regras e desafiavam as expectativas quanto ao comportamento. Muitos, como Loki, mudavam de forma. As histórias sobre esses espertalhões, que alcançavam seus objetivos por meio de manhas e esperteza em vez da força, convidavam os ouvintes a

identificá-los como pobres coitados, mesmo quando seus subterfúgios eram considerados imorais. A aranha trapaceira Ananse, da mitologia akan de Gana, tornou-se símbolo de resistência ao ser transportada para as Índias Ocidentais por meio do comércio de escravos. Quando um trapaceiro beneficiava humanos, ele ou ela se tornava um herói cultural. Exemplos: o conto do deus nórdico Odin, quando ele roubou o hidromel da poesia, e na mitologia grega antiga, o episódio em que Prometeu roubou o fogo dos deuses.

Thor luta em vão para erguer o gato de Utgarda-Loki, na ilustração datada de 1930, em livro de contos nórdicos recontados e ilustrados pela artista americana Katharine Pyle.

visitantes só poderiam ficar em Jötunheim se cada um demonstrasse maestria em alguma arte ou habilidade. Loki se ofereceu para tomar parte numa competição de comida contra Logi, um dos gigantes de Jötunheim. Comeu toda a carne que puseram na sua frente, enquanto Logi comeu a carne, os ossos e também o prato de madeira. A seguir, Thialfi teve de apostar uma corrida com um homenzinho chamado Hugi, mas perdeu por três vezes seguidas. Depois, Utgarda--Loki desafiou Thor a esvaziar um grande copo de chifre de uma só vez. Após três boas goladas, Thor descobriu que o nível do líquido mal havia baixado. Em seguida, Utgarda-Loki perguntou a Thor se ele ao menos teria força para erguer seu gato. Thor mal conseguiu tirar do chão uma das patas do felino. Frustrado, Thor ofereceu-se para lutar contra qualquer gigante no salão. Utgarda-Loki respondeu que, dada a sua fraqueza, ele só teria permissão de lutar com a ama-seca do gigante, uma anciã chamada Elli. Quando Elli forçou Thor a ficar

sobre um joelho, o deus acreditou ter perdido sua força.

Os gigantes trapaceiros

Quando o trio cabisbaixo se preparava para voltar para casa, Utgarda-Loki lhes revelou que tudo o que tinham vivenciado era ilusório. Loki, o espertalhão, havia competido com o fogo, que tudo consumia. Thialfi tinha corrido contra o pensamento, cuja velocidade era inigualável. O copo de chifre de Utgarda-Loki estava ligado ao mar, e Thor bebera dele apenas o suficiente para criar as marés. O gato de

Por menor que me consideres, deixa que alguém venha lutar comigo. Agora fiquei zangado!
Thor, *Edda em prosa*

Utgarda-Loki era, na realidade, a monstruosa serpente de Midgard, uma criatura tão grande que envolvia o mundo inteiro; Thor erguera a serpente quase até o céu. A velha ama-seca era a idade avançada; embora a idade viesse a derrotar todos ao longo do tempo, ela só tinha conseguido forçar Thor a ficar sobre um joelho. Segundo Utgarda-Loki, os gigantes ficaram tão aterrorizados com a força de Thor que só poderiam lutar contra ele recorrendo a tramoias. Irado, Thor pegou seu martelo, mas antes que pudesse golpear o gigante, Utgarda-Loki desapareceu: ele também era uma ilusão. Assim se encerrava um mito que expunha as limitações dos deuses nórdicos, provando a existência de forças no universo sobre as quais nem o poder nem a esperteza prevaleciam. ▪

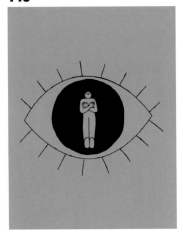

A FAÇANHA MAIS AZARADA JAMAIS REALIZADA ENTRE DEUSES E HOMENS

A MORTE DE BALDUR

EM RESUMO

TEMA
O destino

FONTES
Edda poética, autor anônimo, séculos X-XIII d.C.; *Edda em prosa*, Snorri Sturluson, c. 1220 d.C.

CENÁRIO
Asgard, a terra dos deuses, e Hel, o Submundo.

PRINCIPAIS FIGURAS
Odin O líder dos deuses.

Baldur Filho de Odin.

Frigga Mulher de Odin; mãe de Baldur e Hod.

Uma profetisa Vidente que previu a morte de Baldur.

Loki Um trapaceiro.

Sigyn Mulher de Loki.

Hod O deus cego; irmão de Baldur.

Hel Governante do Submundo.

O s mitos nórdicos recontam a história do mundo, desde a criação até a destruição final, no cataclismo de Ragnarök, em que os próprios deuses seriam exterminados. O poema édico "Völuspá" (A profecia da vidente) deixou claro que Ragnarök era inevitável desde o início dos tempos, mas foi a morte do filho de Odin, Baldur, que forçou os deuses a encarar sua mortalidade. Baldur, filho de Odin com sua mulher Frigga, destacava-se pela beleza. Todos o elogiavam — sua aparência era tão brilhante que emanava luz; a voz, muito suave; e ele era o mais bondoso de todos os deuses de Aesir. Mas era também um inútil: ninguém dava atenção ao que ele dizia ou fazia. Seu papel nos mitos era simplesmente ser bonito e amado — e morrer em circunstâncias trágicas.

Profecia de morte
Depois de Baldur relatar que estava tendo sonhos perturbadores, Odin foi até o Submundo e ressuscitou uma profetisa morta de longa data para lhe perguntar o que os sonhos significavam. Ela lhe contou que

Loki

Enigmático, Loki era um gigante de nascença, e um Aesir por adoção. Sentia-se à vontade tanto em Jötunheim, a terra dos gigantes, quanto em Asgard. Cheio de manhas e enganação, ele era mais amoral do que simplesmente mau. Não há indícios de que tenha sido adorado, nem de alguém que já tenha explicado de forma satisfatória o seu lugar no panteão nórdico. Uma teoria é de que ele seria a personificação do fogo, que tanto pode ajudar quanto fazer mal. Apesar de suas tramoias, Loki era tolerado pelos Aesir, que consideravam sua astúcia útil. Seu papel mais comum era o de gerar uma crise, com alguma artimanha, para, em seguida, resolvê-la com seu raciocínio ágil. Todos os filhos de Loki eram monstros: o cavalo Sleipnir, de oito patas; Hel, a deusa decadente que governava o Submundo; o lobo gigante Fenrir; e a serpente Jörmungand que envolvia o mundo. Os dois últimos, lutando ao lado de Loki, se destacaram no fim dos deuses Aesir em Ragnarök.

Veja também: A criação do universo 130-33 ▪ A guerra dos deuses 140-41 ▪ As aventuras de Thor e Loki em Jötunheim 146-47 ▪ O crepúsculo dos deuses 150-57

Baldur seria morto em breve por seu irmão cego Hod. Para evitar isso, Frigga rogou a tudo no mundo para que nada de mal sobreviesse a Baldur. Loki, com inveja da popularidade de Baldur, soube que Frigga não conseguira o juramento do discreto visco. Sem conhecimento disso, os deuses de Aesir se divertiam com um jogo em que atiravam todo tipo de coisa em Baldur, que permanecia ileso. Loki, então, preparou uma flecha com o visco, colocou-a na mão de Hod, o deus cego, e guiou sua mira, de modo que atingiu e matou Baldur. Frigga tinha esperanças de salvar o filho e enviou o deus Hermod a Hel para implorar pela libertação de Baldur do Submundo (Hel era o nome do reino e do ser que o governava). Ela concordou em soltar Baldur, mas apenas se todas as coisas chorassem por ele.

O castigo de Loki

Todas as coisas choraram por Baldur, menos uma: uma giganta, que era Loki disfarçado. Assim, Baldur foi forçado a ficar no Submundo. Os deuses Aesir se vingaram de Loki acorrentando-o a uma rocha por debaixo das mandíbulas abertas de uma serpente, de modo que o veneno da cobra pingava sobre seu rosto. A leal mulher de Loki, Sigyn, segurava uma vasilha sobre ele para aparar o veneno, mas sempre que se virava para esvaziar a vasilha, o veneno pingava sobre o rosto de Loki, causando terremotos quando ele se sacudia agoniado com o castigo pelo seu ardil. ▪

Loki provoca a morte de Baldur, conforme a *Edda em prosa*, do século XVII, de autoria do fazendeiro islandês Jakob Sigurdsson para seu pai adotivo, o reverendo Ólafur Brynjólfsson.

Ele convenceu os Aesir a **oferecer a deusa Freyja** como paga pela construção do muro de defesa.

Ele **persuadiu** a deusa Idun a levar as maçãs da juventude para os Aesir, permitindo assim que ela fosse **raptada**.

As trapaças de Loki muitas vezes faziam mal aos outros deuses.

Ele **cortou o cabelo loiro de Sif**, a mulher de Thor, que forçou Loki a substituí-lo.

Ele fez **Hod matar Baldur** e se recusou a se juntar aos deuses Aesir no **pranto** por ele.

IRMÃO LUTARÁ CONTRA IRMÃO E SERÁ SEU EXECUTOR

O CREPÚSCULO DOS DEUSES

EM RESUMO

TEMA
O fim do mundo

FONTES
Edda poética, autor anônimo, século X-XIII d.C.; *Edda em prosa*, Snorri Sturluson, c. 1220 d.C.

CENÁRIO
Os nove mundos.

PRINCIPAIS FIGURAS
Heimdall Vigia dos deuses Aesir.

Odin O deus maior.

Jörmungand A serpente de Midgard; filho de Loki.

Loki O trapaceiro.

Surt Gigante de fogo.

Fenrir Um lobo; filho de Loki.

Vidar Filho de Odin; deus da vingança.

Thor Deus do trovão.

Na mitologia nórdica, o tempo era cíclico; nada durava para sempre, nem mesmo os deuses. Algum dia, esse universo chegaria ao fim no Ragnarök, uma batalha final apoteótica entre os deuses e os gigantes que destruiria o mundo e exterminaria os seres que nele viviam. O cataclismo não seria o fim de tudo. Alguns sobreviventes, poupados, emergiriam de refúgios protegidos para repovoar um mundo novo e melhor. Há dois registros detalhados sobre Ragnarök. O mais antigo constitui a segunda metade do poema édico profético Völuspá ("A profecia da vidente"), em que uma *völvur* (profetisa), vinda de Hel, conta a Odin a terrível série de acontecimentos que viria a destruir o mundo. O registro mais recente sobre Ragnarök aparece em Gylfaginning ("As alucinações de Gylfi"), o primeiro livro da *Edda em prosa*, de Snorri Sturluson. O relato de Snorri — um quadro igualmente surpreendente do fim do mundo — foi uma síntese que se inspirou em Völuspá (embora muitas vezes se contraponha a ela) e em muitos outros poemas édicos, e provavelmente também em outras

O destino é ouvido nas notas de Gjallarhorn; Heimdall sopra bem alto.
Edda poética

fontes e tradições perdidas. É improvável que a religião nórdica tenha algum dia tido um cânone definido sobre Ragnarök e suas consequências. Gylfaginning, embora mais completa que Völuspá, ainda deixa muitas perguntas sem resposta. Entretanto, apesar de nenhuma das duas versões predizer quando Ragnarök ocorreria, cada uma delas adverte que sua aproximação seria anunciada por diferentes séries de catástrofes.

O Ragnarök na Völuspá

Segundo a Völuspá, haveria um verão em que o sol se tornaria negro. Quando isso acontecesse, Eggther, o gigante que cuidava do lobo Fenrir, se sentaria sobre um monte e tocaria sua harpa, deleitando-se

Freyja, deusa da fertilidade, procura por seu colar resplandecente roubado por Loki na *Edda em prosa*, em ilustração de Katharine Pyle, em 1930.

A profecia na religião nórdica

O cumprimento inevitável das profecias exercia um papel central na mitologia nórdica. A profecia adveio da prática do *seidr*, forma de magia xamanista associada ao grupo de divindades Vanir. Esse tipo de magia atribuía a determinados indivíduos a capacidade de se comunicar com os mortos e de prever o futuro. Freyja, a deusa Vanir da fertilidade, ensinou *seidr* a Odin: recorrendo a ela, ele ressuscitou dos mortos uma profetisa para que lhe contasse sobre o Ragnarök.

Seidr era praticada por humanos e por seres míticos, e quase sempre por mulheres conhecidas por *völvur* (portadoras do condão). Seguindo um ritual de uma refeição, com o coração de qualquer animal à mão, uma *völva* recorria a cânticos e encantamentos para invocar os espíritos, que, então, podiam ser inquiridos sobre o futuro. O termo "seidr" sobrevive até hoje na palavra do inglês *seer* — o termo anglo-saxão para "profeta" é oriundo do nórdico antigo.

Veja também: Odin e a árvore do mundo 134-39 ▪ A guerra dos deuses 140-41 ▪ Os tesouros dos deuses 144-45 ▪ A morte de Baldur 148-49

Sons de alerta anunciaram o fim do mundo em "Völuspá".

O gigante Eggther tocou sua harpa.	Um jovem galo despertou os guerreiros mortos de Valhalla.	Um pássaro arrulhou nos portões de Hel; seu cachorro latiu.	Um terceiro pássaro arrulhou no Bosque da Forca.

A guerra dos deuses começou, e a terra foi aniquilada pelo fogo.

---

com o que estava para acontecer. Três pássaros, então, arrulhariam para anunciar o início do Ragnarök. O primeiro, Gullinkambi (Crista Dourada), que morava em Valhalla, acordaria os *einherjar* (guerreiros mortos) para a batalha. Um pássaro vermelho-ferrugem sem nome arrulharia nos portões de Hel para despertar o Submundo, e o terceiro pássaro, Fjalar, arrulharia no sinistro Gálvidur (Bosque da Forca). Garm, a deusa-giganta vigilante de Hel, ladraria bem alto, romperia a corda que a prendia dentro da gruta e correria livre.

O caos reinante
A sociedade humana começaria, a partir daí, a entrar em colapso com irmão matando irmão, incesto e adultério. Nenhum homem pouparia seu semelhante. Heimdall, o vigia dos deuses, soaria o alarme com seu chifre Gjallorhorn, enquanto Odin iria consultar a cabeça preservada do deus sábio Mímir. A terra começaria a tremer, e a árvore do mundo Yggdrasil balançaria e gemeria, sem cair. Os gigantes ficariam loucos, e almas aterrorizadas desceriam para Hel. Hrym lideraria os gigantes de gelo provenientes do leste;

Aesir Heimdall sopra seu Gjallorhorn. O vigia era conhecido pela visão e audição acuradas. Foi o primeiro a saber sobre o Ragnarök.

Jörmungand, a serpente de Midgard, sacudiria o mar com sua raiva; e as águias guinchariam e se banqueteariam com os cadáveres. O sinistro Naglfar partiria velejando de Muspelheim, o lar dos gigantes, com os gigantes de fogo a bordo. Loki estaria no timão com seu irmão gigante Byleist ao lado. Surt, o maior dos gigantes de fogo, avançaria vindo do sul. Desfiladeiros rochosos se partiriam, derramando mulheres troll de suas fendas. O céu se despedaçaria com os elfos, e anões uivariam aterrorizados. De acordo com a *Edda poética*, isso anunciaria o início da batalha. O filho de Loki, o monstruoso lobo Fenrir, mataria Odin, levando Vidar, o filho de Odin, a vingar a morte do pai, trespassando o coração do lobo com sua espada. Thor executaria Jörmungand, mas cambalearia por apenas nove passos antes de cair morto. Surt aniquilaria Freyr, o deus da fertilidade. Conforme a batalha se inflamasse, o sol se tornaria negro e as estrelas sumiriam do céu. Vapor e labaredas

alcançariam os céus, enquanto a terra devastada sucumbiria nas profundezas do mar.

De volta à tranquilidade
Logo, um novo mundo surgiria das ondas, eternamente verde e com plantações que cresceriam sem semeadura. A profetisa viu uma águia pescando perto de uma cascata e outras imagens bucólicas. Alguns dos deuses Aesir (o poema

A Edda poética

↓

Certo verão, o sol fica negro.

↓

Três pássaros anunciam o início do Ragnarök.

↓

A sociedade humana entra em colapso.

↓

Heimdall **faz soar o alarme**.

↓

Loki e os gigantes **avançam sobre Asgard**.

↓

Os deuses e os gigantes **se destroem** em batalha.

↓

A **terra** devastada **afunda** no mar.

↓

A Edda em prosa

↓

Três invernos rigorosos provocam a decadência da sociedade humana.

↓

O **Grande Inverno** anuncia o início do Ragnarök.

↓

Lobos engolem o sol, a lua e as estrelas.

↓

Loki e os gigantes **avançam sobre Asgard**.

↓

Os deuses e os gigantes **se destroem** em batalha.

↓

Surt espalha fogo sobre a **terra devastada**.

↓

A **terra afunda** sob as ondas.

↓

Um novo mundo emerge do mar.

não mencionava quantos) se reencontrariam na planície de Idavoll, onde outrora Asgard se localizara. Eles falariam sobre o Ragnarök e relembrariam o passado. Baldur e seu assassino Hod ressuscitariam dos mortos, reconciliados, e viveriam em paz.

Presságios e insinuações

Alguns humanos, filhos de dois irmãos não identificados, também sobreviveriam, e seus descendentes se espalhariam pelo mundo. Völuspá conta que, dali em diante, o povo virtuoso daquela terra viveria uma vida feliz num salão novo, bonito, com teto de ouro, chamado Gimlé. Nesse momento, um "ser extremamente poderoso, no controle de todas as coisas", desceria dos céus. Völuspá não identifica a figura misteriosa, mas muitos comentaristas afirmaram se tratar de uma alusão ao Juízo Final cristão. Völuspá, então, se encerra com o reaparecimento da serpente Nidhogg; antes de Ragnarök, essa criatura tinha se enroscado indefinidamente nas raízes da árvore eterna do mundo, Yggdrasil. Agora, Nidhogg sobrevoaria o novo mundo, levando um carregamento de cadáveres em suas asas. Völuspá não esclarece, mas a sobrevivência de Nidhogg era claramente um mau presságio para o futuro. Poderia significar que o novo mundo, assim

Há de vir aquele inverno que será chamado O Grande Inverno. *Edda em prosa*

O tempo cíclico

Na cosmologia cristã, o tempo é visto como um processo linear que começa com a criação e acaba no Dia do Juízo Final. Outras tradições religiosas, inclusive a dos nórdicos, veem o tempo como um ciclo repetido de criação e destruição. Entretanto, os nórdicos não dispunham de um conhecimento avançado do calendário; assim as descrições da linha do tempo desse ciclo eram vagas. Na cosmologia hindu, por outro lado, o tempo é calibrado em ciclos que duram desde uns poucos milésimos de segundos a trilhões de anos. Eles acreditam que um ciclo completo da criação à destruição dura exatamente 311,04 trilhões de anos. Considerando que a cosmologia hindu também admite o conceito de multiversos, há um número infinito de ciclos de tempo e um número infinito de universos sendo criados e destruídos a qualquer momento. Os físicos modernos continuam a questionar se o tempo é linear, cíclico ou simplesmente ilusório. A resposta continua em suspenso.

O Ragnarök de Snorri

O relato sobre o Ragnarök no Gylfaginning de Snorri Sturluson mostra claramente um débito a Völuspá, e até o cita em alguns pontos, mas sua obra também difere do poema anterior de diversas formas. O primeiro sinal da aproximação do Ragnarök, segundo Snorri, seriam três invernos rigorosos seguidos de um colapso total da sociedade humana. Assim como em Völuspá, haveria guerra por toda parte e os laços de parentesco não valeriam de nada: o adultério, o incesto e o fratricídio vicejariam durante esse tempo. Na esteira desse período viria Fimbulwinter (O Grande Inverno), durante o qual o sol diminuiria seu calor e o gelo e a neve assolariam a terra por três anos, sem verões para intercalar. Em seguida, Sköll, o lobo que costumava perseguir o sol, como o antigo, estaria igualmente fadado à destruição.

alcançaria sua presa e a engoliria. Nesse ínterim, seu irmão Hati Hródvitnisson engoliria a lua. As estrelas desapareceriam do céu, engolidas por outro lobo monstruoso, Mánagarm. Conforme a escuridão envolvesse o mundo, a terra começaria a tremer, arrancando árvores e picos de montanhas. As amarras e os grilhões tanto de Loki quanto de seu filho, o lobo Fenrir — até agora acorrentados pelos deuses —, se quebrariam, libertando-os para o que de pior pudessem fazer. Assim como em Völuspá, a corda que prendia Garm, o cão de Hel, à caverna se arrebentaria, libertando o animal.

Odin foi ter com a cabeça de Mímir para obter conselho e orientação durante a batalha final entre deuses e gigantes no Ragnarök. Beber do Poço de Mímir conferia sabedoria.

Asgard sob ameaça

Agora, os gigantes e seus aliados avançariam sobre Asgard. Ondas imensas vindas do oceano inundariam a terra, conforme o enraivecido Jörmungand, a serpente de Midgard, se debatesse em seu caminho rumo à terra firme. A elevação do mar soltaria o aterrorizante *Naglfar* (Navio de Unha) de seu ancoradouro. O maior de todos os navios, o *Naglfar* era feito das unhas das mãos e dos pés dos mortos. Estava profetizado que o Ragnarök não aconteceria até que o navio estivesse completo. Uma vez que deuses e humanos gostariam de adiar o Ragnarök ao máximo possível, Snorri aconselhava que ninguém teria permissão para morrer sem as unhas cortadas, já que elas seriam material para o navio. *Naglfar* seria dirigido por Hrym, líder do exército dos gigantes de gelo. O lobo Fenrir, filho de Loki, avançaria, com a boca tão aberta que a mandíbula inferior tocaria a terra e a superior esbarraria no céu. Dos olhos e das narinas, sairiam labaredas. Ao seu lado o irmão Jörmungand expeliria seu veneno pelos mares e pelos céus. Para piorar a confusão, o céu se partiria e dele sairiam os gigantes de fogo de Muspelheim, liderados por Surt e cercados por chamas vivas. A luz

emanada pela espada de Surt ofuscaria mais do que a do sol. Os exércitos dos gigantes atravessariam Bifrost, a ponte do arco-íris sobre o espaço entre Asgard e Midgard, destruindo-a no processo. As tropas, então, se reuniriam na imensa planície de Vigrid (A Eclosão da Batalha), que se estendia por quase quinhentos quilômetros (cem léguas) em todas as direções. Fenrir, Jörmungand e Loki estariam lá, juntos a Hrym e seus gigantes de gelo, enquanto os gigantes de fogo de Muspelheim formariam sua própria frente de batalha.

Os deuses se arregimentam

Segundo o escrito de Snorri, Heimdall, então, soaria Gjallarhorn para despertar os deuses para o iminente perigo, e Odin iria até o Poço de Mímir para consultar a cabeça do sábio. Enquanto isso, os galhos de Yggdrasil balançariam, causando medo a todos os seres viventes dos nove mundos. Então, os Aesir e os *einherjar*, os guerreiros mortos, marchariam para a batalha na vasta planície de Vigrid, liderados por Odin. Empunhando sua lança Gungnir e usando um capacete dourado e cota de malha, Odin dominaria Fenrir, com Thor a seu lado.

Jörmungand atacaria Thor antes que o deus do trovão pudesse ajudar Odin. Freyr lutaria contra Surt, que o derrotaria, matando-o. O deus menor da guerra, Tyr, e o maligno cão de Hel, Garm, lutariam até a morte. Embora Thor destruísse Jörmungand, ele se afastaria apenas nove passos do adversário antes de ele mesmo cair morto, envenenado pela serpente que cuspira nele antes de morrer. Sem o apoio de Thor, Odin seria engolido por Fenrir.

Vidar, filho de Odin, vingaria a morte do pai, pisando e firmando com o pé a mandíbula inferior de Fenrir, e agarrando a superior com uma das mãos, rasgaria o lobo de fora a fora. Loki e Heimdall lutariam e se matariam. Depois, o poderoso Surt arremessaria fogo, incendiando o mundo todo, após o que afundaria no mar, levando consigo os deuses, os mortos em batalha e toda a humanidade. As águas rapidamente elevadas

O céu se parte e libera os cinco gigantes de Muspelheim, em gravura do Ragnarök (*Queda dos Aesir*) publicada num livro sobre deuses e heróis nórdicos, de 1882.

As Valquírias, donzelas nórdicas que decidiam vivos e mortos de uma batalha, vão ao combate, na ilustração de Arthur Rackham, *A cavalgada das Valquírias*, de 1910.

apagariam as chamas. O destino de outros seres — os gigantes de gelo, os elfos e os anões — não é mencionado na narrativa de Snorri sobre o Ragnarök, mas é quase certo admitir que eles também morreriam.

Um futuro mais brilhante

À semelhança de "Völuspá", no relato de Snorri, um novo e belo mundo, onde as plantações cresceriam sem semeadura, logo emergiria das ondas. Os Aesir

sobreviventes começariam a se reunir em Idavoll, localização original de Asgard: teriam restado apenas algumas peças de jogo em ouro espalhadas pelo chão. Os filhos de Odin, Vidar e Váli chegariam primeiro, seguidos pelos filhos de Thor, Modi e Magni, que teriam salvo o martelo do pai da destruição do velho mundo. Por último, Baldur e Hod voltariam de Hel, junto com a serpente Niddhogg. Os céus também sobreviveriam, e a gente virtuosa (presumivelmente morta durante o Ragnarök) se refestelaria nos salões de Gimlé e Brimir.

Dois humanos, uma mulher chamada Líf (Vida) e um homem de nome Leifthrasir (Próspero Remanescente), sobreviveriam ao Ragnarök e ao fogo de Surt, escondendo-se entre os galhos da Yggdrasil. Eles se sustentariam ingerindo o orvalho da manhã e viveriam para ter tantos

Em seguida, o todo-poderoso, aquele que tudo governa, descerá das alturas.
Edda poética

descendentes que a terra seria inteiramente reabitada. O novo mundo seria iluminado por um novo sol, porque o antigo teria parido uma filha flamejante momentos antes de ser engolido por Sköll, o lobo.

Tal regeneração da terra e do céu contrasta com o mau presságio no final da "Völuspá". Entretanto, a visão otimista de Snorri em relação ao mundo futuro pode muito bem ser resultante de suas crenças cristãs. "Völuspá" tende a ser uma visão mais verdadeira da forma como os nórdicos tradicionalmente viam o futuro — como um ciclo interminável de criação e destruição. ∎

Cristo e Ragnarök

Nos estágios iniciais da conversão dos nórdicos ao cristianismo, monumentos como as cruzes votivas mesclavam símbolos cristãos com cenas dos antigos mitos nórdicos, como o Ragnarök. Muitas vezes, os nórdicos aceitavam Cristo como simplesmente mais uma divindade, mas o cristianismo exigia a crença na existência de um só deus. Os monumentos foram criados para ajudar no processo de conversão. Por exemplo, a pedra rúnica Jelling

da Dinamarca, considerada o monumento cristão mais antigo do país, retrata Cristo na cruz entrelaçado por uma folhagem. A intenção da imagem era criar um paralelo entre Cristo e Odin, que se dependurou na árvore do mundo, Yggdrasil. Outros monumentos lembravam os convertidos de que os velhos deuses eram meramente mortais, fadados a morrer, justapondo a cruz — o símbolo de Cristo — com cenas do Ragnarök. A mensagem: só Cristo era eterno, e apenas Ele poderia oferecer a vida eterna aos seus seguidores.

A pedra rúnica Jelling, c. 965 d.C., referida como o "registro de nascimento da Dinamarca", combinou o cristianismo com a antiga iconografia nórdica.

QUANDO O VERME VIER ATÉ A ÁGUA, GOLPEIE-O NO CORAÇÃO

SIGURD, O MATADOR DE DRAGÕES

EM RESUMO

TEMA
Herói versus monstro

FONTES
Völsunga Saga [A saga dos Völsungs], autor anônimo, c. 1260 d.C.

CENÁRIO
Fim da Idade do Ferro; Dinamarca ou Alemanha.

PRINCIPAIS FIGURAS
Sigurd Fafnisbane Filho do herói Sigmund.

Regin Anão ferreiro.

Otter Irmão de Regin.

Andvari Anão capaz de se transformar em peixe.

Fafnir Irmão de Regin, capaz de se transformar em dragão.

Brynhild Uma valquíria.

Grimhild Uma rainha; mãe de Gudrun, Gunnar e Guttorm.

Gudrun Esposa de Sigurd.

Gunnar Irmão de Gudrun.

Sigurd Fafnisbane foi um dos mais populares heróis humanos e lendários da mitologia nórdica, e o personagem principal da *Saga dos Völsungs*, registrada por escrito na Islândia, por volta de 1260 d.C. Sigurd era filho póstumo do herói Sigmund — filho do rei Völsung, que deu o nome à saga —, e fora criado por Regin, um anão e ferreiro habilidoso. Certo dia, Regin contou a Sigurd a história do Resgate de Otter, um monte de ouro

que os deuses Aesir pagaram ao pai de Regin, Hreidmar, rei dos anões, como recompensa por matarem o irmão de Regin, Otter. (Naquela época, Otter assumira a forma da criatura que tinha esse nome.) O ouro, porém, tinha sido amaldiçoado por seu primeiro dono, o anão Andvari, depois que o trapaceiro Loki o forçou a desistir de um anel de ouro para completar o resgate.

A maldição de Otter se desdobra

O irmão de Regin, Fafnir, assassinou o pai para tomar o ouro e se transformou num dragão para guardá-lo. Regin também desejava o tesouro e, assim, incitou Sigurd a matar Fafnir, tramando matar o herói depois. Para assegurar o êxito de Sigurd, Regin fabricou e deu a ele a espada mágica Gram. Depois de matar Fafnir, Sigurd bebeu acidentalmente um pouco do sangue do dragão, conquistando a capacidade de entender a linguagem dos pássaros. Por meio deles, soube

Portal esculpido na igreja de madeira de Hylestad, na Noruega, retrata Sigurd abatendo o dragão Fafnir. Essas cenas eram temas populares para escultores de madeira e pedra no final da era viking.

Veja também: As aventuras de Thor e Loki em Jötunheim 146-47 ▪ A morte de Baldur 148-49 ▪ O crepúsculo dos deuses 150-57

das intenções traiçoeiras de Regin e o decapitou, apossando-se do ouro. Como novo dono do tesouro amaldiçoado, Sigurd, agora, era igualmente maldito. Tendo se mostrado um grande guerreiro, Sigurd ficou noivo da valquíria Brynhild. Entretanto, esqueceu-se dela depois de beber uma poção da rainha Grimhild, que queria o tesouro para sua família, e se casou com Gudrun, filha de Grimhild. Gunnar, irmão de Gudrun, buscou a ajuda de Sigurd para obter a mão de Brynhild, cuja propriedade era protegida por um anel de fogo mágico que só Sigurd poderia trespassar. Com a forma de Gunnar, Sigurd cortejou a valquíria para seu cunhado, mas Brynhild se enraiveceu ao saber que tinha sido enganada e ordenou que Gunnar matasse Sigurd. Guttorm, irmão de Gunnar, concordou em cumprir o feito e feriu Sigurd fatalmente, à custa de sua própria vida. Desolada, Brynhild jogou-se na pira funerária de Sigurd. Apenas Gunnar conseguiu evitar a maldição do tesouro, abandonando o ouro numa caverna. ▪

O resgate de Otter mudou de mãos por várias vezes depois que Loki forçou Andvari a desistir dele. O ouro amaldiçoava todo aquele que dele se apoderava, inclusive os Aesir, destinados a morrer no Ragnarök.

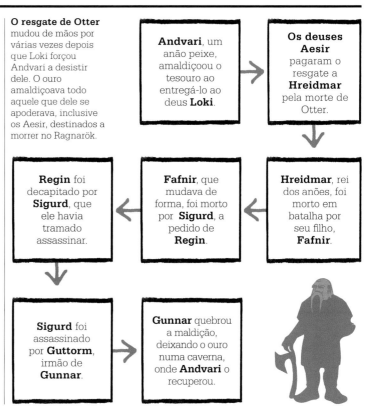

Andvari, um anão peixe, amaldiçoou o tesouro ao entregá-lo ao deus **Loki**.

Os deuses Aesir pagaram o resgate a **Hreidmar** pela morte de Otter.

Regin foi decapitado por **Sigurd**, que ele havia tramado assassinar.

Fafnir, que mudava de forma, foi morto por **Sigurd**, a pedido de **Regin**.

Hreidmar, rei dos anões, foi morto em batalha por seu filho, **Fafnir**.

Sigurd foi assassinado por **Guttorm**, irmão de **Gunnar**.

Gunnar quebrou a maldição, deixando o ouro numa caverna, onde **Andvari** o recuperou.

Estátuas de dragões marcam os limites da cidade de Londres, em referência à história do santo padroeiro da Inglaterra, São Jorge.

Os dragões nos mitos

Comuns em muitas mitologias, os dragões são criaturas reptilianas, semelhantes a serpentes, aladas e capazes de cuspir fogo ou veneno. Nas histórias indo-europeias, os dragões são em geral criaturas malignas, que acabam mortas por heróis divinos ou humanos. No hinduísmo védico, por exemplo, o dragão Vritra, uma personificação da seca, é abatido pelo deus Indra. Na mitologia nórdica, o deus Thor mata a serpente de Midgard, que envolve o mundo inteiro. Um herói matador de dragões aparece nas mitologias do Oriente Próximo, inclusive na história do deus babilônio Marduk, que abate o dragão do mar, Tiamat. A criatura surge também nas primeiras histórias cristãs, como a de São Jorge e o dragão, em que o dragão se torna um símbolo de Satanás. Já na mitologia chinesa, os dragões são criaturas benfazejas, respeitadas, associadas a autoridade, poder e sabedoria. Elas possuem poderes sobre as forças naturais, sobretudo as ligadas à água: controlam a chuva, os tsunamis e as enchentes.

A MARAVILHOSA MAGIA DE SAMPO, QUE TRAZ A FARTURA ÀS TERRAS DO NORTE

O *KALEVALA*

O s poemas do *Kalevala*, a terra de heróis, foram compilados pelo folclorista Elias Lönnrot em meados do século XIX. Ele reuniu os numerosos mitos e lendas dos povos carelianos e finlandeses, cuja maior parte nunca fora registrada. Os poemas, oficializados na forma impressa, tornaram-se o épico finlandês definitivo numa época em que a língua e a cultura da Finlândia estavam sob ameaça, com sua declaração de independência da Rússia ainda a décadas de acontecer.

Os poemas exploram temas de criação, heroísmo, bruxaria, violência e morte, e dizem respeito, entre outras coisas, à luta dos heróis

Veja também: A saga de Odisseu 66-71 ▪ A lenda do rei Artur 172-77 ▪ *A epopeia de Gilgamesh* 190-97 ▪ O *Ramayana* 204-09

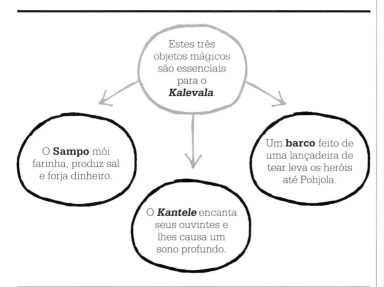

Estes três objetos mágicos são essenciais para o *Kalevala*.

O **Sampo** mói farinha, produz sal e forja dinheiro.

Um **barco** feito de uma lançadeira de tear leva os heróis até Pohjola.

O *Kantele* encanta seus ouvintes e lhes causa um sono profundo.

Elias Lönnrot

Nascido em 1802 em Sammatti, na Finlândia, — na época parte da Suécia —, Lönnrot estudou medicina e trabalhou como médico distrital em Kajaani. Como membro fundador da Sociedade de Literatura Finlandesa, era apaixonado por sua língua materna e desenvolveu interesse pela relação entre filologia e folclore. Esteve em áreas remotas da Finlândia, da Lapônia e da Carélia russa, ouvindo canções e histórias tradicionais, passadas à frente oralmente de geração em geração. Por fim, ele as compilou no épico que se chamou *Kalevala*.

Houve controvérsias sobre o quanto de montagem houve por parte de Lönnrot para reunir esses mitos de origens e épocas diferentes. Mesmo assim, ele foi reconhecido pela versão final, publicada em 1849, e indicado para a cadeira de literatura finlandesa na Universidade de Helsinque. O *Kalevala* compreende cinquenta poemas, seguindo a "métrica do Kalevala". A ênfase na entonação é adequada: quase todo feito realizado pelos personagens do épico é alcançado mediante feitiço.

para conquistar o lendário Sampo, talismã misterioso que conferia prosperidade infinita ao seu dono.

O *Kalevala* conta as aventuras de Väinämöinen, o primeiro homem; do ferreiro Ilmarinen; e do guerreiro Lemminkäinen. Começa com a história da criação, quando a deusa Ilmatar deitou-se sobre o mar, com gravidez avançada, porém lamentando que ainda não pudesse dar à luz. Veio um pássaro que pôs sete ovos sobre os joelhos dela e, ao se movimentar, os ovos caíram e se quebraram, e os pedaços formaram

Ilmatar em sua cama de ondas, na pintura do romântico Robert Wilhelm Ekman (1860). Um espírito virginal, ela deu à luz no mar.

o mundo. Por algum tempo, Ilmatar se preocupou com suas criações, mas depois de setecentos anos de gestação, ela deu à luz o primeiro homem: Väinämöinen, homem-feito e criado. Velho e sábio desde o nascimento, o herói em geral é retratado com barba e cabelos brancos.

O primeiro desafio

Väinämöinen criava feitiços com sua cantoria. A notícia sobre a habilidade correu até Pohjola, lugar ao norte e bem mais distante, onde um jovem menestrel chamado Joukahainen encheu-se de inveja. Ele desafiou Väinämöinen a uma competição de canto, mas, ao perder, afundou num pântano. Em pânico, ofereceu a Väinämöinen a mão de sua irmã Aino em casamento, se ele salvasse sua vida. Entretanto, quando Joukahainen voltou para casa e contou à irmã, ela se afogou ante a ideia de se casar com um homem tão velho. Depois disso, Väinämöinen partiu para cortejar outra mulher: a donzela de Pohjola, cuja mãe Louhi governava o país. Joukahainen ficou de tocaia, armado de arco e flechas envenenadas, para vingar a morte da irmã, e atingiu Väinämöinen no mar. Ele foi salvo por Louhi, que lhe prometeu a volta a Kalevala e a mão da filha, se criasse o Sampo, um artefato mágico. Väinämöinen ofereceu os serviços do ferreiro Ilmarinen, que fabricaria o Sampo, e correu para casa. No caminho, porém, encontrou a própria donzela e a pediu em casamento. Ela aceitou, dizendo que primeiro ele teria de realizar uma lista de tarefas aparentemente impossíveis. Enquanto esculpia um barco de madeira num fuso — a última tarefa —, Väinämöinen cortou o joelho com o machado e se viu incapacitado para concluir a tarefa.

A recusa de Ilmarinen

De volta a casa, Väinämöinen descobriu que o ferreiro Ilmarinen não estava disposto a viajar até Pohjola para forjar o Sampo. Por isso ele

> Para bem longe as notícias foram levadas, na distância se espalharam as novidades das canções de Väinämöinen, da sabedoria do herói.
> *Kalevala*

ordenou que um vento tempestuoso soprasse Ilmarinen até lá, e o ferreiro fez o Sampo com as penas de um cisne branco, o leite da maior das virtudes, um único grão de cevada e a melhor lã de carneiro. O épico nunca define claramente o Sampo. No entanto, com base na descrição de seu propósito — moer farinha e produzir sal e ouro —, presume-se que fosse um moinho. Quando Louhi conseguiu o Sampo, ela o trancou numa elevação rochosa e mandou Ilmarinen para casa sem a donzela.

Ressurgido dos mortos

Nesse ínterim, o guerreiro e aventureiro Lemminkäinen rumou para Pohjola, mas não sem antes deixar um pente mágico com sua mãe. Caso ele morresse, supostamente o pente gotejaria sangue. Ao chegar, Lemminkäinen também passou a suspirar pela donzela de Pohjola. Para conquistá-la, Louhi lhe atribuiu três tarefas: capturar o alce do demônio, colocar as rédeas no cavalo do demônio e matar o cisne de Tuonela

Ilmarinen produz o Sampo, de Abraham Godenhjelm (c. 1860). A criação do Sampo é uma tarefa atribuída a Väinämöinen para conquistar a donzela.

Väinämöinen luta contra Louhi, transformada em pássaro, para defender o Sampo roubado. Essa batalha às vezes é interpretada como uma luta metafórica pela alma da Finlândia.

(a terra dos mortos). Infelizmente, Lemminkäinen foi morto por um vaqueiro, que espalhou as partes de seu corpo no rio. Naquele instante, o pente deixado com a mãe gotejou sangue. Ela correu até Pohjola e o trouxe de volta à vida, juntando as partes de seu corpo, besuntando-as com um unguento obtido com os deuses e recitando feitiços mágicos.

Uma segunda disputa

Väinämöinen e Ilmarinen, então, disputaram a mão da filha de Louhi, que preferiu o jovem ferreiro ao sábio velho. Antes de desposar a donzela, Ilmarinen teria de realizar três tarefas "impossíveis": arar um campo de víboras, caçar o urso de Tuonela e o lobo de Manala, e pescar o lúcio gigante do rio Tuonela. Ele cumpriu as tarefas e o casamento foi então celebrado. Apenas Lemminkäinen não fora convidado para o festejo. Furioso, decidiu acertar as contas, desafiando o marido de Louhi para um duelo. Depois de uma competição de canto e de luta de espada, Lemminkäinen matou o homem e fugiu para uma ilha repleta de belas mulheres.

E ele viu o Sampo se formando, com sua cobertura de um colorido brilhante.
Kalevala

Roubando o Sampo

Os três heróis foram reunidos mais tarde, depois que a mulher de Ilmarinen foi morta. Sabedores da abastança que o Sampo tinha trazido para Pohjola, os homens decidiram velejar até lá para roubá-lo. Na viagem, o barco deles colidiu com um lúcio gigante, que Väinämöinen abateu, e de sua mandíbula, criou um *kantele* (um tipo de harpa) que só ele poderia tocar; o instrumento mágico tinha o poder de encantar todos os seres viventes. Usando-o, ele enfeitiçou o povo de Pohjola para que dormisse, e seus companheiros remaram para longe com o Sampo. Enquanto os três homens escapavam, Louhi despertou e usou seus poderes para enviar obstáculos que lhes obstruíssem o trajeto. Os heróis sobreviveram, mas o *kantele* foi perdido nas águas. Transformada numa ave de rapina gigantesca, Louhi perseguiu o barco dos heróis e, durante a batalha, o Sampo também caiu do barco. Ele foi parar no fundo do mar, onde se espatifou. Espalhados nas profundezas do mar, os pedaços produziram sal, e Louhi ficou apenas com a tampa. Como retaliação, Louhi enviou nove pragas ao povo de Kalevala, porém Väinämöinen os curou. Ela mandou um urso atacar seu gado, mas ele o defendeu. Ela, então, escondeu o sol e a lua dentro de uma montanha e retirou dos homens o dom do fogo. Väinämöinen lutou contra o povo de Pohjola, mas acabou pedindo a Ilmarinen que fabricasse chaves para a montanha de Pohjola, liberando assim o sol e a lua. Cedendo, Louhi por fim libertou o sol e a lua. ■

DAGDA FOI REI DA IRLANDA POR OITENTA ANOS

UM DEUS COMPLEXO

EM RESUMO

TEMA
Deus, guerreiro e rei

FONTES
Lebor Gabála Érenn [O livro da conquista da Irlanda], autor anônimo, c. 1150 d.C.

CENÁRIO
Irlanda, século IX d.C.

PRINCIPAIS FIGURAS
O Dagda Um "bom deus" com poderes mágicos, também conhecido como Eochaid Ollathair (Eochaid, o pai de todos). Líder dos Tuatha Dé Danann: figuras míticas que habitavam na Irlanda antiga.

A Morrigan A deusa da guerra e da fertilidade; uma das amantes de Dagda.

Danu Deusa ancestral dos Tuatha Dé Danann.

Cethlenn Rainha e profetisa formoriana.

O Dagda atuou como deus-pai e provedor para os Tuatha Dé Danann, raça de seres divinais, os habitantes míticos da Irlanda, antes dos celtas. Como filhos da deusa Danu, eles ali se estabeleceram no século IX a.C., trazendo alguns talismãs, inclusive o Caldeirão de Dagda — uma fonte enorme, de provisão permanente de comida e bebida.

Um deus com dois lados
Embora Dagda signifique o "bom deus", seu perfil é mais complexo. Era honrado por sua sabedoria, poderes mágicos e força física, mas também retratado como uma figura cômica grosseira, que usava uma túnica curta demais. Além de seu caldeirão da fartura, ele era conhecido por carregar uma clave mágica: uma extremidade matava as pessoas, e a outra lhes devolvia a vida, destacando seus poderes de provedor da vida. O Dagda foi um lutador destemido a vida toda, graças a uma dieta saudável de mingau. Ele também foi ajudado por uma de suas amantes, a Morrigan, deusa capaz de influenciar o resultado de uma batalha com sua presença. No entanto, os oitenta anos de reinado de Dagda terminaram depois que os Tuatha Dé Danann travaram a batalha de Mag Tuired contra os divinos, porém monstruosos formorianos. Nela, o Dagda "morreu por um dardo pontiagudo", uma lança atirada por Cethlenn, a mulher de Balor, rei dos formorianos, que era também profetisa. ∎

O Caldeirão de Dagda, fonte de água potável em Tralee, County Kerry. A escultura de bronze mostra o Dagda e outras divindades irlandesas antigas.

Veja também: A guerra entre deuses e titãs 28-29 ▪ Os tesouros dos reis 144-45 ▪ Izanagi e Izanami 220-21 ▪ A barca da noite de Rá 272-75

ASSIM QUE ELE TOCOU NA TERRA, VIROU UM MONTE DE CINZAS
A VIAGEM DE BRAN

EM RESUMO

TEMA
Jornada para o outro mundo

FONTES
"Imram Brain" [A viagem de Bran], *Lebar na Núachongbála* [O livro de Leinster], autor anônimo, c. 1160 d.C.

CENÁRIO
Irlanda, século VII d.C.

PRINCIPAIS FIGURAS
Bran Herói e filho de Febal.

Mulher Poeta e vidente sem nome, possivelmente uma das sidhes, seres sobrenaturais ou deusas.

Manannan Filho de Collbran, membro da tripulação do navio, na viagem de Bran.

Bran foi um herói lendário irlandês que saiu à procura de um paraíso sobrenatural. Ele tinha sabido daquele lugar por uma mulher não identificada, estranhamente vestida, que aparecera em seu palácio. Ela enfeitiçou Bran e sua corte, cantando sobre uma ilha distante, um lugar onde se desconhecia a tristeza e o mal, e onde havia lindas donzelas em profusão.

A Terra das Mulheres

No dia seguinte, Bran lançou-se ao mar com seus homens, em busca da tal terra maravilhosa. No trajeto, encontrou uma figura numa biga, que vinha em sua direção, cruzando as ondas. Manannan, o condutor misterioso, cantou para Bran, contando-lhe sobre sua jornada e um futuro filho, destinado a ser um herói. Disse-lhe ainda que logo chegaria à Terra das Mulheres.

Ao chegar lá, Bran foi puxado para a terra firme por uma bola de fio, jogada para ele pela líder das mulheres. Bran e seus homens foram recebidos com simpática

Não há nada de rude ou duro, apenas música suave soando no ouvido.
"A viagem de Bran"
O livro de Leinster

hospitalidade e com uma cama para cada casal. Um dos homens, Nechtan, acabou sentindo muita falta de casa e estimulou os demais a voltar para a Irlanda com ele. O líder das mulheres, porém, o avisou de que, se o fizessem, não deveriam pisar em terra firme. Quando o barco se aproximou da terra natal, ninguém reconheceu Bran e seus homens ou sabia quem eram, após tantos anos. Sem dar ouvidos à advertência da mulher, Nechtan saltou do barco e virou cinza. O barco de Bran afastou-se então da costa e nunca mais se soube dele. ∎

Veja também: A saga de Odisseu 66-71 ▪ Os trabalhos de Hércules 72-75 ▪ Eneias, o fundador de Roma 96-101 ▪ A lenda do rei Artur 172-77

CÚCHULAINN NÃO SERÁ ESQUECIDO POR MUITO TEMPO

O ROUBO DO GADO DE COOLEY

EM RESUMO

TEMA
Herói nacional

FONTES
Táin Bó Cúailnge [O roubo do gado de Cooley], autor anônimo, séculos VII e VIII d.C.

CENÁRIO
Século I d.C., o reino de Ulster, Irlanda.

PRINCIPAIS FIGURAS
Cúchulainn Um guerreiro.

Medb Deusa e rainha de Connaught, uma província irlandesa.

Ailill Rei da Irlanda, também conhecido como rei de Connaught.

Ferdiad Amigo exilado de Cúchulainn.

Lugaid Rei de Munster e executor de Cúchulainn.

Morrigan A deusa da guerra.

O *Táin Bó Cúailnge* — em português, *O roubo do gado de Cooley* — foi o mais longo e importante conto de um grupo de textos conhecidos em seu conjunto como o Ciclo Ulster. A história versa sobre as façanhas de Cúchulainn, jovem guerreiro de Ulster e um dos maiores heróis da mitologia celta. A história começa com uma disputa entre marido e mulher: a deusa Medb — rainha da província de Connaught — e Ailill, rei da Irlanda. Numa discussão sobre qual dos dois era o mais rico, Medb descobriu que era Ailill, já que ele possuía um touro de chifres brancos com poderes sobrenaturais. Recusando-se a ser derrotada, ela decidiu encontrar o único outro touro mágico da região

O primeiro torque arrebatou Cúchulainn, transformando-o em algo horrendo, monstruoso e disforme, jamais visto.
Táin Bó Cúailnge

— Dun, o Touro Marrom de Cooley. O dono de Dun não cederia o touro, então Medb e Ailill invadiram Ulster para roubar o animal. Na véspera da batalha, Medb soube que todos os guerreiros de Ulster tinham adoecido misteriosamente e, portanto, estavam incapazes de lutar — exceto um rapaz de dezessete anos chamado Cúchulainn. Medb alegrou-se ao ver que sua vitória seria facilmente conquistada, mas uma profetisa previu: "Vejo vermelho, muito vermelho, vejo vermelho". No dia seguinte, houve uma batalha sangrenta.

Vitória na adversidade

Medb viu Cúchulainn, transformado por um "frenesi de batalha" num gigante aterrador, dizimar suas tropas uma por uma. A deusa continuou enviando os melhores soldados do país para combatê-lo, mas eles não estavam à altura do rapaz — sua lança mortal podia disparar 24 dardos capazes de furar todas as partes do corpo. No auge da batalha, Cúchulainn viu-se encurralado num combate de três dias com um antigo amigo — Ferdiad, um homem de Ulster no exílio em Connaught. Cúchulainn saiu vitorioso, porém exausto, sem

Veja também: A saga de Odisseu 66-71 ▪ Eneias, o fundador de Roma 96-101 ▪
Um deus complexo 164 ▪ A lenda do rei Artur 172-77

O Cão de Chulainn

condições de prosseguir. Em seguida, os guerreiros de Ulster despertaram do feitiço que os havia acometido e forçaram Medb e suas tropas a bater em retirada.

A morte de Cúchulainn

Apesar de sair perdedora na batalha, Medb conseguiu capturar Dun, o Touro Marrom de Cooley. Os dois touros foram então postos um contra o outro, e o de chifres brancos de Ailill foi abatido. Ferido, Dun conseguiu voltar para Cooley, mas morreu ao chegar. A busca de Medb trouxera morte e carnificina a todo o reino, e ainda assim ela não aceitou a derrota. Convenceu os filhos das vítimas de Cúchulainn a se vingarem. Dentre eles estava Lugid, o rei de Munster, cujo pai morrera em combate. Os homens conspiraram

Morrigan confirma a morte de Cúchulainn. O mosaico vibrante do Tain Wall em Dublin, de Desmond Kinney (1974), retrata cenas da história.

para matar Cúchulainn, e Lugaid arremessou sua lança fatal. Cúchulainn lavou seu ferimento e bebeu da água de um lago próximo. Mal conseguindo se levantar, mas recusando-se a morrer jogado no chão como um animal, ele se amarrou a uma pedra e, então, morreu. Seus amigos o temiam demais para se aproximar e verificar se ainda vivia. Três dias mais tarde, a deusa Morrigan apareceu sob a forma de corvo — símbolo celta da morte — sobre o ombro de Cúchulainn, confirmando sua morte.

O legado de um herói

O fato de que a história de Cúchulainn ainda seja contada atesta a empatia do povo irlandês pelo seu herói. Durante o século XX, ele passou a representar a resistência ante o governo britânico. Os unionistas do Ulster, porém, preferem se concentrar na defesa empreendida por ele da província de Ulster contra os inimigos ao sul. ▪

Cúchulainn, cujo nome de origem era Sétanta, era sobrinho do rei Conor de Ulster e, possivelmente, filho do deus do céu, Lugh. O novo nome fora obtido quando, ainda menino, ele participou de um banquete com o tio na casa do ferreiro Chulainn. Quando por fim chegou à casa, depois de se atrasar demais no caminho para o banquete, Sétanta viu-se diante do feroz cão de guarda de Chulainn. Ao ser atacado por ele, Sétanta matou o animal para se defender. Para se retratar com Chulainn, ele prometeu assumir o lugar do cão como protetor do reino de Ulster. Desde então, tornou-se conhecido como "Cú Chulainn" (Cão de Chulainn). Cúchulainn foi de fato um adversário formidável, mas suas habilidades como guerreiro acabaram por levá-lo à ruína. Antes de se casar, uma mulher escocesa, Aife, teve um filho seu em segredo. Anos mais tarde, um jovem apareceu e desafiou Cúchulainn. Só depois de derrotar o estrangeiro foi que Cúchulainn soube que tinha matado o próprio filho. Desolado, era um homem destroçado quando morreu pelas mãos de Lugaid, o rei de Munster.

ELE É CONHECIDO COMO O HOMEM MAIS FORTE E CORAJOSO DA IRLANDA

FINN MACCOOL E A CALÇADA DO GIGANTE

EM RESUMO

TEMA
Gigantes em guerra

FONTES
Tales and Sketches [Contos e esboços], 1845.

CENÁRIO
Irlanda antiga.

PRINCIPAIS FIGURAS
Finn MacCool Um gigante irlandês.

Oonagh Mulher de Finn.

Benandonner Um gigante escocês.

N a mitologia celta, a criação da maravilha natural do norte da Irlanda, conhecida como a Calçada do Gigante, foi resultado de um conflito entre gigantes. A rivalidade em questão se deu entre o gigante irlandês Finn MacCool, que vivia em Ulster com a mulher, Oonagh, e um gigante escocês chamado Benandonner, que, do mar, o provocava. Finn, normalmente pacífico, enraiveceu-se de tal maneira que agarrou um imenso torrão para arremessar sobre Benandonner. Ele errou; o monte de terra foi parar no mar da Irlanda, dando origem à Ilha de Man, enquanto o buraco deixado formou o lago Neagh. Finn, então, construiu uma calçada de pedras para poder adentrar o mar e lutar contra

Só deite ali sossegado, sem dizer nada, e deixe-se guiar por mim.
Contos e esboços

Benandonner. Porém, enquanto atravessava a ponte, ele avistou o futuro oponente. O gigante escocês era realmente enorme, muito maior do que Finn. Temendo ser derrotado, Finn correu de volta para a Irlanda e se escondeu em casa. Tal foi a pressa que deixou uma das botas no chão — a rocha em formato de bota é visível até hoje. Com Benandonner em seu encalço, a situação de Finn parecia crítica. Por sorte, sua mulher bolou um plano.

Bem à vista

Oonagh assou pães recheados com chapas de ferro e fez uma porção de queijo coalhado em pedaços. Depois construiu um berço gigante e disse a Finn que se deitasse nele. Benandonner encontrou a casa e Oonagh o convidou a entrar. Ao exigir a presença de Finn, Oonagh respondeu que o marido estava fora — na verdade, ele estava tranquilamente deitado no berço, disfarçado de bebê. O gigante escocês ali ficou, esperando. Oonagh lhe ofereceu um dos pães. Ao mordê-lo, o pedaço de ferro quebrou dois de seus dentes. Quando reclamou da dureza do pão, Oonagh respondeu que lhe oferecera o que Finn sempre comia. Com o

Veja também: Um deus complexo 164 ▪ A viagem de Bran 165 ▪ *O roubo do gado de Cooley* 166-67 ▪ Blodeuwedd 170-71

A Calçada do Gigante em Antrim, na Irlanda do Norte. Os geólogos remontam sua formação ao rápido resfriamento de lava resultante de atividade vulcânica há 50-60 milhões de anos.

orgulho ferido, Benandonner experimentou outro pão e espatifou mais dois dentes, urrando de dor. Oonagh o repreendeu pela fraqueza, dizendo que seu bebê sempre comia daqueles mesmos pães. E deu a Finn um dos pães que ela assara sem o pedaço de ferro. Para a surpresa de Benandonner, Finn conseguiu comer o pão com facilidade.

Correndo, amedrontado

Em seguida, Oonagh desafiou Benandonner a demonstrar sua força, tirando água de uma pedra branca. Ele tentou o máximo que pôde, mas não conseguiu. Finn, ainda disfarçado, pegou a pedra, mas a trocou pelos pedaços de queijo coalhado preparados por Oonagh. Ao espremê-los, o caldo leitoso escorreu pelas mãos.

Assombrado com a demonstração de força, Benandonner procurou a boca do bebê para lhe testar os dentinhos afiados. Finn, então, sem pena, lhe arrancou o mindinho com uma dentada. Agora Benandonner se alarmara; se o bebê era tão grande e forte, o pai seria com

certeza mais temível ainda. Aterrorizado, ele saiu correndo da casa antes que Finn regressasse. O medo de Benandonner foi tanto que ele destruiu a ponte entre a Irlanda e a Escócia, criando o que hoje se conhece como a Calçada do Gigante. ▪

O jovem Finn encontra guerreiros de seu pai, no livro de T. W. Rolleston, *The High Deeds of Finn* [Os grandes feitos de Finn], de 1910.

O Ciclo Feniano

Nas mitologias irlandesa e galesa, Finn MacCool é mais conhecido não como um gigante, mas sim como um herói que tenha vivido no século IV d.C. Finn e seu bando de guerreiros, o Fianna, foram tema de uma série de histórias chamada de Ciclo Feniano, documentadas pela primeira vez no XII d.C. Ainda menino, sua primeira façanha foi a captura do Salmão da Sabedoria, depois de ingerir avelãs de uma árvore sagrada, perto do rio Boyne. Ao comer o peixe, ele adquiriu seus poderes e conhecimento, tornando-se um grande líder. Já adulto, foi aclamado por matar Aillen, um ser

cuspidor de fogo vindo do Submundo. Ele então assumiu a liderança do Fianna e guiou o grupo em muitas façanhas e aventuras. O filho de Finn, o poeta Oisín, é o principal narrador do Ciclo Feniano. Em alguns mitos, Finn nunca morreu, retirando-se para uma caverna nas montanhas para dormir, pronto para despertar no momento em que a Irlanda mais precisasse. A Irmandade Feniana, constituída em meados do século XIX em prol da independência da Irlanda, inspirou seu nome no Fianna, assim como o partido político Fianna Fáil, em 1926.

ENTÃO, DA FLORAÇÃO ELES PRODUZIRAM UMA DONZELA
BLODEUWEDD

EM RESUMO

TEMA
Mulher mítica

FONTES
"Math fab Mathonwy" [Math, filho de Mathonwy], *Os quatro ramos do Mabinogi*, contos folclóricos galeses do século XII.

CENÁRIO
Gwynedd, nordeste do País de Gales, c. 1060-1200 d.C.

PRINCIPAIS FIGURAS
Blodeuwedd Mulher feita de flores; esposa de Llew Llaw Gyffes.

Llew Llaw Gyffes Filho de Gwydion; marido quase imortal de Blodeuwedd.

Math Um mago; filho de Mathonwy, lorde de Gwynedd.

Gwydion Sobrinho de Math; um mago também.

Gronw Pebyr Lorde de Penllynn; amante de Blodeuwedd.

Na antiga mitologia galesa, Blodeuwedd (face de flor) foi a esposa do herói Llew Llaw Gyffes. Ela não era uma mulher real, mas sim feita de flores da giesta, da filipêndula e do carvalho pelos magos Math e Gwydion. Blodeuwedd foi uma figura de destaque no "Math fab Mathonwy", livro repleto de magias e invenções, sendo o último do mítico *Quatro ramos do Mabinogi*.

Llew Llaw Gyffes só poderia se casar com o auxílio da magia ou por intervenção divina, devido a uma *tynged*, ou maldição, lançada

A árvore foi presente de um deus misericordioso, suas raízes envolvendo o sangue a fim de manter os espíritos para a abençoada liberação numa outra era, mais brilhante.
Math fab Mathonwy

sobre ele pela própria mãe, Arianrhod. Ela se sentia inconformada com a perda da virgindade — constantemente lembrada pela mera existência do filho. Arianrhod também se enraivecera com a série de ardis e humilhações a que fora submetida por Math e seu sobrinho Gwydion. Como resultado, lançou três maldições sobre Llew, sendo a última a que ele jamais teria uma esposa de qualquer raça da terra.

Entretanto, os astuciosos Math e Gwydion acabaram conseguindo quebrar esta última maldição com magia: criaram Blodeuwedd e a fizeram noiva de Llew Llaw Gyffes. Os dois se casaram e ganharam um palácio onde viveriam juntos.

Amor à primeira vista

Certo dia, enquanto o marido estava fora a negócios, um homem que perseguia um cervo chegou à propriedade de Blodeuwedd. Era Gronw Pebyr, lorde de Penllynn. Naturalmente encantadora e hospitaleira, Blodeuwedd acolheu o visitante. No entanto, tão logo se entreolharam, os dois se apaixonaram. Depois disso, o casal passou a ter um caso e, determinados a permanecerem

Veja também: A fundação de Atenas 56-57 ▪ Aracne e Minerva 115 ▪ A viagem de Bran 165 ▪ *O roubo do gado de Cooley* 166-67

> [Llew Llaw Gyffes] voou sob a forma de uma águia e soltou um grito aterrorizante.
> **Math fab Mathonwy**

juntos, começaram a tramar a morte de Llew Llaw Gyffes. Havia, porém, um único obstáculo para os amantes: a imortalidade de Llew.

A traição de Blodeuwedd

Parecia não haver jeito de matar o marido de Blodeuwedd. Ele já havia lhe dito anteriormente que não poderia ser morto de dia ou de noite, dentro ou fora de casa, andando a pé ou a cavalo, vestido ou nu, nem por qualquer arma fabricada legalmente. Entretanto, Blodeuwedd logo ludibriou Llew para que lhe contasse o segredo, revelando que ele poderia

Blodeuwedd conheceu Gronw Pebyr enquanto ele caçava um cervo. Foram retratados pelo artista britânico Ernest Wallcousins, no livro de Charles Squire, *Celtic Myth & Legend* (1920).

ser morto na hora do pôr do sol, envolto apenas numa rede, com um pé numa tina e o outro sobre uma cabra, às margens de um rio, e por uma lança especial forjada por um ano, durante as horas em que todos estivessem na Missa. Com essas informações, Blodeuwedd preparou a morte de Llew. Ela e Gronw montaram uma armadilha, mas as coisas não correram conforme o planejado. Ao arremessar a lança, Gronw feriu Llew, sem matá-lo. Naquele momento, Llew se transformou numa águia e voou para longe. Gwydion, o pai de Llew, acabou descobrindo a águia gravemente ferida empoleirada no alto de um carvalho. Percebendo que o pássaro era Llew, ele devolveu ao filho sua forma humana. Gwydion e Math, então, cuidaram da recuperação de Llew, antes de arregimentar um exército

para retomar suas terras de Gronw e Blodeuwedd. Ela conseguiu fugir, mas Gwydion a caçou e a transformou numa coruja. Ele lhe disse que ela jamais veria a luz do dia novamente e que ficaria sozinha por toda a eternidade. Seu nome seria Blodeuwedd para sempre — que na língua galesa moderna hoje significa "coruja". ▪

O reverso (coroa) de uma moeda grega antiga. Esta coruja representava a deusa Atena, cuja cabeça aparecia retratada no verso (cara).

Corujas

Considerada sagrada em muitas culturas, a coruja noturna é tanto um símbolo de sabedoria, por enxergar na escuridão, quanto de morte e renovação espiritual. Na mitologia galesa antiga, essas aves guardavam um significado obscuro e de mau presságio. Gwydion transformou Blodeuwedd em coruja porque, devido à trama para matar o marido, ele acreditava que ela não deveria mais ver a luz do dia. Ele sabia que outros pássaros, com medo de corujas, a atacariam se ela aparecesse durante o dia. As

corujas também são encontradas na mitologia irlandesa. A heroína e deusa sombria Echtach era uma coruja cujos guinchos eram ouvidos no auge do inverno, após o pôr do sol. Era conhecida por assombrar a região onde morava sua irmã canibal, Echthge. Atena, a deusa grega da sabedoria e da guerra, era retratada com uma pequena coruja, considerada um bom presságio. A deusa romana da sabedoria e das artes, Minerva — contrapartida de Atena —, era representada com uma coruja pousada em sua mão direita.

AQUELE QUE TIRAR ESTA ESPADA É POR DIREITO REI DE TODA A INGLATERRA

A LENDA DO REI ARTUR

EM RESUMO

TEMA
Realeza e saga heroica

FONTES
Le Morte d'Arthur [A morte de Artur], sir Thomas Malory, 1485 d.C.

CENÁRIO
Sudoeste da Grã-Bretanha, final do século v d.C.-início do século vi d.C

PRINCIPAIS FIGURAS
Artur Rei da Grã-Bretanha, um grande guerreiro com um leal séquito de cavaleiros. Tornou-se rei por direito depois de retirar uma espada de uma pedra.

Merlim Um feiticeiro e, mais tarde, conselheiro do rei Artur.

Mordred Filho ilegítimo de Artur com sua meia-irmã; Mordred usurpou o trono e, mais tarde, matou o pai.

Genebra Mulher de Artur, que cometeu adultério com o cavaleiro Lancelote.

Lancelote do Lago Cavaleiro da Távola Redonda, apaixonado por Genebra.

Ele mesmo, Artur, era o líder militar.
Historia Brittonum
Nênio, monge galês (c. 828 d.C.)

As ruínas do castelo de Tintagel persistem. Esse castelo foi construído no século VIII d.C., mas arqueólogos indicam que houve ali uma esplêndida fortaleza nos tempos de Artur.

O rei Artur possui um status semi-histórico como o líder guerreiro que governou a Grã-Bretanha durante o período caótico subsequente à retirada das forças romanas. O monge cristão galês Nênio, que escreveu a *Historia Brittonum* [A história dos bretões] em c. 828 d.C., foi o primeiro a mencionar Artur, citando-o como o líder vitorioso de doze batalhas que culminaram com a ocorrida em monte Badon (c. 490 d.C.) contra os invasores anglo-saxões. Mais tarde, o clérigo Godofredo de Monmouth incluiu um astuto rei guerreiro em sua *Historia Regum Britanniae* [História dos reis da Bretanha, 1136 d.C.], na qual o rei conquistou a Dinamarca, a Islândia, a Noruega, a Gália, e mais.

Houve uma onda de popularidade da lenda arturiana no século XII graças à rainha da Inglaterra, Eleonor de Aquitâni, que, inspirada pelas histórias românticas sobre cavaleiros e atos de bravura, trouxe trovadores à sua corte para contar as histórias arturianas. Uma das contribuições mais famosas para a lenda foi a de Thomas Malory,

que escreveu sua versão no interior da Newgate Prison, em Londres. Malory baseou sua obra de 1485, *Le Morte d'Arthur* [A morte de Artur], em algumas fontes, como *The Alliterative Morte Arthure* (um poema em inglês médio de c. 1400 d.C.), o Ciclo da Vulgata (uma série de casos amorosos franceses do século XIII) e as obras do poeta Chrétien de Troyes.

Concepção fatídica

Le Morte d'Arthur foi dividida em 21 livros pelo impressor William Caxton, em 1485. O primeiro deles diz respeito aos acontecimentos que levaram Artur a se tornar rei da Grã-Bretanha. O destino ditou cada aspecto da vida de Artur — até mesmo sua concepção, que foi amparada pelas artes obscuras do mago Merlim. O pai de Artur, o rei Uther Pendragon, estava obcecado

Veja também: Os trabalhos de Hércules 72-75 ▪ Eneias, fundador de Roma 96-101 ▪ O *Kalevala* 160-63 ▪ *O roubo do gado de Cooley* 166-67

por Igraine, a mulher de um duque da Cornualha chamado Gorlois. Para evitar os avanços de Uther, Igraine escondeu-se no castelo Tintagel, à beira de um precipício na costa da Cornualha. Merlim fez um trato com Uther: ele faria com que Uther assumisse a aparência de Gorlois e o introduziria secretamente na alcova de Igraine se ele concordasse em lhe ceder a criança que, em sua previsão, nasceria da união, para que o mago a criasse segundo seus preceitos. O acordo foi selado, e segundo Malory, Artur foi concebido três horas após a morte de Gorlois em batalha. Como a viúva Igraine se casou em seguida com Uther, Artur poderia mais tarde reivindicar sua legitimidade.

Conforme o combinado, Uther deu o bebê a Merlim, que o levou para ser criado por sir Ector, um cavaleiro "leal e verdadeiro", e seu filho Kay, quase da mesma idade que Artur. Ele foi criado sem saber sobre os pais — o que mais tarde provou ser sua ruína. Artur cobiçou e acabou dormindo com a mulher do rei Lot, Morgause, que também era filha de Igraine e Gorlois. Com

esse "caso", ele cometeu adultério consciente e um incesto inconsciente. A união entre eles levou à concepção de um filho bastardo, Mordred, que, segundo a profecia de Merlim, destruiria Artur e todos os seus cavaleiros.

A espada fincada na pedra

Apesar de ser filho de Uther, Artur não se tornou rei por um processo simples de sucessão. Em vez disso,

O galante Galahad, um dos três cavaleiros a segurar o Santo Graal, retira Excalibur de uma pedra para provar seu direito — assim como o próprio Artur fizera — sob o olhar do rei e de sua corte.

teve de provar que tinha direito. De acordo com Malory, um dia depois da morte de Uther, apareceu uma enorme pedra no pátio de uma igreja, com uma bigorna de ferro no meio. Uma bonita espada estava cravada na bigorna e, na lâmina, constava a seguinte inscrição em letras douradas: "Aquele que retirar esta espada desta pedra e bigorna será por direito rei de toda a Inglaterra". Ela estava destinada a ser retirada apenas pelo legítimo rei.

O arcebispo da Cantuária promoveu, então, um torneio, esperando jogar alguma luz sobre aquele que seria o verdadeiro rei. Nem mesmo o homem mais forte foi capaz de retirar a espada da bigorna. Muitos cavaleiros, inclusive o filho de Ector, sir Kay, foram a Londres esperando provar seu direito. Entretanto, ao chegar, Kay perdeu sua espada e mandou Artur pegar

Thomas Malory

O autor de *Le Morte d'Arthur* nasceu em 1416, filho de sir John Malory de Newbold Revel, em Warwickshire. Criado como um aristocrata do interior, Thomas Malory herdou o título e o patrimônio da família em 1434. Era um homem instruído, embora em 1451 tenha passado um tempo encarcerado por uma série espantosa de crimes violentos, incluindo roubo, extorsão e estupro. É provável que ele tenha usado o tempo na prisão — vários períodos, totalizando dez

anos — para escrever sua obra, às vezes descrita como o primeiro romance inglês. Malory concluiu *Le Morte d'Arthur* em 1469, impresso em 1485 por William Caxton.

A identidade de Thomas Malory tem sido alvo de debate há muito tempo. Embora hoje a maioria acredite que o Malory de *Le Morte d'Arthur* era o homem de Warwickshire, a falta de informações fornecidas pelo próprio Malory levou alguns estudiosos do século XIX a sugerir que ele, na realidade, era um poeta galês.

Ele será rei e vencerá todos os seus inimigos; será rei da Inglaterra por longo tempo e terá sob sua obediência o País de Gales, a Irlanda e a Escócia.
Le Morte d'Arthur

outra. Ao perceber aquela espada na pedra, mas alheio ao seu significado, Artur facilmente puxou a lâmina da bigorna. Depois de provar por várias vezes que podia retirar a espada, ele foi aclamado como rei da Grã--Bretanha por direito.

A espada fincada na pedra não foi a única lâmina famosa na história de Artur. A espada chamada Excalibur aparece em muitas das lendas arturianas, algumas sugerindo ser essa a verdadeira espada que ele retirou

Reservadamente, Merlim alertou o rei de que Genebra não era digna de ser sua esposa, avisando-o de que Lancelote a amaria e ela a ele também.
Le Morte d'Arthur

da bigorna. No relato de Malory, Artur recebera a espada da "Dama do Lago". Depois de ver a espada mágica e sua bainha no meio de um lago, erguidas por uma mão etérea, Artur prometeu à Dama, em troca delas, um presente no futuro.

A busca do Graal

Os volumes 13 a 17 dos registros de Malory contêm a busca de Artur e seus cavaleiros pelo "Sangreal", o Santo Graal. Esse aspecto da lenda arturiana foi um assunto popular nos registros franceses medievais, como o Ciclo da Vulgata. Malory baseou suas informações sobre o santo cálice numa história desse ciclo: *La Queste del Saint Graal* [A busca do santo Graal]. De acordo com esse relato, o Graal apareceu na Távola Redonda durante o banquete cristão de Pentecostes, que comemora a unção dos discípulos de Cristo pelo Espírito Santo. O Graal

Excalibur é devolvida por Bedivere à Dama do Lago. Na história de Malory, houve duas mulheres com esse título: a donzela que empunhou a espada e Nimue, governante da ilha de Avalon.

proveu comida e bebida a todos aqueles reunidos diante dele antes de desaparecer novamente. Artur e seus cavaleiros, então, dedicaram-se à busca do santo cálice.

Romances trágicos

Ao se casar com Genebra, filha do rei Leodegrance, Artur ganhou do rei a Távola Redonda. Essa mesa é um elemento essencial da lenda — durante o Pentecostes, o rei Artur reunia em Camelot (seu castelo e corte) seus cavaleiros escolhidos e lhes garantia um lugar à mesa em troca de sua lealdade. Cada cavaleiro fazia um juramento, prometendo jamais pegar em armas em "querelas injustas", em nome de amor ou de coisas materiais. Apesar disso, diversos dos volumes do *Le Morte d'Arthur* contam histórias de contendas amorosas, que muitas vezes acabaram em tragédia. Tal foi o caso de sir Tristão, que amou a "bela Isolda" e acabou morto pelo marido dela, um rei. O romance

mais conhecido da lenda é entre Genebra, mulher de Artur, e seu melhor cavaleiro, sir Lancelote do Lago. O casal teve um envolvimento, mas foram tão indiscretos que muitos tramaram expor o adultério ao rei, inclusive o filho bastardo de Artur, Mordred. Uma vez exposto o caso, o rei se viu obrigado a declarar guerra contra Lancelote, fragmentando assim a Távola Redonda, ao perseguir seu próprio cavaleiro, que regressara à França. Assim, enquanto lutava na França, Mordred usurpou o trono. Tal traição reunificou Artur e seus cavaleiros.

A morte de Artur

Conforme o título *Le Morte d'Arthur* sugere, Artur acabou morrendo. Ele e Mordred se feriram mortalmente na batalha de Camlan. À beira da morte, o rei ordenou a sir Bedivere que atirasse Excalibur no lago. Ao fazê-lo, o braço da Dama do Lago se ergueu e brandiu a arma por três vezes antes de desaparecer. Bedivere carregou Artur até o lago, onde mulheres usando capas pretas estavam à sua espera para levá-lo embora num barco. Malory deixou a história em aberto, caso o "antigo e futuro rei" retornasse um dia. ∎

Os doze cavaleiros da Távola Redonda são citados em todos os relatos medievais da lenda. Fontes diferentes indicam entre doze e 250 cavaleiros da Távola Redonda no total.

O Santo Graal

Supostamente, o Graal foi o cálice usado por Jesus na Última Ceia e que amparara seu sangue durante a crucificação. Segundo Malory, ele teria sido levado para a Inglaterra por José de Arimateia. O Santo Graal apareceu pela primeira vez para os cavaleiros de Artur coberto por um rico tecido branco, acompanhado de relâmpagos e trovões. Malory enfatizou que a busca dos cavaleiros foi uma jornada da alma e do corpo — era preciso esforço espiritual para superar o pecado. Embora Lancelote fosse um cavaleiro ímpar, o pecado que cometeu com Genebra o tornou impuro, e assim incapaz de atingir o verdadeiro conhecimento do Graal. Nos primeiros contos, o Graal não era chamado de "sagrado", mas foi associado ao cristianismo. Chrétien de Troyes o descreveu como uma vasilha decorada que continha uma única hóstia para uma missa católica. Alguns estudiosos acreditam que a ideia do Graal pode remontar aos caldeirões místicos da mitologia celta.

O Santo Graal é retratado no meio da Távola Redonda. O Graal foi imaginado sob formas variadas, como um cálice, uma vasilha ou uma pedra.

ÁSIA

As mais antigas tábuas contendo *A epopeia de Gilgamesh* são inscritas na antiga Mesopotâmia.

A **queda da Babilônia** marca o fim do domínio babilônico e acádio na Assíria.

O escritor grego Heródoto retrata as **antigas tradições da Pérsia** e outras culturas em suas *Histórias*.

O **alfabeto chinês escrito** é padronizado sob a dinastia Qin.

c.2100–1800 a.C.   **539** a.C.   **440** a.C.   **221-206** a.C.

c. 1595–1157 a.C.   **c. 450** a.C.   **c. 400** a.C.   **c. 140** a.C.

O *Enuma Elish*, um antigo texto babilônico, retrata a **criação do universo** pelos deuses primitivos.

Atribuído ao sábio Valmiki, o épico hindu *Ramayana* explica os deveres da humanidade.

São escritas as partes preservadas mais antigas do antigo épico hindu, o *Mahabharata*.

O príncipe Liu An discute a mitologia e a **ordem social** ideal numa série de ensaios, o *Huainanzi*.

Por volta de 4000 a.C., as primeiras grandes cidades surgiram na Suméria, ao sul da Mesopotâmia. Logo depois, os povos da região desenvolveram a escrita cuneiforme. Isso possibilitou o registro de mitos, como o da deusa da fertilidade, Inanna, que antes eram transmitidos oralmente. Essa região foi a terra natal de *A epopeia de Gilgamesh*, uma das mais antigas obras literárias sobreviventes, datando de 2100 a.C. O conto foi registrado em tábuas de argila descobertas na Biblioteca de Assurbanípal — assim chamada em homenagem ao rei do século VII a.C. — durante um estudo arqueológico na antiga cidade de Nínive. *Enuma Elish*, um mito de criação babilônico do século XVI, também foi ali recuperado. Outra civilização a emergir no Oriente Médio foi a persa. O primeiro Império Persa floresceu de 550-c. 330 a.C. Seu mito girava em torno das ideias do bem e mal — também evidente no zoroastrismo, a religião do estado imperial de 600 a.C. a 650 d.C.

Mitos dos principais credos

A fé hinduísta, desenvolvida no subcontinente indiano em torno de 1900 a.C., criou muito da estrutura dos mitos indianos. Em sua origem, eles eram passados oralmente — incluindo os dois maiores poemas épicos indianos, *Ramayana* e *Mahabharata*, que descrevem a vida dos deuses. No entanto, o hinduísmo não é a única fé a influenciar a mitologia na Índia e na Ásia. Sidarta Gautama nasceu no atual Nepal por volta do século VI a.C. Tornando-se Buda, ele ganhou muitos seguidores e seus ensinamentos se espalharam da Índia para todo o continente, influenciando os mitos de nações como Japão, China e Coreia. Do século I a.C. em diante, tornou-se cada vez mais comum os contos serem registrados naquelas partes da Ásia. Os mitos eram redigidos em sânscrito, que se tornou a principal língua escrita do hinduísmo, do budismo e de outras crenças que se originaram nessa região.

Narrativas escritas

A primeira dinastia real na China surgiu em torno de 2200 a.C. Ao longo dos séculos, o alcance político desses governantes se estendeu da sua base de poder na China central para a Ásia. O alfabeto chinês foi desenvolvido durante o segundo milênio a.C. Isso permitiu aos estudiosos registrar mitos e lendas em *O clássico das montanhas e*

Shan Hai Jing,
ou *O clássico das
montanhas e mares,*
compila os **mitos
chineses**.

Avesta, o livro
sagrado do
zoroastrismo, tece
elogios ao deus
Ahura Mazda.

Kojiki, o livro de O no
Yasumaro, escrito
por ordem da
imperatriz Genmei,
explora as **origens
do Japão**.

Jornada ao Oeste
de Wu Cheng'en
conta a história de
Sun Wukong,
o rei Macaco.

SÉCULO I a.C.　　　　**c. 309 d.C.**　　　　**712 d.C.**　　　　**c. 1592**

SÉCULO III d.C.　　　　**SÉCULOS V-VII d.C.**　　　　**1281-1283**　　　　**1849**

*Registros históricos
das três divindades
soberanas* conta a
história da **criação** do
mundo de **Pangu**.

Devi Mahatmya segue
a **corajosa deusa
Durga** quando ela
declara guerra às forças
do mal.

Samguk Yusa mapeia
o surgimento dos três
reinos da Coreia através
da mitologia e da
história.

A Real **Biblioteca de
Assurbanípal**,
contendo *A epopeia de
Gilgamesh*, é descoberta
em Nínive.

mares e mais tarde os *Registros históricos das três divindades soberanas e os cinco deuses* de Xu Zheng. A crônica japonesa, *Kojiki*, foi escrita em um tipo de chinês, bem como o coreano *Samguk Yusa*. Em algumas partes da Ásia, os mitos só foram registrados no século xx, com o estímulo de exploradores do Ocidente. Os ifugao das Filipinas, por exemplo, continuaram a transmitir seus mitos oralmente por mais de mil anos, criando muitas versões diferentes, que apenas começaram a ser documentadas pelos antropólogos na década de 1940.

Ordem e caos
Um tema de destaque na mitologia asiática é a busca pelo equilíbrio, tanto no céu como na terra. Marduk, o deus babilônico, ajudou a estabelecer a ordem derrotando as forças demoníacas do caos e dando nomes a tudo do universo. Essa busca por equilíbrio aparece em histórias como a de Pangu, que emerge de um ovo — um tema que ressurge no mito coreano de Jumong — para trazer ordem a um universo sem forma e assegurar o equilíbrio entre as forças Yin e Yang. O conceito de *dharma* — a vida em equilíbrio com o cosmos e o mundo — é o principal tema na história do deus hindu Rama. O mito japonês da rivalidade entre os deuses Amaterasu e Susanoo também mostra esse conflito entre a desordem e a harmonia. A mitologia do zoroastrismo é baseada na ideia do dualismo cósmico. O deus Ahura Mazda criou um mundo puro, que o espírito Ahriman atacou com envelhecimento, doença e morte. Ahriman e Ahura Mazda são divindades gêmeas que são opostos exatos: criador e destruidor.

Deuses e fundadores
A ideia de divindades assumindo múltiplas formas é comum em várias vertentes da mitologia pelo mundo, mas sobretudo na Ásia. Vishnu, um importante deus hindu e o preservador no Trimurti, possui avatares que incorpora para restaurar a ordem do mundo. Figuras lendárias ligadas à fundação são outro tema comum na mitologia asiática. São deuses que criaram países inteiros, como Izanagi e Izanami no Japão. Outras são figuras míticas, como Dan'gun Wanggeom, fundador do primeiro reino coreano, ou Yi, o famoso arqueiro que salvou o mundo de dez sóis flamejantes. ∎

DO ALTO DOS CÉUS

A DEUSA

VIU O QUE ESTAVA

BEM ABAIXO

A DESCIDA DE INANNA

EM RESUMO

TEMA
Fertilidade e as estações

FONTES
A descida de Inanna, autor
anônimo, 3500-1900 a.C.; *Um
hino para Inanna*, Enheduanna,
2285-2250 a.C.; *Descida de
Ishtar ao Submundo*, autor
anônimo, século VII a.C.; *Inanna:
Queen of Heaven and Earth: Her
Stories and Hymns from Sumer*
[Inanna: Rainha do paraíso e da
terra: Suas histórias e hinos da
Suméria], Diane Wolkstein e
Samuel Noah Kramer, 1983.

CENÁRIO
O Submundo.

PRINCIPAIS FIGURAS
Inanna Deusa da fertilidade e
da guerra; rainha do Paraíso.

Ereshkigal Rainha do
Submundo; irmã de Inanna.

Gilgamesh Um semideus.

Anu O rei do céu; pai de
Inanna.

Gugalanna O touro do
Paraíso; Primeiro marido de
Ereshkigal.

Ninshubur Criado de Inanna.

Enlil Senhor dos deuses.

Nanna Deus da lua.

Enki Deus da água.

Dumuzid Marido de Inanna;
deus do pastoreio e da
fertilidade; mais tarde se tornou
o deus babilônico Tammuz.

Geshtinanna Irmã de
Dumuzid, que assume seu lugar.

A civilização mesopotâmica
foi essencialmente urbana,
com pessoas vivendo em
cidades muradas, mas também
tinha um foco agrário. Os cidadãos
possuíam terrenos dentro ou fora
dos muros da cidade. Se tinham
rebanhos, levavam os animais para
fora para pastar, mas voltavam à
cidade à noite, muitas vezes
mantendo-os dentro da própria
casa. Em tal sociedade, a
fertilidade dos humanos, dos
animais e da terra tinha grande
significado cultural. As pessoas
mantinham santuários para os
deuses da fertilidade em casa,
algumas vezes decorados com
estatuetas. Muitos mitos, incluindo
A descida de Inanna,
caracterizaram os ciclos das
estações e da fertilidade.

Vingança e morte

Inanna foi uma grande divindade
mesopotâmica que representava a
realidade em torno da qual a vida
girava — fertilidade, procriação,
sensualidade, amor, mas também a
guerra. A deusa é mencionada nos
textos mais antigos, datados de 4000
a.C., quando fora uma importante
protetora da cidade de Uruk, na
Suméria (sul do Iraque). Ela foi tema
de vários mitos antigos e de um
poema chamado *A descida de
Inanna*, que relata como a Rainha dos
Céus decidiu visitar sua irmã viúva,
Ereshkigal, rainha do Submundo.

Inanna esperava participar dos
ritos funerais do marido de sua
irmã, sabendo que suas ações o
tinham levado à morte. Ela havia
oferecido sua mão em casamento
ao heroico semideus Gilgamesh,
obtendo de volta apenas rejeição e
escárnio. Pediu então a seu pai
Anu, o deus do céu, que enviasse o
Touro Celeste — a divindade
Gugalanna, marido de Ereshkigal
— para vingá-la de Gilgamesh.
Visível no céu da noite como a
constelação que os romanos
chamavam de Taurus, o touro tinha
o poder de dar cabo das colheitas,
secar rios e fazer a terra tremer.
Anu concordou em enviar o touro,
mas Gilgamesh, que possuía força

O assassinato do Touro Celeste
também é contado em *A epopeia de
Gilgamesh*. Esta ilustração consta em
Mitos da Babilônia e da Assíria, de
Donald A. Mackenzie (1915).

Veja também: O rapto de Perséfone 50-51 ▪ Orfeu e Eurídice 53 ▪ Osíris e o Submundo 276-83

Hino a Inanna

O *Hino a Inanna* foi escrito no terceiro milênio a.C. por Enheduanna, suma sacerdotisa da cidade de Ur, na Mesopotâmia (hoje sul do Iraque). Ela era filha de Sargão, o primeiro rei do império acádio, e foi a primeira escritora que conhecemos pelo nome no mundo. Em seu hino a Inanna, a sacerdotisa descreveu a Rainha dos Céus como tendo poderes maiores que o mais elevado dos deuses — uma deusa da destruição poderosa que tinha a força de um touro e encharcava em sangue as armas dos seus inimigos. No hino, o grito de guerra de Inanna estremecia a terra, e os deuses se prostravam a seus pés. "Sua ira é uma enxurrada devastadora que ninguém suporta… ela humilha aqueles que despreza."

Eheduanna era uma escritora prolífica, compondo um conjunto de hinos para os templos e dezenas de poemas sobre variados temas. Era influente também na política, e pelo menos uma vez sucumbiu a uma rebelião, mas foi restaurada ao poder.

Inanna muitas vezes aparece alada, de pé sobre dois animais, como neste relevo de terracota do segundo milênio a.C. Ela usa também uma coroa em forma de cone.

sobre-humana, matou-o e o esquartejou. Por se sentir responsável por essa morte, Inanna queria lamentá-la com a irmã, no Submundo. Entretanto, em algumas interpretações da história, ela pretendia conquistar o reino da irmã, para estender seu poder ao Submundo.

Um convidado indesejado
Para os mesopotâmios, o Submundo não diferia do mundo real, exceto que era sempre escuro, as pessoas andavam nuas, e o pão e a cerveja eram rançosos. Chamado de Kur, esse reino não era bom nem ruim, mas existia entre o paraíso e a terra, onde os mortos permaneciam aprisionados entre os dois planos da existência. Inanna sabia que sua descida ao Submundo também poderia lhe causar a morte. Como proteção, equipou-se com sete poderes divinos — simbolizados em itens que ela vestia e segurava. Inanna colocou um turbante, descrito como "um protetor de cabeça em campo aberto" e um colar de contas de lápis-lazúli em torno do pescoço.

Usou duas voltas de contas ovais sobre os seios, pôs um vestido claro e diáfano, um peitoral sobre o busto chamado "Vem, homem, vem", e enfeitou a mão com um anel de ouro. Como Rainha dos Céus, ela segurava ainda uma haste de lápis-lazúli e a fita para medir os limites do seu reino. As bonitas vestes de Inanna, os ornamentos atrativos e a maquiagem — chamada "Deixe que um homem venha, deixe-o vir" — usada para se tornar irresistível representavam sexualidade, beleza e fertilidade. A haste e a fita eram

> 66
>
> Ao passar pelo sétimo portão, o fino vestido, o traje senhorial, foi retirado do seu corpo.
> ***A descida de Inanna***
>
> 99

instrumentos da sua autoridade — adquiridos de Enlil, a principal divindade da Mesopotâmia, que estabeleceu os fundamentos da sociedade civilizada. Antes de deixar o paraíso, Inanna disse a seu criado Ninshubur que procurasse a ajuda dos deuses caso ela não voltasse. Quando Inanna chegou à entrada do Submundo, o porteiro correu para avisar Ereshkigal e recebeu ordens para trancar os sete portões diante da recém-chegada. Para ultrapassar cada portão, Inanna devia abrir mão de seus poderes divinos. Item por item, ela foi compelida a retirar o turbante e os adereços, e a desistir da haste e da fita métrica. Finalmente, no último portão, também teve que tirar as vestes e ficar nua, como todas as outras pessoas. Na versão acadiana da história, algo mais aconteceu quando Inanna desceu ao

A Deusa Mãe Ishtar por Evelyn Paul (1916) retrata Inanna em toda sua elegância antes de descer ao Submundo. Ishtar é o nome babilônico para a mesma deusa.

c. 5300--2335 a.C.: Os primeiros registros de **Inanna** são representações da deusa em vasos da **cidade de Uruk**.

c. 3500--1900 a.C.: Um poema de 415 linhas chamado ***A descida de Inanna*** é escrito na **Suméria**.

c. 2285-2250 a.C.: A sacerdotisa **Enheduanna** escreve sobre Inanna após a Suméria ser incorporada ao **império acádio**.

c. 2334-2218 a.C.: A popularidade de Inanna influencia o culto da deusa acádia **Ishtar**. Há uma fusão entre as duas.

c. 1300-1000 a.C.: Inanna figura em "**Gilgamesh, Enkidu e o Submundo**", um episódio de *A epopeia de Gilgamesh*.

c. 700 a.C.: Um poema de 145 linhas, ***A descida de Ishtar ao Submundo***, é escrito em **acádio**.

Submundo: o mundo superior perdeu sua condição de fertilidade. Animais e humanos não poderiam se reproduzir e a terra se tornou estéril. Se o mundo entrara no caos, assim também devia acontecer com o paraíso. As religiões da Mesopotâmia criaram uma hierarquia e uma estrutura dos céus e da terra nas quais os dois precisavam coexistir.

O destino de Inanna
Quando Inanna alcançou o trono de Ereshkigal, sentou-se no lugar da irmã. Os Anuna, os sete juízes do Submundo, apareceram e lançaram sobre a deusa um "olhar de morte", gritaram com ela e a declararam culpada devido à arrogância. Inanna foi transformada num corpo carcomido e pendurada num gancho. O uso repetido do número sete é intencional, pois representa a completude. Os sete poderes divinos, os sete portões do Submundo e os sete juízes do Submundo simbolizariam aspectos fundamentais da natureza conforme ordenados pelos deuses e possivelmente se refeririam à vida, à morte e à regra da lei divina.

Uma alma por outra alma
Na versão sumeriana da narrativa, o leal criado de Inanna, Ninshubur, foi aos deuses pedir ajuda para libertar Inanna. Enlil, senhor dos deuses, e Nanna, o deus da lua, não queriam ajudá-la; apenas Enki, o mais sábio dos deuses e o deus da água, concordou. Ele criou duas figuras, chamadas *gala-tura* e *kur--jara*, que podiam deslizar como fantasmas no Submundo. Lá elas recitaram o ritual de palavras que Enki lhes ensinara, recusando os presentes de rios de água e campos de grãos em troca de achar Inanna. Elas pediram: "Dê-nos o corpo pendurado no gancho". *Gala-tura* espalhou uma planta no corpo de Inanna que lhe dava vida, e *kur-jara* o salpicou com a Água da Vida, fazendo-a recuperar a saúde. Justo quando Inanna deixava o Submundo, os Anuna apareceram de novo e declararam: "Se Inanna for ascender do Submundo, que ela arranje uma substituta". A deusa não poderia escapar livre de

Ela não volta. Quem vai para a Cidade das Sombras permanece por lá.
Inanna: Rainha do Céu e da Terra

punição e pagamento. O Submundo exigia uma alma por outra. Regressando à terra, Inanna foi acompanhada por um bando de demônios ansiosos para capturar alguém que ficasse no seu lugar. Ela encontrou membros de sua família e empregados fiéis, incluindo Ninshubur, e não queria deixar nenhum deles ir. Em vez disso, ordenou aos demônios que a seguissem até uma grande macieira numa planície.

Humanidade e mortalidade

Sob a macieira estava o marido de Inanna, Dumuzid — um rei mortal que tinha sido deificado e se tornara o deus da fertilidade e do pastoreio. Dumuzid "vestia um traje magnífico e ocupava magnanimamente um trono". Furiosa porque o marido não chorara por ela, Inanna o entregou aos demônios. Dumuzid rezou ao deus do Sol, seu cunhado Utu, para transformá-lo numa cobra, mas, apesar da transformação, ele foi capturado e levado para o Submundo. Inanna, entretanto, perdeu o marido e chorou por ele. A irmã dele, Geshtinanna, concordou em tomar seu lugar por seis meses, de modo que Dumuzid pudesse voltar para Inanna na primavera e a terra se tornasse fértil. Quando as colheitas tivessem sido feitas, Dumuzid retornaria para passar o inverno estéril no Submundo, conferindo assim ao mundo as estações. Além de explicar o ciclo sazonal, a história de Inanna também ofereceu um insight sobre o que significava ser humano e como a vida era organizada. Na terra, os humanos eram os filhos dos deuses; quando morriam, tornavam-se filhos de Ereshkigal. Isso determinava a forma como conduziam a vida. Acreditavam que era bom usarem roupas, estar bem alimentados e cercados de pessoas queridas. ∎

O selo cilíndrico fornece importante evidência pictórica da vida e da tradição na Mesopotâmia. Este exemplar de c. 2250 a.C. retrata o deus Enki com a Água da Vida fluindo do seu corpo.

Sacerdotes de Inanna

Muitas vezes não identificados como homem ou mulher, o papel dos sacerdotes e sacerdotisas de Inanna era promover a fertilidade da terra. Se não mantivessem relações sexuais, supunha-se que a terra não seria mais produtiva. Serviam em seu templo em Uruk, o principal centro de adoração, e em numerosos outros santuários e templos dedicados à deusa por toda a Mesopotâmia. Como deusa da fertilidade, Inanna era retratada como homem ou como mulher; dizia-se que ela tinha a habilidade de transformar homem em mulher e mulher em homem. Quem não se adequava às normas de gênero da Mesopotâmia se tornava, com frequência, sacerdotes de Inanna. Essa ambiguidade quanto a gênero também tornou Inanna uma divindade acessível, pois tanto homens quanto mulheres se identificavam com ela. Num ritual conhecido como "casamento sagrado", para assegurar a prosperidade, um rei assumia o papel de Dumuzid numa cerimônia esmerada. Isso poderia incluir ter relações sexuais com a suma sacerdotisa de Inanna, ela mesma personificando a deusa.

ORDENO E TRAGO ANIQUILAÇÃO E RECONSTRUÇÃO

MARDUK E TIAMAT

EM RESUMO

TEMA
Ordem versus caos

FONTES
Enuma Elish [Quando nas alturas], autor anônimo, século XVII-XI a.C.; *Before the Muses: An Anthology of Akkadian Literature* [Antes das musas: Antologia da literatura acadiana], Ben Foster, 1993.

CENÁRIO
O paraíso e a Babilônia.

PRINCIPAIS FIGURAS
Apsu Pai dos deuses.

Tiamat Mãe dos deuses; deusa do mar.

Qingu O marido guerreiro de Tiamat.

Ea Marido de Damkina e pai de Marduk.

Marduk Rei dos deuses na religião babilônica; filho de Ea e Damkina.

O *Enuma Elish* [Quando nas alturas] é uma coleção de sete tábuas recuperadas em 1849 da biblioteca do rei Assurbanípal II em Nínive, no Iraque. As tábuas lançam luz sobre as crenças babilônicas da criação. Seu propósito, entretanto, em mapear o surgimento de Marduk como o principal deus da Babilônia, era também reforçar o poder do rei da cidade como o representante de

deus na terra. O título *Enuma Elish* vem da linha de abertura, que funciona como uma declaração de localização espacial, expressando a crença de que os deuses estavam acima de tudo o que existisse. Há ainda lembretes frequentes de que, de todas as coisas no céu e na terra, "nenhuma tinha um nome". Para os babilônicos, nada no mundo existiria a menos que os deuses tivessem atribuído um nome.

Deuses familiares

De acordo com *Enuma Elish*, no começo não havia nada, exceto a água doce e a água salgada. A água doce era o deus Apsu, e a salgada, a deusa Tiamat. Quando as duas águas se misturaram, eles deram à luz a primeira geração de deuses. Incomodados com a conversa ruidosa dos novos deuses, Apsu decidiu matar o que ele e Tiamat haviam criado.

Quando o deus mais inteligente, Ea, descobriu a trama do pai, ele a inviabilizou, matando Apsu e

Marduk mata Tiamat, a deusa do mar sob a forma de dragão, na ilustração de Evelyn Paul, no livro de Lewis Spence, *Myths and Legends of Babylonia and Assyria* (1916).

Veja também: A guerra dos deuses e titãs 32-33 ▪ *A epopeia de Gilgamesh* 190-97 ▪ Ahura Mazda e Ahriman 198-99

> Se de fato devo defendê-los, subjuguem Tiamat e salvem suas vidas, convençam a assembleia, nomeiem-me para o destino supremo!
> **Before the Muses**

construindo, de seu corpo, um templo de água. Quando Tiamat descobriu que Apsu fora assassinado, ela fez com que monstros e demônios terríveis se revoltassem e jurassem destruir cada um dos deuses. Criou um guerreiro chamado Qingu, fez dele seu marido e lhe deu a Tábua dos Destinos, que continha o destino de todas as coisas vivas. Temendo o poder da mãe, os deuses precisavam de alguém para derrotar Tiamat. Ea e sua esposa Damkina tiveram um filho, Marduk, que era mais forte e sábio que seus pais. Dizia-se também que tinha um brilho divino chamado *melammu* em acádio, a língua da Babilônia.

Um novo líder

Marduk convenceu os outros deuses de que poderia derrotar Tiamat se eles lhe conferissem seu poder e o lugar de rei. Depois de muita discussão, eles concordaram. Marduk atacou Tiamat, capturando-a com uma rede e matando-a. Ele então rasgou o corpo dela em dois e fez de uma parte o paraíso e da outra, a terra. Usou os olhos para formar os rios Tigre e o Eufrates — daí o nome grego, "Mesopotâmia", significando "entre os rios". Após derrotar Tiamat, Marduk atacou e destruiu seu marido Qingu, e do sangue dele fez a humanidade. Os deuses ficaram confusos com isso, mas Marduk explicou que os humanos seriam servos úteis. Ele então criou a Babilônia para ser o lar terreno dos deuses e sua porta de entrada na terra, vindos do paraíso; Babilônia (ou *Babilim* em acádio) significa "portão dos deuses".

Em contraste com sua ênfase inicial sobre o anonimato de tudo, o mito acabou declarando Marduk rei de todos os deuses e proclamando todos os seus cinquenta nomes, muitos dos quais eram relacionados a deuses cujo poder ele tirou. O tema dominante da supremacia de Marduk pode significar que o trabalho data do século XVII a.C., quando a Babilônia era a grande capital da Mesopotâmia, ou mais tarde, quando a cidade estava sendo reconstruída e procurando restabelecer seu status. O *Enuma Elish* ilustra a visão babilônica da criação como um triunfo dos deuses sobre o caos. ▪

Festival de Akitu

A cidade da Babilônia celebrava o festival de Akitu no seu Ano-Novo, no mês de março ou abril. A palavra "Akitu" significa "cevada", que era colhida na primavera. Durante esse festival, que durava doze dias, era encenada uma representação de *Enuma Elish*. A estátua de Marduk, a principal divindade da cidade, desfilava pelas ruas e era levada para uma "casa" nos arredores ao norte da cidade. Isso deveria significar o tempo no qual o caos imperava. Para restabelecer a ordem, Marduk era trazido de volta à cidade, da casa para seu trono em *Esagila*, seu templo no centro da Babilônia. O rei ia ao templo para saudar Marduk e se ajoelhar diante de sua estátua. O sumo sacerdote poderia então golpear a face do rei com força suficiente para provocar lágrimas — um sinal da humildade do rei e um lembrete de que este governava segundo a autoridade de Marduk e era súdito do deus. Todos na Babilônia participavam do festival, independente da classe. Assim sendo, o povo se unia para reafirmar suas crenças. Os rituais de Akitu datam do segundo milênio a.C. ou até mais cedo e continuou na Era Cristã. O imperador romano Heliogábalo, um sírio (c. 218-222 d.C.), é tido como o criador do festival na Itália.

Marduk-balatsu-ikbi, um dos muitos reis babilônicos que tiveram o nome do deus, e a bainha de sua adaga Adad-etir figuram na estela do século IX a.C., dedicada ao rei pelo filho mais velho.

QUEM PODE COMPETIR COM SEU PORTE MAJESTOSO?

A EPOPEIA DE GILGAMESH

EM RESUMO

TEMA
Mortalidade

FONTES
Tábuas encontradas na
Biblioteca de Assurbanípal, rei
da Assíria (c. 668-627 a.C.) em
Nínive; *Ele que o abismo viu.*
Epopeia de Gilgamesh,
Jacyntho Lins Brandão, 2017.

CENÁRIO
Uruk, uma cidade na Suméria,
ao sul da Mesopotâmia, depois
do grande dilúvio.

PRINCIPAIS FIGURAS
Gilgamesh Rei da
Mesopotâmia.

Enkidu Amigo íntimo de
Gilgamesh.

Shamash Deus do Sol e da
justiça.

Ishtar Deusa da fertilidade e
da justiça.

Utnapishtim Homem imortal,
extremamente sábio.

A deusa Arura lavou
as mãos, pegou um
punhado de argila e jogou lá
embaixo… no deserto,
ela criou Enkidu.
A epopeia de Gilgamesh

Gilgamesh e Enkidu lutam com
leões numa impressão de selo
cilíndrico sumério, terceiro milênio a.C.

A história de Gilgamesh
segue o herói homônimo
enquanto ele luta contra a
morte inevitável, descobre a amizade
verdadeira e alcança a compreensão
das responsabilidades da realeza. O
extenso poema conhecido como *A*
epopeia de Gilgamesh está entre as
mais antigas obras do mundo de que
se tem conhecimento como obra
literária importante, e costura uma
série de lendas tidas como
inspiradas pelo rei que governou a
cidade suméria de Uruk entre 2800 e
2500 a.C.

Domando o tirano

O rei Gilgamesh adorava andar pelos
muros de Uruk medindo o tamanho
do seu reino. Dizia-se que um rei que
conhecia a extensão de suas
muralhas era nobre e bom. Mas, na
realidade, Gilgamesh era abusivo
com seus súditos e um predador
sexual que não conhecia limites.
Quando o povo clamou aos deuses
por ajuda para restringir seu rei, Anu,
o deus do céu e supremo governador
do paraíso, decidiu que Gilgamesh
precisava de uma companheira que
pudesse domar sua natureza
selvagem. Anu atribuiu a tarefa a
Arura, a deusa da criação, que fez
Enkidu. A princípio, Enkidu era um

homem selvagem que convivia com
os animais, comia grama e vivia
longe dos demais. Na antiga
Mesopotâmia, alguém que vivesse
fora dos muros da cidade ou como
nômade era considerado não apenas
rude, mas também perigoso. Até que
Enkidu fosse integrado à sociedade
civilizada, ele não podia cumprir o
papel de domar e auxiliar Gilgamesh.
Quando Enkidu desfez as armadilhas
de um caçador da região, o homem
foi ao rei e o incitou a arranjar uma
prostituta para Enkidu que fosse
capaz de dominar seu temperamento
incivilizado. Gilgamesh enviou uma
prostituta do templo chamada
Samhat para fazer sexo com Enkidu
por sete dias. Passado esse tempo,
quando Enkidu tentou conviver com
os animais, eles o ignoraram. Ele
então compreendeu que algo havia
mudado — por meio de seu despertar
sexual, ele começara a se tornar
civilizado. Samhat, então, levou
Enkidu para a cidade de Uruk, onde o
vestiu, o alimentou com pão e lhe
deu cerveja para beber. Tratado como
um homem pela primeira vez, a
transformação de Enkidu de animal

Veja também: A saga de Odisseu 66-71 ▪ *A descida de Inanna* 182-87 ▪ Marduk e Tiamat 188-89

para homem estava completa. Enquanto isso, Gilgamesh sonhara com um ser a quem poderia amar mais que uma mulher — alguém tão forte quanto ele próprio. A mãe de Gilgamesh, Ninsun, uma deusa menor e sacerdotisa do templo, interpretou o sonho e lhe disse que ele encontraria um homem que seria seu igual e um companheiro nas suas aventuras. Gilgamesh e Enkidu acabaram se encontrando quando este impediu a entrada de Gilgamesh nos aposentos de uma nova noiva. Os dois homens lutaram, e apesar de Gilgamesh derrotar Enkidu, o rei o reconheceu como um igual e irmão.

Caçando Humbaba

Fazia um bom tempo que Gilgamesh desejava partir numa missão para provar sua força. Estabeleceu sua meta: vencer Humbaba, o demônio protetor das florestas de cedro divinamente

A boca de Humbaba é fogo; seu rugido é inundação; ele respira e há morte.
A Epopeia de Gilgamesh

designado, e roubar as árvores mais altas, de madeira valiosa, trazendo-as para Uruk. Homem e fera ao mesmo tempo, Humbaba era um oponente colossal: sua força era imensa e ele exalava fogo. Gilgamesh se armou até os dentes e buscou bênçãos dos sacerdotes do templo. Alarmados, os anciãos da cidade o advertiram de que ele estava superestimando suas habilidades — até para chegar à

Escrito na argila

As tábuas de argila, das quais a versão completa da *Epopeia de Gilgamesh* foi remontada, foram encontradas em 1853 durante as escavações da Biblioteca de Assurbanípal II, na antiga cidade assíria de Nínive. Construídas com base na tradição oral e nas versões anteriores escritas sobre o mito, as doze tábuas combinam muitas histórias diferentes sobre Gilgamesh num único poema épico. Conquanto alguns versos do épico datem de c. 2100 a.C., as versões mais recentes do texto, composto em escrita cuneiforme acádia, uma antiga língua semítica da Mesopotâmia, datam do período neoassírio (séculos IX-VI a.C.). Lacunas na versão de Nínive do poema foram preenchidas pelo texto do período da Babilônia Média (séculos XV-XI a.C.) encontrados em outros lugares. A descoberta das tábuas mudou a forma como os estudiosos compreendiam a vida cotidiana na antiga Mesopotâmia.

No mito

Venerado como um juiz no Submundo

Algumas vezes ligado a Dumuzid, o pastor

Segundo fontes sumerianas, o irmão de Ishtar (Inanna)

Rei Gilgamesh

Na história

Tradicionalmente visto como o quinto rei de Uruk

Consta da Lista dos Reis Sumérios

Suposta tumba descoberta por arqueólogos em 2003

Parte da *Epopeia de Gilgamesh* é reproduzida neste fragmento de gesso datado dos séculos IX-VII a.C. Essa tábua, a 11ª das famosas doze, conta a história de Utnapishtim e a Grande Inundação.

Máscaras de argila de Humbaba, o gigante morto por Gilgamesh, foram descobertas em Sippur, no rio Eufrates, hoje Iraque.

O sonho mostrou que a miséria finalmente vem para os homens saudáveis, o fim da sua vida é de aflição.
A Epopeia de Gilgamesh

Anu, o deus do céu. Implorou para ele lhe desse o Touro do Paraíso, que ela enviaria a Uruk para punir o povo pela decisão de Gilgamesh. Anu acabou cedendo, mas avisou à filha de que o animal traria sete anos de escassez a Uruk. Quando o Touro do Paraíso chegou à cidade, a terra se abriu e centenas de pessoas morreram ao despencar pelas rachaduras. Na terceira vez que o Touro atacou a cidade, Gilgamesh e Enkidu massacraram o animal. Após sacrificar o coração dele a Shamash, os dois, desdenhosamente, jogaram um pedaço da perna traseira do animal em Ishtar, sem levar em conta o desrespeito que isso mostrava aos deuses. Naquela noite Enkidu teve um sonho em que Anu, Shamash e Enlil (o deus que concedera a realeza e fora o mestre de Humbaba) falavam sobre as mortes de Humbaba e do Touro do Paraíso. No sonho, Anu e Enlil decidiram que Enkidu ou Gilgamesh deveriam morrer. Shamash protestou, dizendo que os dois só tinham ido à floresta de cedros sob sua proteção. Apesar dos esforços de Shamash, os deuses decidiram que Enkidu devia morrer.

floresta o rei tinha de levar Enkidu com ele, quanto mais lutar com Humbaba. Acatando o conselho, Gilgamesh recrutou Enkidu para ajudá-lo, e a dupla partiu para a floresta. Foram protegidos por Shamash, o deus do Sol e da justiça, invocado pela mãe de Gilgamesh. Alcançando a floresta,

Enkidu, a quem eu tanto amava, que passou comigo por todas as adversidades, o destino da humanidade o sobrepujou.
A Epopeia de Gilgamesh

Gilgamesh e Enkidu foram assombrados por Humbaba, mas antes que o demônio pudesse lhes causar algum mal, Shamash soprou ventos para emboscar Humbaba, e Gilgamesh e Enkidu assumiram o controle da situação. Apesar de Humbaba implorar por sua vida, Gilgamesh o matou, cortou os cedros, fez uma jangada e navegou de volta para casa, em Uruk.

A fúria de Ishtar
De volta a Uruk, Gilgamesh lavou-se da sujeira da batalha e vestiu trajes limpos. A deusa acádia Ishtar estava olhando e lhe pediu que fosse seu novo marido. Se ele concordasse, disse-lhe, ganharia riquezas muito além dos seus sonhos. Gilgamesh recusou, rememorando o destino do antigo marido, Dumuzid, a quem ela enviara para o inferno. Zangada ante a ofensa, Ishtar foi até seu pai,

A morte e a saga

Apercebendo-se da própria mortalidade, como prenunciado no sonho, Enkidu rezou desesperadamente a Shamash e amaldiçoou Samhat, a prostituta do templo, por lhe mostrar o caminho para Uruk. Shamash o repreendeu, dizendo que ele devia sentir-se feliz pelas aventuras que tinha vivido. Assegurou a Enkidu que Gilgamesh daria a seu corpo o melhor lugar de repouso. Logo, Enkidu caiu doente e morreu doze dias depois. Lamentando a morte do amigo, Gilgamesh convocou todas as pessoas e animais para prantear com ele. Chamando os melhores artífices da região, ele construiu uma estátua de ouro de Enkidu em sua honra. Então abandonou a civilização, vestiu-se com peles de animais e vagueou pelo deserto, em profunda lamentação. Assim agindo, Gilgamesh espelhava o começo de vida de Enkidu. Ele havia sido um homem rude que aprendera a ser civilizado; com a morte do amigo, Gilgamesh, antes civilizado, se tornava rude. Gilgamesh, então, deixou Uruk em busca da imortalidade, ansioso para não morrer como sua alma gêmea. Ao seguir o caminho que Shamash tomara pelo céu à noite, ele encontrou o túnel para o paraíso. Falando com os guardiões dos túneis, soube da história de Utnapishtim, um sobrevivente da Grande Inundação que, junto com sua mulher, alcançara a imortalidade e sentava-se na assembleia dos deuses. Determinado a descobrir o segredo da vida eterna, Gilgamesh partiu para encontrar Utnapishtim.

Em seu caminho para o Submundo, ele encontrou uma estalajadeira chamada Siduri, que tentou convencê-lo a voltar. Ela disse ao rei que a viagem não era segura para meros mortais. Quando ele insistiu em continuar, ela relutantemente lhe deu instruções de como encontrar Urshanabi, que transportava pessoas pelo Rio dos Mortos. Gilgamesh encontrou Urshanabi, que concordou em ajudá-lo em sua missão. Ao atravessarem o rio, Urshanabi perguntou a Gilgamesh por que ele havia feito a viagem ao Submundo. Ele lhe contou como a dor pela morte de Enkidu o levara a buscar a imortalidade, e suas palavras convenceram Urshanabi a levá-lo até Utnapishtim. Quando Gilgamesh por fim encontrou Utnapishtim, o homem que alcançara a imortalidade observou como o rei parecia exausto. Gilgamesh explicou sua dor ao ver o amigo morrer e disse que temia a própria mortalidade. Em resposta, Utnapishtim perguntou por que Gilgamesh seguiria numa busca inútil em vez de aproveitar o que lhe fora dado em vida: "Por que, Gilgamesh, você prolongou seu sofrimento?". Utnapishtim disse a Gilgamesh que os humanos não

> O que posso fazer, Utnapishtim? Onde posso ir? A morte vive na casa onde fica a minha cama.
> **A epopeia de Gilgamesh**

Enkidu é criado pelos deuses para subjugar o governante opressivo Gilgamesh.

↓

Equiparados na batalha, os dois desenvolvem um elo passional.

↓

O amor de Enkidu por Gilgamesh o inspira a simpatizar com seu próprio povo.

↓

A morte de Enkidu faz o choroso Gilgamesh buscar a imortalidade.

↓

Com a missão fracassada, Gilgamesh aceita a inevitabilidade da morte.

poderiam ser imortais. Os deuses, disse, decidiam a extensão da vida de cada ser humano, e não revelavam a hora da morte, de modo que não fazia sentido procurar uma forma de evitá-la.

O homem imortal

Utnapishtim disse a Gilgamesh que ele ganhara a imortalidade por salvar a humanidade durante a Grande Inundação. Era algo que só poderia acontecer uma vez;

Acredita-se que **Utnapishtim e sua esposa** são as figuras desta escultura devocional de gesso de 2600 a.C., extraída da escavação sob um santuário em Nippur, Iraque.

Gilgamesh jamais ganharia a imortalidade daquela forma. Procurando provar esse ponto ao rei, que ainda se acreditava apto à imortalidade, Utnapishtim o desafiou a permanecer acordado por seis dias e sete noites, instruindo sua mulher a assar um pão para cada noite que Gilgamesh dormisse, de modo que ele não pudesse negar seu fracasso. Gilgamesh aceitou o desafio, mas imediatamente adormeceu. Quando enfim acordou, Utnapishtim o repreendeu por sua arrogância, observando que, enquanto ele queria superar a morte, não era capaz de superar seu desejo de dormir. Para que ninguém pudesse

encontrá-lo de novo, Utnapishtim baniu o balseiro Urshanabi e mandou Gilgamesh embora.

Um presente de despedida

Antes de Gilgamesh e Urshanabi partirem, a mulher de Utnapishtim, igualmente imortal, convenceu o marido a dar um presente a Gilgamesh. Ele contou ao rei que, se ele desejasse a juventude, uma flor no fundo do lago poderia proporcioná-la. Ávido pelo presente, Gilgamesh amarrou pedras nos pés para fazer peso, mergulhou no lago e recuperou a planta. Tirando os pesos, ele voltou à superfície e disse a Urshanabi que testaria a planta na pessoa mais velha de Uruk antes de usar nele mesmo. No caminho de volta para casa, entretanto, Gilgamesh parou para tomar banho num riacho. Naquele momento, uma cobra roubou a flor de suas mãos, colocando-a junto à pele, e se tornou jovem de novo. Desolado, Gilgamesh compreendeu que a juventude, como a imortalidade, tinha lhe escapado. Agora ele estava destinado a envelhecer e morrer. A história do rei terminou como começou, com Gilgamesh andando pelos muros de sua cidade, medindo seus domínios. Embora não tenha conseguido

A vida eterna que está buscando não encontrará. Quando os deuses criaram a humanidade, eles estabeleceram a morte para ela e mantiveram a vida eterna para si.
A Epopeia de Gilgamesh

> Então, algum dia você partirá, mas, até aquele dia, cante e dance. Refestele-se com comida quente e jarras de cerveja gelada. Acaricie os filhos que o seu amor produziu. Lave a sujeira da vida em águas tépidas.
> *A Epopeia de Gilgamesh*

alcançar a imortalidade, ele se tornou um bom rei, capaz não apenas de descrever os limites da cidade, como também os do empenho humano. Sua aceitação da mortalidade e da própria humanidade deixou uma impressão permanente no povo de Uruk, que passou sua história de geração em geração.

Mitos da Grande Inundação

A lenda de como Utnapishtim e a esposa sobreviveram à Grande Inundação é similar a outros mitos de inundação do antigo Oriente Próximo, como o mito da inundação sumeriana de Ziusudra, a lenda bíblica de Noé e o mito de Deucalião e Pirra na mitologia grega. Cada um deles gira em torno de alguém que escapa do dilúvio num grande barco. A história contada em *A epopeia de Gilgamesh* é incrivelmente parecida com a bíblica de Noé e sua arca. Utnapishtim conta como um dia ele fora o rei de uma bonita cidade chamada Shuruppak. Enlil argumentou a favor da destruição da humanidade e, embora seus motivos não sejam claros, os deuses consentiram com o plano — mas Ea, o deus da sabedoria e da água, permitiu que Utnapishtim e a

O barco construído por Utnapishtim para sobreviver à grande inundação é descrito como tendo seis conveses, o equivalente a 55 metros de altura, e a forma de um cubo gigante.

esposa sobrevivessem. Ea disse a Utnapishtim que construísse um barco, que levasse a bordo sementes de tudo o que tinha vida para, mais tarde, repovoar a terra. Quando o barco ficou pronto, Utnapishtim colocou dentro dele animais, comida e cerveja. A inundação grassou por sete dias e sete noites, e quando a chuva parou, o barco foi levado pela correnteza e parou no topo do monte Nimush, conhecido hoje como Pir Omar Gudrun, no Curdistão iraquiano. Lá, Utnapishtim libertou uma andorinha, depois um pombo e por fim um corvo para sondar a terra firme. Quando nenhum dos pássaros retornou, Utnapishtim soube que era seguro sair do barco. Ele fez um sacrifício aos deuses, e para agradecer Utnapishtim por sua façanha, exatamente como na história de Noé, eles criaram um arco-íris. ∎

A sabedoria da estalajadeira

Alguns estudiosos argumentam que a redenção de Gilgamesh é devida ao seu encontro com o imortal Utnapishtim. Outros citam Siduri, a estalajadeira que vivia à beira-mar. De sua distante taverna, Siduri avistou Gilgamesh vestido com peles de animais se aproximando no horizonte. De início, ela trancou a porta com medo, mas depois teve pena. Ela lhe ofereceu comida, mas ele recusou, dizendo que não tinha mais tais necessidades, porque estava em busca da imortalidade. Siduri lhe disse que a morte fazia parte do ser humano. Em vez de buscar a imortalidade, ele deveria se comprazer com o que pudesse. Disse-lhe que ele devia se orgulhar dos filhos, se deleitar em segurar suas mãos, e compartilhar sua felicidade com amigos. Essas coisas, disse ela, eram o que significava ser humano.

DOIS ESPÍRITOS, UM BOM, O OUTRO MAU, EM PENSAMENTO, PALAVRAS E OBRAS

AHURA MAZDA E AHRIMAN

De acordo com um ramo particular do antigo zoroastrismo, Zurvan, o deus do tempo, existiu antes de qualquer outra coisa no universo e tinha a habilidade de criar seres do nada. Zurvan queria ter filhos, então criou filhos gêmeos, Ahura Mazda e Ahriman. Eles eram os aspectos fundamentais e opostos da natureza — a luz e a escuridão, o bem e o mal —, essenciais ao equilíbrio do universo. Ahura Mazda era infinitamente bom e criou a luz, o mundo, a lua e as estrelas, e por fim a "boa mente" — a bondade essencial de todo ser

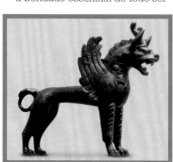

Esta fera pode ser um monstro alado, com corpo de leão, simbolizando o malvado Ahriman. Forjado em torno do século II d.C., foi encontrado próximo ao rio Helmand, no Afeganistão.

e coisa no mundo. Em resposta, o malvado Ahriman resolveu criar seu próprio mundo. Odiando todas as coisas boas, criou o extremo oposto das obras do irmão, produzindo demônios e criaturas perigosas. Através de seu trabalho maldoso, doenças, sofrimento e morte entraram no mundo. Ahura Mazda estava determinado a frustrar as obras do irmão do mal.

Os primeiros humanos
Ahura Mazda moldou a humanidade, concebendo as criaturas para serem fundamentalmente boas. O primeiro a ser criado foi Keyumars, ou Gayomard, um humano que algumas fontes zoroastristas chamam de primeiro rei a governar a terra. Ahriman fez o melhor que pôde para destruir a criação do irmão, obtendo êxito quando o envenenou e o matou. A morte de Gayomard significou que a humanidade sempre seria mortal — embora seus restos ainda fertilizassem o solo, produzindo dois pés de ruibarbo. Ahura Mazda pegou uma alma e a soprou sobre as plantas. Elas se tornaram Mashya e Mashyoi, um homem e uma mulher considerados os

Veja também: A guerra dos deuses 140-41 ▪ O crepúsculo dos deuses 150-57 ▪ Pangu e a criação do mundo 214-15

> [Ahura Mazda] é o mais firme, mais sábio, e aquele... cujo corpo é o mais perfeito, e o mais infalível
> *Avesta*

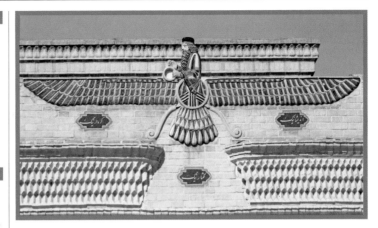

ancestrais de toda a humanidade. Ahura Mazda lhes disse que eram perfeitos, deveriam obedecer à lei e não deviam adorar os demônios — mas lhes foi conferido o livre-arbítrio para que escolhessem entre o bem e o mal. Logo, Mashya e Mashyoi começaram a questionar a obediência às instruções de Ahura Mazda e a confiança na sua criação. Por isso trataram de fazer suas próprias inovações, como fogo, roupas, construção e guerra. De início, comiam apenas vegetais, mas agora caçavam e consumiam carne. O poder dos demônios sobre a humanidade estava se fortalecendo. Por fim, Ahura Mazda deu a Mashya e Mashyoi a capacidade de ter filhos, e eles, por sua vez, começaram a povoar o mundo.

Final dos tempos

Nem Ahura Mazda ou Ahriman conseguia derrotar completamente um ao outro, então permaneceram encerrados na eterna luta entre o bem e o mal. A guerra entre os irmãos culminará no final dos tempos, com uma batalha apocalíptica na qual o mundo acabará e os mortos serão ressuscitados e julgados.

Um salvador chamado Saoshyant (aquele que traz benefícios) surgirá e ajudará Ahura Mazda na luta pela luz contra as muitas criações maléficas de Ahriman. Quando Ahriman for finalmente derrotado, Saoshyant ressuscitará dos mortos, e a humanidade recomeçará. Os filhos de Ahura Mazda serão alguns dos primeiros mortos a serem ressuscitados. Dessa vez, Ahriman não exercerá nenhum tipo de influência e não

Ahura Mazda é retratado em um templo de fogo em Yazd, no Irã. Este emblema do século VI a.C. incorpora e adapta o disco solar alado de Ashur, uma antiga divindade assíria.

criará nada de mal, nem mesmo a morte. A humanidade será capaz de viver seu pleno potencial — sem quaisquer demônios, doenças ou destruição —, e o bem triunfará sobre o mal de uma vez por todas. ▪

Textos zoroastristas

Os ensinamentos do zoroastrismo são baseados na literatura da antiga Pérsia, sobretudo no *Avesta*, transmitido oralmente por séculos antes de ser reunido e registrado por escrito durante o Império Aquemênida da Pérsia, em 550-330 a.C. No *Avesta*, a seção mais relevante é o "Gathas", uma coleção de hinos atribuídos ao profeta Zaratustra (ou Zoroastro em grego). Supostamente passado ao profeta pelo próprio Ahura Mazda, o "Gathas" possui muito da mitologia e da cosmologia do zoroastrismo. Zaratustra estaria provavelmente aprimorando uma religião politeísta existente que viria a ser dualista. Compilado em sua maior parte nos séculos VIII e IX d.C., na Pérsia e na Índia, o *Bundahishn* desenvolveu ainda mais as histórias do *Avesta* sobre as origens e o destino do universo. Embora não seja considerado um livro sagrado, o *Bundahishn* ajudou a codificar o sistema de crenças do zoroastrismo.

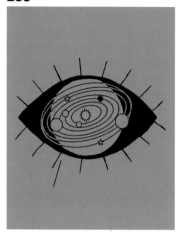

BRAHMA ABRIU OS OLHOS E COMPREENDEU QUE ESTAVA SÓ

BRAHMA CRIA O COSMOS

EM RESUMO

TEMA
A criação

FONTES
Brahmanda Purana, autor anônimo, séculos 450-950 d.C.

CENÁRIO
O início do tempo cósmico.

PRINCIPAIS FIGURAS
Narayana O ser supremo.

Brahma O criador na trindade hindu (Trimurti): Brahma (o criador), Vishnu (o conservador) e Shiva (o destruidor).

Os Prajapatis Dez homens criados por Brahma para povoar a terra.

Saraswati Filha e consorte de Brahma; deusa da sabedoria e das artes.

N a mitologia hindu, não existe um único mito de criação ou criador. Narayana, entretanto, era o ser supremo. Assim que acordou de seu sono cósmico, ele forjou, do seu próprio corpo, o deus criador, Brahma. Usando o poder da sua mente, Brahma criou o universo e produziu quatro filhos. Estes não sabiam como ter filhos, então Brahma criou dez homens, os Prajapatis, que sabiam. Eles pediram uma esposa a Brahma.

Filha e consorte
Brahma se dividiu em dois, e da metade esquerda, surgiu uma bela mulher. O desejo de Brahma por sua filha foi tão intenso que brotaram nele três cabeças extras (uma de cada lado e outra nas costas), de modo que pudesse vê-la sempre. Desconfortável com seus olhares lascivos, sua filha subiu aos céus, então lhe cresceu uma quinta cabeça, cujo olhar mirava o céu. A filha fugiu, adotando várias formas de animais fêmeas conforme corria — ganso, égua, vaca, corça —, mas

> Brahma se transformou em cervo, perseguindo a própria filha metamorfoseada em uma corça, com o propósito de cometer o incesto.
> **Brahmanda Purana**

todos os seus disfarces eram em vão. Seu pai sempre se transformava no macho daquele animal em que ela havia se tornado, e forçava-se sobre ela, criando todas as espécies de animais da terra. A filha se tornou conhecida como Shatarupa (aquela que assume mil formas). Ela também era reverenciada como Saraswati, a consorte de Brahma e deusa da sabedoria, protetora das criações artísticas e intelectuais e criadora da linguagem sânscrita. ∎

Veja também: O nascimento de Ganesha 201 ▪ O Jogo dos Dados 202-03 ▪ O *Ramayana* 204-09 ▪ A deusa do olho de peixe encontra um marido 211

SHIVA COLOCOU A CABEÇA DO ELEFANTE SOBRE O TRONCO E REANIMOU O MENINO

O NASCIMENTO DE GANESHA

EM RESUMO

TEMA
Um deus renascido

FONTES
Shiva Purana, autor anônimo,
750-1350 d.C.

CENÁRIO
Monte Kailash,
no Himalaia.

PRINCIPAIS FIGURAS
Parvati Consorte de Shiva e
deusa da fertilidade; uma
forma de Shakti, a força
criadora divina.

Shiva O destruidor na
trindade hindu (Trimurti);
Brahma (o criador), Vishnu (o
conservador) e Shiva (o
destruidor).

Ganesha O deus com cabeça
de elefante; removedor de
obstáculos e protetor dos
escribas; escreveu o épico
Mahabharata segundo o que
foi ditado pelo sábio Vyasa.

Shiva, o deus da destruição, era casado com a deusa Parvati, que contrabalançava suas tendências bélicas. Parvati queria um filho, mas o marido, não. Quando ele lhe disse isso mais de uma vez, Parvati decidiu tomar

O deus com cabeça de elefante,
Ganesha, é muitas vezes retratado
sentado sobre um rato. Nesta aquarela do
século XIX, de autoria desconhecida, ele
também toca o *dhola* (tambor duplo).

banho e instruiu os guardas que impedissem a entrada de qualquer pessoa. Conforme Parvati se lavava, ela transformou a sujeira de sua pele numa criança, que adquiriu vida. Ainda se banhando, Parvati disse a seu novo filho para tomar conta da porta. Quando Shiva tentou acessar os aposentos da esposa, foi bloqueado por um jovem. "Você sabe quem eu sou?", perguntou Shiva. O rapaz disse que não importava — seu trabalho era guardar a porta de sua mãe. "Sua mãe? Isso me torna seu pai", berrou Shiva, irado. Ainda assim, o filho de Parvati o impediu de entrar, então Shiva perdeu a paciência e cortou a cabeça do rapaz. O coração de Parvati se partiu. Ela exigiu que seu filho fosse trazido de volta à vida, ou se transformaria de Gauri (a deusa da criação) em Kali (a deusa da destruição). Shiva ordenou que seus criados duendes, os *ganas*, lhe trouxessem a cabeça da primeira criatura que encontrassem, que foi um elefante. Shiva colocou a cabeça do animal sobre os ombros do rapaz, e seu filho renasceu. Shiva o batizou de Ganesha. ∎

Veja também: Brahma cria o cosmos 200 ∎ O Jogo dos Dados 202-03 ∎ O *Ramayana* 204-09 ∎ Durga abate o demônio-búfalo 210

Ó REI, É ERRADO APOSTAR A SI MESMO!

O JOGO DOS DADOS

O Jogo dos Dados é um divisor de águas no épico indiano, o *Mahabharata*. Apesar de ser o mais longo poema já composto, o *Mahabharata* é uma coleção de narrativas que refletem a história e a cultura da civilização hindu, e conta histórias de famílias em luta pelo poder.

O Jogo dos Dados narra o conflito lendário entre dois ramos de uma família de governantes indianos, os Pandava e os Kaurava. O jogo com dados era um ritual sagrado: reis não podiam se recusar a um jogo de dados tanto quanto não se recusariam a uma batalha. Estava ligado ao conceito de *daiva* (destino)

Dushasana tenta retirar o sari de Draupadi, mas Krishna protege seu recato. Ela está de pé sobre o tabuleiro em formato de cruz do jogo de dados, *chaupar*, ainda jogado na Índia.

Veja também: Ahura Mazda e Ahriman 198-99 ▪ Brahma cria o cosmos 200 ▪ O nascimento de Ganesha 201 ▪ O *Ramayana* 204-09

O Bhagavad Gita

O *Mahabharata* detalha a luta pelo poder entre as famílias Kaurava e Pandava, assim como o papel de Krishna, a oitava encarnação de Vishnu, nesses eventos. O Gita, muitas vezes visto como um tratado espiritual, é um episódio do *Mahabharata* e detalha a conversa entre Krishna e o príncipe Arjuna — líder dos Pandava — às vésperas da batalha durante a guerra da Kurukshetra. Krishna apareceu ao príncipe como seu amigo e cocheiro. Quando Arjuna disse que não queria lutar, acreditando que era errado matar, Krishna questionou sua lógica, e argumentou que ele precisava cumprir seu dever como protetor do *dharma* do seu reino.

Em respeito a tal sabedoria filosófica, Arjuna perguntou a seu amigo quem ele realmente era. Krishna revelou sua forma universal com múltiplas cabeças e membros, e Arjuna viu o universo contido nele. Ele então compreendeu seu próprio lugar infinitesimal no cosmos, pegou sua arma e partiu para a batalha.

Montado no cavalo de Arjuna, Krishna encoraja o príncipe a lutar nesta ilustração do século XVII do *Mahabharata*.

e ao equilíbrio entre as ações humana e divina. A história do Jogo dos Dados ilustra o *dharma* (a ordem moral do universo) e o caos instalado quando o *dharma* se rompe.

A humilhação de Draupadi

Duryodhana, o príncipe dos Kaurava e filho mais velho de um rei cego, invejava o palácio dos Pandava. Embora tivesse herdado o controle de grande parte do reino de seu pai em Hastinapura, sentia inveja de seus primos Pandava. Durante um passeio pelo palácio deles, Duryodhana se atrapalhou por diversas ocasiões, culminando com um escorregão e a queda num lago. Draupadi, a esposa dos irmãos Pandava, zombou dele.

Duryodhana então os convidou para um jogo de dados. Um deles, Yudhishthira, jogou e apostou irresponsavelmente seu reino, os irmãos e a esposa. Sua perda condenou alguns de seus familiares à servidão, e outros a doze anos de exílio. Quando um criado foi enviado para acompanhar Draupadi aos aposentos dos escravos, ela, menstruada, estava no banho real.

Draupadi se recusou a sair, mas foi arrastada pelos cabelos até o pátio.

Draupadi vestia apenas uma única camada de tecido — um sari sem subcamadas —, e estava manchado de sangue. Ninguém veio em seu auxílio para lhe preservar o recato. Para justificar o desrespeito, os homens afirmaram que Draupadi não merecia nenhum respeito, já que ela fora casada com cinco irmãos de uma mesma família. A mãe deles declarou que o

Uma imensa quantidade de tecido desenrolado do corpo de Draupadi formava uma pilha de um lado. Mas o sari original ainda estava nela.
Mahabharata

que um irmão ganhasse devia ser compartilhado por todos.

Os irmãos Kaurava ordenaram que os cinco irmãos Pandava e sua esposa fossem despidos. Draupadi rezou a Krishna, e conforme o irmão de Duryodhana, Dushasana, lhe puxava o tecido do corpo, cada palmo era divinamente reproduzido. Por mais que tentasse, ele não conseguia tirar o sari interminável de Draupadi. Finalmente exausto, Dushasana admitiu a derrota, e Bhima, um dos irmãos Pandava, jurou matá-lo um dia por vingança.

Exílio e guerra

Exilados por doze anos, os Pandava usaram esse tempo para se preparar para a guerra. No entanto, quando Krishna descobriu o que tramavam, eles foram proibidos de regressar ao seu reino. Krishna tentou mediar, mas a guerra foi inevitável, e quando eclodiu, Bhima matou Dushasana, e todos os demais irmãos Kaurava foram mortos em batalha. Assim, os Pandava tornaram-se os governantes de Hastinapura. ▪

RAMA
É VIRTUOSO E O
PRINCIPAL ENTRE TODOS OS
HOMENS JUSTOS
O *RAMAYANA*

EM RESUMO

TEMA
Conduta moral

FONTES
O *Ramayana*, Valmiki, c. século v a.C.

CENÁRIO
Aiódia, Índia; Lanka, ilha fortaleza.

PRINCIPAIS FIGURAS
Rama Sétima encarnação de Vishnu; príncipe de Aiódia.

Sita Esposa de Rama.

Ravana Um demônio de dez cabeças.

Brahma Criador do universo.

Dasharatha Rei de Aiódia.

Lakshmana Meio-irmão de Rama.

Bharata Meio-irmão de Rama.

Kaikeyi Uma das esposas de Dasharatha; mãe de Bharata.

Hanuman Um macaco divino.

[Rama], você é famoso por todos os três mundos por sua glória, valentia e devoção a seu pai; integridade e virtude abundam em você.
O Ramayana

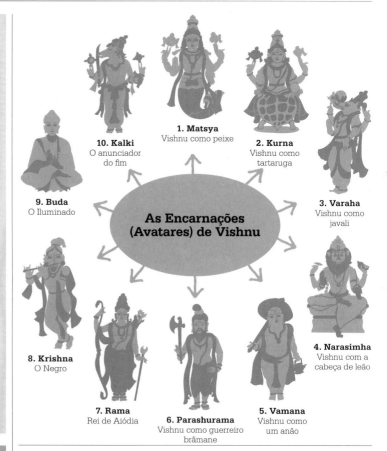

As Encarnações (Avatares) de Vishnu

1. Matsya
Vishnu como peixe

2. Kurna
Vishnu como tartaruga

3. Varaha
Vishnu como javali

4. Narasimha
Vishnu com a cabeça de leão

5. Vamana
Vishnu como um anão

6. Parashurama
Vishnu como guerreiro brâmane

7. Rama
Rei de Aiódia

8. Krishna
O Negro

9. Buda
O Iluminado

10. Kalki
O anunciador do fim

O poema épico *Ramayana*, escrito em sânscrito e uma das obras de maior destaque da literatura hindu, narra a história do príncipe Rama de Aiódia e sua saga para salvar a esposa, Sita, do seu sequestrador de dez cabeças, Ravana, rei dos *Asuras*, ou demônios. Quando Brahma concedeu um benefício — um desejo sagrado — a Ravana, como uma recompensa por seus 10 mil anos, ele pediu a Brahma para torná-lo invencível perante qualquer deus. Com o desejo garantido, Ravana começou a causar problemas pelos três mundos — terra, ar e céus —, e os deuses pediram a Brahma para intervir. Enquanto isso, na terra, o rei Dasharatha de Aiódia, apesar das três esposas, ainda não tinha um filho. Ansioso por um herdeiro, ele providenciou um grande fogo sacrificial (*yajna*) como oferenda a Brahma.

O nascimento de Rama

Quando Brahma olhou do céu para as chamas do ritual de sacrifício do rei, lhe ocorreu que Ravana, ao pedir proteção contra os deuses e demônios, se esquecera de pedir proteção contra o homem. Brahma então decidiu levar o Senhor Vishnu

Veja também: Brahma cria o cosmos 200 ▪ O Jogo dos Dados 202-03 ▪ O nascimento de Ganesha 201

Os casamentos do príncipe Rama e seus irmãos são retratados nesta miniatura (c. 1700-1750). Esta arte Pahari (significa "das montanhas") é da região de Himachal Pradesh, ao norte da Índia.

à terra sob a forma humana para derrotar Ravana. As orações do rei Dasharatha foram atendidas, e nasceram filhos de cada uma das três esposas: Rama, de Kausalya; os gêmeos Lakshmana e Shatrughna, de Sumitra; e Bharata, de Kaikeyi. Os príncipes cresceram aprendendo as artes da guerra e a leitura dos textos sagrados. Um dia, o sábio Vishvamitra veio à procura de ajuda para derrotar os demônios que perturbavam os ritos sacrificiais na floresta. Rama e seu meio-irmão Lakshmana acompanharam o sábio e aprenderam a usar os armamentos divinos. Vishvamitra elogiou a habilidade de Rama, dizendo-lhe que ele havia nascido para livrar o mundo do mal.

O príncipe é banido

Doze anos mais tarde, Dasharatha preparou Rama para ser coroado rei.

Rama era o mais virtuoso dos filhos, e o favorito do pai. Mas, na véspera do evento, a terceira esposa de Dasharatha, Kaikeyi, lembrou ao marido de dois benefícios que ele lhe prometera anos antes. Ela exigiu que Rama fosse banido para o deserto por catorze anos e que seu filho Bharata fosse então coroado rei. Preso por sua palavra, o rei ordenou

que seu amado filho Rama fosse para o deserto. A esposa de Rama, Sita, exigiu juntar-se ao marido no seu banimento, assim como fez seu leal meio-irmão Lakshmana. Quando os três partiram do palácio para o exílio, o rei Dasharatha morreu de desgosto. Bharata descobriu a trama da mãe e seguiu Rama até a floresta, implorando-lhe que voltasse e

Rama luta contra o sobre-humano Asura (às vezes referido como "titãs") ilustração no *Ramayana*, datado de aproximadamente 1700.

A adoração de Rama

Rama é a sétima encarnação de Vishnu e a principal divindade hindu. Desde o primeiro milênio a.C., Rama era amplamente reconhecido como um avatar de Vishnu e considerado "o homem ideal". Por volta do século XII d.C., passou a ser reverenciado como um deus. A adoração a Rama se fortaleceu no final do século XVI quando Tulsidas, um poeta santo e devoto de Rama, escreveu o poema épico *Ramcharitmanas*, equiparando Rama com Brahma, o Ser Supremo. Caracterizado pelo

dever, integridade e devoção, o comando de Rama sobre a sociedade utópica, perfeita, em Aiódia, se estendeu e se tornou conhecida como *ramraj*. Gandhi usou esse ideal para visualizar uma nova era de democracia, tolerância religiosa e justiça para todos durante o movimento pela independência da Índia contra o domínio inglês, que terminou em 1947. A cada ano, o aniversário de Rama é marcado pelo festival da primavera, Rama Navami, e sua vida é celebrada durante o Navratri, festival realizado no outono.

reivindicasse seu trono por direito. Mas Rama se manteve firme em seu dever de obedecer às ordens do pai, e então Bharata governou relutante na ausência do meio-irmão, mantendo as sandálias douradas de Rama no trono, prontas para seu retorno.

O rapto de Sita

Treze anos mais tarde, na floresta próxima ao rio Godavari, o demônio feminino Shurpanakha apareceu e se apaixonou pelo belo Rama. Não conseguindo seduzi-lo, ela então perseguiu Lakshmana.Shurpanakha se enfureceu e partiu em direção a Sita com toda a fúria. Os irmãos pegaram o demônio feminino e lhe cortaram fora o nariz e as orelhas. No dia seguinte, quando os irmãos de Shurpanakha vieram para vingá-la, Rama e Lakshmana os receberam com flechas. Mal sabiam eles que Shurpanakha tinha outro irmão, Ravana, que também quereria vingança. Um dia, Sita viu um cervo dourado próximo a seu assentamento na floresta e ficou encantada. Rama, querendo agradar a esposa, tentou capturá-lo para ela. O cervo fugiu, levando Rama cada

vez mais para o interior da floresta. Lakshmana ouviu a voz de Rama gritando por ajuda; ele traçou um círculo de proteção em torno de Sita e a deixou para seguir a voz. Agora que Sita estava sozinha, um eremita apareceu pedindo comida. Querendo honrar a generosidade de seu povo, Sita pisou fora do círculo. O eremita tirou seu disfarce, revelando-se ser o demônio Ravana, com dez cabeças e vinte braços. Ele jogou Sita sobre o ombro e chamou sua carruagem voadora. O velho abutre Jatayu, que mantinha vigilância sobre os três exilados, tentou bloquear a carruagem, mas Ravana cortou uma de suas asas. A carruagem de Ravana voou, cruzando os mares até a ilha de Lanka, onde o demônio era rei. Peça por peça, Sita deixou cair suas joias da carruagem, fazendo uma trilha atrás dela. Quando eles pousaram, Sita recusou-se a viver no palácio de Ravana, então ele a deixou num jardim de árvores ashokas. Determinado a cortejá-la, cantou para ela, contou-lhe histórias e cobriu-a de elogios, flores perfumadas e joias requintadas

> Ele [Rama] pode ser pobre, pode ter sido retirado de seu reino, mas meu marido deve ter o meu respeito.
> **O Ramayana**

— mas Sita permaneceu fiel a Rama, que estava viajando com Lakshmana à sua procura. Quando passaram pela terra dos símios, eles encontraram Hanuman, o macaco herói. Os macacos lhes mostraram as joias caídas, formando uma trilha em direção a Lanka. A única peça que faltava, Rama percebeu, era o grampo de cabelo da esposa.

Resgate e guerra

Hanuman assumiu uma forma gigantesca e pulou no mar rumo a Lanka. Ele esquadrinhou a ilha procurando Sita por toda parte, mas foi incapaz de encontrá-la, até ver uma bela e solitária mulher num jardim, usando apenas um grampo de cabelo. Hanuman se aproximou de Sita, tranquilizando-a do seu bom caráter e linhagem divina, e lhe deu o anel sinete de Rama como prova de que fora enviado por ele. Hanuman disse a Sita para pular nas suas costas, para que ele a levasse em segurança pelo mar, mas ela recusou, insistindo que apenas seu marido deveria libertá-la. Hanuman lhe pediu algo que pudesse mostrar a Rama como

O abutre Jatayu jaz ferido entre os destroços da carruagem de Ravana, após tentar impedi-lo de raptar Sita, em ilustração num manuscrito do século XVIII feito no estilo Kangra.

prova, para ajudar a confortá-lo, e então ela lhe deu o grampo de cabelo, que mantinha como símbolo do seu status de mulher casada.Hanuman então criou um caos em Lanka, matando muitos dos guerreiros de Ravana antes de permitir que fosse entregue ao demônio. Agora cara a cara com Ravana, ele o pressionou para liberar Sita, mas Ravana ateou fogo no rabo do macaco. Hanuman escapou e usou o rabo em chamas para incendiar a cidadela. Pelos cinco dias seguintes, seu exército de macacos construiu uma grande ponte para Lanka, feita de pedras inscritas com o nome de Rama. Uma guerra sangrenta eclodiu entre os exércitos de Ravana e Rama, que terminou com Rama assassinando o demônio e se reunindo por fim à sua amada esposa Sita. Com a morte de Ravana, seu nobre irmão Vibhishana foi coroado o novo rei de Lanka.

Rama testa Sita

Agora de novo juntos, Rama pediu que a esposa fizesse um teste de fogo para provar sua castidade após viver na casa de outro homem. Sita mergulhou nas chamas e Agni, o

Senhor do Fogo, a trouxe sem um arranhão, provando sua inocência. Agora de volta a Aiódia, após catorze anos de exílio, Rama foi finalmente coroado rei. Num livro final do *Ramayana*, provavelmente acrescentado mais tarde, a castidade de Sita foi novamente questionada. Seguindo o boato da cidade, Rama baniu sua amada para a floresta. Ela era vigiada pelo sábio Valmiki, que estava, naquela época, escrevendo o *Ramayana*. Sita deu à luz gêmeos, que aprenderam a recitar o poema do

O herói Rama e Ravana das dez cabeças, um mirando o outro, num quadro cerimonial do final do século XVIII, um exemplar elaborado de *kalamkari*, tipo de pintura em tecido do sul da Índia.

sábio. Quando a história foi apresentada para o rei Rama, ele se viu arrebatado pela tristeza. Valmiki então trouxe Sita para ele, mas ela ordenou à Mãe Terra, que um dia lhe dera à luz, para libertá-la daquele mundo injusto. Com isso, a terra se abriu e Sita desapareceu dentro do chão para sempre. ∎

Um texto vivo

O *Ramayana* é um dos poemas épicos mais longos do mundo, e pela tradição hindu é considerado o primeiro exemplo de poesia. Atribuída ao reverenciado poeta Valmiki, sua essência data de c. 500 a.C., mas supõe-se que só tenha assumido sua forma atual um milênio mais tarde. A história do *Ramayana* é conhecida por todo o subcontinente indiano, por hindus, jainistas e budistas. Estudiosos e poetas muçulmanos têm uma longa história de interpretação do texto e de pintar

suas várias cenas em miniaturas. Durante o século XVI, o imperador mongol Akbar providenciou a tradução do poema para o persa e sua pintura nas paredes da corte. Lugares citados no *Ramayana* ainda são reverenciados como locais religiosos e de peregrinação, e a história continua a ser contada por vários meios — poesia, teatro, música e dança, shows de marionetes, filmes, desenhos e revistas em quadrinhos. Na década de 1980, uma versão televisiva foi assistida por mais de 100 milhões de espectadores.

EU SOU A SENHORA, GOVERNANTE DOS MUNDOS

DURGA ABATE O DEMÔNIO-BÚFALO

EM RESUMO

TEMA
Triunfo do bem sobre o mal

FONTES
"Devi Mahatmya" [A glória da Deusa], *Markandeya Purana*, autor anônimo, séculos V-VII d.C.

CENÁRIO
Céus.

PRINCIPAIS FIGURAS
Mahishasura O demônio-búfalo.

Brahma O que cria, na trindade hindu (Trimurti).

Vishnu O que conserva, na trindade hindu (Trimurti).

Shiva O que destrói, na trindade hindu (Trimurti).

Indra Rei dos deuses.

Durga Deusa guerreira e força cósmica preexistente, também conhecida como Devi e Shakti.

Na mitologia hindu, o demônio-búfalo Mahishasura buscava a imortalidade para assegurar a vitória a seus companheiros Asuras sobre as divindades benevolentes, os Devas. Ele cumpriu uma grande penitência para Brahma, mas o deus criador rejeitou seu pedido. Mahishasura, então, pediu que não fosse morto por nenhum homem, nem pelo Trimurti — a trindade hindu de Brahma, Vishnu e Shiva. Brahma concordou, sabendo o que estava por vir. Mahishasura reuniu suas tropas, devastando primeiro a terra, e em seguida derrotando os Devas nos céus. Indra, rei dos deuses, implorou ao Trimurti para achar uma solução. Brahma, Vishnu e Shiva concentraram seu poder em grande chama, da qual surgiu a deusa Durga, que preexistia como força cósmica e era celebrada como criadora do universo. Com um conjunto de armas a ela presenteado pelos deuses, a deusa montou em seu leão e destruiu o exército dos Asuras. Mahishasura a atacou repetidas vezes, assumindo diferentes formas,

Durga abate Mahishasura montada em seu leão em meio às divindades, nesta imagem do século XIX do pintor indiano Raji Ravi Rama

até que finalmente a deusa lhe cortou a cabeça, encerrando seu terrível reinado. A vitória de Durga é comemorada durante seu festival anual de dez dias, chamado Durga Puja, no nordeste da Índia, e em Dashain, no Nepal. ∎

Veja também: Brahma cria o cosmos 200 ∎ O Jogo dos Dados 202-03 ∎ O *Ramayana* 204-09

OH! MEENAKSHI! DEUSA DO OLHO DE PEIXE! CONCEDA-ME O ÊXTASE!

A DEUSA DO OLHO DE PEIXE ENCONTRA UM MARIDO

EM RESUMO

TEMA
Casamento

FONTES
Tiruvilayaadal Puranam
[Os esportes sagrados de
Shiva], Paranjothi Munivar,
século XVII d.C.

CENÁRIO
Madurai, Tamil Nadu, sul da
Índia.

PRINCIPAIS FIGURAS
Meenakshi A governante
divina do reino Pandia; avatar
(encarnação) de Parvati.

Malayadwaja Pandia
Segundo rei pandia; pai de
Meenakshi

Brahma O que cria, na
trindade hindu (Trimurti).

Vishnu O que conserva, na
trindade hindu (Trimurti).

Shiva O que destrói, na
trindade hindu (Trimurti).

Parvati Deusa da fertilidade;
consorte de Shiva, o
destruidor.

Meenakshi é conhecida como a deusa do olho de peixe, tendo sido abençoada com bonitos olhos em forma de peixe. Ela era vista como a divina governante da cidade de Madurai pela dinastia Pandia — comerciantes marítimos e marinheiros que adotaram o símbolo do peixe em suas moedas e bandeiras. A lenda da Deusa do Olho de Peixe, que inspirou hinos e rituais, fala a respeito de um rei pandia de Madurai chamado Malayadwaja Pandia, que rezou pedindo um filho.

Você brilha com o esplendor da esmeralda verde! Você é a esposa de Shiva. Seus olhos lembram um peixe!
Músicas sagradas da Índia
V. K. Subramanian (1998)

Os deuses lhe trouxeram uma filha com três seios de uma cratera de fogo. Uma voz divina disse ao rei que o terceiro seio desapareceria quando a filha encontrasse o marido destinado a ela. O rei a chamou de Meenakshi, e ensinou-lhe *shastras* (ciências tradicionais) a fim de prepará-la para o trono.

Matrimônio sagrado
Depois da morte do pai, Meenakshi, agora uma poderosa guerreira, viajou para o norte para guerrear com seus inimigos. Ela conquistou as moradas de Brahma, de Vishnu e dos Devas, viajando mais além até a morada de Shiva. Meenakshi triunfou sobre os criados de Shiva e seu touro guardião, Nandi. O próximo em sua linha de ataque era o eremita Shiva propriamente dito, mas, no momento em que se olharam, ela compreendeu que era a reencarnação de sua consorte Parvati, a deusa da fertilidade, do amor e da devoção. Naquele instante, ela perdeu o terceiro seio. Shiva e Meenakshi viajaram para Madurai e se casaram. ■

Veja também: O Jogo dos Dados 202-03 ▪ O *Ramayana* 204-09 ▪ Durga abate o demônio-búfalo 210

SERÁS O REI DO MUNDO INTEIRO

AS ORIGENS DOS BAIGAS

EM RESUMO

TEMA
Protegendo a Mãe Terra

FONTES
The Baiga, Verrier Elwin, 1939.

CENÁRIO
Logo após a criação do mundo, o estado de Madhya Pradesh, Índia central.

PRINCIPAIS FIGURAS
Nanga Baiga Ancestral masculino do povo baiga.

Nanga Baigin Ancestral feminina do povo baiga.

Dharti Mata A Mãe Terra do povo baiga.

Thakur Deo O senhor da vila do povo baiga.

Bhagavan O Criador.

O povo baiga, da área em torno das colinas de Mandla, na Índia central, acredita que seu ancestral masculino, Nanga Baiga, era um grande mago. De acordo com a lenda, ele foi o primeiro homem, e Nanga Baigin, a primeira mulher.

O povo baiga crê que seus primeiros ancestrais nasceram sob um bambuzal, que teria surgido do ventre da Mãe Terra Dharti Mata. Ela é a consorte de Thakur Deo, o Senhor da Aldeia, o mais velho e mais venerado dos deuses baiga. Dharti Mata é venerada no mês de Jeth (maio), pouco antes da estação das chuvas, quando dizem que ela se deita, pronta para ser engravidada.

Todos os reinos do mundo podem se despedaçar, mas aquele que é feito da terra, e é senhor da terra, jamais renunciará a ele.
The Baiga

Guardiões do mundo

Bhagavan, o Criador, espalhou terra numa superfície plana, mas não conseguia estabilizá-la. Ele chamou Nanga Baiga e Nanga Baigin para ajudá-lo a segurar os quatro cantos do mundo. Nanga Baiga sacrificou uma porca para Dharti Mata e um galo branco para Thakur Deo.

Dharti Mata, que se balançava para a frente e para trás, parou completamente quando as gotas de sangue da porca caíram sobre ela. Satisfeita com o sacrifício, ela disse a Nanga Baiga que daquele momento em diante ela o ouviria quando ficasse zangada e começasse a balançar.

Nanga Baiga e Nanga Baigiń acharam quatro pregos grandes e os pregaram nos cantos da terra para mantê-la firme. Bhagavan disse ao casal baiga que eles deveriam guardar o mundo e manter os pregos no lugar. E com isso, eles se tornaram os guardiões do mundo.

Quando Bhagavan terminou a criação do mundo, pediu a todas as tribos que se reunissem, para que ele escolhesse um rei para elas. Uma vez todos juntos, Bhagavan viu que muitos estavam trajados com a maior elegância,

Veja também: Brahma cria o cosmos 200 ▪ O nascimento de Ganesha 201 ▪ O Jogo dos Dados 202-03 ▪ O *Ramayana* 204-09

Membros do povo baiga participam do festival Dharohar por três dias, realizado em Indore, na Índia. O evento é uma comemoração pelo Dia Mundial Tribal, realizado anualmente em 9 de agosto, e uma demonstração da cultura tribal.

enquanto Nanga (significando nu) Baiga não vestia nada além de folhas. Ele pegou Nanga Baiga e o colocou em seu trono, tornando-o rei do mundo inteiro.

Nanga Baiga ficou satisfeito, mas dado que um membro do povo gond certa vez fora extremamente bondoso com ele, respondeu: "Torne o gond rei, porque ele é meu irmão". O Criador honrou o pedido e recompensou Nanga Baiga com sua bênção.

Servindo a Mãe Terra

Bhagavan disse a Nanga Baiga que, contanto que não abandonassem a terra, o povo baiga sobreviveria. Então lhe ensinou a cultivar a terra. Disse ainda que os baigas poderiam cavar raízes e comê-las, ou pegar as folhas e vendê-las, mas que jamais deveriam arar a terra, porque ela era mãe deles. Em vez disso, ele lhes disse para cortar o mato, queimá-lo e jogar as sementes nas cinzas. Eles não ganhariam riquezas, mas cultivariam o suficiente para sobreviver.

Bhagavan então mostrou a Nanga Baiga como seguir o método de cultivo de corte e queimada, e lhe disse que o melhor momento para a semeadura era com a chegada das chuvas. Uma vez que o Criador tinha ensinado tudo o que Nanga Baiga precisava saber para que seu povo sobrevivesse, era hora de os baigas receberem as sementes. Conforme Nanga Baiga as recebeu de Bhagavan, algumas caíram da sua mão. O Criador lhe disse: "Isso é bom, e deve ser assim, porque apenas os pobres sempre estarão felizes por servirem a Dharti Mata". ▪

Mulheres recolhem folhas na floresta. Como outras fazendeiras baigas, elas continuam a seguir as práticas agrícolas de Bhagavan.

As práticas agrícolas baigas hoje

Como um grupo (tribal) Adivasi, a maioria no estado de Madhya Pradesh e em seu entorno, na Índia central, os fazendeiros baigas muitas vezes vivem em terrenos montanhosos e evitam o arado. Em vez disso, praticam uma forma de cultivo de corte e queimada chamada *bewar*, como descrito no mito da fundação baiga. É devido ao mesmo respeito pela Mãe Terra que os baigas permanecem seminômades. A prática de cultivo itinerante significa que eles se mudam para uma nova área, em vez de permanecer no mesmo terreno, exaurindo o solo pelo cultivo permanente. Durante o século XIX, autoridades coloniais responsáveis pelas florestas forçaram integrantes do povo baiga a adotar o arado. Sabe-se de um baiga que afirmou: "Quando… tocamos no arado pela primeira vez, um homem morreu em cada aldeia". O povo baiga coexiste com o povo gond — outro grupo Adivasi — há muitos séculos. Os gonds dão preferência às mesmas práticas agrícolas sustentáveis, tendo em vista as mudanças climáticas.

YANG TORNOU-SE O CÉU E YIN, A TERRA

PANGU E A CRIAÇÃO DO MUNDO

EM RESUMO

TEMA
A criação do universo a partir do caos

FONTES
Historical Records of the Three Sovereign Divinities and the Five Gods, Xu Zheng, século III d.C.; *The Master Who Embraces Simplicity: Inner Chapters*, Ge Hong, século IV d.C.

CENÁRIO
O início dos tempos.

PRINCIPAIS FIGURAS
Pangu O primeiro ser vivo; criador da Terra; um homem semidivino retratado com qualidades de animais.

Segundo a história da criação chinesa mais aceita (taoismo), antes da criação do universo havia apenas o caos disforme. Finalmente um ovo cósmico emergiu do caos e foi chocado por 18 mil anos. Dentro do ovo estava a primeira entidade viva, Pangu: um humano semidivino que, de acordo com o relato de Xu Zheng desse mito, assumiu a forma de um gigante chifrudo furioso. Outras descrições de Pangu o retratavam com cabeça de gato, tronco de serpente e patas de tigre. Seu nome, "Pangu", traduzido do chinês, significa "antiguidade enrolada", porque antes da sua incubação no ovo, seu corpo tinha sido retorcido para caber dentro de seus limites.

Subiu aos céus

Pangu não suportou ficar confinado dentro do ovo, então, forçou a saída, quebrando a casca. A clara se tornou o céu e a gema, a terra, enquanto os pedaços maiores da casca se tornaram o sol e a lua, e os pedaços menores, as estrelas. Numa outra versão do mito, após Pangu sair do ovo, ele separou a escuridão Yin da luz Yang — os princípios opostos da natureza, nascidos do caos. Nos 18 mil anos seguintes, Pangu transformou-se por nove vezes, diariamente. Todo dia o etéreo Yang aumentava três metros, formando o céu, enquanto o pesado Yin afundava três metros, tornando-se a terra. Pangu, que ficou entre os dois para mantê-los separados, crescia três metros a cada dia, tornando-se um gigante. Ele cresceu até alcançar 45 mil quilômetros de altura — a distância entre Yin e Yang. Pangu foi mais divino que o céu e mais

Pangu muitas vezes é retratado como um anão vestido de folhas, conforme aparece nessa ilustração de um texto chinês anônimo (c. 1800) que retratava importantes figuras na história chinesa.

Veja também: A origem do universo 18-23 ▪ A criação do universo 130-33 ▪
Yi atira no sol 216-17 ▪ Jumong 230-31 ▪ A criação cherokee 236-37

O corpo de Pangu
se tornou as cinco
montanhas sagradas.
Cada uma
correspondendo
a um dos cinco pontos
cardeais chineses:
norte, leste, sul,
oeste e centro.

**Braço esquerdo: (Monte
Heng, província Shanxi)**
"Montanha Permanente"
Elemento: Água

**Pés: (Monte
Hua,
província de
Shanxi)**
"Montanha
Esplêndida"
Elemento:
Metal

**Cabeça:
(Monte Tai,
província de
Shandong)**
"Montanha
Tranquila"
Elemento:
Madeira

**Barriga: (Monte Song,
província de Henan)**
"Montanha Imponente"
Elemento: Terra

**Braço direito: (Monte Heng,
província de Hunan)**
"Montanha Equilibrada"
Elemento: Fogo

Sua respiração se tornou o
vento e as nuvens; sua voz se
tornou um trovão estrondoso.
Seu olho esquerdo se tornou o
sol; o olho direito, a lua.
***Historical Records of the
Three Sovereign Divinities
and the Five Gods***

Yin e Yang

A manutenção do equilíbrio
correto do universo é o tema
principal do pensamento
taoista. Isso se expressa por
meio do conceito de Yin e
Yang — expressão em geral
familiar no mundo ocidental
como representação do
dualismo ou oposição de
características numa entidade.

As palavras "Yin" e
"Yang" são traduzidas,
respectivamente, como o "lado
da escuridão" e o "lado da luz"
de uma colina. Num sentido
mais amplo, eles representam
as características dualistas
que equilibram o cosmo, tal
como mulher e homem, morte
e nascimento, o céu e a terra.
Apesar de essas forças
parecerem opostas, elas são
de fato complementares. Nem
Yin nem Yang são vistos como
superiores ou capazes de
existir um sem o outro. De
acordo com o *I Ching*, o antigo
livro chinês da adivinhação, as
catástrofes naturais, como
fome e inundação, são
causadas pelo desequilíbrio
entre Yin e Yang.

sagrado que a terra, mas alguns
contos sugerem que ele contou com a
ajuda divina em sua criação do
universo. Ele foi auxiliado pelos seres
cósmicos: um unicórnio, uma
tartaruga, uma fênix e um dragão.

Dando forma à terra

Formados o céu e a terra, Pangu
começou a morrer. Seu corpo se
dividiu para formar as principais
características do universo. Sua
respiração se tornou o vento e as
nuvens, e sua voz, o trovão. Seu olho
direito se tornou a lua, e o esquerdo,
o sol. Os cabelos se transformaram
nas estrelas, enquanto o suor e os
fluidos de seu corpo se tornaram a
chuva. O sangue e o sêmen de
Pangu deram origem aos mares e
rios, enquanto seus músculos e

veias atuaram como túneis na terra.
Os dentes e os ossos se tornaram
metais e rochas, e sua medula,
pérolas e jade. Os pelos do corpo de
Pangu viraram plantas e árvores.
Alguns relatos dizem que as
pequenas pulgas que viviam em seu
corpo tornaram-se pessoas depois
de tocadas pelo vento; outras
sugerem que Pangu formou a raça
humana da argila. Os braços,
cabeça, barriga e pés de Pangu se
transformaram nas cinco
montanhas sagradas da China —
locais de cerimônias religiosas
ligados a cada um dos cinco
elementos e pontos cardeais.
Acreditava-se que o monte Taiwas
havia sido formado da cabeça de
Pangu, devido a sua localização no
oriente, onde nasce o sol. ▪

OS DEZ SÓIS NASCERAM DE UMA VEZ, QUEIMANDO OS FEIXES DE GRÃOS
YI ATIRA NO SOL

EM RESUMO

TEMA
Salvando a humanidade

FONTES
O *Huainanzi* [Escritos dos mestres de Huainan], autor anônimo, século II a.C.; *Shan Hai Jing* [O clássico das montanhas e mares], autor anônimo, século I a.C.

CENÁRIO
China antiga.

PRINCIPAIS FIGURAS
Xihe Uma divindade solar.

Di Jun Marido de Xihe, deus do céu oriental e divindade da agricultura.

Yao Lendário imperador chinês (c. século XXIV a.C.), modelo de sabedoria e virtude.

Yi Um arqueiro habilidoso.

Xiwangmu Deusa chinesa.

Chang'e Esposa de Yi.

No começo, havia dez sóis. Xihe, uma divindade solar, concebera-os com o marido Di Jun, um deus da agricultura. Os espíritos dos sóis eram corvos de três pernas. Todo dia Xihe atrelava um dos pássaros solares divinos à sua carruagem e viajava pelo mundo, levando luz e calor às populações. Um dia, houve um desastre quando todos os dez pássaros do sol voaram para o céu ao mesmo tempo. Assim, a temperatura da terra elevou-se a níveis perigosos, queimando terras e impedindo que as plantas crescessem. Estava muito quente para as pessoas respirarem e elas quase atingiram a inanição. Para piorar as coisas, monstros terríveis surgiram e percorreram a terra. Dentre eles, uma jiboia constritora capaz de engolir um homem, um pássaro gigante e um imenso javali com presas afiadas. Xihe e Di Jun não conseguiram persuadir os sóis a deixarem os céus.

Yao salva o dia
Por sua vez, Yao, o governante da China, estimulou Di Jun a enviar ajuda, que chegou sob a forma do arqueiro Yi. Ele desceu à terra trazendo o arco vermelho e as flechas brancas que Di Jun lhe dera. Yi caçou as feras mortais e salvou a humanidade dos ataques. Voltou-se, então, ao problema dos dez sóis. Pegando seu arco, ele atirou em um dos sóis. O sol explodiu e seu espírito de corvo de três pernas caiu

Yi atira nos sóis na imagem do *Shan Hai Jing*. Uma versão do mito relata que os sóis caíram no mar, formando uma rocha que evaporou a água para cessar a inundação da terra causada pelo mar.

Veja também: Pangu e a criação do mundo 214-15 ▪ As aventuras do rei Macaco 218-19 ▪ A lenda dos cinco sóis 248-55

> Então Yi foi o primeiro a levar ao mundo abaixo o alívio misericordioso por todas as suas adversidades.
> *Shan Hai Jing*

por terra. Um por um, Yi atirou e acertou os sóis, até que restou apenas um. Yao disse a Yi que poupasse o último sol, já que as pessoas ainda precisavam de seu calor e de sua luz. Por esse feito, que salvou a humanidade e restaurou a ordem no mundo, Yao recebeu o título de "Filho do Céu". Ele é reverenciado nas lendas da China como um soberano sábio e sensato.

Existência trágica

Yi chegou à terra com sua esposa, Chang'e, e um aprendiz, Fengmeng. Como recompensa por atirar nos pássaros do sol, a deusa chinesa Xiwangmu lhe deu um elixir da imortalidade, que viria a ser sua ruína. Yi, que era um mortal, não queria ingerir o elixir porque não suportaria se separar da esposa.

Um dia Fengmeng, que invejava a habilidade e a fama de seu mestre, invadiu a casa de Yi enquanto ele caçava. Fengmeng exigiu o elixir de Chang'e. Em vez de lhe dar, ela mesma ingeriu. Agora imortal, ela voou para o corpo celeste mais próximo, a lua, para que pudesse permanecer perto do marido. Quando Yi descobriu que a esposa havia partido, ele fez um altar para ela, ali colocando suas comidas favoritas como uma oferenda; ele fazia isso todo ano para marcar o dia de sua partida.

A vida de Yi terminou quando Fengmeng lhe bateu até a morte com um ramo de pessegueiro, de modo que ele próprio pudesse ser o maior arqueiro da terra. Após sua morte, Yi foi venerado como Zongbu, um deus que impede os desastres. Sua esposa hoje é venerada como o espírito da lua. ▪

Xiwangmu dá o elixir da **imortalidade** para Yi.

↓

Yi não o **bebe**.

↓

Fengmeng tenta **roubá-lo**.

↓

Em vez disso **Chang'e bebe** o elixir.

↓

Imortal, Chang'e voa para a lua.

Uma atriz vestida como Chang'e voa até uma representação da lua durante o Festival em Jinhua, na província chinesa de Zhejiang.

O Festival do Meio do Outono

No 15º dia do 8º mês lunar, em dia de lua cheia, o Festival do Meio do Outono é celebrado em todo o mundo por chineses e vietnamitas. O evento, que data desde 1600 a.C., é um agradecimento pela colheita anual do arroz ou do trigo, marcado por reuniões sociais e oferendas para um ano de abundância. A característica essencial do festival é a veneração de Chang'e, a deusa da Lua, uma das muitas divindades chinesas que ainda são reverenciadas.

Reunindo-se à noite com amigos e família, as pessoas queimam incensos, rezam e oferecem comida para a divindade lunar, exatamente como Yi fez quando Chang'e se foi da terra. A comida mais conhecida é o bolo da lua, um bolo circular comumente recheado com uma pasta de feijão doce. A forma redonda dos bolos simboliza o sentimento de unidade e grupo. Assim como é oferecido à deusa da Lua, eles são muitas vezes dados a amigos e familiares nessa época, geralmente numa bonita embalagem.

VAGAREI PELOS CANTOS DOS OCEANOS E IREI AOS CONFINS DO CÉU
AS AVENTURAS DO REI MACACO

EM RESUMO

TEMA
O caminho para a iluminação

FONTES
Jornada ao Oeste, Wu Cheng'en, 1500-1582.

CENÁRIO
China e Índia antigas.

PRINCIPAIS FIGURAS
Sun Wukong O rei Macaco.

O imperador de Jade O governante mítico do paraíso.

Buda O fundador do budismo, que viveu e doutrinou na Índia nos séculos VI-IV a.C.

Xuanzang Um monge budista.

Guanyin A deusa budista da misericórdia.

Zhu Bajie Meio porco, meio homem; discípulo de Xuanzang.

Sha Wujing Um monstro do rio; discípulo de Xuanzang.

A clássica história chinesa de Sun Wukong começa com a união do céu e da terra. Dessa união, foi criado um oólito (uma rocha mística em forma de ovo) que emergiu da montanha das Flores e das Frutas. Do ovo, nasceu um macaco chamado Sun Wukong. A princípio, Sun Wukong brincava com os outros animais que viviam na montanha. Mas sua ambição cresceu, e declarando-se o rei dos macacos, tornou-se um demônio. Com o novo status, Sun Wukong ficou extremamente poderoso e um lutador habilidoso, capaz de se transformar em 72 animais e objetos diferentes e de cobrir metade da volta ao mundo em um único pulo. Ele se armou com um cajado dourado, que mudava de tamanho conforme suas necessidades.

Imortal e aprisionado
Apesar do status de rei Macaco, quando chegou a hora da morte, Sun Wukong foi arrastado para o Submundo. Porém, em vez de se submeter ao seu destino, ele apagou seu nome do Registro de Vida e Morte, tornando-se imortal. Ao saber das atividades de Sun Wukong, o imperador de Jade, governante do paraíso, chamou-o e lhe deu uma

posição na corte, esperando que isso pusesse um fim a suas façanhas. Sun Wukong esperava um posto mais elevado, mas recebeu um posto inferior de superintendente dos estábulos. Quando ele compreendeu a insignificância de sua posição, teve um acesso de raiva. Declarou-se o Grande Sábio e se igualou ao imperador de Jade. A princípio, o imperador de Jade tentou apaziguar Sun Wukong, fazendo-o guardião do Pomar dos Pêssegos Sagrados. O acordo terminou, entretanto, quando Sun Wukong não foi convidado para um banquete com outras divindades. Ele se rebelou contra o imperador de Jade, roubou e comeu os pêssegos do jardim da imortalidade, e derrotou todas as

Como eles ousam me [Sun Wukong] tratar com tamanho desprezo? Na montanha das Flores e Frutas eu sou o rei.
Jornada ao Oeste

Veja também: A guerra dos deuses e titãs 32-33 ▪ Pangu e a criação do mundo 214-15 ▪ Yi atira no sol 216-17

forças que o imperador enviou para matá-lo. Com todas as esperanças perdidas, o imperador de Jade apelou para Buda controlar Sun Wukong. Buda o prendeu em sua mão e o transformou em uma montanha encantada — agora, o rebelde rei Macaco estava aprisionado indefinidamente.

Discípulos diligentes

Vários séculos mais tarde, um monge chinês chamado Xuanzang fez uma peregrinação ao oeste da Índia para reunir versões mais completas dos textos budistas existentes na China. Xuanzang foi ajudado por Guanyin, a deusa da misericórdia, que providenciou muitos discípulos para protegê-lo em sua viagem, expiando assim seus malfeitos do passado. O primeiro foi Sun Wukong, liberto de

Xuanzang é auxiliado por Sun Wukong e Zhu Bajie, aqui retratado atravessando um rio, em Zhangye, na província chinesa de Gansu.

sua prisão na montanha. Para mantê-lo sob controle, Guanyin lhe amarrou uma faixa em volta da cabeça, que poderia ser apertada se Xuanzang entoasse determinado mantra. O discípulo seguinte foi Zhu Bajie, um ex-imortal banido do paraíso por bebedeira e renascido na terra como um porco monstruoso. Por último, Sha Wujing, também um ex-imortal, exilado do paraíso por destruir um cálice de cristal, agora era um monstro grotesco do rio. Os dezessete anos de provação de Xuanzang foram cercados de perigos engendrados por Buda para desenvolver seu crescimento espiritual. Xuanzang devolveu as escrituras sagradas à China e recebeu a condição búdica. Sun Wukong provou ser um guarda-costas leal e eficiente, protegendo Xuanzang de muitos demônios. Como recompensa, ele também foi elevado a status de Buda ("o desperto"), e depois recompensado com o título de "Buda Lutador Vitorioso". ▪

Xuanzang

A personagem de Xuanzang na literatura foi baseada numa figura histórica. Nascido em c. 602 d.C., em Luoyang, na China central, ele foi ordenado monge noviço aos treze anos e se tornou monge sete anos mais tarde.

O budismo chegou à China vindo da Índia no século III a.C. Para Xuanzang, os textos para o estudo do budismo em uso eram muitas vezes incompletos e imprecisos. Então, ele decidiu viajar para a Índia a fim de estudar e reunir os textos. Apesar de uma proibição imperial quanto a viagens para o exterior, Xuanzang partiu em 629 d.C., retornando dezessete anos mais tarde com centenas de textos budistas em sânscrito.

A pedido do imperador Taizong da dinastia Tang, Xuanzang também compilou um relato sobre sua viagem intitulado *Registros da grande dinastia Tang nas regiões ocidentais*, hoje visto como um dos mais influentes romances chineses de todos os tempos. Xuanzang estudou pelo resto da vida em Chang'an, hoje Xi'an, onde os textos budistas indianos foram traduzidos para o chinês.

CONCLUÍDAS AS TERRAS, ELES CONTINUARAM CRIANDO SEUS ESPÍRITOS
IZANAGI E IZANAMI

EM RESUMO

TEMA
A criação do Japão e seus espíritos

FONTES
Kojiki [Registros de assuntos antigos], O no Yasumaro, 712 d.C.

CENÁRIO
Japão na Era dos Espíritos.

PRINCIPAIS FIGURAS
Izanagi Deus criador.

Izanami A irmã mais nova e esposa de Izanagi.

Kagutsuchi Um espírito do fogo.

Yomotsu-shikome Uma bruxa horrível.

Tsukuyomi O deus da lua e da noite.

Amaterasu Deusa do Sol e do universo.

Susanoo Deus do mar e das tempestades.

As primeiras divindades celestes deram a Izanagi . (Aquele que acenou) e a Izanami (Aquela que acenou) a tarefa de criarem o Japão — conhecido como *kuniumi* (criação do país). Da sua união, eles produziram Oyashima, compreendendo as oito maiores ilhas japonesas e também as seis menores. Para tanto, o casal montou um lar terreno. Da ponte entre o céu e a terra, Izanagi usou uma lança adornada com joias para agitar o mar lá embaixo. Conforme ele retirou a lança, placas de sal caíram dela para formar a ilha onde Izanagi e Izanami se casaram. Durante a cerimônia, Izanami falou primeiro, admirando o marido: "Que rapaz magnífico!".

Nascimento e morte

Izanami logo deu à luz duas ilhas, mas elas eram disformes. O casal perguntou aos espíritos por quê, e foram informados de que era porque Izanami tinha falado primeiro em seu casamento. Repetiram a cerimônia, tomando cuidado para que Izanagi fosse o primeiro a falar. Os próximos nascimentos foram as bonitas ilhas do Japão. Izanagi e Izanami então criaram vários espíritos para representar as características

As oito ilhas do Japão antigo

IKI · SADO · OKI · TSUSHIMA · YAMATO · TSUKUSHI · IYO · AWAJI

naturais do Japão. Tudo estava bem até Izanami dar à luz Kagutsuchi (A Mais Velha Chama Tremeluzente), um espírito do fogo que a queimou tão gravemente durante o parto que ela morreu. Izanagi pegou sua espada e decapitou Kagutsuchi, cujo corpo produziu oito deuses guerreiros e oito deuses da montanha. Izanagi então viajou ao Submundo para resgatar Izanami. Em pé, do lado de fora do salão onde ela estava, ele lhe pediu que voltasse para a terra. Izanami respondeu que teria que pedir permissão para sair porque tinha ingerido comida feita no Submundo, um ato que a vinculava àquele lugar. Ao se impacientar por uma resposta, Izanagi olhou dentro do hall. Lá ele avistou o corpo

Veja também: A origem do universo 18-23 ▪ A criação do universo 130-33 ▪ Brahma cria o cosmos 200 ▪ A criação cherokee 236-37

Izanagi agita sua lança preparando a salmoura para criar Onogoro, o lar das divindades criadoras do Japão, em uma ilustração do século XIX pelo artista japonês Kawanabe Kyosai.

deteriorado de Izanami, se arrastando com larvas. Zangada por Izanagi vê-la daquele jeito, Izanami mandou a bruxa Yomotsu-shikome (Uma mulher feia do Submundo) se livrar dele, junto com oito espíritos de trovão saídos do cadáver dela, mais 1.500 guerreiros. Izanagi fugiu de volta para a terra e empurrou uma rocha até o portal do Submundo. Izanami e Izanagi permaneceram em pé cada um de um lado da rocha, e ele declarou que estavam divorciados. Completamente sem chão, Izanami jurou estrangular mil pessoas a cada dia, mas Izanagi jurou contra-atacar com 1.500 nascimentos. Sentindo-se sujo após o contato com os mortos, Izanagi se despiu e se banhou. Da roupa descartada, foram criados doze espíritos, e ao lavar o corpo, criou mais catorze. Os últimos três eram os deuses mais poderosos: do seu olho direito veio Tsukuyomi, espírito da lua; do esquerdo, nasceu Amaterasu, espírito do sol; do nariz veio Susanoo, que governou o mar e as tempestades. O conflito entre Amaterasu, também deusa da fertilidade, e Susanoo, cujas forças destruíam as colheitas, logo rivalizaria com a inimizade épica entre Izanagi e Izanami. ▪

Xintoísmo

Principal religião do Japão, o xintoísmo (o caminho dos deuses) inspira-se nas crenças naturais da nação. Suas práticas foram registradas pela primeira vez em dois textos do início do século VIII, o *Kojiki* [Registros de assuntos antigos] e o *Nihon Shoki* [Crônicas do Japão], ambos incluindo o mito da criação de Izanagi e Izanami. Sem nenhum fundador em particular e sem dogmas rígidos, o xintoísmo engloba várias tradições e influências diferentes. A característica mais importante é a adoração a *kami* (espíritos): forças da natureza que residem em elementos da paisagem, como rochas e rios. *Kami* também inclui ancestrais venerados que exercem o papel de guardiões de seus descendentes. Os *kami* são reverenciados com orações e rituais, que podem acontecer em pequenos altares familiares chamados *kamidana* (prateleiras de deus), onde a família *kami* é consagrada e ofertas são feitas. Há também santuários maiores que abrigam a *kami* nacional e os objetos sagrados associados a eles.

A união de Izanami e Izanagi é representada pelo sagrado Meoto Iwa (Rochas Casadas), unidas por uma ponte de corda, próxima ao Santuário de Ise, no sul do Japão.

TODO TIPO DE CALAMIDADE SURGIU POR TODA PARTE

SUSANOO E AMATERASU

EM RESUMO

TEMA
Rivalidade fraterna

FONTES
Kojiki [Registros de assuntos antigos], O no Yasumaro, 712 d.C.

CENÁRIO
Japão na Era dos Espíritos.

PRINCIPAIS FIGURAS
Izanagi Divindade criadora.

Amaterasu Deusa do universo; filha de Izanagi.

Susanoo Deus do mar e das tempestades; filho de Izanagi.

Omoikane Deus da sabedoria.

O-ge-tsu-hime Espírito dos alimentos.

Ashinazuchi Espírito do homem idoso, cuja filha Kushi--nada-hime casa com Susano.

Yamata-no-Orochi Dragão de oito cabeças.

Amaterasu, deusa do Sol, e seu irmão mais novo Susanoo, deus do mar, discutiam constantemente, e Susanoo sempre pregava peças na irmã. Cansado das suas diabruras, seu pai Izanagi ordenou que Susanoo se exilasse no Submundo. Antes de partir, entretanto, ele viajou aos céus para ver a irmã. Acreditando que ele tinha vindo roubar seu reino, Amaterasu ficou alarmada com a chegada do irmão. Ela repartiu o cabelo e o prendeu com pendentes preciosos, que também pendurou nos braços. Em seguida, armou-se com um arco e 1.500 flechas, e quando Susanoo chegou, ela fincou o pé no chão e

Veja também: Ahura Mazda e Ahriman 198-99 ▪ Pangu e a criação do mundo 214-15 ▪ Izanagi e Izanami 220-21

>
>
> Quando ele subiu ao céu,
> todas as montanhas
> e rios rugiram e
> a terra tremeu.
> *Kojiki*

exigiu saber o motivo da sua visita. Dizendo que tinha vindo apenas para se despedir, Susanoo sugeriu que um desse ao outro algum pertence e o usasse para produzir espíritos de descendentes em sinal de boa vontade. Para demonstrar suas boas intenções, Susanoo deu sua espada a Amaterasu. Ela a quebrou em três partes e enxaguou os pedaços no poço do paraíso. Depois, colocou-os na boca, mastigou e cuspiu, produzindo três espíritos marinhos femininos.

Susanoo, armado com sua espada, abate o dragão que matara as sete irmãs. O comportamento anterior do deus seria perdoado quando ele salvasse do dragão a última irmã.

Susanoo então pediu a Amaterasu seus pendentes. Cortou-os na boca em pequenos pedaços e os cuspiu, criando cinco espíritos masculinos.

Conflito fraterno

Após essa troca, as relações entre Amaterasu e Susanoo foram pacíficas de início. Entretanto, Susanoo rapidamente retomou o mau comportamento. Ele declarou que os filhos nascidos de sua espada "eram mulheres com os membros fracos" e correu freneticamente pelo reino celeste da irmã num acesso de fúria destrutivo. Devastou seus arrozais e jogou excremento no salão onde ela havia comemorado a festa da colheita. Em seguida, Susanoo foi ao salão onde Amaterasu e outros espíritos estavam confeccionando tecidos. Fez um buraco no teto e, por ele, deixou cair no meio deles um potro sagrado que havia esfolado,

Kojiki

O *Kojiki* [Registro de assuntos antigos] é o trabalho escrito mais antigo conhecido do Japão. Baseado na tradição oral, é uma mistura de diálogo, canções, narrativa e comentários, compondo uma história de grande abrangência das quatro ilhas do Japão. O primeiro livro, passado na Era dos Espíritos, conta a história de como o Japão e seus espíritos foram criados e desenvolvidos. O segundo e terceiro livros se passam na Era dos Mortais e detalha os feitos

dos heróis humanos lendários e das linhagens imperiais dos governantes do Japão, até a morte da imperatriz Suiko em 628 d.C. O compilador do *Kojiki* foi um nobre e cronista chamado O no Yasumaro. Ele recebeu a tarefa das mãos da imperatriz Genmei, que reinou de 707 a 715 d.C., e queria que os mitos e lendas do Japão fossem registrados com maior precisão. Uma vez concluído, o *Kojiki* se tornou muito influente no desenvolvimento das crenças, práticas e costumes da religião xintoísta.

gerando caos. O choque fez com que um dos espíritos golpeasse a lançadeira de fiar de Amaterasu contra ela, causando-lhe um ferimento grave. Amaterasu ficou tão chocada e amedrontada que se escondeu dentro de uma caverna profunda no centro da terra chamada Ama-no-Iwato (Caverna Rochosa do Paraíso) e se recusou a sair. E, com isso, o mundo mergulhou na escuridão. Os espíritos se reuniram do lado de fora da caverna para persuadir Amaterasu a sair do esconderijo. Omoikane, deus da sabedoria e conselheiro dos espíritos do paraíso, desenvolveu um plano audacioso. Ele juntou uma rocha pesada dos domínios superiores da Via Láctea e ferro das montanhas do paraíso. Usando esses materiais, instruiu outros espíritos a fazerem pequenos

Amaterasu se esconde numa caverna, mas os espíritos a enganam para fazê-la sair. Na xilogravura de Utagawa Kunisada do século XIX, emerge da escuridão irradiando a luz divina.

> Então as altas planícies do paraíso foram jogadas na total escuridão… a noite sem fim cobriu o mundo.
> *Kojiki*

pendentes curvos (conhecidos como o Yasakani-no-Magatama) e um espelho octogonal (chamado Yata-no-Kagami). Arrancando uma árvore pela raiz, Omoikane a replantou do lado de fora, na entrada da caverna. Pendurou os pendentes nos ramos mais altos, e, nos inferiores, tiras de preces feitas com papel *mulberry* branco e cânhamo azul. No meio da árvore, ele pendurou o espelho octogonal. A deusa do amanhecer Ame-no-Uzume, então, virou um balde próximo à entrada da caverna

e começou a dançar em cima dele. Conforme dançava, expunha os seios e abaixava o espartilho, passando-o pela cintura. Os outros espíritos gargalharam ruidosamente. Ouvindo o alarido, a curiosidade de Amaterasu a levou a espiar fora da caverna. Ao sair, viu-se refletida no espelho. Estando momentaneamente encantada, Ame-no-Tajikarao, um deus forte escondido nas proximidades, empurrou-a para fora. Uma corda sagrada foi pendurada na entrada da caverna para impedi-la de voltar. Os outros espíritos disseram a Amaterasu que ela não podia mais conter sua luminosidade. Ela concordou em jamais se esconder novamente e mais uma vez o mundo foi banhado com sua luz.

Morte e renascimento

Com Amaterasu fora do esconderijo, os deuses tinham que decidir o que fazer com Susanoo, que, agindo errática, egoística e destrutivamente, cometera uma séria violação aos valores morais tradicionais do Japão.

Primeiro, como punição por suas ações, ele teve as unhas das mãos, dos pés e a barba cortadas. Em seguida, foi exilado do céu para a terra. Quando os espíritos também impuseram uma multa de mil mesas servidas com comida, Susanoo pediu ao espírito feminino da comida O-ge-tsu-hime para ajudá-lo a encontrar os alimentos. Ela concordou, mas retirou alimentos do nariz, da boca e do traseiro. Susanoo achou aquilo tão ofensivo que a matou, mas o cadáver de O-ge-tsu-hime floresceu de novo, refletindo o ciclo da colheita, morte e renascimento. Bichos-da-seda saíram de sua cabeça. Arroz, dos seus olhos, painço das orelhas, feijões-vermelhos, do nariz, cevada, dos órgãos reprodutores, e soja, do traseiro. Esses grãos e feijões foram transformados em sementes, e Susanoo os semeou e os colheu para pagar a multa. Após ser banido do paraíso, Susanoo foi para o monte Torikami, no rio do Espírito. Ao andar pelo campo, viu um graveto boiando rio abaixo, e seguindo a direção de onde ele vinha, encontrou um casal idoso com uma linda filha. Os três choravam. O senhor idoso,

Os ornamentos imperiais do Japão — os três tesouros sagrados — que passaram do neto de Amaterasu para o Imperador foram usados como parte da cerimônia de coroação. Representam sabedoria, benevolência e valor.

Yata-no-Kagami (Espelho de oito lados) Usado para atrair Ame-no-Uzume-no-Mikoto.

Yasakani-no-Magatama (Pendente) Decorava a árvore ao redor da qual Ame-no-Uzume dançou.

Kusanagi-no-Tsurugi (Espada para cortar grama) Dada por Susanoo a Amaterasu.

Ashi-nazu-chi, disse que o casal tivera oito filhas, mas cada ano uma delas era devorada pelo dragão Yamata-no-Orochi. Agora, restava apenas a filha mais nova, Kushi-nada-hime.

Matando o dragão

Susanoo foi informado de que o dragão tinha oito cabeças e oito rabos, e era tão imenso que varrera oito vales e oito picos. Ele concordou em matar o dragão em troca da mão de Kushi-nada-hime em casamento. Susanoo ordenou que o casal idoso preparasse uma quantidade de

saquê extraforte e construísse uma cerca com oito portões — em cada um, eles deviam colocar um barril de saquê. O saquê era tão forte que a fera rapidamente caiu adormecida. Susanoo então usou a espada para cortá-la em pedaços. Dentro do corpo, ele encontrou uma poderosa lâmina, que veio a se chamar Kusanagi-no-Tsurugi, que mais tarde Susanoo deu a Amaterasu para compensá-la por seu comportamento. Com o dragão morto, Susanoo e Kushi-nada-hime se casaram e tiveram seis gerações de descendentes. ■

Imperador Hirohito (1901-1989), trajado para sua coroação em 1928. Hirohito foi reverenciado como um descendente direto dos deuses.

Kami e os imperadores japoneses

Solucionada a disputa com Susanoo, Amaterasu começou a pôr ordem na terra. Seus dois filhos eram incapazes de realizar a tarefa, mas por fim o neto Ninigi estava apto a descer. Amaterasu lhe deu três poderosos tesouros: os pendentes, o espelho e a espada que Susanoo lhe dera.

Ninigi trouxe ordem ao Japão. Ele se casou com Kono-hana-sakuya-hime, a neta dos criadores originais Izanagi e Izanami. O bisneto de Ninigi foi Jimmu, o lendário primeiro imperador do Japão, cujo reinado se estendeu de

660 a.C. a 585 a.C. A principal esposa de Jimmu era uma descendente de Susanoo e Kushi-nada-hime. Como tal, os imperadores eram vistos como sendo descendentes diretos de vários dos mais importantes *kami* (espíritos venerados na religião xintoísta). O título tradicional do imperador é Tenno (soberano celestial). Em 1945, entretanto, como parte da rendição do Japão após a Segunda Guerra Mundial, o imperador Hirohito renunciou ao seu status de divindade.

SEU ARROZ DO MUNDO DO CÉU É BOM

FOGO E ARROZ

A história de Wigan e de seu irmão Kabigat é um mito de fundação dos ifugaos, uma tribo originária da parte elevada das Filipinas. Ela explora a relação simbiótica entre o mundo da terra e o mundo do céu dos deuses, e como negociavam sua mútua sobrevivência. Em Kayang, Wigan e Kabigat queriam caçar. Para saber se a caçada seria bem-sucedida, Wigan escolheu sua galinha mais gorda e a sacrificou em nome de vários deuses menores, como os Cansados, que viviam na região da nascente e na região da foz, e os deuses Alabat, que viviam nas montanhas e possuíam os animais de caça. O presságio era bom, então Wigan e Kabigat pegaram suas lanças, cachorros e partiram para as colinas em busca de um porco selvagem.

Rumo aos céus

Os irmãos entraram pela floresta e, avistando um porco, gritaram para que os cachorros corressem. Eles perseguiram a presa, que sempre subia, até que o animal acabou galgando o mundo do céu. Wigan e Kabigat seguiram o porco por todo o caminho até o mundo do céu. Eles o encontraram perto da casa dos deuses Lidum e Hinumbían, e Wigan o fisgou com a lança. Quando Hinumbían repreendeu Wigan por matar um dos porcos do mundo do céu, ele respondeu: "Esse porco não é seu. Viemos atrás dele desde Kayang". Em seguida, Wigan e Kabigat carregaram o porco morto para o celeiro de Lidum e Hinumbían e, cortando-o em pedaços, o compartilharam com os deuses.

Um Bulul (deus do arroz) sentado segura um cesto usado na colheita. Essa escultura de madeira do século XV, feita para uma casa ou celeiro ifugao, provém da ilha de Luzon, nas Filipinas.

Veja também: Prometeu ajuda a humanidade 36-39 ▪ As origens dos baigas 212-13 ▪ A morte de Luma-Luma 308-09

Ambos os deuses pegaram um pequeno pedaço de carne, misturada com sangue e arroz, e a comeram crua. Eles perguntaram a Wigan e Kabigat por que não estavam comendo, e Wigan respondeu que não comiam carne crua.

Presentes mútuos

Wigan e Kabigat levaram a parte que lhes cabia para o mundo da terra, onde fizeram fogo com uma broca de bambu e cozinharam a carne e o arroz. Eles convocaram os espíritos do lugar, filhos de Lidum ou Hinumbían, e os alimentaram. Esses espíritos levaram a comida de volta ao mundo do céu para compartilhar com os pais. Encantados com as saborosas oferendas, Lidum e Hinumbían chamaram Wigan e Kabigate e lhes pediram o precioso dom do fogo. Em troca ofereceram joias, mas Wigan deu preferência ao arroz do mundo do céu, que era muito melhor que o arroz plantado no mundo da terra. Os deuses abriram seus celeiros e deram a Wigan dois fardos da semente de arroz. Em troca, Wigan fez o fogo para eles. Entusiasmados, os deuses levaram o fogo para dentro de casa, porém a incendiaram. Chamaram, então, Wigan para que viesse e levasse o fogo de volta — em vez disso, ele o extinguiu com água e, em seguida,

Tu, Arroz, aqui!
Multiplica como areia...
A religião dos ifugaos

construiu uma lareira para que os deuses ali contivessem as chamas. Em troca, os deuses, agradecidos, ensinaram Wigan e Kabigat a cultivar e armazenar o arroz corretamente, e a desenvolver campos de arroz.

Alimentando a humanidade

De volta a Kayang, Wigan contou a sua esposa Bugan que, para criar campos de arroz, ela deveria se enrolar numa coberta e permanecer absolutamente imóvel enquanto ele revolvia a terra repetidas vezes com uma vara de escavação. Depois de preparar oito campos, Bugan se moveu — daquele momento em diante, quando Wigan escavava o solo, só conseguia revolver uma pequena quantidade. Wigan a repreendeu, mas Bugan disse: "Nós temos o suficiente. Nossos filhos podem ampliar os campos".

Os terraços de arroz dos ifugaos nas montanhas de Luzon foram construídos há 2 mil anos. São irrigados por um intrincado sistema, passado de uma geração a outra.

Conformado, Wigan golpeou com a vara na margem acima dos campos, fazendo jorrar água e irrigando os campos. Com isso, Wigan sabia que logo se tornaria o primeiro humano a colher o arroz dos deuses. Quando o arroz amadureceu, o deus ferreiro fez facas para a colheita e as trocou pelas galinhas de Wigan. Ele armazenou o arroz no celeiro com rituais e sacrifícios aos deuses do mundo do céu, do Submundo e da região da nascente, e para os deuses dos celeiros Bulul. Wigan invocou os deuses novamente, para que em Kayang o arroz sempre crescesse e vicejasse, refletindo assim o ciclo sazonal de nascimento, morte e renovação. ▪

HAVIA UM HOMEM CHAMADO DAN'GUN WANGGEOM QUE CRIOU A CIDADE E FUNDOU UMA NAÇÃO

A LENDÁRIA FUNDAÇÃO DA COREIA

EM RESUMO

TEMA
A origem de uma nação

FONTES
Samguk Yusa [Recordações dos três reinos], Iryon, 1281-1283 d.C.

CENÁRIO
Monte T'aebaek-san, e o antigo reino de Choson.

PRINCIPAIS FIGURAS
Hwanin Rei dos céus.

Hwanung Filho do rei dos céus; primeiro governante da terra.

Ungnyeo Urso transformado em mulher.

Dan'gun Wanggeom Filho de Hwanung e Ungnyeo; fundador do primeiro reino coreano.

Um dos mitos mais antigos da fundação da Coreia, a história de Hwanung e de seu filho consolidou na cultura coreana a crença de que seu povo é formado por um único grupo homogêneo. De acordo com esse mito, todos os coreanos descendem do lendário fundador do antigo reino de Choson em 2333 a.C.

A descida

Hwanung era filho de Hwanin, o rei dos céus e divindade suprema. Um dia, Hwanung perguntou ao pai se poderia descer à terra e governar sua própria nação. Embora triste por ver o filho partir, Hwanin percebeu que Hwanung poderia ser um bom governante para a humanidade. Ele então abriu os portões dos céus e mandou que o filho fosse até o monte T'aebaek-san (algum lugar na atual Coreia, ou nas proximidades).

Acompanhado por 3 mil espíritos, Hwanung desceu do céu até o topo do monte. Sob uma

Monte T'aebaek-san era o lar lendário de Hwanung na cidade sagrada. A localização da montanha mítica é desconhecida, mas esse pico na região de Gangwon, na Coreia, hoje leva seu nome.

Veja também: A fundação de Atenas 56-57 ▪ A fundação de Roma 102-05 ▪ Izanagi e Izanami 220-21 ▪ Jumong 230-31

O *Samguk Yusa*

O registro mais antigo do mito de Dan'gun está no *Samguk Yusa* [Recordações dos três reinos], compilado em c.1281-1283 pelo monge budista Iryon. O trabalho é uma coletânea de contos folclóricos da Coreia, escritos na era do império mongol (1206-1368).

O mito de Dan'gun estabelece as origens primordiais do povo coreano, e é visto como prova do seu direito divino de governar a pátria. A península coreana foi invadida pelos mongóis, chineses e japoneses ao longo dos séculos. A história foi alvo de nova atenção no século xx, quando foi usada para justificar o nacionalismo do Estado, as reivindicações de territórios e a unificação coreana. Isso aconteceu em 1948, em meio às tensões internacionais da Guerra Fria que se desenrolavam em solo coreano, com o Norte, apoiado pela China e pela União Soviética, lutando contra o Sul, apoiado pelos Estados Unidos e outros países do Ocidente. A divisão permanece até hoje.

árvore de sândalo, estabeleceu uma cidade sagrada, Shinsi (A cidade de Deus), e designou os nobres espíritos do vento, da chuva e das nuvens como ministros de governo, composto por 360 departamentos. Hwanung pegou o título de governante divino do reino humano.

Isso lhe possibilitou supervisionar a agricultura, preservar a vida, curar doenças, atribuir castigos e estabelecer uma ordem moral que refletisse os valores da sociedade celeste que ele trazia para a terra.

Herdeiro do trono

Um dia, um urso e um tigre procuraram Hwanung e lhe imploraram para transformá-los em seres humanos. Ele concordou, dando a cada um deles um pedaço da planta sagrada artemísia e vinte cabeças de alho, e disse-lhes para comer tudo e permanecer no escuro por cem dias, a fim de se tornarem humanos. Eles aceitaram o trato e foram para uma caverna, onde estariam fora do alcance do sol. Mas o tigre, levado pela fome, logo desistiu e saiu. O urso pacientemente permaneceu e foi transformado em uma bela mulher ao cabo dos cem dias.

A mulher-urso, Ungnyeo, sentiu-se profundamente agradecida a Hwanung e fez oferendas diárias a ele no topo do monte T'aebaek-san. Apesar de não ter marido, ela rezava, pedindo um filho. Sensibilizado pelas preces sinceras, Hwanung se fez humano e teve um filho com ela, chamado Dan'gun Wanggeom.

Se comer isso e não vir a luz do dia por cem dias, obterá a forma humana.
Hwanung

Dan'gun com os picos das montanhas ao fundo. Pintura de Chae Yong-sin, por volta de 1850. Yong-sin foi um retratista proeminente e bem-sucedido do século xix.

Dan'gun cresceu e se tornou um sábio e poderoso líder, e acabou assumindo a terra que seu pai Hwanung havia governado. Dan'gun fundou o primeiro reino coreano e o chamou de Choson, e estabeleceu a capital perto da cidade que hoje é conhecida como Pyongyang.

Mais tarde, Dan'gun mudou a capital para outra cidade — Asadal, no monte Paegak. Ele governou a nação por 1.500 anos. Aos 1.908 anos, Dan'gun regressou à cidade sagrada de Shinsi em T'aebaek-san e foi imortalizado, tornando-se um deus da montanha. ▪

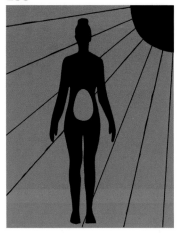

HAE MOSU FEZ O SOL BRILHAR E SEUS RAIOS ACARICIARAM O CORPO DE YUHWA

JUMONG

O mito de Jumong, o rei sagrado do Oriente, remonta à fundação do reino de Koguryo, um dos três reinos da Coreia que sucederam Choson e dominaram a península coreana por grande parte do primeiro milênio d.C. A história traça a criação desse novo Estado e a fundação de uma dinastia duradoura.

Um dia, o imperador celestial Cheonje enviou seu filho Hae Mosu à terra, onde ele se deparou com Yuhwa tomando banho no lago Ungsim com as duas irmãs. Encantado com sua beleza, ele

Yuhwa é… → … estuprada por **Hae Mosu**… → … é feita **concubina** pelo **rei Geumwa**… → … **exilada** para o **monte T'aebaek-san**… → … **impregnada** dos raios de **sol**… → … e **dá à luz** um **ovo**.

Chocado o ovo, nasce Jumong.

Veja também: A origem do universo 18-23 ▪ O *Kalevala* 160-63 ▪ A lendária fundação da Coreia 228-29

Hae Mosu desceu dos céus numa carruagem puxada por cinco dragões. Ele morreu antes de ver seu filho, Jumong, fundar uma nova dinastia.

Quando Hae Mosu — que se ressentia amargamente da derrota contra Habaek — fez os raios do sol acariciarem o corpo de Yuhwa, ela ficou grávida e deu à luz um ovo cinco dias mais tarde. O rei rapidamente compreendeu que o ovo não era seu, mas do príncipe celestial. Incapaz de esmagar a casca inquebrável, ele devolveu o ovo a Yuhwa, que o embrulhou num pano e o colocou num local quente. Quando o ovo finalmente chocou, a criança nasceu. Aos sete anos de idade, ele foi capaz de fabricar seu próprio arco e flecha, e então foi chamado de Jumong (Excelente Arqueiro).

Mal escapou

Quando Jumong tinha doze anos, os filhos do rei Geumwa, com uma inveja enorme de suas habilidades, conspiraram para matá-lo. Sabendo que sua vida estava em perigo, Jumong fugiu para o rio Om, onde aos berros disse que era neto do governante dos céus. Emergindo das águas do rio que fluíam muito rápido, tartarugas marinhas e peixes formaram uma ponte, que lhe possibilitou a travessia. Tão logo se viu a salvo do outro lado, a ponte se dissolveu, deixando seus perseguidores presos do lado oposto.

Jumong viajou, alcançando Cholbon-ju em 37 a.C., e lá fundou sua capital. Ele chamou o novo estado de Koguryo e adotou "Ko" como sobrenome, inaugurando a mais longa dinastia na história coreana. ▪

levou as três irmãs para seu palácio no rio Yalu, logo abaixo de Unginsan (montanha do Espírito do Urso), onde as aprisionou. Suas duas irmãs conseguiram escapar, mas Yuhwa foi deixada sozinha com Hae Mosu, que a estuprou.

Quando Habaek, pai de Yuhwa, descobriu, ficou indignado e confrontou Hae Mosu. Ele disse ao pai da moça que tinha sido enviado dos céus e pretendia se casar com ela. Para testar se o homem tinha o poder dos céus, Habaek o desafiou a um duelo. Ao perceber que Hae Mosu tinha a força de um deus, tentou aprisioná-lo em um enorme saco de couro depois de embebedá-lo. Hae Mosu rompeu o saco e fugiu, para nunca mais voltar a ver Habaek ou Yuhwa.

O jovem arqueiro

Agora sozinha, Yuhwa foi exilada pelo pai na vertente sul do monte T'aebaek-san. Yuhwa foi ali descoberta pelo rei Geumwa de Dongbuyeo, que, impressionado com sua beleza e sofrimento, decidiu torná-la sua concubina.

O ovo

O tema primordial e poderoso do ovo figura no coração dos mitos de criação ao redor do mundo. Em várias tradições, como a do conto de Pangu na mitologia chinesa, o universo começa como um ovo, do qual toda a vida se origina e se desenvolve. Em outros mitos, como na história de Jumong, o nascimento de um ser humano de um ovo fundamental, em circunstâncias milagrosas, desafia a natureza e sinaliza o papel designado do herói na moldagem de eventos futuros. Ao criar um protagonista heroico, o ovo, além de ser um símbolo potente de uma vida nova, é um presente do universo que possibilita a fundação de toda uma nação e — no caso de Jumong — de uma nova era para a Coreia sob sua liderança. Encontramos outros mitos de origem nacional semelhantes nos antigos contos folclóricos de diversas nações, como a Finlândia, o Egito, Angola, Índia, entre outras.

O ovo órfico: na Grécia, acreditava-se que ele chocava a divindade hermafrodita Phanes, ou Protogenus, a partir da qual descenderam os outros deuses.

AS AMÉ

RICAS

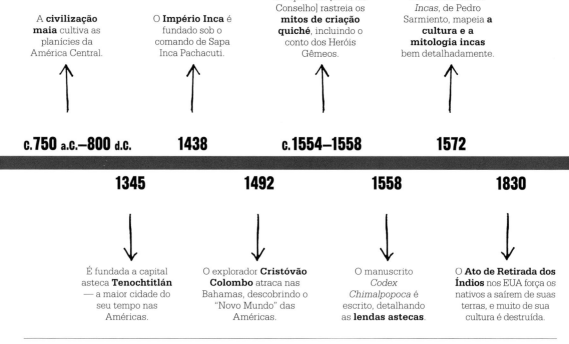

A **civilização maia** cultiva as planícies da América Central.

O **Império Inca** é fundado sob o comando de Sapa Inca Pachacuti.

O *Popol Vuh* [Livro do Conselho] rastreia os **mitos de criação quiché**, incluindo o conto dos Heróis Gêmeos.

La Historia de los Incas, de Pedro Sarmiento, mapeia **a cultura e a mitologia incas** bem detalhadamente.

c.750 a.C.–800 d.C.   **1438**   **c.1554–1558**   **1572**

1345   **1492**   **1558**   **1830**

É fundada a capital asteca **Tenochtitlán** — a maior cidade do seu tempo nas Américas.

O explorador **Cristóvão Colombo** atraca nas Bahamas, descobrindo o "Novo Mundo" das Américas.

O manuscrito *Codex Chimalpopoca* é escrito, detalhando as **lendas astecas**.

O **Ato de Retirada dos Índios** nos EUA força os nativos a saírem de suas terras, e muito de sua cultura é destruída.

O s primeiros humanos a se estabelecerem nas Américas foram os paleoíndios, que atravessaram a América do Norte, vindos da Ásia, há cerca de 22 mil anos. Ao longo dos milênios subsequentes, eles migraram para o sul, e por volta de 16500 a.C., a Patagônia, no extremo sul da América do Sul, fora habitada por povos como os tehuelche.

Por volta de 3500 a.C. em diante, a civilização mesoamericana surgiu na América Central, estabelecendo as primeiras cidades por volta de 1800 a.C. Os mitos e lendas desses primeiros povos foram altamente influentes para as civilizações posteriores, como a maia, que floresceu de 750 a.C. até o século IX d.C., e o Império Asteca, que se desenvolveu do século XIII ao século XVI d.C. Na América do Sul, os incas

se tornaram proeminentes e desenvolveram sua mitologia dos séculos XII-XVI d.C. Os povos indígenas da América do Norte também criaram lendas e culturas altamente diversificadas — desde os inuítes do Ártico, que apareceram no século XI d.C., até a nação navajo, que migrou para o sudoeste em torno de 1400 d.C.

Velho Mundo × Novo Mundo

A chegada dos europeus no final do século XV transformou o Novo Mundo; as doenças trazidas por eles levaram milhões à morte, e a conversão ao cristianismo e a ocidentalização erradicaram muitos dos mitos indígenas. Embora seja incalculável o dano causado às Américas pela chegada dos colonizadores, subsequentes interações, de primeira mão, com os povos indígenas significaram que,

do século XVI em diante, muitos mitos foram preservados, pela primeira vez, através da escrita. Eles foram documentados por escritores europeus, como Johannes Wilbert, que exploraram áreas remotas e desconhecidas do Velho Mundo. Entretanto, vários mitos das primeiras nações de índios canadenses e de nativos americanos foram perdidos no final do século XVIII, devido aos ataques dos novos colonizadores contra as culturas nativas, forçando-as a assimilar o modo de vida dos colonos.

Métodos para contar histórias

Em geral, os índios americanos não usavam linguagens escritas até seu primeiro contato com os colonos brancos. Todos os ramos da mitologia americana foram, em

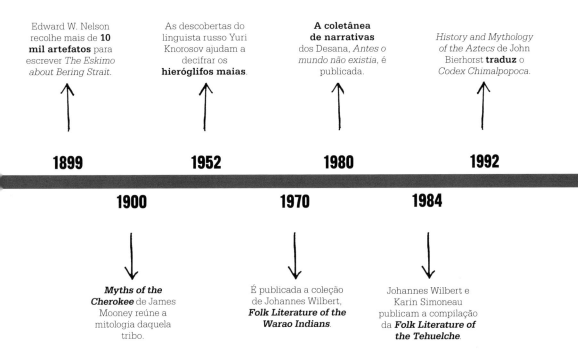

Edward W. Nelson recolhe mais de **10 mil artefatos** para escrever *The Eskimo about Bering Strait*.

As descobertas do linguista russo Yuri Knorosov ajudam a decifrar os **hieróglifos maias**.

A coletânea de narrativas dos Desana, *Antes o mundo não existia*, é publicada.

History and Mythology of the Aztecs de John Bierhorst **traduz** o *Codex Chimalpopoca*.

1899   **1952**   **1980**   **1992**

1900   **1970**   **1984**

Myths of the Cherokee de James Mooney reúne a mitologia daquela tribo.

É publicada a coleção de Johannes Wilbert, ***Folk Literature of the Warao Indians***.

Johannes Wilbert e Karin Simoneau publicam a compilação da ***Folk Literature of the Tehuelche***.

---

algum momento, preservados pela tradição oral, mas alguns povos mesoamericanos, como os maias e os astecas, desenvolveram sistemas de hieróglifos que lhes permitiram registrar seus mitos em coleções, como o *Popol Vuh* [Livro do Conselho] e o *Codex Chimalpopoca*. Outros povos usaram sistemas diferentes para documentar seus contos. Os incas, por exemplo, usaram as cordas nodosas.

Começos comuns
Em geral, a maior parte dos povos americanos acredita numa divindade criadora. Vários dos mitos centrais das Américas detalham como o céu, a terra e todas as formas vivas foram criadas. Para os incas, isso era Viracocha, criador do cosmos. Kóoch, o pai do céu dos tehuelche (patagônios), tinha um

papel semelhante. Os astecas acreditavam que o universo havia sido inicialmente criado por um deus duplo macho-fêmea chamado Ometeotl, também criador dos primeiros quatro deuses. Outra figura criadora importante era a Mãe Terra, que aparecia sob forma de aranha em muitas mitologias nativas americanas e era a professora da humanidade.

O herói que ajudou ou ensinou a humanidade era um tema recorrente nos mitos americanos. O povo warao da América do Sul cultuava uma figura chamada Haburi, que inventou a canoa feita de tronco de árvore escavado. Os "heróis gêmeos" maias ajudaram os humanos derrotando os senhores do Submundo e poupando os humanos do sacrifício. Eles compartilham características com os deuses trapaceiros. Essas divindades

astutas também são bem conhecidas nos mitos da América do Norte, como os contos de Raven sobre os inuítes e dos povos das primeiras nações indígenas.

Compreendendo o universo
A mitologia das Américas está ligada às visões que seus povos primitivos têm da espiritualidade e da religião. Mostra os elos existentes entre a humanidade, o mundo natural e o cosmos. Muitas vezes, os mitos americanos incluem corpos celestes. A rivalidade entre o sol e a lua é tema comum, ocorrendo em vários mitos astecas, incas e tehuelche. Para os astecas a existência se baseava num ciclo de cinco sóis e eras, todos terminando em destruição, e sacrifícios humanos evitavam a queda do quinto e último sol — e o fim do mundo. ∎

A TERRA É UMA ILHA GIGANTE FLUTUANDO NUM MAR DE ÁGUA

A CRIAÇÃO CHEROKEE

EM RESUMO

TEMA
A criação do mundo

FONTES
Tradição oral, registrada em
Myths of the Cheerokee, James
Mooney, 1900.

CENÁRIO
O início dos tempos.

PRINCIPAIS FIGURAS
Besouro da Água Dâyuni'sï
(Neto do Castor); a primeira
criatura a criar o primeiro solo
que se tornou a terra.

Abutre Animal responsável
pelas montanhas e pelos vales
da terra.

Tsiska'gïlï O lagostim
vermelho.

Irmão e Irmã Os primeiros
humanos.

Em geral, os mitos de criação dos índios americanos entrelaçam os mundos natural e espiritual, muitas vezes atribuindo qualidades divinas aos animais, ao céu e à terra. Vários deles envolvem um grande espírito criador do mundo e tudo o que há nele. Para os inuítes, que vivem no extremo do oceano Ártico, a deusa Sedna é uma figura de destaque, responsável por toda a criação da vida marinha. Na mitologia iroquesa, oriunda das florestas do nordeste norte-americano, a terra passou a existir nas costas de uma tartaruga marinha gigante.

A ilha

Os cherokees vivem nas florestas do sudeste. Assim como no conto dos iroquois, o mito de criação cherokee começa com um mundo composto de

água. Algumas versões sugerem que os animais existiram antes da terra, quando tudo era água. Eles viviam bem acima de tudo, num reino espiritual chamado Gälûñ'lätï. Os animais olharam para a água, abaixo, e imaginaram o que haveria sob a superfície. Uma das criaturas, o Besouro da Água, se ofereceu para explorar, mas não havia lugar para pousar, então ele mergulhou fundo na água. Encontrou uma argila enlameada e nadou para cima com ela, colocando-a na superfície. A argila se espalhou, formando uma grande ilha. Cordas longas de cada um dos quatro pontos cardeais prendiam a terra ao reino dos espíritos no céu. Em algum ponto no futuro, quando a terra ficar muito velha, as cordas se partirão e a terra afundará, voltando para o fundo das águas. Do céu, os animais viram a ilha crescer. Os pássaros voaram para baixo para inspecionar a nova terra. Ela ainda estava macia e enlameada, então depois de esperar um pouco mais, o abutre se precipitou num mergulho e voou sobre a ilha. Sempre

O besouro da água Dâyuni'sï (Neto do Castor) esculpido por John Julius Wilnoty (1940-2016), membro do grupo oriental dos índios cherokees.

Veja também: A origem do universo 18-23 ▪ Pangu e a criação do mundo 214-15 ▪ O mito de criação san 284 ▪ O *Dreaming* 302-07

A história da criação

3. Tocando a argila, o **Abutre** cria vales e montanhas.

1. **Quatro cordas** conectam o reino dos espíritos, **Gälûñ'lätï**, ao reino da terra.

Reino do espírito

2. O **Besouro da Água** forma a terra da argila.

◄ Oeste

Norte ▲

Leste ►

Sul ▼

Ilha

Água

Anetso

Na mitologia cherokee, durante a época anterior à vinda do irmão e da irmã para viver na terra, havia uma competição entre os pássaros e outros animais. Os pássaros transformavam pequenas criaturas em morcegos e esquilos voadores, assim se juntariam a eles para jogar contra os outros animais. Esse mito se reflete no jogo chamado *anetso*, que faz parte da essência da identidade tribal cherokee. Eles jogam esse jogo, um precursor do lacrosse, há centenas de anos. Ainda hoje os mais velhos contam a história da primeira competição mítica para os jogadores antes do jogo. Anetso é um jogo fisicamente violento — entradas agressivas são estimuladas — mas também é espiritual. Um membro da tribo conhecido como o "encantador" ajuda a preparar os atletas com rituais de limpeza antes e depois das partidas, enquanto outros membros executam danças e cerimônias.

que suas asas cansadas se arrastavam no chão, formavam vales profundos; sempre que voava de novo para cima, surgiam montanhas. Isso explica por que os territórios tradicionais cherokees possuem tantas montanhas.

Noite e dia

Quando o solo secou completamente, os animais desceram à terra e acharam que era muito escura. Então pegaram o sol e fizeram com que ele se movesse pelo céu, diariamente, do leste para o oeste. No início, o sol estava muito próximo da terra e, de tão quente, queimou o lagostim Tsiska'gïlï, tornando-o vermelho. Os cherokees acreditam que isso estragara a carne do lagostim, e não a comeriam. Os animais moveram o sol para cima, até chegar a sete palmos de altura, ficando logo abaixo do arco do céu. Depois disso, os animais e as plantas tentaram ficar acordados por

sete dias e sete noites para manter a vigilância. Eles tinham sido instruídos a fazer isso pelo criador, muito antes que a própria terra fosse feita. Os que ficaram acordados foram recompensados. Isso explica por que animais como corujas e panteras podem ver e caçar à noite. O cedro, o pinho e outras plantas ficaram igualmente acordados e foram recompensados com a capacidade de se conservarem verdes a cada estação.

Os seres humanos

O homem finalmente veio viver na ilha. As primeiras pessoas foram um irmão e uma irmã. O irmão golpeou a irmã com um peixe e lhe disse para ter filhos. Depois do episódio, a cada sete dias, a mulher dava à luz uma criança. Entretanto, a população cresceu tão depressa que o mundo começou a ficar lotado — dali em diante, as mulheres só podiam dar à luz uma vez ao ano. ▪

Como vocês [árvores decíduas] não suportaram até o fim, perderão os cabelos a cada inverno.
Myths of the Cherokee

ANTES O MUNDO NÃO EXISTIA
YEBÁ BŪRÓ, A AVÓ DA TERRA

EM RESUMO

TEMA
Criação do mundo

FONTES
Antes o mundo não existia, Umusĩ Pãrõkumu (Firmino Arantes Lana) e Tõrãmũ Kēhíri (Luiz Gomes Lana), Unifort/Foirn, Coleção Narradores Indígenas do Rio Negro, 1995.

CENÁRIO
Noroeste da Amazônia brasileira.

PRINCIPAIS FIGURAS
Yebá Bũró Avó da Terra, mulher incriada que se fez por si mesma.

Cinco trovões Avôs do mundo, criados por Yebá Bũró.

Yebá Gõãmũ O demiurgo da Terra, bisneto do mundo.

Ũmũkomahsũ Boreka irmão do bisneto do mundo, chefe dos desana.

No princípio o mundo não existia e as trevas cobriam tudo. Enquanto não havia nada, uma mulher apareceu por si mesma, trazendo seis artefatos misteriosos: um banco de quartzo branco no qual se mantinha; uma forquilha para segurar seu cigarro; uma cuia de ipadu (*Erythroxylum coca*) e seu suporte; uma cuia de farinha de tapioca e seu suporte. Enquanto surgia, ela se cobriu com seus enfeites e criou um aposento chamado *Ũhtãboho taribu* ou "Quarto de Quartzo Branco". Em seguida, comeu o ipadu, fumou seu cigarro e começou a pensar em como deveria ser o mundo e seus seres.

Os cinco trovões

Do seu pensamento surgiu uma espécie de balão com uma torre em cima que envolveu a escuridão. O balão era o mundo, que ela chamou de *Ũmũkowi'i*, uma casa, a Maloca do Universo. Mas só havia luz no aposento dela, no Quarto de Quartzo Branco. A avó pensou então em colocar pessoas nessa enorme Maloca do Universo e voltou a mascar o ipadu e a fumar seu cigarro. Depois, tirou o ipadu da boca e moldou com ele cinco homens-trovões, os avôs do mundo, os

Homens de Quartzo Branco, e deu a cada um deles um quarto. O primogênito ficou com o quarto destinado ao chefe; o segundo com o quarto acima e à direita do primeiro; o terceiro recebeu o quarto no alto do jirau do jabuti; o quarto ficou no cômodo em frente ao do segundo; e o quinto ficou com o quarto mais acima, bem na entrada, perto da porta, onde dormem os hóspedes. O mundo terminava em forma de torre. Na ponta da torre havia um sexto quarto chamado Funil do Alto, onde ficava um morcego. Era o Fim (os confins) do Mundo.

A criação da humanidade

Yebá Bũró fez os trovões para que eles criassem o mundo. Ordenou-lhes que concebessem a luz, os rios e a humanidade. Apesar de prometerem que o fariam, eles nada fizeram. Irritada, a avó do mundo lhes deu uma bronca. Os trovões então tentaram criar a luz, dando uma festa, mas o caapi (bebida alucinógena feita com um cipó) que ingeriram os deixou tontos, pois era muito forte. Um deles tentou promover a criação, mas saiu vomitando pelo oeste e acabou se tornando uma grande montanha.

Veja também: A criação cherokee 236-37 ▪ As aventuras dos gêmeos Sol e Lua 240-41 ▪ Os Gêmeos Heróis 244-47

A velha disse: "Esses não têm jeito, não sabem fazer!", e voltou para seu Quarto de Quartzo Branco. Ela pensou, então, em criar um outro ser que seguisse suas ordens. Comeu o ipadu, fumou seu cigarro e refletiu no que poderia ser feito. Da fumaça formou-se um ser que não tinha corpo, não podia ser tocado nem visto. Pegou então seu pari (esteira de palha em treliça) de defesa e o envolveu, assim como fazem as mães quando dão à luz. Então, ela o saudou, nomeando-o "Bisneto do Mundo". Seu nome era Yebá Gõãmũ, o demiurgo do mundo. A anciã lhe disse: "Eu mandei os trovões do mundo fazerem as camadas da terra e a humanidade, mas eles não souberam fazê-las. Faça você, e eu vou ajudá-lo!". Ele levantou seu bastão cerimonial, erguendo-o até o cume da torre do mundo, enfeitou-lhe a ponta com penas e outros adornos masculinos e femininos, e o bastão ficou brilhando em diversas cores. Então, surgiu Abe, o sol. Vendo o trabalho do bisneto do mundo, os trovões ficaram enciumados e queriam destruir o trabalho dele, mas o terceiro trovão lhes deu ipadu e cigarro, e eles se acalmaram. Yebá Gõãmũ criou uma estrutura de paris com diversas plantas e subiu pelo bastão até a terceira maloca, sustentando-se nela. Enquanto isso, Yebá Bũró tirou sementes de tabaco do seio esquerdo e as espalhou pelos paris. Depois tirou leite do mesmo seio e o derramou sobre essas esteiras. A semente do tabaco era para formar a terra e o leite, para adubá-la. Quando Yebá Gõãmũ chegou ao quarto do terceiro trovão, encontrou-o fechado. Quando conseguiu abri-lo, surgiu Ũmũkomahsũ Boreka, o chefe dos desana e irmão do bisneto do mundo. Ingressaram juntos então na maloca, e Yebá Gõãmũ disse: "Eu vim aqui porque Yebá Bũró me mandou lhe pedir suas riquezas". O trovão respondeu: "Muito bem, meu bisneto! Eu tenho aqui as riquezas que você quer". O trovão estendeu um pari no chão e apertou a barriga. Saíram-lhe, então, pela boca as diversas riquezas, que caíram sobre a esteira, e o trovão disse: "Eis o que queriam! Quando voltarem, façam como eu fiz", e lhes ensinou os ritos que deveriam realizar e lhes deu folhas novas de ipadu para engolirem. "Quando sentirem dor de barriga, bebam água com cinzas e vomitem num só buraco do rio." Fizeram como lhes foi dito, e assim que vomitaram a primeira vez, surgiram duas mulheres. O bisneto do mundo disse ao irmão Bureka: "Puxe-as para fora da água!". Ele as puxou e as chamou de filhas. Então o terceiro trovão transformou-se numa grande cobra-canoa (ou Canoa de Transformação) e os dois irmãos subiram nela para guiá-la. Por todo o Grande Lago de Leite (oceano), e subindo os rios amazônicos, eles repetiram o ritual do ipadu. E em cada uma das malocas ao longo dos rios acontecia o mesmo; de seus vômitos surgiam os grupos de seres humanos que se tornaram as atuais tribos dos desana e seus parentes índios. A última maloca onde fizeram o ritual foi aquela na qual surgiram os homens brancos. ▪

A maloca como corpo e universo

Os desana fazem parte de um grupo de dezessete etnias que falam a língua tukano. Sua cosmologia baseia-se na transformação por intermédio de animais. No caso dos Povos das Águas, os desana e os bará, isto se dá por meio de uma cobra-canoa ou peixe do rio. Já para os Povos da Terra, como os barasana, pelo jaguar; e nos Povos do Céu, como os tatuyo, pela harpia ou urubu-rei. Há três níveis de existência: céu, terra e mundo inferior que se replicam no corpo, na comunidade, na casa e no cosmo, mudando de escala conforme o nível de experiência. Assim o céu pode ser as estrelas ou o sol, mas também o cocar, ou as montanhas onde nascem os rios, dependendo do contexto. Assim como o mundo inferior pode ser o barro amarelo debaixo do solo ou o rio subterrâneo dos mortos. Para eles, a noite é quando o escuro mundo inferior fica acima do céu. Cada camada é um mundo em si com seus próprios seres. Uma maloca é, portanto, uma replicação desse universo. O teto de palha é o céu, suas pilastras são as montanhas e as paredes cercam o mundo visível, e abaixo corre o rio do mundo inferior. Da mesma forma, o corpo humano é uma casa na qual as tripas e os genitais são rios, e os vermes são cobras de transformação.

COMO VOCÊS PODEM DAR DE COMER ÀQUELES QUE DEVORARAM SUA MÃE?
AS AVENTURAS DOS GÊMEOS SOL E LUA

Para a cosmogonia dos guarani-kaiowás, Nhanderuvusu — "Nosso Grande Avô" — criou tudo e a si mesmo a partir do jasuka, uma substância primeva de propriedades criadoras. Ele soprou vida pela voz do trovão Tupã e gerou sua esposa Nhande Jari, "Nossa Grande Avó". Criou depois a terra como uma grande rodela e em seguida a estendeu até a forma atual. Fez as matas, o céu e os animais e seus protetores: Yara dos lagos e rios; Caapora (ou Caipora) dos animais e das florestas; Amanaci da chuvas e da terra fértil, e assim por diante. Mas um dia teve uma crise de ciúme, e se não fosse por Nhande Jari, teria destruído tudo com um dilúvio. Depois disso, engravidou a esposa e deixou a terra.

O surgimento dos seres humanos

Nhanderu Paven ("Nosso Pai de Todos"), filho de Nhaderuvusu, e sua esposa Nhande Sy ("Nossa Mãe") são os primeiros seres humanos, que criaram todo o território guarani e suas tribos, colocando montanhas para separá-los. Nhanderu Paven roubou o fogo dos corvos e o entregou aos homens, além de objetos sagrados como a flauta (*mimby apyka*) e o tabaco (*petỹ*) para os rituais. Ele também resolveu partir para outros domínios, deixando Nhande Sy grávida de gêmeos, que, ainda dentro de sua barriga, pedem a ela que parta em busca do Pai. Eles lhe indicam o caminho e lhe pedem uma flor amarela para brincarem, mas sua mãe se recusa a dá-la.

Kuarahy, o Sol, e seu irmão Jasy, a Lua

Muito contrariados, os meninos vingam-se da mãe, indicando-lhe um caminho que os leva até a casa das onças. Lá, elas devoram a mãe e tentam cozinhar as crianças, mas não conseguem. Decidem, então, criá-las, e em poucos dias Kuarahy (o Sol, o filho mais velho) e Jasy (a Lua, o filho mais novo) demonstram ter poderes especiais, crescendo muito rápido e caçando animais para dar de comer à velha onça que os criava. Em uma dessas caçadas, passam dos limites determinados pela velha onça e, quando iam flechar um pássaro, são interpelados por ele, que lhes pergunta: "Como vocês podem dar de comer àqueles que

Veja também: A criação cherokee 236-37 ▪ Yebá Bũró, a Avó da Terra 238-39 ▪ Os Gêmeos Heróis 244-47 ▪ A primeira canoa 258-59

devoraram sua própria mãe?". Então, conta a eles tudo o que acontecera, e os irmãos decidem se vingar. Eles atraem as onças para uma armadilha e as matam, derrubando-as de uma pinguela sobre um rio ou as transformando em outros bichos, dependendo da versão. Deixam apenas uma viva, que estava grávida (e é por isso que ainda existem onças). Os meninos encontram os ossos da mãe e os juntam, e através de seus rituais e rezas fazem com que ela retorne à vida.

Kuarahy segue o conselho do pássaro e decide ir encontrar seu pai, Nhanderu Paven, no céu. Prepara-se, rezando, jejuando e dançando para ficar mais leve e poder subir. Lança, então, uma sequência de flechas, umas sobre as outras, até construir um caminho que o leve aos céus, onde entra através da abertura feita por suas flechas. Lá ele encontra o pai, que lhe dá o sol para cuidar.

Jasy é raptado por um Urutau (*yrutáu*), de quem sofre maus-tratos.

A jornada de Sol e Lua é uma busca pelo reconhecimento paterno. É também uma procura por sua própria origem.
Spensy Kmitta Pimentel

Sua mãe apela a Kuarahy, o Sol, para que ajude o irmão, e vai ao seu encontro. Embora seja mais divulgado que Jasy seja uma mulher e, em algumas versões, esposa de Tupã ou de Kuarahy, as narrações dos kaiowás e nhandeva, entre outros povos guaranis, referem-se a eles como irmãos homens.

As aventuras de Kuarahy (Sol) e Jasy (Lua) incluem a criação de vários animais, como o nhambu e a cutia, além de encontros com os *anhã*, termo geralmente traduzido como "diabos".

Às vezes, a Lua vai brincar com os *anhã* e é capturada por um deles e morre, podendo também ser devorada. Aqui aparece novamente o motivo da ressurreição a partir dos ossos, em geral com o cupim auxiliando o Sol. Para alguns narradores, a morte da Lua remete às fases pelas quais o astro passa. ▪

Ensinamentos que passam de geração para geração, numa aldeia de índios guaranis, em Angra dos Reis; mãe e filha fazem cestaria.

Tupãs e Anhãs

Tupã é a entidade relacionada ao trovão e ao raio. Ele pode aparecer no plural (os tupãs), para os kaiowás, ou ser um nome próprio, como entre os mbya. Não é o deus criador, e sim uma entidade, ou uma designação para várias entidades — é mais comum nos kaiowás ouvir falar em Tupã Kuery —, mas há lugares em que os próprios indígenas usam o termo genérico Tupã para facilitar o entendimento de membros exteriores à tribo. Tupã-Cinunga, ou "O Trovão", cujo reflexo luminoso era Tupãberaba, ou "Relâmpago", são outras formas recorrentes.

Para os indígenas, antes de os jesuítas os catequizarem, Tupã representava "um ato divino, era o sopro, a vida; e o homem, a flauta em pé, que ganha a vida com o fluxo que por ele passa". Em algumas versões, Tupã é um combatente que luta contra os Anhãs (velhos) que são os espíritos dos antepassados mortos ou outras entidades que vagam pela terra. Com a colonização cristã, acabaram sendo confundidos com a figura do "demônio". Casos famosos são os do bandeirante Anhanguera (velho diabo) e da criatura mitológica Anhangá, que pode assumir várias formas, sendo a mais conhecida a de um veado com olhos de fogo e uma cruz na testa.

ELA ERA A SOMBRA DA BALEIA

RAVEN E A BALEIA

EM RESUMO

TEMA
Animais trapaceiros

FONTES
Tradição oral registrada em
*The Eskimo about Bering
Strait*, Edward W. Nelson, 1899.

CENÁRIO
O Ártico nos tempos antigos.

PRINCIPAIS FIGURAS
Raven Criador do mundo, um
deus trapaceiro.

Baleia Uma criatura do mar
respeitada pelos inuítes.

Uma mulher A *inua*, o
coração e a alma, ou espírito,
da baleia.

Para os inuítes no Alasca e noutras partes da região ártica ocidental, Raven era um poderoso deus criador. Ele criou o mundo trazendo luz, homem e animais à vida. Ao mesmo tempo, Raven era trapaceiro e mestre da transformação, ocultando sua forma humana no corpo de um pássaro. Essa é uma característica comum a outros heróis sob forma de animal do mito indígena americano. As histórias dos inuítes envolvendo Raven e a baleira exploravam a natureza dualista das transformações de Raven: ele mudou sua forma, mas também aprendeu com os desastres que lhe sobrevieram. Em algumas versões, o herói trapaceiro era inteiramente manipulador e egoísta, enquanto outras adaptações permitiram a Raven se redimir através de danças e canções curativas. No cerne de cada história, entretanto, estava o sacrifício sagrado da baleia e a deferência à sua *inua* ou alma.

Raven vê a baleia

De acordo com um dos mitos inuítes, Raven, da praia, contemplava o mar, admirando o mundo que havia criado. Na extensa amplidão do azul, ele avistou uma forma grande e graciosa que se movia pela água. Curioso, Raven se aproximou voando e percebeu que era uma baleia. Ele jamais vira o interior daquela criatura gigantesca e ordenou que o imenso animal abrisse a boca. Quando a baleia obedeceu, Raven voou para dentro dela, levando seu fogareiro, como de hábito. Percebeu-se num compartimento lindamente

Os inuítes esculpiam máscaras, tais como a deste corvo estilizado, do século XIX, para usar em danças ritualísticas. Máscaras de animais, pessoas ou características eram populares.

Veja também: A criação cherokee 236-37 ▪ Yebá Bûró, a Avó da Terra 238-39 ▪ As aventudas dos gêmeos Sol e Lua 240-41 ▪ Os Gêmeos Heróis 244-47

Raven ergueu uma de suas asas, elevou o bico, como uma máscara, ao topo da cabeça, e se transformou imediatamente em homem.

The Eskimo about Bering Strait

iluminado por uma lâmpada num canto e vigiado por uma jovem mulher. Raven a reconheceu como a *inua* da baleia, o coração e a alma dela. A jovem disse a Raven para ficar atrás da lâmpada. Ele assim procedeu, mas observou que gotejava óleo na lâmpada vindo de um tubo que acompanhava a espinha dorsal da baleia.

Tentado pelo óleo

A *inua* se ofereceu para buscar grãos e óleo para seu convidado.

Esculpida em madeira, esta máscara tem a forma de baleia, uma canoa com remos. Ela pode ter sido usada durante cerimônias inuítes para assegurar o sucesso da caçada.

Antes de sair do compartimento, ela alertou Raven para não tocar no tubo de onde o óleo gotejava, enquanto estivesse fora. O mesmo aconteceu no dia seguinte, e no próximo. Cada vez que a mulher buscava comida para Raven, avisava para ele não tocar no óleo. Por três dias, Raven foi paciente, no quarto dia, porém, sentiu-se incapaz de conter sua ânsia. Tão logo a mulher saiu do compartimento, Raven arranhou o tubo e lambeu o óleo o mais rápido que pôde. Ao arrancar o tubo do teto para que o fluxo de óleo acelerasse, o óleo jorrou, inundou a barriga da baleia e apagou a luz, deixando o compartimento numa escuridão total. A *inua* nunca mais voltou. Raven rolava no interior da baleia enquanto ela se debatia pelo oceano. O imenso animal só parou quando as ondas lançaram seu corpo inerte na praia.

Tão logo as pessoas souberam da baleia, foram até a praia para lhe cortar a carne, e Raven escapou despercebido. Ele voltou como homem e avisou que, se encontrassem um fogareiro dentro da baleia, morreriam. As pessoas fugiram com medo, enquanto Raven, que se transformara em pássaro mais uma vez, deu graças à *inua* da baleia pelo banquete que ele iria degustar. ▪

A caça à baleia sagrada

A caça à baleia é uma antiga prática inuíte, importante para a sobrevivência e para as crenças do povo do Ártico, sendo que uma versão continua em prática até hoje. As comunidades baleeiras se preparavam para a caça anual com roupas e coberturas novas para os barcos. Os caçadores executavam cerimônias de limpeza e se equipavam com

O povo inuíte caçava narvais e outras baleias, lontras e focas. O salmão também era pescado no gelo.

armas e amuletos. Esses rituais mostravam grande respeito à baleia e seu espírito, e representavam crenças profundas de que o sucesso dos caçadores dependia da cooperação do espírito. Após a caçada, davam boas-vindas à baleia morta com um presente de água doce entregue num balde comemorativo, e entoavam canções. Homenageando-a dessa forma, asseguravam o sucesso para o ano seguinte, pois o espírito da baleia voltaria para o mar e contaria às outras baleias que tinha sido bem tratada.

O SOL PERTENCE A UM E A LUA, A OUTRO

OS GÊMEOS HERÓIS

EM RESUMO

TEMA
Sacrifício e renascimento

FONTES
Popol Vuh, autor anônimo, meados do século XVI.

CENÁRIO
Terra; Xibalba (O Submundo maia), no início dos tempos.

PRINCIPAIS FIGURAS
Hun-Hunahpu Pai dos Gêmeos Heróis.

Xquic Deusa da Lua; mãe dos Gêmeos Heróis.

Hunahpu e Xbalanque Os Gêmeos Heróis; filhos de Hun-Hunahpu e Xquic.

Vucub-Caquix Deus-arara; pai de Zipacna e Cabrakan.

Hun-Came e Vucub-Came Os dois deuses da morte mais elevados no Submundo.

Hun-Hunahpu e Vucub--Hunahpu eram os filhos gêmeos do casamenteiro divino Xpiacoc e da deusa parteira Xmucane. A esposa de Hun--Hunahpu era uma divindade chamada Xbaquiyalo, e juntos eles tiveram gêmeos: Hun-Chowen e Hun-Batz. A algazarra do jogo de bola dos dois meninos despertou a ira dos Senhores de Xibalba, um Submundo lúgubre de doença e decadência. Os Senhores atraíram os gêmeos para jogarem bola contra eles, no Submundo. Antes do início do jogo, porém, os gêmeos tiveram de passar por uma série de desafios. Ao falharem, foram sacrificados e enterrados sob o campo do jogo de

Veja também: As aventuras de Thor e Loki em Jötunheim 146-47 ▪ As aventuras dos gêmeos Sol e Lua 240-241 ▪ A lenda dos cinco sóis 248-55

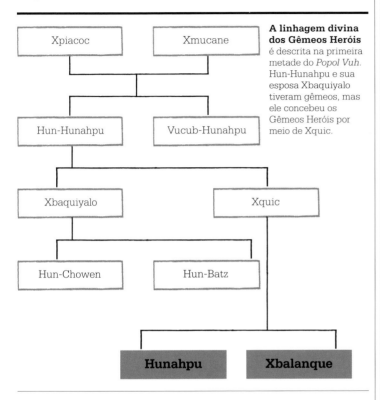

A linhagem divina dos Gêmeos Heróis é descrita na primeira metade do *Popol Vuh*. Hun-Hunahpu e sua esposa Xbaquiyalo tiveram gêmeos, mas ele concebeu os Gêmeos Heróis por meio de Xquic.

Popol Vuh

O *Popol Vuh* (Livro do Conselho) traz um relato completo de muitos dos principais mitos maias, e é talvez o documento mesoamericano sagrado de maior relevância ainda existente. É dividido em três partes: a primeira se refere à criação do mundo; a segunda se concentra no conto de Hunahpu e Xbalanque; e a terceira retrata a fundação da dinastia quiché. Pautado sobre séculos de tradição oral, o *Popol Vuh* foi escrito em hieróglifos maias, de 1554 a 1558. Era consultado sempre que os Senhores dos quichés se reuniam em conselho. Após a chegada dos espanhóis (séc. xvi), eles queimaram os livros com os hieróglifos maias, mas o *Popol Vuh* sobreviveu e foi secretamente transcrito em quiché, uma linguagem maia, usando o alfabeto romano. Uma cópia do documento foi parar em Chichicastenango, cidade na região montanhosa guatemalteca. Entre 1701 e 1703, o pároco Francisco Ximénez traduziu o texto em colunas paralelas, em quiché e espanhol. Seu manuscrito permanece sendo o relato escrito mais antigo ainda existente do *Popol Vuh*.

bola no Submundo. Hun-Hunahpu foi decapitado e teve a cabeça pendurada num pé de árvore-da-cuia (*crescentia*, de poderes curativos) como um aviso para aqueles que cruzassem com eles. Mesmo depois de morto, ele continuou potente. Gotas de sua saliva respingaram na mão da deusa da Lua Xquic e a engravidou. Fugindo do pai zangado no Submundo, Xquic procurou refúgio com a mãe de Hun-Hunahpu na

Xquic pega a cabeça de Hun-Hunahpu da árvore proibida, pensando ser uma cabaça, nesta ilustração de Gilbert James no livro *The Myths of Mexico and Peru*, de Lewis Spence (1913).

Trechos do manuscrito *Popol Vuh*, conforme traduzido por Ximénez, são mantidos no Museu Arqueológico Rossbach em Chichicastenango, na Guatemala.

Os Gêmeos Heróis jogam contra os senhores do Submundo, num relevo em pedra do campo de jogo do sul, na antiga cidade de El Tajin, no México.

terra. Xmucane a acolheu em sua família e Xquic deu à luz Hunahpu e Xbalanque, que cresceram e se tornaram os Gêmeos Heróis.

Astúcia juvenil

Os meios-irmãos mais velhos dos Gêmeos Heróis, Hun-Chowen e Hun-Batz, ficaram preocupados com a possibilidade de os recém--chegados os ofuscarem e tentaram matá-los. Forçaram Hunahpu e Xbalanque a caçar para eles, mas os gêmeos usaram tal desrespeito para lhes tirar vantagem. Disseram, então, a Hun-Chowen e Hun-Batz que alguns pássaros abatidos tinham ficado nos galhos altos e não haviam caído. Quando Hun--Chowen e Hun-Batz subiram para pegá-los, a árvore cresceu tanto

que eles não tiveram como descer. Lá abandonados, viraram macacos, e de tão envergonhados com a nova aparência, fugiram de casa.

Deuses indisciplinados

Huracan, o deus da tempestade, pediu aos Gêmeos Heróis que derrotassem o prepotente deus-arara Vucub-Caquix, que afirmava que seu nariz de metal era a lua e seu ninho brilhante, o sol. Os Gêmeos Heróis se aproximaram dele enquanto se alimentava numa árvore e o atingiram com uma zarabatana. Ao escapar, os Gêmeos Heróis então apelaram para a trapaça. Persuadiram dois deuses mais velhos, O Grande Javali Branco e O Grande Quati Branco, a se aproximarem de Vucub-Caquix, fazendo-se de curandeiros. O deus--arara aceitou a ajuda, mas eles retiraram seus adornos e lhe substituíram os olhos por caroços de milho. Roubado o seu esplendor, ele

morreu. Em seguida, Huracan pediu aos Gêmeos Heróis que se livrassem dos igualmente prepotentes filhos de Vucub-Caquix: Zipacna, um monstruoso crocodilo-demônio, e Cabrakan, o deus do terremoto. Antes, Zipacna dera cabo dos Quatrocentos Meninos, que eram deuses do álcool. Hunahpu e Xbalanque fizeram um falso caranguejo com flores e uma rocha e o colocaram num espaço estreito sob uma montanha saliente. Zipacna

Não nos trouxeram aqui para os entretermos, os senhores, seus filhos e seus vassalos?
Popol Vuh

rastejou até a fenda. Quando tentou agarrar o caranguejo, os Gêmeos precipitaram a montanha sobre ele, transformando-o em pedra. O irmão de Zipacna, Cabrakan, o deus do terremoto, se orgulhava de derrubar montanhas. Os Gêmeos Heróis lhe disseram que conheciam uma montanha que crescia sem parar. Cabrakan exigiu que a mostrassem a ele para que pudesse destruí-la. Ao seguir os Gêmeos, Cabrakan teve fome. Eles o alimentaram com um pássaro assado que haviam encantado. Ao comê-lo, Cabrakan ficou fraco, e os Gêmeos Heróis o amarraram e o enterraram. Agora ele sustentava montanhas em vez de destruí-las.

Confronto final

Um dia, enquanto os Gêmeos Heróis jogavam bola, a algazarra novamente perturbou os senhores do Submundo, que convocaram Hunahpu e Xbalanque para outra partida nas profundezas. Os senhores do Submundo ganharam a primeira partida, e os Gêmeos Heróis tiveram de passar a noite na Casa da Lâmina, repleta de facas de pedra afiadas que se moviam por conta própria. Os Gêmeos sobreviveram, persuadindo as lâminas a pararem de se mover. Sobreviveram também aos ventos fortes e ao granizo da Casa do Frio, às feras da Casa do Jaguar e às chamas da Casa do Fogo. A prova final foi a Casa do Morcego. O desastre se deu quando o morcego se precipitou do alto, degolando Hunahpu. Xbalanque fez uma nova cabeça para o irmão, usando uma abóbora, ou cabaça, e os Gêmeos Heróis retomaram o jogo, usando a cabeça de Hunahpu como bola. Os Gêmeos Heróis distraíram seus oponentes, colocando a cabeça de Hunahpu de volta no lugar e ganharam a partida. Furiosos com a derrota, os senhores do Submundo

tramaram matar Hunahpu e Xbalanque, queimando-os num poço de pedra. Os Gêmeos foram informados desse plano e, voluntariamente, pularam no meio das chamas. Seus ossos foram pulverizados e jogados no rio. Depois de cinco dias, renasceram como bagres e, em seguida, assumiram a forma humana. Os Gêmeos vagaram pelo Submundo como vagabundos anônimos e ganharam grande fama como mágicos. Os senhores do Submundo os convocaram para fazer uma apresentação sem saber que eles eram os Gêmeos Heróis. Durante o show, Xbalaque simulou sacrificar Hunahpu, fazendo sua cabeça decapitada rolar pelo chão, retirando-lhe o coração e, em seguida, revivendo-o. Quando Hun--Came e Vucub-Came exigiram que o truque fosse feito com eles, Xbalanque e Hunahpu os sacrificaram. Revelando sua identidade, eles se recusaram a ressuscitar suas vítimas. Daquele dia em diante, declararam que não haveria mais sacrifícios humanos aos Senhores do Submundo. Os Gêmeos Heróis então ascenderam aos céus; Xbalaque se tornou o sol e Hunahpu, a lua. Isso levou o cosmos à sua ordem atual.∎

O jogo de bola mesoamericano era um esporte ritualístico datado de 2000 a.C. Esculturas em relevo nos campos de jogo depois de 800 d.C. indicam que o esporte pode ter incluído sacrifício humano. Os campos, com cerca de sessenta metros de extensão, incluíam dois anéis de gol pelos quais devia passar uma bola pesada de borracha.

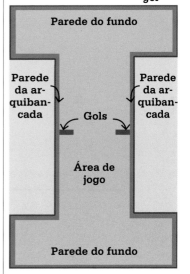

Visão lateral do gol

Parede do fundo

Parede da ar-quiban-cada

Parede da ar-quiban-cada

Gols

Área de jogo

Parede do fundo

Interpretando os Gêmeos Heróis

Alguns estudiosos têm questionado a interpretação de que Hunahpu seja a lua. Isso porque os maias em geral viam a lua como feminina. Sendo assim, supõe-se que Hunahpu realmente tenha se tornado Vênus, a estrela da manhã.

Outra tradição vê os Gêmeos Heróis como representando diferentes fases do sol; Hunahpu simbolizando o dia e Xbalanque, a noite. Existe até mesmo uma teoria que propõe que Hunahpu represente apenas a lua cheia, e

sua mãe Xquic, as outras fases da lua. Outras interpretações pintam o mito como uma exploração da possibilidade do renascimento mediante o rito do sacrifício.

Muitas dessas incertezas decorrem do próprio *Popol Vuh*. Mesmo inspirando-se num antigo mito, o texto maia original foi composto décadas após a chegada dos espanhóis, o que pode ter levado a inconsistências no seu conteúdo.

O SOL, ENTÃO, FOI PARA O CÉU

A LENDA DOS CINCO SÓIS

EM RESUMO

TEMA
Os ciclos da criação

FONTES
A lenda dos sóis, Codex Chimalpopoca, autor anônimo, 1558; John Bierhorst, 1992.

CENÁRIO
O início dos tempos.

PRINCIPAIS FIGURAS
Ometeotl Divindade criadora.

Tezcatlipoca, Quetzacoatl, Xipetotec, Huitzilopochtli
Primeira geração de deuses.

Tlaloc Deus da fertilidade e da chuva.

Chalchuihtlicue Segunda esposa de Tlaloc.

Tlaltecuhtli Monstro marinho.

Mictlantecuhtli Senhor dos mortos no Submundo.

Tonatiuh, o Quinto Sol Deus adoentado Nanahuatzin, transformado.

Segundo a mitologia asteca, o mundo atual não é o primeiro a existir, tendo sido precedido por outros quatro. Cada mundo começou com a criação de um novo sol e terminou com sua destruição. Nosso mundo, portanto, é o Quinto Sol. Antes da criação, havia Ometeotl, que residia no nível mais alto dos céus. A divindade, cujo nome significa "energia cósmica dupla", era tanto masculina quanto feminina. Ometeotl deu à luz a primeira geração de deuses: Tezcatlipoca, Quetzalcoatl, Xipetotec e Huitzilopochtli. Esses quatro deuses criaram todas as outras divindades, e em seguida fizeram o mundo, a flora e a fauna. Para iluminar esse mundo, foi escolhido Tezcatlipoca (espelho de fumaça) para ser o Primeiro Sol. Nessa época, uma raça primitiva de gigantes, que se alimentava apenas de raízes e bolotas, povoava a terra. O relacionamento entre Quetzalcoatl (a serpente de penas) e Tezcatlipoca se tornou a força propulsora da criação. Os dois deuses possuíam características acentuadamente diferentes. Quetzalcoatl estava ligado a harmonia, equilíbrio e aprendizagem. Tezcatlipoca era a

Aqui há contos sábios criados muito tempo atrás, de como a terra foi estabelecida, como todos os sóis existentes começaram.
História e mitologia dos astecas

força da destruição, do conflito e da mudança. No entanto, Quetzalcoatl, com inveja pela escolha de Tezcatlipoca para ser o Primeiro Sol, lá do alto dos céus, o abateu no mar. Tezcatlipoca se levantou da água na forma de um jaguar gigante. Furioso, ordenou que os jaguares do mundo devorassem a raça dos gigantes. A terra foi mergulhada na escuridão. Após 676 anos, a era do Primeiro Sol acabara. Outra raça de pessoas foi criada. Quetzalcoatl tornou-se o Segundo Sol. Esse mundo durou apenas 364 anos. Tezcatlipoca acabou com ele, vingando-se da desfeita anterior,

O império asteca

Os astecas chegaram à parte central do México, vindos do Norte, em torno de 1250 d.C., e estabeleceram-se sobre uma região pantanosa. De acordo com a lenda, eles escolheram o lugar de sua capital (uma ilha no lago de Texcoco, hoje Cidade do México) depois de ver uma águia devorando uma serpente num cacto. Eles fundaram a cidade em 1325 e a chamaram de Tenochtitlán (Lugar da fruta cacto). Para se protegerem, os governantes astecas formaram alianças com outras cidades-estado por meio de casamentos. Acamapichtli, produto de uma dessas uniões, fundou a dinastia asteca em 1376. Em 1428, o imperador Itzcoatl, aliado a outras duas cidades-estado na Tríplice Aliança Asteca, conquistou outras cidades vizinhas. Tenochtitlán se tornou a capital do vasto Império Asteca e uma das maiores cidades do mundo quando os espanhóis chegaram em 1519. Entretanto, os astecas não suportaram as armas europeias e as doenças trazidas pelos espanhóis, e o império rui em 1521.

Veja também: *A Epopeia de Gilgamesh* 190-97 ▪ A criação cherokee 236-37 ▪ Yebá Bûró, a Avó da Terra 238-39

destruindo Quetzalcoatl e criando um furacão de grandes proporções que varreu toda a população.

Seca e inundações

Já que Quetzalcoatl e Tezcatlipoca egoisticamente tinham trazido desordem à criação com sua rivalidade, os outros deuses decidiram que outro deveria ter a honra de ser o novo sol. O Terceiro Sol foi o deus da chuva, Tlaloc. Ele era casado com Xochiquetzal, deusa da beleza. A união deles terminou quando Tezcatlipoca sequestrou e seduziu Xochiquetzal. Sofrendo pela amada esposa, o deus ressentido se recusou a mandar chuva para nutrir a terra, e o mundo foi tomado pela seca. O povo lhe implorava pelo fim da seca, mas não era atendido. Cansado dos seus apelos, Tlaloc mandou, então, torrentes de fogo, que transformaram o mundo em cinzas. O Terceiro Sol foi, de todos, o

Quetzalcoatl e Tezcatlipoca em combate, no *Codex Borbonicus* (c. século XVI). Nas pinturas, os escribas astecas usavam pigmentos retirados de plantas, árvores, rochas e insetos.

de vida mais curta, existindo apenas por 312 anos. Quando Tlaloc casou-se em segundas núpcias com Chalchiuhtlicue, a deusa dos rios e águas tranquilas, Quetzalcoatl se aliou a ela, tornando-a o Quarto Sol. Tezcatlipoca, entretanto, colaborou de novo para dar um fim a esse mundo. Ele disse a Chalchiuhtlicue que ela não amava sinceramente o povo desse quarto mundo, e que era apenas benevolente por desejar seu louvor. Chalchiuhtlicue chorou tanto que as lágrimas promoveram um grande dilúvio, que inundou o mundo por 52 anos. Todos, exceto duas pessoas, foram transformados em peixes. O casal sobrevivente se chamava Tata e Nene. Eles boiaram sobre uma tora oca e subsistiram com uma única espiga de milho para cada um, fornecida por Tezcatlipoca na condição de que não comessem mais nada além

daquilo. Conforme as águas da inundação baixaram, Tata e Nene pegaram um peixe e o assaram, desafiando as instruções de Tezcatlipoca. Quando o deus descobriu, transformou-os em cães. O Quarto Sol durou 676 anos.

Unidos contra o inimigo

Compreendendo agora que suas disputas tinham causado apenas destruição, Quetzalcoatl e Tezcatlipoca começaram a agir juntos. Um terrível monstro marinho chamado Tlaltecuhtli fixara residência nos oceanos. Seu corpo era coberto de múltiplas bocas para satisfazer um apetite implacável.

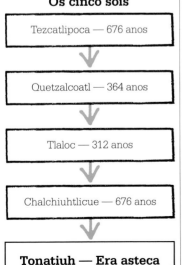

Os cinco sóis

Tezcatlipoca — 676 anos

⬇

Quetzalcoatl — 364 anos

⬇

Tlaloc — 312 anos

⬇

Chalchiuhtlicue — 676 anos

⬇

Tonatiuh — Era asteca

Os astecas usavam um calendário duplo — um calendário solar de 365 dias para a agricultura e um sagrado de 260 dias. O último é agrupado em vinte períodos iguais para vinte divindades, cada uma delas senhora do próprio domínio, em torno do deus sol, Tonatiuh.

Luz Flor Tempestade Vento Pedra Templo Terremoto Dragão Condor Serpente Águia Caveira Jaguar Cervo Junco Coelho Grama Água Cachorro Macaco

Mictlantecuhtli, senhor do Submundo. Quando Quetzalcoatl solicitou os ossos, Mictlantecuhtli disse que os entregaria se ele andasse quatro vezes em torno dele, soprando um trompete na forma de búzio. Mas aquilo era uma "armação". A concha que Quetzalcoatl recebeu não possuía orifícios para a passagem do ar. Irredutível, o deus realizou a tarefa usando vermes para fazer buracos na lateral da concha e colocando abelhas dentro dela para fazê-la zumbir. É comum Quetzalcoatl ser representado com uma concha sobre o peito. Com o fracasso da trama, Mictlantecuhtli entregou-lhe os ossos, mas enviou empregados na frente para cavar um buraco, criando uma armadilha para Quetzalcoatl cair. No caminho de volta à terra com os ossos, o deus tropeçou no buraco. Ele escalou o fosso, mas, na queda, os ossos se espatifaram. Quetzalcoatl buscou a ajuda da deusa da fertilidade Cihuacoatl, que pulverizou os ossos, despejando o pó em seu caldeirão. Os deuses se reuniram ao redor e perfuraram seus corpos, deixando o sangue fluir sobre a farinha de ossos. A partir dessa mistura, eles criaram a raça humana atual, cujos primeiros homem e mulher foram

Para derrotar o adversário descomunal, Quetzalcoatl e Tezcatlipoca assumiram a forma de serpentes, e Tezcatlipoca usou parte do corpo como isca para tentar pegar Tlaltecuhtli. Quando o monstro veio à tona, Quetzalcoatl e Tezcatlipoca o prenderam e o cortaram em dois. Metade foi jogada para cima, criando o céu e as estrelas; a outra flutuou no oceano, transformando-se na terra. Na briga, Tezcatlipoca perdeu o pé direito. Muitas vezes ele é retratado com um pedaço de obsidiana em seu lugar. Pegando o corpo terreno de Tlaltecuhtli— ainda vivo, mesmo após a violenta divisão —, Xipetotec e Huitzilopochtli o transformaram em

elementos que poderiam sustentar os seres humanos no futuro. Os cabelos do monstro se tornaram árvores e gramíneas, a pele se transformou em plantas, o nariz em colinas e vales, os olhos e órbitas em poços e cavernas, e os ombros nas montanhas. A voracidade de Tlaltecuhtli ainda permaneceu, e ele exigiu sangue humano como sacrifício.

Recriando os humanos

Quetzalcoatl decidiu viajar para o Submundo para juntar os ossos das gerações anteriores de humanos e criar uma nova raça e, assim, repovoar a terra. Primeiro ele teve que pedir permissão a

"Deuses, o que [a raça humana] irá comer? Deixe que a comida seja procurada." Então a formiga foi e pegou um grão de milho...
História e mitologia dos astecas

chamados de Oxomoco e Cipactonal.

Alimentando o novo mundo

A recém-criada raça humana precisava de comida. Quetzalcoatl flagrou uma formiga vermelha carregando um grão de milho. Ele a seguiu até ela desaparecer numa fenda em uma montanha — o monte Popocatépetl, a montanha do sustento. Quetzalcoatl ficou tão curioso sobre o que havia lá que se transformou numa formiga preta e se enfiou pela brecha estreita. Lá dentro, encontrou uma câmara repleta de sementes e grãos. Ficou claro para Quetzalcoatl que aquela montanha tinha potencial para alimentar os humanos se tivessem a chance de ali entrar. O deus tentou suspendê-la com cordas, mas foi incapaz de abri-la. Ele perguntou a Oxomoco e Cipactonal, capazes de adivinhar o futuro, sobre o que fazer. Eles lhe contaram que Nanahuatzin — um deus humilde e adoentado, cujo nome significava "cheio de dores" — estava destinado a ajudá-lo. Nanahuatzin foi devidamente chamado à montanha dos alimentos. Lá, com a ajuda dos deuses da chuva e dos raios, ele a abriu. O conteúdo foi então espalhado

Mictlantecuhtli, o deus dos mortos e governante do Submundo, era retratado como um esqueleto. Para aplacá-lo, diz-se que os astecas praticavam sacrifícios humanos e canibalismo.

por todo o mundo, provendo alimentação para a raça humana.

A busca pela felicidade

Os deuses ficaram felizes porque os humanos agora tinham comida, dando-lhes força para o trabalho, mas Quetzalcoatl observou que não havia alegria na vida deles. Decidiu, então, que os humanos precisavam de algo que lhes trouxesse entusiasmo e felicidade, e os fizesse dançar e cantar. Partiu em viajem pelos céus para buscar uma solução e encontrou uma linda deusa chamada Mayahuel. Eles se apaixonaram perdidamente. Para demonstrar a profunda afeição um pelo outro, desceram à terra e se transformaram numa única árvore, cada um se tornando um de seus dois galhos. A avó de Mayahuel era uma das tzitzimimeh, um grupo noturno de deusas esqueléticas da fertilidade. Furiosa porque a neta fugira com Quetzalcoatl, a deusa desceu com a outra tzitzimimeh do

seu lar celestial para a terra, a fim de encontrar Mayahuel. Quando descobriram a árvore, elas a arrancaram, partindo-a ao meio. As

Mulheres e crianças, assim como os guerreiros capturados, estavam entre as vítimas sacrificadas pelos astecas para aplacar os deuses.

Sangue e sacrifício

O sacrifício era a principal característica da religião asteca, sendo a forma como o homem pagava aos deuses por suas ações. A sangria era um ato importante que os sacerdotes astecas sempre faziam neles mesmos. Retiravam o sangue, cortando-se com espinhos de arraias nas bochechas, braços, pernas e até mesmo no pênis. Eles também praticavam sacrifício humano para aplacar os deuses — tanto do seu próprio povo, quanto de inimigos prisioneiros de guerra. O método mais comum de

sacrifício era extirpar o coração da vítima. O processo era realizado sobre um altar no topo do templo, onde a vítima era segurada por quatro homens enquanto um sacerdote especialmente treinado lhe enfiava uma faca de pedra nas costelas, retirando-lhe o coração. Em "ciclos" de dezoito meses, os sacerdotes astecas sacrificavam uma pessoa por mês dessa forma — milhares por ano. Os astecas também sacrificavam por meio do combate de gladiadores, afogamento, decapitação, cremação ou as enterrando vivas.

tzitzimimeh caíram sobre Mayahuel, despedaçando-a. Quetzalcoatl, que sobreviveu ao ataque, ficou arrasado. Ele juntou os pedaços de Mayahuel espalhados e os enterrou, chorando sobre a terra. Do seu lamento brotou a planta agave — a fonte da bebida da alegria que Quetzalcoatl tinha ido procurar. Sua seiva era usada para fazer o *pulque*, bebida alcoólica, espessa e leitosa. Os astecas e outros povos mesoamericanos consideravam o *pulque* uma bebida sagrada, consumida ritualisticamente durante as cerimônias sagradas.

O Quinto Sol

O mundo ainda estava na escuridão. Um conselho de deuses se reuniu na cidade de Teotihuacán para determinar quem se tornaria o Quinto Sol e traria luz à humanidade. Quem quer que fosse escolhido teria de se sacrificar, pulando numa enorme fogueira de uma plataforma alta construída acima dele. O primeiro desafiante foi Tecciztecatl, deus rico e arrogante, filho de Tlaloc e Chalchiuhtlicue. O pobre e adoentado Nanahuatzin também se ofereceu para o sacrifício, embora relutante. Antes de os deuses escolherem, os dois concorrentes tinham de jejuar e se purificar através do ritual de derramamento de

Mas [o Quinto Sol] passou quatro dias sem se mover, ficando imóvel no lugar.
Histórias e mitologias astecas

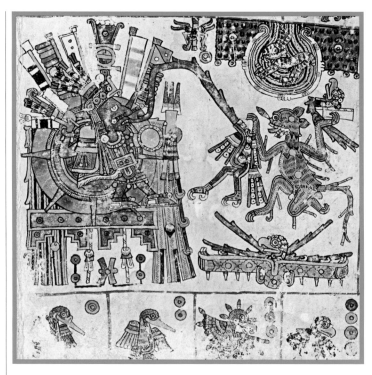

Tonatiuh recebe sangue de um pássaro numa pintura do *Codex Borgia* (c. 1450). Representação dos treze pássaros sagrados, Quecholli, os senhores astecas divinos.

sangue. Tecciztecatl, ostentando, queimou um incenso caro. Quando chegou a hora de dar seu próprio sangue, ele se deitou sobre penas em vez dos costumeiros galhos do abeto e arrancou espetos de jade de uma bola de ouro para picar a pele. Em contraste, Nanahuatzin usou os espinhos do agave para retirar seu sangue, e por ele não ter condições de usar incenso, queimou cascas de ferida de seu próprio corpo. Os outros deuses prepararam a fogueira enquanto Nanahuatzin e Tecciztecatl se aprontavam. Após quatro dias de rituais, o momento decisivo chegou. O primeiro a se testar foi Tecciztecatl. O deus arrogante subiu na plataforma, mas, paralisado pelo medo, não conseguiu pular nas chamas. Nanahuatzin, entretanto, não hesitou. Pulou da plataforma, mergulhou no fogo e foi incinerado.

Envergonhado, Tecciztecatl rapidamente lhe seguiu o exemplo. As chamas se apagaram. De repente, Nanahuatzin surgiu no céu e se tornou o Quinto Sol, trazendo a luz ao mundo novamente. Seu novo nome passou a ser Tonatiuh. Logo depois, Tecciztecatl também subiu aos céus. Agora havia dois sóis ao mesmo tempo. Era o que os deuses tinham previsto — a covardia de Tecciztecatl mostrara que ele não era digno de ser o novo sol. Papaztac, o deus da bebida sagrada *pulque*, jogou um coelho no rosto de Tecciztecatl. Isso diminuiu sua luz, garantindo que ele jamais seria tão brilhante quanto o sol. Ele se tornou Metzli, a lua, que ainda tem a marca de um coelho.

O sacrifício dos deuses

Tonatiuh, o Quinto Sol, ficou parado no céu, imóvel, por quatro dias. Os deuses lhe imploraram para se mover, mas ele se recusou a fazê-lo até que recebesse um sacrifício de sangue. A essa altura, Tlahuizcalpantecuhtli, o deus do planeta Vênus, ficou zangado e lançou um dardo no Sol usando um *atlatl* (ferramenta asteca que aumentava a velocidade dos projéteis). O dardo falhou. Tonatiuh jogou um dardo de volta em Tlahuizcalpantecuhtli e lhe acertou a cabeça, transformando-o no deus Itzlacoliuhqui, que espalhou geada ao amanhecer. Os deuses compreenderam que precisavam fazer uma oferenda para persuadir Tonatiuh a se mover. Numerosos deuses se ofereceram a Quetzalcoatl, e ele retirou-lhes o coração com uma faca sagrada. O sangue deles assegurou que o Quinto Sol se movesse pelos céus. Os deuses tinham se sacrificado para ajudar a humanidade. Os astecas acreditavam que esse sacrifício era fundamental para a sobrevivência da humanidade. Os guerreiros astecas tinham a responsabilidade de capturar inimigos para serem sacrificados em nome de Tonatiuh; pensavam que, se parassem com as oferendas, o mundo poderia acabar com uma série de terremotos. Apenas atos de sacrifício garantiriam o movimento do Quinto Sol pelo céu e a existência do mundo. ∎

Teotihuacán

A cidade de Teotihuacán era um local de romaria para os astecas, que admiravam suas ruínas suntuosas e as julgavam o berço da civilização. Teotihuacán (O lugar onde os deuses foram criados) é a palavra asteca para a cidade, seu nome original foi perdido. A cidade fica a 48 quilômetros a nordeste de sua capital, Tenochtitlán, e foi construída entre os séculos I e VII d.C. No seu auge, em meados do século V, foi provavelmente a maior cidade da América pré-colombiana. Sua principal via — a Avenida dos Mortos — era margeada por prédios administrativos, templos e tumbas. A característica mais impressionante da cidade era sua imensa Pirâmide do Sol, e havia também uma pirâmide da lua ligeiramente menor. Ambas as estruturas são mencionadas no mito do Quinto Sol como as "colinas" erguidas pelos deuses, onde, antes de sua provação, Tecciztecatl e Nanahuatzin se purificaram.

No coração de Teotihuacán fica a cidadela, um grande pátio onde uma terceira pirâmide foi construída em c. 200 d.C. Quando o grande Templo de Quetzalcoatl de sete níveis foi terminado, mais de duzentas pessoas de fora da cidade foram ali sacrificadas, incluindo 36 jovens guerreiros.

Líderes da religião asteca

O imperador Asteca era o representante dos deuses e o sumo sacerdote de Tenochtitlán.

Como **sumo sacerdote** do deus Huitzilopochtli, atuava como o líder de todos os sacerdotes na capital Tenochtilán.

O sumo sacerdote de Tlaloc compartilhava a liderança, direcionando ordens menores no serviço à comunidade.

Sacerdotisas serviam nos templos. Elas cortavam os cabelos para indicar castidade, e costumavam acender e limpar as fogueiras.

Cada templo e cada deus tinha sua própria ordem de sacerdotes.

Sacerdotes tomavam conta dos rituais e cerimônias. Também ensinavam os candidatos ao sacerdócio (noviços).

NO COMEÇO, E ANTES DE ESTE MUNDO SER CRIADO, HAVIA UM SER CHAMADO VIRACOCHA

VIRACOCHA, O CRIADOR

EM RESUMO

TEMA
Criação do mundo

FONTES
The History of the Incas [A história dos incas], Pedro Sarmiento de Gamboa, 1572; *An Account of the Fable and Rites of the Incas* [Relato sobre fábulas e ritos incas], Cristóbal de Molina, c. 157.

CENÁRIO
Os Andes, no início dos tempos.

PRINCIPAIS FIGURAS
Viracocha O deus criador; deus do Sol e tempestades.

Ymaymana Criado de Viracocha.

Tocapo Criado de Viracocha.

Situado nos Andes a 3.800 metros acima do nível do mar, o lago Titicaca se estende sobre a fronteira da Bolívia com o Peru. É o maior lago da América do Sul, e o povo inca via suas vastas águas como a fonte de toda a vida.

O lago existia na escuridão antes de todas as coisas, e dele surgiu o criador Viracocha. Na escuridão, Viracocha fez uma raça de gigantes para povoar o vazio. Ao perceber que eram grandes demais, ele os destruiu e criou a raça humana no

lugar. Viracocha exigiu que o povo vivesse sem orgulho nem ganância, mas não foi obedecido. Zangado, ele enviou uma grande inundação, que varreu suas criações.

Ensinando a humanidade

Seca a terra, Viracocha retomou sua tarefa, desde o princípio. Primeiro, trouxe a luz à escuridão do mundo. Na parte sul do lago Titicaca situa-se a ilha do Sol. Nela, o sol, a lua e as estrelas estavam adormecidos. Viracocha os despertou do sono e lhes deu seus lugares nos céus. O sol ficou com inveja do brilho da lua, então Viracocha lançou cinzas em seu rosto para torná-la nebulosa e pálida.

Ele então recrutou a ajuda de dois criados que havia salvo da inundação — Ymaymana e Tocapo — que, noutras versões da história, eram seus filhos. Ajudado por eles, Viracocha juntou argila das margens do lago Titicaca e a usou para formar a humanidade e todos os animais. Ele atribuiu a cada animal o seu

Viracocha, o deus criador, é representado com suas características, cabelo e barba brancos, nesta cerâmica do povo moche, que habitou no norte do Peru entre o século I e VII d.C.

O lago Titicaca abriga dezenas de ilhas povoadas, incluindo a ilha do Sol, de onde se acredita que Viracocha tenha ordenado a ascensão do sol.

lugar, e, aos pássaros, os seus cantos.

Viracocha e seus criados se espalharam para além do lago Titicaca, andando em direção ao noroeste, enquanto chamavam e diziam às pessoas para seguir adiante e ocupar o mundo. Eles deram nomes a todas as diferentes árvores e plantas, e informaram à humanidade sobre as frutas que eram comestíveis ou terapêuticas. Para não oprimir ou amedrontar quaisquer dos seus súditos humanos, Viracocha viajou disfarçado de velho, vestido num traje branco, com uma longa barba, carregando um cajado e um livro.

Andando de cidade em cidade, ele observava o comportamento das pessoas, castigando todos os que o tratavam injustamente e recompensando todos que o tratavam com gentileza.

Deus misericordioso

Tudo estava tranquilo até Viracocha chegar a Cacha. Lá ele foi atacado por seus habitantes por não se darem conta de quem era. O deus disfarçado trouxe chamas dos céus, queimando todo o campo. As pessoas boquiabertas suplicaram ao deus por perdão, e Viracocha as atendeu, usando seu cajado para

apagar as chamas. Agradecido, o povo de Cacha ergueu um santuário para Viracocha e lhe fez oferendas, e mais tarde os incas ergueram o maior templo de Viracocha no local do milagre.

Viracocha seguiu para Urcos, onde as pessoas o trataram bem. Como ato de gratidão, ele criou ali um monumento — ou huaca. Então, em Cuzco, que por fim se tornaria a capital do Império Inca, ele declarou que um grande império se formaria ali. A última parada da viagem de Viracocha foi em Manta, no atual Equador. De lá, andou em direção ao oeste pela água, até finalmente desaparecer no horizonte.

Os incas acreditavam que, ao cruzar a água, Viracocha abdicou do seu espírito e do controle dos humanos em favor do panteão inca e da natureza. Daquele momento em diante, Viracocha não participou mais dos assuntos da humanidade. ∎

Alguns foram engolidos pela terra, outros pelo mar, e depois de tudo, veio uma inundação geral.
The History of the Incas

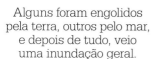

Huacas

Huacas são estruturas, objetos ou paisagens que os incas acreditavam ter forças espirituais. Quase tudo podia ter essa propriedade sagrada, desde uma espiga de milho com formato curioso até uma fonte natural. Nos huacas mais significantes ficavam santuários para os rituais. A palavra "huaca" vem da palavra quechua *huacay*, que significa "lamento". Daí as pessoas rezarem aos deuses chorando. Isso permitia

aos adoradores interagirem com o mundo sobrenatural e negociarem favores com os deuses, como uma boa colheita, a vitória numa batalha ou a proteção contra doenças.

Os huacas mais importantes ficavam em Coricancha, um templo em Cuzco dedicado ao deus do Sol Inti, e Wanakawri, uma montanha próxima. Após conquistar o império inca em 1572, a Espanha tentou erradicar os huacas e converter a região ao catolicismo. No entanto, muitos huacas sobrevivem até hoje.

A CANOA ERA UMA MARAVILHA
A PRIMEIRA CANOA

Índios waraos numa canoa escavada, no delta do Orinoco, na Venezuela. Os waraos (povo da canoa) vivem da pesca, da caça e da coleta de grãos, e ainda usam canoas como meio de transporte.

EM RESUMO

TEMA
Fuga do sobrenatural

FONTES
Folk Literature of the Warao Indians [Literatura folclórica dos índios waraos], coletânea de Johannes Wilbert, 1992.

CENÁRIO
O delta do Orinoco, no nordeste da Venezuela, a terra natal dos warao.

PRINCIPAIS FIGURAS
Mayakoto Um caçador, também conhecido como "O assador".

Haburi Um dos dois filhos de Mayakoto.

Hahuba Deus-serpente de duas cabeças.

Wauta Uma velha mulher-sapo.

Dauarani Uma deusa conhecida com Mãe da Floresta.

Mayakoto, um caçador do delta do rio Orinoco, vivia com as duas esposas e os dois filhos ainda bebês, um de cada mulher. O nome do bebê mais novo era Haburi. Mayakoto levava sempre uma flauta que costumava tocar ao voltar para casa, após a pescaria, como sinal para as esposas acenderem o fogo para cozinhar. Certo dia, Mayakoto foi engolido pelo deus-serpente Hahuba, que assumiu a forma de Mayakoto e foi para casa à procura das duas esposas. Elas, porém, sabiam que havia algo de errado, pois o marido não tinha tocado a flauta ao voltar. Então, pegaram os filhos e fugiram floresta adentro. Hahuba as perseguiu, mas elas conseguiram escapar. Uma delas espalhou cachos do cabelo pelo chão, e eles se transformaram numa cerca de espinhos. As esposas foram até a casa de Wauta, uma velha mulher-sapo. A princípio, Wauta não

Veja também: Fogo e arroz 226-27 ▪ Viracocha, o criador 256-57 ▪ O céu faz o sol e a terra 260-61

permitiu que elas entrassem, mas ao escutar o choro dos bebês, cedeu. Hahuba, que havia alcançado o grupo, bateu à porta de Wauta. A mulher-sapo abriu uma fresta e, assim que Hahuba enfiou a cabeça, ela decapitou o deus-serpente com um machado. O corpo sem cabeça saiu correndo para dentro da floresta.

A ganância de Wauta

As esposas de Mayakoto ficaram na casa de Wauta, mas, certo dia, enquanto estavam colhendo alimentos, ela transformou os bebês em homens. Quando as esposas voltaram e viram que os bebês não estavam, Wauta fingiu que não sabia o que tinha acontecido. Os homens não reconheceram suas mães, e elas tampouco os reconheceram como seus filhos. Wauta mandou-os caçar pássaros para ela e ficou com a melhor parte da caça. As mães receberam apenas pássaros pequenos para comer, e Wauta urinou sobre eles antes de entregá-los às mulheres. As coisas pioraram depois que

> A cabeça caiu no chão, quicando.
> **Folk Literature of the Warao Indians**

Haburi, sem saber de nada, cometeu incesto com sua mãe. Certo dia, enquanto os homens caçavam, alguém lhes contou sobre a verdadeira identidade das mães. Ao voltarem para a casa de Wauta e contar às mães sobre seu verdadeiro parentesco, decidiram fugir todos juntos. Haburi tentou fabricar canoas para escaparem. Experimentou fazê-las de barro, e depois de cera, mas nenhum tipo se sustentou. Por fim, ele construiu a canoa perfeita com o tronco de uma árvore (cachicamo) — a primeira canoa do mundo. Os homens e suas mães remaram para longe. Wauta

caiu na água atrás deles e conseguiu subir na canoa. Pareciam estar sem saída ali, com ela, quando Wauta avistou uma colmeia. A mulher gananciosa saltou fora da canoa, jogando-se sobre a árvore para sorver o mel. O astucioso Haburi jogou um tronco de árvore sobre ela, prendendo-a, e Wauta, mais tarde, se transformou em sapo para sempre.

No fim do mundo

Os homens e suas mães remaram em direção às montanhas no fim do mundo, onde os waraos acreditam ser a morada dos deuses. Terminada sua jornada, a canoa virou uma serpente fêmea gigantesca e o remo, um homem. Os dois se tornaram amantes e regressaram ao delta do Orinoco, onde a mulher se transformou na fada Dauarani, a "Mãe da Floresta". Dauarani, que não gostava das terras alagadiças, deixou o amante pelas montanhas nos confins da terra. Sua alma vivia no leste, onde o sol nasce, e seu corpo, no oeste, onde o sol se põe. ▪

Hahuba

Os waraos veem o mundo como totalmente cercado pelo mar. No meio, por baixo da massa de terra, que é o lar dos waraos, fica uma serpente de duas cabeças, conhecida como a "Serpente do Ser" ou Hahuba. Ela envolve a terra dos waraos, e o espaço entre as duas cabeças é a foz do rio Orinoco, onde ele deságua no oceano Atlântico.

Os movimentos de Hahuba são a causa dos movimentos das marés, e os bancos de areia são

partes de Hahuba que emergiram da água. Os waraos moram nas partes mais altas e constroem suas casas sobre palafitas, para se protegerem das enchentes anuais.

Quando nasce um bebê, os waraos acreditam que Hahuba manda uma brisa suave para dar boas-vindas à criança. No dia a dia, bebês e crianças pequenas costumam se pendurar no pescoço das mães para se locomover. Por viverem no ambiente alagadiço do delta do Orinoco, na Venezuela, muitos waraos aprendem a nadar e a remar antes mesmo de começarem a andar.

A ampla rede de enseadas e afluentes, nítida nessa imagem de satélite do delta do Orinoco, abriga cerca de 20 mil waraos.

O CRIADOR DO MUNDO SEMPRE EXISTIU

O CÉU FAZ O SOL E A TERRA

EM RESUMO

TEMA
A criação do mundo

FONTES
Folk Literature of the Tehuelche [Literatura folclórica dos tehuelche], Johannes Wilbert e Karen Simoneau, 1984.

CENÁRIO
O começo do mundo, na mitologia dos tehuelches, caçadores-coletores da Patagônia.

PRINCIPAIS FIGURAS
Kóoch O criador, um ser que criou o oceano, o sol, a lua e as estrelas.

Nóshtex Gigante monstruoso, criado pela noite; pai de Elal.

Mulher-nuvem Estuprada por Nóshtex, mãe de Elal.

Elal Amigo dos animais e criador do povo tehuelche.

Kóoch, cujo nome significa "céu", foi o criador tehuelche, e supostamente existiu desde sempre. Por muito tempo, ele viveu sozinho, no leste, entre as nuvens escuras, porque não havia sol. Ao dar-se conta de sua solidão, o criador chorou. E chorou de tal maneira e por tanto tempo que criou o oceano, o primeiro elemento do mundo natural. Em seguida, suspirou profundamente; sua respiração tornou-se os ventos que dissiparam as nuvens escuras e criaram o crepúsculo.

Circundado pelo oceano levemente iluminado, Kóoch queria ver o mundo. Levantou-se no espaço, mas não conseguiu ver com nitidez. Esticou então um dedo para roçar algumas nuvens. Ao fazê-lo, uma fagulha saltou de sua mão e se tornou o sol, iluminando o oceano e o céu.

Depois de criar o vento, as nuvens e a luz, Kóoch retirou uma ilha do fundo do oceano. Ele a povoou com todo o tipo de animal-

Pinturas tehuelches de animais, caçadores e mãos humanas, na Cueva de las Manos ou Caverna das Mãos, na Patagônia, Argentina, datando de c. 7000 a.C.

Veja também: A criação cherokee 236-37 ▪ A lenda dos cinco sóis 248-55 ▪ Viracocha, o criador 256-57 ▪ A primeira canoa 258-59

Jovens tehuelches dançam usando "chifres" de plumas, em celebração à puberdade. Retratado pelo explorador inglês George Chaworth Musters, no livro *At Home with the Patagonians* (1871).

Elal e Karro

A estrela vespertina, Karro, era filha do sol e da lua. Por vezes, era também retratada como uma sereia. O herói mítico Elal se apaixonou por ela e voou até as estrelas montado num cisne para pedir Karro em casamento. Depois que ele passou por várias provas, os pais de Karro concordaram com a união e o dois se casaram. Mais tarde, Elal transformou Karro numa sereia; ela morava no mar e criou as marés para sua mãe, a lua. Suas canções exerceram um papel importante nos ritos religiosos. Depois disso, Elal morou nas estrelas, à espera das almas dos tehuelches após a morte. Eles eram guiados até Elal pelo espírito do bem, Wendeuk, que mantinha um registro dos feitos das pessoas e contava a Elal tudo o que tinham feito em vida. Os mortos eram transformados em estrelas e, do céu, olhavam para aqueles que tinham deixado para trás.

-gente, criou os pássaros e os insetos, que voaram pelos céus e encheram o oceano de peixes. O sol trouxe a luz e o calor, e as nuvens produziram a chuva.

O sol e a lua

Ao perceber como a ilha ficava escura depois que o sol ia dormir, Kóoch colocou a lua no céu. A princípio, o sol e a lua não sabiam um do outro, mas as nuvens logo espalharam a notícia e trocaram mensagens entre eles. Os dois queriam muito se conhecer, mas quando conseguiram, brigaram por três dias, discutindo sobre quem deveria passar pelo céu durante o dia. Ao lutarem, tornaram-se amantes, e o sol arranhou o rosto da lua.

Desgostosa com a luz e enraivecida com aquele enlevo amoroso, a noite, então, providenciou gigantes monstruosos. Um deles, Nóshtex, estuprou uma mulher-nuvem e com ela teve Elal, que, segundo Kóoch, seria maior do que o pai. Depois, Nóshtex matou a mulher-nuvem, cujo sangue ainda pode ser visto ao nascer do sol, acreditando que ela tinha lançado uma maldição sobre ele. Nóshtex queria comer o bebê que tinha extirpado do útero dela, mas Elal foi salvo por sua avó, a ratazana do campo. Ela conseguiu que ele fosse levado para um lugar seguro, bem longe da ilha, no continente.

Criando os tehuelches

Elal herdou os poderes sobrenaturais de Kóoch e construiu um novo lar na Patagônia, para onde levou todos os animais-gente da ilha onde vivera. Eles foram perseguidos pelos gigantes, mas Elal derrotou todos eles, incluindo o pai, Nóshtex, justamente como Kóoch havia previsto. Elal criou o povo tehuelche dos leões-marinhos, deu a eles o dom do fogo e lhes ensinou a sobreviver. Em seguida, deixou-os para ir morar no céu para sempre. ▪

Foi quando a lua brigou com o sol, e quando este mundo foi feito.
Folk literature of the Tehuelche Indians

EGITO AN
E ÁFRICA

TIGO

Os *Textos das pirâmides* são **entalhados nas tumbas** de dez governantes egípcios por escribas desconhecidos.

Encantamentos (fórmulas) e conselhos para **orientar as pessoas no Submundo** são reunidos no *Livro dos mortos*.

O filósofo grego **Plutarco** faz uma releitura do mito egípcio de *Ísis e Osíris*.

Na **"Partilha da África"**, as potências europeias dividem o continente africano em colônias.

2494–2181 a.C.   **c. 1550–50** a.C.   SÉCULO **I** a.C.   **1881–1914**

c. 2181–1650 a.C.   **30** a.C.   SÉCULO **XVII** d.C.   **1906**

Centenas de encantamentos funerários são inscritos em túmulos de cidadãos egípcios comuns, sendo mais tarde recolhidos como os *Textos dos sarcófagos*.

Com a derrota de Marco Antônio e a morte de Cleópatra, **Roma conquista o Egito**.

Comerciantes europeus **escravizam africanos** e os transportam de navio para outros continentes, resultando na criação de uma diáspora global.

E. A. Wallis Budge pesquisa o **reino dos mortos** (*Duat*) em *The Egyptian Heaven and Hell*.

O continente da África é rico em mitos, que se dividem em duas categorias: o Egito antigo, conhecido pelos manuscritos e inscrições antigos, e as mitologias variadas e pungentes da África subsaariana, das quais temos notícia pela tradição oral, cujo registro foi iniciado por antropólogos no século XIX.

A mitologia egípcia

Numa classificação ampla, o desenvolvimento do Egito antigo pode ser disposto em três períodos principais: o Antigo Império (2686-2181 a.C.), o Império Médio (2055-1650 a.C.) e o Novo Império (1550-1069 a.C.). Entretanto, suas raízes remontam à época da primeira e segunda dinastias (período arcaico), começando em 3100 a.C., e sua história se estende pelo período do domínio romano e a Era Cristã. Um período tão prolongado, com eras distintas definidas pelo desenvolvimento cultural, indicaria que a mitologia egípcia poderia também ter evoluído, mas, na verdade, há uma notável coerência ao longo de toda a história egípcia. Em parte, isso se verifica porque a mitologia era sempre muito complacente e flexível, capaz de absorver ambiguidades e visíveis contradições. Os textos egípcios falam de "dezenas de milhares de deuses", mas todos são, em essência, aspectos do criador, "o senhor sem limite". Assim, os deuses podiam se dividir em dois ou aglutinar-se com outros, conforme necessário. O faraó Akhenaton (1352-1336 a.C.) tentou racionalizar a confusa superposição de divindades e concentrar toda a adoração em Áton, representado pelo disco visível do sol, tido como o único criador e mantenedor do mundo. A mudança radical lançou o Egito num redemoinho. Uma inscrição atribuída ao sucessor de Akhenaton, o menino-rei Tutankamon, explica como: "Os templos dos deuses e deusas ruíram. [...] A terra virou de cabeça para baixo, e os deuses viraram as costas para ela. [...] Se alguém rogasse a um deus ou deusa por ajuda, eles não atenderiam. O coração deles estava partido". Ao longo de 3 mil anos, aspectos dos mitos egípcios que, a princípio, se aplicavam apenas aos reis foram estendidos, até que todos os egípcios puderam sonhar com uma nova vida após a morte no Campo dos Juncos (Aaru, o paraíso). Essa visão idealizada da vida egípcia no delta do Nilo se localizava no leste, onde o sol nasce. As inscrições de encantamentos e orações que

No livro **Ancient Egyptian Legends**, M. A. Murray detalha onze contos mitológicos do Egito antigo.

Em *Conversations with Ogotemmêli*, Marcel Griaule transcreve as **tradições orais dos dogons**.

O linguista nigeriano Wande Abimbola reúne poesias do sistema de adivinhação ifá.

Em **Oral Literature of the Maasai**, Naomi Kipury discorre sobre as tradições do povo queniano.

1913   **1948**   **1977**   **1983**

c. 1930   **1953**   **1981**   **2005**

Antropólogos ingleses **realizam estudos de campo** na África, dando continuidade ao trabalho informalmente iniciado por missionários e exploradores.

Paul Radin apresenta uma vasta variedade de mitos em **African Folktales and Sculpture**.

É publicado o livro de **Pierre Fatumbi Verger**, *Orixás: Deuses iorubás na África e no Novo Mundo*.

Stephen Belcher reúne **mitos de origem** de todo o continente africano.

---

apareceram pela primeira vez nas pirâmides dos faraós do Antigo Império (os *Textos das pirâmides*) foram adaptadas para uso particular no Médio Império (os *Textos dos sarcófagos*). À época do Novo Império, elas foram codificadas no texto egípcio mais famoso de todos, o *Livro dos mortos*. A maior parte dos mitos egípcios precisa ser montada com trechos desses encantamentos, mas alguns deles foram registrados como narrativas, como *As contendas entre Hórus e Set*, um conto violento e cômico envolvendo rivalidade e trapaça entre dois deuses.

Contos subsaarianos

O trapaceiro akan-ashanti Ananse, que é homem e aranha, é uma fonte de narrativas cômicas e violentas, e suas histórias se espalharam pelo oeste da África, chegando ao Caribe e aos Estados Unidos. A narrativa oral é fluida e adaptável, e por isso facilmente transferível para além das fronteiras. Os deuses e as tradições dos povos do oeste da África, como os iorubás e os fons, viajaram com os africanos escravizados para o Novo Mundo, onde formaram as bases de novas religiões "vodu". Legba, o equivalente fon ao deus iorubá Exu, tornou-se o deus vodu Legba. Se o sistema de adivinhação Ifá regido por Exu parece complicado, ele não é nada perto da metafísica intrincada dos mitos dos dogons no Mali. Seu sistema de crença extremamente complexo incorpora a ideia fundamental de que a humanidade é a "semente" do universo, e a forma humana reflete tanto o primeiro momento da criação quanto o universo criado como um todo. Cada aldeia dogon tem a forma de um

corpo humano e é considerada como um ser vivo.

Religiões vivas

O impacto das mitologias subsaarianas sobre o cotidiano das pessoas ainda é visível. O mito da África oriental de En-kai criando gado e dando-o aos masai estabeleceu as fundações culturais para o modo de vida daquele povo. Os mitos poéticos dos san bosquímanos do deserto de Kalahari, na África Meridional, fala dos feitos da Raça Primordial de seres que são, ao mesmo tempo, homem e animal, como o criador Kaang. Sendo homem e louva-deus, Kaang criou o mundo com um sonho. Os xamãs san de hoje ainda entram num estado parecido com o do sonho para exercer poderes, como o de fazer chover, curar ou caçar feitiços. ∎

EU ESTAVA SOZINHO, COM O PRIMEIRO DOS OCEANOS

A CRIAÇÃO E OS PRIMEIROS DEUSES

No começo não havia nada, exceto o oceano primordial, chamado Nun — "não ser" —, segundo os mitos de criação antigos, descritos em imagens e nas inscrições hieroglíficas sobre as paredes dos túmulos egípcios. Em Heliópolis, uma das cidades mais antigas do Egito, hoje parte do Cairo, o povo adorava Rá, o Deus-Sol. Em sua função de criador, Rá era adorado como Áton, que significa "o todo".

Os primeiros deuses

Áton surgiu do caos de Nun, em cujas águas ele habitara, inerte. Do seu próprio corpo, criou outros deuses. Das narinas, Áton espirrou Shu, o deus do ar, e da boca, cuspiu Tefnut, a deusa da umidade, enviando os dois para bem longe da água. Mais tarde, Áton mandou seu olho direito, o sol, procurar Shu e Tefnut. Esse olho era a deusa Hathor, uma chama carregada de força selvagem e imprevisível. Quando ela voltou com Shu e Tefnut, ficou zangada com Áton porque outro olho tinha aparecido no seu lugar. Hathor chorou lágrimas amargas, que se tornaram os primeiros seres humanos. Áton pegou o olho que era Hathor e o sol ao mesmo tempo e o colocou, sob a forma de uma naja, sobre a testa,

O deus Khepri — que mais tarde se fundiu com Áton — era representado por um escaravelho. Como o besouro parecia surgir do nada, os egípcios comparavam seu nascimento à criação do mundo.

para comandar o mundo até o final dos tempos (quando toda a criação fosse extinta e, mais uma vez, o mundo fosse coberto pela inundação infinita). Depois, Áton fez com que as águas originais recuassem, e assim ele teve uma ilha onde ficar. Descansando sobre esse montículo chamado monte "Benben", Áton

No **começo**, havia apenas **o oceano do não ser**.

Dentro do oceano, as **potencialidades** de toda a **criação**.

Um **deus sem limite** tornou-se **consciente** de si como **Áton**.

Esse deus sem limite criou tudo o que existe.

Veja também: Prometeu ajuda a humanidade 36-39 ▪ A barca da noite de Rá 272-73 ▪ O nome secreto de Rá 274-75 ▪ Osíris e o Submundo 276-83

criou o mundo. Ele recorreu a três forças inatas para dar vida aos elementos da criação. Eram elas: Heka, o poder criador ou magia; Sai, o dom da percepção; e Hu, para o pronunciamento. As forças se tornaram deuses com poder próprio e foram seus companheiros na barca solar — a embarcação usada por Áton para cruzar o céu como Rá, o Deus-Sol. Tudo era regulado por um quarto poder — a deusa Maat —, a harmonia cósmica.

Os deuses se multiplicam

Juntos, os filhos primogênitos de Áton, Shu, o ar seco da tranquilidade e da preservação, e Tefnut, o ar úmido da mudança, criaram Geb, a terra seca masculina, e Nut, o céu úmido feminino. Nut deitou-se sobre Geb e o céu acasalou-se com a terra. Os filhos de Nut e Geb foram as inúmeras estrelas. Tal fecundidade

Rá veleja abaixo da forma arqueada de Nut por sobre o deus Geb recostado, em cena do *Livro dos mortos*, compilado no século XVI a.C.

enraiveceu Shu, que, então, amaldiçoou a filha a não dar à luz em nenhum mês do ano. No entanto, Toth, deus do conhecimento e da sabedoria, jogou com o Deus-Lua, Khonsu, e conseguiu cinco dias a mais para Nut, a serem acrescentados aos doze meses lunares de trinta dias cada. Nesses dias, ela deu à luz Osíris, Hórus, Set, Ísis e Néftis. Para evitar que a prole aumentasse — ou, segundo outra fonte, para deixar espaço para que Áton criasse e aumentasse a população do mundo —, Shu decidiu separar o casal. Com as mãos, ele puxou com força a filha Nut, o céu, mantendo-a segura no alto, e prendeu embaixo, com os pés, o filho Geb, a terra. Supõe-se que essa história tenha inspirado a posterior lenda grega de Atlas — o titã condenado a sustentar o céu sobre os ombros.

Os nove principais deuses

Nut, Geb e seus cinco filhos, juntos com Shu e Tefnut, eram conhecidos como a Enéade, e eram os nove

deuses mais importantes sob Áton. Assim como ele, detinham as forças da ordem e do caos. Osíris — primeiro, rei sobre a terra e, depois, governante do Submundo — personificava a ordem. Set, que vivia no deserto e tentou usurpar o poder de Osíris, personificava o caos. Cada um deles se casou com suas irmãs; Osíris casou-se com Ísis, e Set, com Néftis. Set também assediava Ísis, e Osíris teve um filho, o deus Anúbis, com Néftis. Hórus, o outro filho de

O Nilo

O mito de criação do Egito é influenciado pelas cheias do delta do Nilo, acontecimento anual do qual dependia a rica civilização do Egito antigo. A inundação depositava sedimentos férteis nas margens do rio, dando aos antigos egípcios condições de cultivo em larga escala. A cheia do Nilo era louvada como obra de Hapi, deus da fertilidade, que vivia numa caverna, na primeira catarata de Assuã. "Ele inunda os campos que o Deus-Sol [Rá] criou, dando vida a todas as criaturas", dizia um hino. Hapi, masculino e feminino, era filho de Hórus. A cheia regeneradora do Nilo inspirou o conceito de criação das águas de Nun, o oceano primordial que os egípcios acreditavam ter coberto o mundo no início dos tempos. Também não é coincidência que Áton-Rá, Deus-Sol e criador, nasceu simbolicamente desse oceano na mitologia deles, e que os campos do delta do Nilo apareciam a cada outono quando as águas da cheia baixavam.

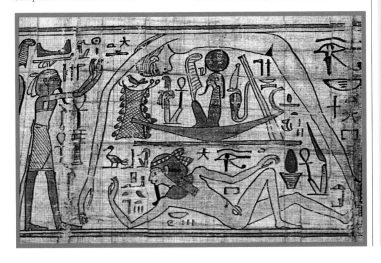

O Olho de Hórus, personificado como a deusa Wedjat, era muitas vezes usado contra o perigo, na vida após a morte. Esse bracelete é da tumba do faraó Shoshenq (século IX a.C.).

Geb e Hut, era um deus dos céus, cujo nome significa "aquele que está no alto, bem distante". Ele era representado como um falcão com as asas abertas, cujos olhos eram o sol e a lua. Devido à sua incapacidade de ver na escuridão das noites sem lua, o deus também era, às vezes, chamado de Hórus Cego.

Sufocando uma rebelião

Depois que Áton criou o mundo, ele encarou uma revolta de seus filhos, ou, de acordo com algumas fontes, dos escudeiros de Set. Conforme Áton envelhecia e, sentindo-se cada vez mais frágil para combater ele mesmo os deuses rebeldes, seguiu o conselho de Toth e nomeou Hórus seu defensor. Assumindo a forma de um grande disco alado, Hórus enfrentou-os num combate corpo a corpo. Seus oponentes transformaram-se em pássaros, peixes, hipopótamos e crocodilos, mas Hórus logo deu cabo de todos.

Houve, a seguir, uma segunda batalha. Set arrancou o olho

Hórus, o cheio de juventude, vem em paz, e ele manifestou feitos de grande magnitude em sua jornada.
Toth
Inscrição anônima nas paredes do Templo de Hórus, em Edfu

esquerdo de Hórus, a lua, e Hórus arrancou os testículos de Set. Na fúria da batalha — e temporariamente cego, sem a luz da lua —, Hórus, além de derrotar os rebeldes, decapitou muitos deuses leais a Áton. Os demais deuses fugiram, e no caos a barca solar estacou, quando um dos pilares que sustentavam os céus caiu no mar. O universo estava à beira de um colapso.

Hórus morre e renasce

Osíris se meteu na confusão para restaurar a ordem, e Set, humilhado, foi obrigado a carregá-lo nas costas. Em seguida, Osíris devolveu os testículos a Set e restaurou o olho de Hórus, que veio a se tornar um símbolo poderoso de completude, proteção, força e perfeição. Entretanto, Hórus estava muito enfraquecido pelos ferimentos sofridos e, depois de dar seu olho a Osíris, ele morreu. Osíris usou o olho para reequilibrar o universo e devolver a cabeça aos deuses. Depois de derrotados pelas mãos de

Hórus, Áton chamou os rebeldes e os engoliu. Dentro de seu estômago, os deuses discutiram e mataram uns aos outros. Essa "morte" dos deuses não os extinguiu. Em vez disso, eles continuaram a ser exatamente como antes. Hórus foi o único deus que morreu durante a revolta, e sua essência divina foi agregada a Osíris, como "Hórus que está em Osíris". Isso lhe permitiu renascer como Hórus, o filho de Ísis e Osíris. Por essa razão, o primeiro Hórus é, às vezes, conhecido por Hórus Mais Velho, mas seu renascimento miraculoso significa que os dois deuses são, na verdade, uma única e mesma divindade. Hórus, filho de Ísis e Osíris, morreu mais tarde picado por um escorpião, mas foi ressuscitado por obra da magia de sua mãe.

Terror dos humanos

Exatamente como os deuses tinham se rebelado antes contra a autoridade de Áton, assim fez a humanidade. Para castigar esses novos insurgentes, Áton enviou das alturas

Um sistro, um chocalho sagrado no formato de um *ankh* — o símbolo da vida —, era tocado em louvor a Hathor. Este cabo de sistro (c. 664-525 a.C.) retrata a cabeça com chifres da deusa-vaca.

Eu [Ámon] criei todo e qualquer homem idêntico ao seu vizinho; não ordenei que cometessem perversões; o coração deles é que violou o que eu disse.

Textos dos sarcófagos

seu olho direito, a deusa Hathor, sob a forma de leoa, atendendo pelo nome de Sekhmet. Era sua intenção alarmar e castigar os humanos ingratos e reduzir sua quantidade, mas uma vez tendo provado sangue, Sekhmet se descontrolou. Sequiosa por mais, matava todos que encontrava, perambulando sobre os restos ensanguentados. Ao anoitecer, numa tentativa de aplacar Sekhmet, Rá misturou ocre vermelho com cerveja de cevada, fazendo-a parecer sangue. A seguir, entornou 7 mil jarros do líquido sobre o território onde ela pretendia fazer sua orgia sanguinária. Sekhmet viu o "sangue" e, voraz, lambeu tudo. De tão bêbada, caiu no sono por três dias. Quando acordou, a gana por sangue tinha passado e os humanos restantes foram poupados. Dali em diante, Hathor, em sua forma de leoa Sekhmet, foi associada a um festival anual que celebrava a sobrevivência da humanidade. Durante as festividades, o povo bebia cerveja com suco de romã.

Uma deusa complexa

Áton valorizava a força da natureza ardente de Hathor e a queria perto dele para protegê-lo. Ao voltar para ele, diz-se que o deus criador a teria acolhido como "a Bela", um dos muitos nomes da deusa. Divindade popular, venerada por toda a sociedade egípcia, Hathor desempenhava múltiplos papéis. Às vezes, era adorada como a esposa de Hórus e mãe de Ihy, deus-menino da música. Ela era a deusa do amor, da beleza, da dança e, mais ainda, da procriação e da maternidade.

Contrastando com seu aspecto de leoa, era comum Hathor ser representada por uma vaca. O culto a ela, provavelmente enraizado nos primeiros ritos de fertilidade, era tido como anterior ao período dinástico. As pessoas acreditavam que Hathor poderia ajudar as almas a renascer na vida após a morte. ∎

A trindade egípcia

Diferentes mitos de criação se desenvolveram nas principais cidades do antigo Egito: Heliópolis, Mênfis, Hermópolis e Tebas. Um tablete de pedra negra de Mênfis, quase ilegível pelo seu uso como mó, cita o criador como sendo Ptah, divindade de poder ilimitado. Chamado de "provedor de vida à vontade", ele concebeu toda a

Ptah, protetor dos artesãos, era adorado em Mênfis, uma das principais cidades do Egito. Diz-se que Ptah deu forma ao mundo.

criação em seu coração e lhe deu forma, atribuindo nome a tudo. Em Tebas, o "deus escondido" Ámon era o deus criador, na forma da serpente Kematef. Noutro lugar, era Áton, "o todo", que era também Rá, o Deus-Sol. Um hino do reinado de Ramsés II (1279-1213 a.C.) afirma que "Deus é três deuses acima de tudo — Ámon, Rá e Ptah. Sua natureza como Ámon é escondida; ele não pode ser conhecido. Ele é Rá em suas características, e Ptah em seu corpo". As palavras sugerem que os três eram vistos como aspectos do mesmo deus criador.

SALVE, RÁ, PERFEITO A CADA DIA!
A BARCA DA NOITE DE RÁ

EM RESUMO

TEMA
Renascimento e renovação

FONTES
O livro de Amduat, autor anônimo, c. 1425 a.C.; *Textos dos sarcófagos*, autor anônimo, c. 2050-1800 a.C.; *Livro dos mortos*, autor anônimo, c. 1550-1550 a.C.; *Book of Smiting Down Apophis* [Livro do demolidor Apófis], autor anônimo, c. 312 a.C.

CENÁRIO
Egito antigo e Duat, o Submundo.

PRINCIPAIS FIGURAS
Rá O Deus-Sol.

Heka, Sia, Hu e Maat Os companheiros de Rá na barca da noite.

Toth Deus-Lua e timoneiro.

Ísis Deusa da magia.

Set Protetor de Rá.

Khepri Deus do renascimento.

Set fisga a serpente Apófis, de um detalhe do sarcófago de um escriba egípcio (c. 984 a.C.), representando a vitória sobre as forças da escuridão e permitindo ao Deus-Sol se reerguer.

Rá era o deus do Sol e também um deus criador, que surgiu do caos para se criar. Todo dia ele cruzava os céus numa barca, "o barco de milhões de anos", trazendo o sol à terra. Ao surgir no leste, a cada manhã, a barca era chamada de *Manzet* (fortalecendo-se). No ocaso, era conhecida como *Mesektet* (enfraquecendo-se).

Toda noite, Rá partia numa viagem funesta, ao velejar pelo Submundo, Duat, a bordo da barca da noite. Nela, acompanhavam-no

as personificações divinas de seus poderes: Heka (poder criador), Sia (a percepção), Hu (a palavra de deus) e Maat (a harmonia cósmica). Durante toda a noite, Maat segurava o *ankh*, o hieróglifo para "vida", para que Rá, mesmo morto, pudesse, mais tarde, alimentar uma nova vida dentro dele. Na barca da noite, iam com ele

Veja também: A criação e os primeiros deuses 266-71 ▪ O nome secreto de Rá 274-75 ▪ Osíris e o Submundo 276-83

O Deus Sol

Rá não foi o mais velho dos deuses do Egito antigo, mas se tornou respeitado acima de todos os outros como o criador de tudo. Na segunda dinastia (c. 3000 a.C.), seu centro de adoração era a cidade de Heliópolis (hoje uma parte do Cairo). Por volta da quinta dinastia (c. 2500 a.C.), os faraós do Egito se identificavam com Rá, erigindo templos para o deus. Faraós posteriores se referiam a eles mesmos como "filhos de Rá" e incorporaram seu nome ao deles. Rá, propriamente dito, assumia três formas. Como o sol nascente no leste, ele era Khepri, geralmente apresentado com corpo de homem e cabeça de falcão, com um disco dourado sobreposto e enrolado pela naja sagrada Ureu. Quando o sol se punha no oeste, ele era Áton, o deus da criação, às vezes retratado como um ancião curvado sobre uma bengala. Esse ciclo diário de morte e renascimento veio a simbolizar o ciclo de vida da humanidade, com a esperança de encontrar, como Rá, um renascimento no final da vida.

> Sobre o corpo de Rá, a serpente Mehen se enrosca, protegendo-o, porque é chegada a hora do perigo.
> **Ancient Egyptian Legends**

ainda outros deuses, inclusive o timoneiro Toth; Ísis, cujos encantamentos faziam o barco se mover, e Set, que vigiava e protegia o corpo sem vida de Rá em sua jornada pelos doze portões que marcavam a passagem das horas de escuridão e as doze regiões de Duat.

No Submundo

Passado o primeiro portão, um importante grupo de deus acolhia Rá. Eles preparavam a barca para a jornada noite adentro e seguravam as cordas de reboque, que passavam pelas doze regiões do Submundo, para puxar o barco pelo rio.

Na sétima e mais perigosa região de Duat, Ísis evocava o deus-serpente Mehen para formar um toldo protetor sobre Rá. Entretanto, outra serpente estava à espera do Deus-Sol — a serpente do caos Apófis (ou Apep), inimigo eterno de Rá. Estendido ao longo de um banco de areia no meio do rio, de modo a esconder sua forma monstruosa, Apófis paralisava os reis com seu olhar hipnotizador e abria bem a boca para engolir o rio e a barca da noite. A deusa Ísis

neutralizava Apófis com suas palavras poderosas, Set fisgava a serpente, e Rá, sob a forma do Gato de Heliópolis (a cidade do sol), cortava-lhe a cabeça. O caos era evitado por mais um dia, embora, na noite seguinte, Apófis, revivido, estivesse novamente à espera, ansiando por engolir Rá e, assim, extinguir o sol para sempre.

O sol renasce

Quando Rá passava pela oitava região de Duat, chamada Sarcófago dos Deuses, divindades embalsamadas e mumificadas gritavam, louvando-o. Na décima região, o deus do renascimento — Khepri, sob a forma de um escaravelho — unia sua alma à de Rá para acompanhá-lo pelos estágios restantes da viagem.

A 12ª e última região assumia a forma de outra serpente monstruosa, chamada Vida dos Deuses. A barca, porém, era rebocada em segurança pela boca da serpente, Rá se transformava inteiramente em Khepri, e seu antigo corpo era jogado para fora da barca. *Manzet*, a barca do nascente, então, emergia no glorioso alvorecer. ▪

> Salve, Rá, ao te ergueres; a noite e a escuridão se foram.
> **Ancient Egyptian Legends**

Um adorno para o peito, ou peitoral, encontrado numa múmia de 1000 a.C., traz um escaravelho, forma assumida por Rá no final de sua jornada por Duat.

ÍSIS VIVEU SOB A FORMA DE UMA MULHER QUE CONHECIA PALAVRAS DE PODER

O NOME SECRETO DE RÁ

EM RESUMO

TEMA
Rivalidade entre os deuses

FONTES
Papyrus Turin 1993, autor anônimo, c. 1295-1186 a.C.; *Papyrys Chester Beatty 11*, autor anônimo, c. 1295-1186 a.C.

CENÁRIO
Egito antigo.

PRINCIPAIS FIGURAS
Rá O Deus-Sol; ludibriado para revelar seu nome secreto.

Ísis Rainha da magia; irmã e esposa de Rá; seu nome egípcio era Aset (Rainha do Trono).

Para os egípcios, o nome era essencial para a existência da pessoa. Apagar o nome de alguém depois da morte significava destruir aquela pessoa na vida após a morte. Rá, o rei dos deuses e dos homens, tinha tantos nomes que nem mesmo os deuses conheciam todos. Ísis, a senhora da magia, tinha poder sobre as palavras e aprendeu o nome de todas as coisas, a ponto de se igualar em poder com Rá. Por fim, o único nome que Ísis desconhecia era o nome secreto de Rá. Rá velejava pelo céu, e a cada dia ficava mais velho. Sua boca ficou flácida e sua saliva caiu no chão. Ísis recolheu-a e, acrescentando nela um pouco de pó, moldou uma cobra, que deixou no caminho de Rá. Ao tropeçar na cobra, ela o mordeu e Rá caiu por terra, soltando um grito terrível. Os outros deuses o ouviram e perguntaram: "O que há de errado?". Mas Rá não podia responder. A mordida da cobra tinha retirado dele o fogo da vida, e seus membros tremiam enquanto o veneno se espalhava. Quando Rá

recuperou a voz, convocou os outros deuses e lhes pediu ajuda. Então, radiante com o poder, Ísis, cujas palavras eram capazes de fazer um moribundo recobrar a vida, ofereceu-se para curar o Deus-Sol, dizendo que, para fazê-lo, ele teria de lhe revelar seu nome secreto. No final, temendo a morte, Rá revelou seu nome. Usando-o, Ísis entoou um encantamento, o veneno deixou o corpo de Rá, e ele se tornou forte novamente. ∎

Ísis, de pé, por trás de Rá, enquanto ele recebe uma oferenda, nesta estela, do terceiro período intermediário do Egito (c. 1069-664). Rá é identificável pelo disco do sol sobre a cabeça.

Veja também: A criação e os primeiros deuses 266-71 ▪ A barca da noite de Rá 272-73 ▪ Osíris e o Submundo 276-83

Rá	**Ísis**

Rá grita de dor.

O que há de errado?

Fui ferido por algo mortal — algo que não criei.

Uma serpente ousou erguer a cabeça contra você? Vou afastá-la com minhas palavras de poder.

Seja rápida, meus olhos estão enevoados. Estou tremendo da cabeça aos pés e coberto de suor.

Diga-me o seu nome. Essa é a palavra de poder que o fará viver.

Eu sou aquele que criou o céu e a terra. Encadeei as montanhas e fiz as águas. Quando abro os olhos, faz-se a luz, quando os fecho, tudo é escuridão.

Diga-me seu nome para que eu possa curá-lo.

Meu nome passará do meu corpo para o seu — o nome que tenho mantido em segredo desde a aurora dos tempos.

Ísis salva Rá, envenenado pela cobra, da morte, apenas como uma manobra para saber seu nome e, assim, assumir alguns dos poderes do Deus-Sol, que ela, em seguida, passa para seu filho, Hórus.

Saia veneno, e derrame-se no chão! Pelo poder de seu nome [secreto], que passou do seu coração para o meu, Rá viverá!

Ámon-Rá

Rá, o Deus-Sol, era visível a olho nu (especialmente em sua forma como Aten, o disco do sol), mas o deus criador também era adorado pelos egípcios como um mistério indecifrável sob a forma de Ámon, o deus escondido. Muitas vezes, Ámon era fundido com Rá, como Ámon-Rá. O centro de seu culto ficava no grande templo de Karnak, em Tebas (hoje Luxor). Embora os rituais do templo fossem exclusividade de seus sacerdotes, que agiam em nome do rei, há indícios de que Ámon era visto como um deus a quem os pobres e necessitados podiam implorar por ajuda. Ele é descrito num hino de louvor egípcio "como o grande deus que ouve as preces, que atende ao chamado dos pobres e destituídos, que dá alento aos miseráveis". Sob a identidade fundida de Ámon-Rá, Ámon tornou-se o principal deus dos egípcios, venerado como o criador de todas as coisas, criador de sua própria vida, ao dizer: "Eu sou!" — a fonte e o mantenedor de toda a existência.

NUT, A GRANDIOSA, DIZ: "ESTE É O MEU FILHO, MEU PRIMOGÊNITO OSÍRIS"

OSÍRIS E O SUBMUNDO

EM RESUMO

TEMA
Morte e vida após a morte

FONTES
Livro dos mortos, autor anônimo, c. 1550-50 a.C.; *O livro de Am-Duat*, autor anônimo, c. 1425 a.C.; *As contendas de Hórus e Set*, autor anônimo, c. 1147-1143; *De Iside et Osiride* [Os mistérios de Ísis e Osíris], Plutarco, século I d.C.

CENÁRIO
Egito antigo, Fenícia e o Submundo.

PRINCIPAIS FIGURAS
Osíris Governante sensato e mais tarde rei do Submundo.

Ísis Irmã e esposa de Osíris.

Set Irmão invejoso de Osíris.

Rá O Deus-Sol.

Néftis Irmã de Ísis.

Hórus Filho de Osíris e Ísis.

Anúbis Deus-chacal, associado à mumificação.

Quando as notícias alcançaram, Ísis imediatamente cortou um de seus cachos e colocou uma roupa de luto.
De Iside et Osiride

O síris — filho do deus da Terra Geb e da deusa do céu Nut — governou primeiro como rei dos mortais. Foi ele quem ensinou os egípcios a como sobreviver, como fabricar e utilizar ferramentas, e como cultivar e colher trigo e cevada. Sua irmã e esposa, a deusa Ísis, ensinou as mulheres a fiar e tecer, a fazer pão e cerveja dos grãos. Ísis era adorada em todo o Egito como a deusa das mães, da fertilidade, da magia, da cura e dos ritos fúnebres. Mais tarde, o culto a ela se difundiu pela Grécia e pelo Império Romano.

Deixando Ísis como sua regente, Osíris, então, viajou pelo mundo ensinando suas habilidades ao resto da humanidade, pelo que recebeu o título de Wennefer, que significa "o eternamente bom". O irmão de Osíris, Set, sentia inveja dos dons e aprovação, e tinha raiva porque Osíris deixara Ísis, e não ele, atuando como regente.

O plano ardiloso de Set

Quando Osíris voltou de suas viagens, Set tramou matá-lo, usurpar o trono e se casar com Ísis. Convidou Osíris para um grande banquete, para o qual produziu um caixão de cedro, ébano e marfim. Set prometeu dar o caixão para aquele que coubesse dentro dele. Todos os convidados experimentaram o caixão, mas não serviu para nenhum deles. Por fim, foi a vez de Osíris, e ele coube perfeitamente — Set tinha construído o caixão segundo medidas precisas. Antes que Osíris pudesse sair do caixão, Set e seus 72 cúmplices baixaram a tampa, fechando-a com pregos. Eles vedaram o caixão com chumbo derretido e o jogaram no Nilo. O caixão — agora o esquife de Osíris — foi levado pela correnteza do rio à costa, mar adentro, até a Fenícia. Um tamarineiro cresceu em torno

O peixe Medjed, aqui em bronze, teria comido o falo de Osíris quando as partes do seu corpo foram espalhadas. Era consagrado à cidade de Per-Medjed, mais tarde denominada Oxirrinco.

dele, encerrando o caixão no tronco, com o rei morto dentro.

À procura de Osíris

O rei da cidade de Biblos viu o tamarineiro e admirou seu tamanho. Mandou que fosse cortado para ser usado no palácio. O tronco, com o caixão ainda vedado dentro dele, foi transformado num pilar para sustentar o teto do palácio. Nesse ínterim, Ísis lamentava por Osíris e saiu à sua procura. Depois de uma longa busca, ela chegou a Biblos e se sentou chorando perto de uma fonte. Quando as aias da rainha de Biblos vieram até a fonte, Ísis penteou seus cabelos e os perfumou suavemente. A rainha mandou buscar Ísis, fez dela sua amiga e ama de seu filho ainda bebê. Ísis amamentou a criança, dando-lhe um dedo para sugar, e decidiu torná-la imortal. À noite, ela a envolveu com chamas para destruir suas partes mortais. E também procurou pelo marido sob a forma de andorinha. O pássaro piou chorosamente ao voar perto do pilar de madeira onde o caixão estava confinado, sabendo que Osíris estava por perto. Quando a rainha de Biblos viu o bebê em chamas,

Veja também: A criação e os primeiros deuses 266-71 ▪ A barca da noite de Rá 272-73 ▪ O nome secreto de Rá 274-75

Ísis e Néftis aparecem lamentando o Osíris assassinado. A cena decora um esquife recoberto de ouro do período romano do Egito antigo, c. século I a.C.

gritou de pavor e quebrou o encanto, impedindo que a criança se tornasse imortal. Ísis, então, revelou sua identidade e implorou à rainha que retirasse o pilar com o caixão dentro. Em seguida, removeu a madeira que havia crescido em volta de caixão contendo Osíris. Jogando-se sobre o esquife, soltou gritos tão lancinantes que o filho mais novo da rainha morreu com o choque.

Set acha o corpo

Ísis colocou o esquife num barco e velejou mar adentro de volta para o Egito. Quando chegou em terra firme, num lugar tranquilo, ela abriu o caixão e encostou seu rosto no de Osíris, chorando. A deusa escondeu o esquife, com o cadáver dentro, num emaranhado de juncos de papiros. Naquela noite, Set tinha saído para caçar e encontrou o caixão. Abrindo-o com violência,

cortou o corpo de Osíris em catorze pedaços, que espalhou pelo Egito. Ísis e sua irmã Néftis, porém, recolheram as partes do corpo de Osíris. Onde quer que achassem uma parte, Ísis magicamente fazia um modelo em cera dela, que era deixado com os sacerdotes locais, erigindo assim santuários para

Osíris por todo o Egito. Depois de recolherem todas as partes do corpo desmembrado, as irmãs sentaram-se ao lado dele e choraram. Rá, o Deus-Sol, penalizado, enviou o deus-chacal Anúbis e Toth, o deus-íbis, para ajudá-las. Juntos, eles reuniram as partes do corpo de Osíris, devolvendo-lhe a forma real. Em

Relevos coloridos de pedra datados do século XII a.C. enfeitam as paredes do notável templo dedicado a Osíris, em Abidos, no Egito.

Abidos

O centro de culto a Osíris era em Abidos, no alto Egito, distante cerca de dez quilômetros do rio Nilo. Ali, por mais de 2 mil anos, os mistérios do deus eram celebrados anualmente no último mês da cheia, quando as águas baixavam. Embora pouco se saiba sobre os rituais do templo, seu objetivo era assegurar a vida eterna para as almas dos mortos ao entrarem no Submundo, reinado por Osíris. Numa cerimônia pública, os sacerdotes também

carregavam uma imagem do deus, do templo até uma tumba supostamente sua, seguidos de uma grande procissão de seus adoradores.

Ao mesmo tempo, um festival popular reencenava a história do assassinato de Osíris, o julgamento de Set e a batalha entre os seguidores de Set e de Osíris. No final da representação, o ator no papel de Osíris reaparecia triunfante na barca sagrada, e o pilar *djed*, uma espiga de milho estilizada, simbolizando seu renascimento, era erguido.

O assassinato de Osíris e o que lhe sobreveio

O caixão segue à deriva pelo Nilo e é lançado ao mar, indo parar na Fenícia, onde um tamarineiro cresce à sua volta.

Ísis veleja para longe com o esquife, mas Set o encontra, esquarteja o corpo de Osíris em catorze partes e as espalha por todo o Egito.

Set tem inveja do irmão, o rei Osíris. Lançando mão de um ardil maldoso, ele encerra Osíris num caixão e o joga no rio Nilo.

Ísis encontra o esquife depois de uma longa procura e chora sobre ele, beijando Osíris no rosto.

seguida, Anúbis embalsamou o corpo com unguentos perfumados e o enfaixou com bandagens de linho, antes de o depositarem num ataúde com cabeça de leão. O corpo de Osíris, embalsamado e enfaixado, estabeleceu um padrão para todos os reis que se sucederam. Sua força divina, porém, não se exaurira totalmente: Ísis se transformou num falcão e, pairando sobre o corpo mumificado, soprou sobre Osíris o alento da vida por tempo suficiente para que ela concebesse um filho, Hórus, que viria a vingar o pai. Osíris, então, desceu ao Submundo e se tornou seu governante, e Ísis passou a cuidar dos santuários do marido morto.

Com o tempo, Hórus procurou desafiar Set e fazer valer seu direito ao trono do pai, Osíris. Hórus e Set compareceram perante a Enéade. Esse conselho dos nove maiores deuses se reuniu durante oitenta anos, sem chegar a uma conclusão sobre qual dos dois tinha razão.

Competindo pelo trono

Toth escreveu para Neith — criadora do universo, mãe do Deus-Sol Rá e deusa da guerra — pedindo um julgamento. Neith concedeu o trono a Hórus. Rá, porém, favorecera Set, porque, todas as noites, ele o protegia da serpente do caos, Apófis. Enraivecido pela decisão de Neith, Rá passou a menosprezar suas obrigações e só se reanimou quando a deusa Hathor se expôs a ele e o fez rir. Apesar do julgamento de Neith, os deuses continuaram a deliberar sobre quem deveria governar, até que Ísis ludibriou Set, fazendo-o advogar contra si mesmo. Furioso, ele desafiou Hórus para um combate. Ambos os deuses se transformaram em hipopótamos e

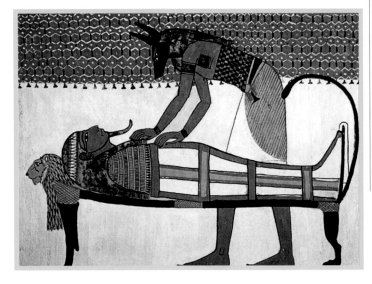

O deus-chacal Anúbis cuida de um morto, em pintura mural no túmulo que o artesão Sennedjem construiu para si, em Set Maat, perto de Tebas, no século XII a.C.

O filho, Hórus, desafia Set e defende o direito ao trono do pai perante um conselho de deuses.

Set e Hórus se transformam em hipopótamos numa disputa que nenhum dos dois vence.

Finalmente, Osíris, o Senhor dos Mortos, intercede em favor do filho e Hórus é coroado rei.

Anúbis mumifica o corpo de Osíris depois que Ísis e Néftis recuperam os pedaços.

Ísis se transforma num falcão e alenta Osíris com vida nova, para que conceba um filho para vingá-lo.

ficaram debaixo d'água para ver qual deles permaneceria submerso por mais tempo.

Ísis fabricou um arpão com um gancho de cobre e o lançou na água. Primeiro, atingiu Hórus. Ele gritou para sua mãe, que prontamente recolheu o arpão. Ísis logo voltou a lançá-lo na água, dessa vez ferindo Set. Este, por sua vez, perguntou a Ísis como podia ela maltratar tanto seu irmão e, novamente, ela recolheu o arpão. Hórus ficou de tal modo enfurecido que saltou para fora da água e decapitou a mãe. Em seguida, a deusa se transformou numa estátua

Não é certo me enganarem assim, diante da Enéade, impedindo-me de assumir o lugar de meu pai Osíris.
As contendas de Hórus e Set

Hórus, com cabeça de falcão, ao lado do pai, Osíris, e da mãe, Ísis, nesta estela funerária dedicada aos deuses de Abidos, no reinado de Seti I (1290-1279 a.C.).

de pedra sem cabeça, para que a Enéade visse o que seu filho Hórus havia feito com ela.

A desacordo prossegue

Os deuses procuraram por Hórus para castigá-lo. Set o encontrou adormecido embaixo de uma árvore e lhe arrancou os olhos, enterrando-os num lugar onde eles cresceram como dois lótus. Quando a deusa Hathor encontrou Hórus chorando no deserto, ela capturou uma gazela e a ordenhou. Em seguida, ajoelhou-se ao lado do jovem deus e colocou aquele leite nas órbitas de seus olhos para lhe restaurar a visão.

Hathor contou aos deuses o que Set havia feito, mas eles estavam cansados da disputa e declararam uma trégua. Simulando ser conciliador, Set convidou Hórus para vir a sua casa, e Hórus aceitou. Naquela noite, enquanto Hórus dormia, Set se deitou entre as coxas

dele e despejou sêmen na mão de Hórus. Quando Hórus revelou a Ísis o que Set tinha feito, ela cortou as mãos do filho e as jogou na água, substituindo-as por novas. Depois, Ísis pegou o sêmen de Hórus e o espalhou sobre a alface, que era o principal alimento de Set, que a consumiu, sem saber que ela continha o sêmen potente do rival.

Ainda buscando conquistar o trono, Set arrastou Hórus diante da Enéade, reivindicando que ele, Set, deveria ser o governante, pois assumira o papel masculino na relação sexual com Hórus. Os deuses, horrorizados, cuspiram no rosto de Hórus, que negou a acusação. Ele pediu, então, que seu sêmen e o de Set fossem convocados diante da Enéade para testemunhar. Ao serem convocados, o sêmen de Set gritou da água onde tinha sido jogado por Ísis, mas o sêmen de Hórus gritou de dentro do corpo de Set. O julgamento foi claro e os deuses se declararam favoráveis a Hórus, o que enfureceu Set. Ele exigiu mais uma disputa com Hórus, sob a forma de uma corrida pelo Nilo em embarcações de pedra. Set construiu um grande barco de um bloco de pedra, retirado do pico de uma montanha. Já Hórus fez o

A Pesagem do Coração, aqui ilustrada no *Livro dos mortos*, era parte de uma série de julgamentos a que os mortos deviam se submeter imediatamente após a morte.

dele de cedro, recobrindo-o com uma camada de gesso, disfarçando-o para que parecesse pedra. Seu barco flutuou, mas o de Set afundou. Enfurecido, Set transformou-se em hipopótamo e virou o barco de Hórus. Longe de chegarem a uma decisão final, os deuses pediram a Toth que escrevesse a Osíris no Submundo. Osíris perguntou por que seu filho deveria ser passado para trás em relação à herança a que tinha direito, e Hórus foi estabelecido como rei do Egito. Set acompanhou Rá para sacudir os céus com trovões, como o deus das tempestades, da violência e do deserto.

Um Submundo apavorante

Osíris governava como o Senhor dos Mortos. Os egípcios imaginavam Duat, o Submundo, como um vale estreito atravessado por um rio, separado da terra dos vivos por uma cadeia de montanhas. A cada manhã, o sol nascia no extremo leste e mergulhava no extremo oeste ao anoitecer. O trajeto para o

Ó, coração de minhas diferentes formas! Não te coloques como testemunha contra mim… não sejas hostil a mim na presença do Guardião da Balança.
Livro dos mortos

Submundo era repleto de perigos. Havia um ou outro alento, como no caso da deusa Hathor que, ao encontrar os falecidos nos confins do reino deserto do deus falcão Seker, oferecia-lhes sombra sob sua árvore sagrada (plátano), frutas e água para se refrescarem. Na maior parte do tempo, porém, o trajeto desse mundo para o seguinte era cercado por criaturas aterrorizantes, como a fera com cabeça de cão, que extirpava corações, engolia sombras e habitava perto do Lago de Fogo. Os mortos recorriam a encantamentos (fórmulas), muitos dos quais constam no Livro dos Mortos egípcio, para negociar a terrível corrida de obstáculos. Era preciso que ultrapassassem sete portões, cada um com seu guardião grotesco. Em seguida, eram levados por Anúbis para o Salão das Duas Verdades, onde o coração era pesado numa balança com a pluma de Maat, a deusa da verdade e da justiça. Anúbis conferia a balança, e Toth, o escriba dos deuses, registrava o resultado sobre folhas da árvore da vida.

Se o coração estivesse sobrecarregado pela culpa dos pensamentos e atos negativos,

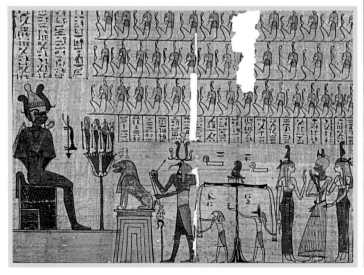

A passagem da morte para a nova vida no Submundo

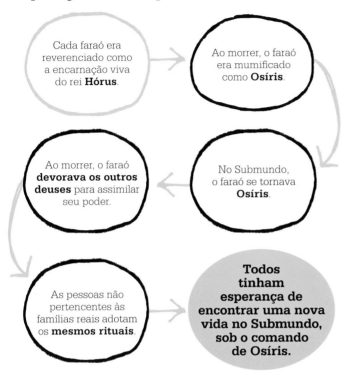

Cada faraó era reverenciado como a encarnação viva do rei **Hórus**.

Ao morrer, o faraó era mumificado como **Osíris**.

Ao morrer, o faraó **devorava os outros deuses** para assimilar seu poder.

No Submundo, o faraó se tornava **Osíris**.

As pessoas não pertencentes às famílias reais adotam os **mesmos rituais**.

Todos tinham esperança de encontrar uma nova vida no Submundo, sob o comando de Osíris.

Livros dos mortos

Na época do Antigo Império, apenas os reis egípcios podiam assegurar, para si e para os outros, uma nova existência após a morte. Durante o Médio Império, indivíduos não pertencentes à realeza começaram a adotar preparativos funerários, à semelhança do rei. As orações e os encantamentos – os *Textos das pirâmides*, das pirâmides reais – foram adaptados no Médio Império para o uso privado dos indivíduos, como os *Textos dos sarcófagos*, e codificados no Novo Império, no *Livro dos mortos* (às vezes traduzido como "Encantamentos que aparecem de dia"). Os *Textos das pirâmides* mostram a crença do faraó de que, ao morrer, incorporaria Osíris; Nut e Geb o reivindicariam como filho, e ele se tornaria o governante no Submundo. Num encantamento, o rei caça e devora os outros deuses: "se alimenta dos pulmões dos sábios e se satisfaz em viver com seu coração e sua magia". Absorvido o poder dos deuses, "o tempo de vida do rei é a eternidade".

superando o peso da pluma da verdade, ele era atirado e tragado por Ammut, o monstro-fêmea. Esse devorador de mortos tinha cabeça de crocodilo, a parte dianteira de leão e a traseira de hipopótamo.

O julgamento final

Se o peso do coração não superasse o da pluma, o morto podia prosseguir em sua jornada. Hórus – agora no Submundo com seu pai e os outros deuses – levava os falecidos pela mão até a presença de Osíris. O Senhor dos Mortos sentava-se no trono, com Ísis e Néftis por trás dele, e os quatro filhos de Hórus à sua frente, numa flor de lótus. Quarenta e dois juízes do Submundo auxiliavam Osíris em suas deliberações. Aqueles que o agradavam podiam esperar a vida eterna no Campo de Juncos (a visão perfeita do Egito), velejar como estrelas no céu noturno ou juntar-se à multidão na grande barca de Rá, para renascer com o sol todas as manhãs.

Ao colocar Osíris como responsável pelo Submundo, Rá prometeu que seu reino duraria milhões de anos, mas acabaria. Disse Rá: "Vou destruir toda a criação. A terra sucumbirá em águas sem fim... Lá ficarei com Osíris, depois de recuperar a forma de serpente". A serpente, a forma original de Rá, continha as forças da criação e do caos. A serpente dormiria no oceano cósmico, com o rabo na boca, até despertar para recriar o mundo. ■

Uma descrição de Ammut, do *Livro dos mortos de Nebqed* (c. 1400 a.C.), revela o monstro-fêmea, sob um lago de fogo, à espera dos que fracassam no teste da pluma da verdade.

SE FIZESSEM FOGO, O MAL SOBREVIRIA
O MITO DE CRIAÇÃO SAN

EM RESUMO

TEMA
Relação do homem com os animais

FONTES
African Myths of Origin [Mitos de origem africanos], Stephen Belcher, 2005.

CENÁRIO
O início dos tempos nas atuais Botswana e África do Sul.

PRINCIPAIS FIGURAS
Os san bosquímanos; o povo nativo caçador-coletor do sul da África.

Kaang O deus supremo e criador do povo san.

Os sans acreditam que, no princípio, as pessoas viviam debaixo da terra, onde tudo era claro e aquecido, embora não houvesse sol. Entretanto, o deus criador, Kaang, decidiu que queria criar outro mundo, acima da terra, e então produziu uma árvore alta e frondosa. Orgulhoso de sua criação, lá de cima da terra chamou um homem para vir olhar sua árvore. O homem veio, seguido de uma mulher, e das demais criaturas. As pessoas e os animais logo fizeram do novo mundo de Kaang sua moradia. Ele ordenou que todos falassem entre si e vivessem em paz, e também os proibiu de acender fogueiras, pois o fogo era uma grande força destruidora. Esse novo mundo, porém, possuía uma desvantagem: o sol era cálido, mas as noites, frias e escuras, e as pessoas perceberam que, diferente dos pássaros e de outros animais, elas não contavam com penas ou pelagem para se manterem aquecidas. Contrariando a instrução de Kaang, o povo decidiu acender uma fogueira. Embora aquecesse e lhes trouxesse claridade, o fogo também aterrorizou os outros animais. Kaang castigou os humanos pela desobediência, tornando-os incompreensíveis aos animais. Em vez de palavras, agora os animais escutavam gritos e berros, e fugiam amedrontados, destruindo a relação harmônica antes existente entre os humanos e as outras criaturas. ∎

Caçadores san abatem antílopes com flechas envenenadas, em seguida arrastam a presa por dias, aqui ilustrada em arte rupestre no abrigo Game Pass, na cordilheira de Drakensberg.

Veja também: A criação e os primeiros deuses 266-71 ▪ En-kai e o gado 285 ▪ Ananse, a aranha 286-87 ▪ O cosmos dogon 288-93

VOU LHE DAR ALGO CHAMADO GADO

EN-KAI E O GADO

EM RESUMO

TEMA
Criaturas queridas

FONTES
Oral Literature of the Maasai
[Literatura oral dos Maasai],
Naomi Kipury, 1983.

CENÁRIO
A savana do leste africano.

PRINCIPAIS FIGURAS
En-kai O deus supremo dos
masai.

Os masai Comunidade
nômade que pastoreia seu
gado nas pastagens
verdejantes do leste da África.

Os doroba Clã pertencente à
comunidade masai,
anteriormente caçadores-
coletores e ferreiros.

Os masai (comunidade nômade de criadores de gado, reputados historicamente como guerreiros violentos) são, supostamente, originários da parte inferior do vale do Nilo, tendo migrado para a savana do leste africano no século xv. Seu deus único supremo, En-kai, é associado às nuvens carregadas, portadoras de chuvas, que fazem brotar a relva e mantêm as pastagens verdejantes para seus rebanhos. No começo, En-kai disse a Maasinta, o primeiro masai, que construísse uma área cercada usando touceiras de espinhos. En-kai, então, baixou uma corda de couro de uma nuvem negra de tempestade e, por ela, fez descer uma enorme quantidade de gado, criaturas que o mundo jamais vira. Dorobo, que vivia com Maasinta e era o primeiro do clã doroba, se aborreceu, reclamando que ele não tinha recebido gado nenhum. Em algumas versões da história, Dorobo gritou tão alto que En-kai recolheu a corda; noutras, Dorobo usou sua habilidade no trabalho com metais para fabricar

> Que o leite do meu gado seja venenoso, se algum dia o provares.
> **Maasinta, *Oral Literature of the Maasai***

uma faca e, então, cortou a corda. De qualquer forma, nenhum gado mais desceu dos céus. Maasinta ficou bravo com Dorobo e amaldiçoou a ele e a seu povo, para viverem para sempre na pobreza, vivendo da caça de animais selvagens. É o que explica por que o clã doroba era de caçadores e ferreiros e não de pastores nômades. Os masai acreditam que En-kai legou todo o gado do mundo à sua comunidade. Quando os masai tiram o gado dos outros, não acreditam ser roubo: estão apenas reivindicando aquilo que En-kai declarara como sendo deles. ∎

Veja também: Yebá Bŭró, a Avó da Terra 238-39 ▪ As aventuras dos gêmeos Sol e Lua 240-41 ▪ O mito de criação san 284 ▪ O cosmos dogon 288-93

AMARRE A CABAÇA NAS COSTAS E ENTÃO PODERÁ SUBIR NA ÁRVORE

ANANSE, A ARANHA

EM RESUMO

TEMA
Como a sabedoria se espalhou

FONTES
Tradição oral, registrada em *African Folktales and Sculpture* [Escultura e contos folclóricos africanos], editado por Paul Radin, 1953; *African Folktales in the New World* [Contos folclóricos no Novo Mundo], William Bascom, 1992; *Anansi: The Trickster Spider* [Anansi: a aranha trapaceira], Lynne Garner, 2014.

CENÁRIO
O oeste da África no princípio dos tempos.

PRINCIPAIS FIGURAS
Nyame O deus maior e criador; também conhecido como Nyankupon.

Ananse Herói trapaceiro, sob a forma de aranha.

Ntikuma O filho de Ananse.

No princípio, Nyame, o deus do céu do povo ananse, foi o repositório de todas as histórias e conhecimento. Ananse, herói trapaceiro em forma de aranha, foi até Nyame e, com petulância, perguntou-lhe quanto custaria todo aquele conhecimento. Surpreso com a audácia da aranha, Nyame lhe propôs uma tarefa impossível. Para ganhar o conhecimento do deus do céu, Ananse teria de trazer quatro itens: uma píton, um leopardo, um enxame de marimbondos e uma fada. Ananse partiu, e postando-se ao lado do buraco onde morava a píton, conjecturou em voz alta se a cobra seria maior do que o galho de

> A aranha queria possuir todas as histórias conhecidas no mundo.
> *African Folktales in the New World*

palmeira que pendia sobre ele. Quando a píton ouviu aquilo, saiu do buraco e se ofereceu para se esticar sobre o galho e, assim, ser medida. Ao deitar sobre o galho, seu corpo começou a se contorcer. A aranha se ofereceu para amarrá-lo no galho para obter o comprimento preciso. Quando a píton concordou com o plano, Ananse a embalou e a levou para Nyame.

A fraude da aranha

Ananse continuou lançando mão de ardis nas demais tarefas. Para capturar o leopardo, cavou um buraco bem fundo e o cobriu com folhas. O leopardo caiu dentro dele e, vendo Ananse na beira, implorou-lhe por ajuda. Ananse se ofereceu para tecer uma teia forte para içá-lo e retirá-lo. O leopardo concordou, mas aí viu-se aprisionado pela teia de Ananse, e a aranha fez o segundo prisioneiro. Para apanhar os marimbondos, Ananse colocou água na casa deles e começou a bater no chão com pequenos gravetos, criando o som de chuva caindo. Ele, então, bradou, oferecendo aos marimbondos um refúgio seco em sua cabaça. Os marimbondos, agradecidos, voaram para dentro dela e Ananse, imediatamente, tampou-a

Veja também: O mito de criação san 284 ▪ En-kai e o gado 285 ▪ O cosmos dogon 288-93 ▪ Exu e o panteão iorubá 294-97

> Reis muito poderosos não eram capazes de comprar as histórias do deus do céu, mas Kwaku Ananse conseguiu pagar o preço.
> *African Folktales and Sculpture*

e levou os insetos para Nyame. Por último, Ananse conseguiu pegar a fada, pondo uma boneca recoberta de goma pegajosa — uma armadilha — ao lado de uma tigela de inhame. A fada agradeceu à boneca, mas, ao não obter resposta, tocou nela e ficou grudada. Ananse, então, levou-a até Nyame, que ficou maravilhado ao constatar que a aranha tinha conseguido realizar as tarefas propostas. Cumpridor de sua palavra, ele fez de Ananse o deus de todas as histórias e fábulas.

Esperta, porém, ignorante

De posse de toda a sabedoria do mundo, Ananse guardou-a na cabaça e saiu à procura de um lugar seguro onde pudesse escondê-la. Adentrando a floresta, encontrou uma árvore alta de casca espinhosa e decidiu trepar nela para pôr a cabaça bem no alto, perto do topo. Entretanto, a cabaça era grande e, com ela amarrada à sua frente, Ananse não tinha como abraçar o tronco para subir, e caía sempre. Sem que soubesse, seu filho pequeno Ntikuma o seguira pela floresta e agora ria do pai. "Por que não amarra a cabaça nas costas?", sugeriu Ntikuma, "e aí vai conseguir subir na árvore". Ananse se irritou com o filho, que assistira às suas fracassadas tentativas, mas lhe seguiu o conselho. No entanto, ao refazer a amarração da cabaça, ela caiu no chão e se espatifou. Naquele instante, uma tempestade violenta caiu sobre a floresta e uma chuva torrencial lavou o conteúdo da cabaça, levando tudo rio abaixo, até o mar. A sabedoria de Nyame se espalhou pelo mundo, permitindo que todos herdassem uma parte dela.

Ao voltar para casa com o filho Ntikuma, Ananse se consolou pensando que a sabedoria tinha se mostrado de pouco valor: bastara uma criança pequena para lhe ensinar a lição. ▪

Ananse, a Aranha, ocupa o centro do arremate decorativo do cajado de madeira folheado a ouro (c. 1900), carregado por um linguista (contador de histórias) do povo ananse.

Ananse e o Br'er Rabbit

Quando os africanos foram levados para o Novo Mundo como escravos, suas histórias os acompanharam. As façanhas do trapaceiro Ananse viajaram para os Estados Unidos e Caribe com o povo asante, oriundo da Costa do Ouro (hoje Gana), no oeste da África. Outra conhecida figura afro-americana é Br'er Rabbit, personagem do folclore do sul e centro da África, bem conhecido pelas histórias de Uncle Remus. Narradas por um ex-escravo fictício do Sul dos Estados Unidos, as histórias foram adaptadas e compiladas por Joel Chandler Harris, publicadas pela primeira vez em 1881. As histórias de Ananse e Br'er Rabbit compartilham uma temática semelhante. Br'er Rabbit fica grudado numa armadilha deixada por Br'er Fox para prendê-lo. Ananse, por sua vez, é preso por uma armadilha ao roubar as ervilhas de sua mulher, e ele mesmo usa uma para capturar a fada e cumprir o desafio de Nyame.

TUDO O QUE ERA IMPURO FOI JOGADO FORA COM A ÁGUA

O COSMOS DOGON

EM RESUMO

TEMA
A dualidade da humanidade

FONTES
Conversations with Ogotemmêli, Marcel Griaule, 1948; "Dogon restudied: A Field Evaluation of the Work of Marcel Griaule" [Dogon reexaminado: Uma avaliação de campo do trabalho de Marcel Griaule], W. E. A. van Beek, *Current Anthropology*, 1991; *Dogon: Africa's People of the Cliffs* [Dogons: o povo africano dos desfiladeiros], Stephenie Hollyman e W. E. A. van Beek, 2001.

CENÁRIO
Oeste da África no princípio dos tempos.

PRINCIPAIS FIGURAS
Amma O deus criador; principal divindade dos dogons.

Nommos O primeiro par de espíritos gêmeos criados por Amma; nome também atribuído aos oito ancestrais dos dogons.

Esta terra plana era um corpo feminino, com um formigueiro como órgão sexual.
Dogon reexaminado

O s dogons são um povo solitário que vive numa parte isolada da África Ocidental, estendendo-se do Mali, no sudeste, até Burkina Faso, a noroeste. A mitologia dogon é altamente complexa, baseia-se mais na tradição oral do que em textos e possui muitas variações. O mito central diz respeito à criação do universo pelo deus maior dogon, Amma, ao nascimento dos espíritos gêmeos Nommos e à morte de Lébé, todas essas figuras centrais ao longo das histórias dogons registradas pelos antropólogos.

Nascimento dos Nommos

A divindade criadora dogon, Amma, modelou o cosmos com argila. Primeiro, lançou pelotas de argila no céu para criar as estrelas, e então fez o sol e a lua como duas tigelas de argila, inventando a arte da cerâmica. A do sol tinha um contorno vermelho-cobre, e a da lua, um contorno branco. Com os corpos celestes no lugar, Amma voltou-se para os afazeres terrestres. Pegou a argila, apertou-a com as mãos e a espalhou no sentido norte-sul e leste-oeste, formando a terra plana, que era fêmea. Amma sentia-se solitário. Cheio de apetite sexual, ansiava por ter relações com a terra, mas quando tentou penetrar num formigueiro (a vagina da terra), surgiu um cupinzeiro. Depois de se livrar dele, Amma conseguiu copular com a terra. Entretanto, aquele ataque afetou o equilíbrio do cosmos, e, assim, sua semente produziu apenas um chacal, criatura que os dogons associavam à deformidade e à desordem. Da vez seguinte que Amma plantou sua semente na terra, produziu dois seres "nascidos perfeitos e completos". Chamados de Nommos (ou Nummos), sua natureza gemelar representa o equilíbrio perfeito da

Imagens do par macho-fêmea são representações dos progenitores míticos dos dogons. As estátuas acolhem sacrifícios feitos pela comunidade para que seja protegida das provações.

criação. Os Nommos eram hermafroditas, de cor verde, metade humanos, metade serpentes. Seus olhos eram vermelhos, tinham línguas bifurcadas e braços flexíveis sem articulações. Estavam presentes em todas as águas, e sem eles o princípio da vida na terra teria sido impossível. Os Nommos subiram aos céus para ficar com Amma. De sua posição elevada, os gêmeos viram que sua mãe, a terra, estava nua. Para remediar a situação, desceram dos céus com plantas para vesti-la. As fibras dessas plantas ajudaram a carregar a essência aquosa dos Nommos por toda a terra e a lhe trazer fertilidade.

Macho e fêmea

Os Nommos (ou Amma, em algumas versões do mito) desenharam dois esboços no chão, um em cima do outro. Um deles era macho, e o outro, fêmea; desses dois esboços surgiram o primeiro homem e a primeira mulher. Enquanto o chacal tinha uma só

Veja também: Ananse, a aranha 286-87 ▪ O mito de criação san 284 ▪ En-kai e o gado 285 ▪ Exu e o panteão iorubá 294-97

Cada ser humano foi provido de duas almas de diferentes gêneros.
Conversations with Ogotemmêli

alma, esses primeiros humanos e seus descendentes tinham duas, de gêneros opostos; uma habitava no corpo, enquanto a outra morava no céu ou na água, conectando a humanidade à natureza. Essa natureza dual se manifesta fisicamente; os dogons acreditam que machos e fêmeas nascem com aspectos físicos do gênero oposto, e que ainda existe alguma essência feminina dentro de todo homem e alguma essência masculina dentro de toda mulher. A tradição dogon da circuncisão masculina e feminina rompe o vínculo espiritual

entre a alma do gênero oposto de uma pessoa, e é um rito importante de passagem para a vida adulta na sociedade dogon.

Conexões gêmeas

As duas primeiras pessoas tiveram oito filhos: dois pares de gêmeos masculinos e dois pares de gêmeos femininos. Esse conjunto de oito gêmeos também se chamava Nommos. São os ancestrais dos dogons. Esses Nommos são representados por oito animais — a cobra, o jabuti, o escorpião, o crocodilo, o sapo, o lagarto, o coelho e a hiena — porque, segundo Griaule, esses animais nasceram no céu ao mesmo tempo que os Nommos, e partilhavam com eles uma conexão de alma. Cada indivíduo Nommo tinha um gêmeo humano e um gêmeo animal, e embora os oito fossem de espécies diferentes, os

Pinturas nas escarpas de Bandiagara, no Mali, representam figuras e símbolos mais provavelmente dos dogons. Alguns acreditam que elas sejam exemplares de arte sangha ou songo.

Diversidade de ideias

O primeiro estudo sobre os dogons foi de Marcel Griaule; *Conversations with Ogotemmêli: An Introduction to Dogon Religious Ideas* foi publicado em 1948. Por 32 dias consecutivos, Ogotemmêli, um ancião dogon cego, reuniu-se com Griaule e falou sobre a mitologia dogon. Os estudiosos da atualidade avaliam o estudo mais como conjecturas de um membro da comunidade do que como um relato detalhado do pensamento dogon em geral. As religiões africanas dão mais ênfase no fazer a coisa certa (ortopraxia) do que em acreditar na coisa certa (ortodoxia). Dentro de um grupo qualquer é possível haver uma ampla gama de crenças individuais e formas de descrever o mundo e sua criação. Estudos posteriores dos dogons deram, assim, origem a muitos mitos e interpretações diferentes.

animais também formavam pares. Isso desencadeou uma corrente de elos, estendendo-se para além dos animais e das plantas e criando uma vasta rede. Os dogons acreditam que cada indivíduo tem uma conexão de alma com um oitavo de todas as coisas vivas do mundo. Segundo algumas versões do mito, os oito ancestrais foram criados quando um dos dois primeiros Nommos se rebelou contra Amma e tentou criar

Os Nommos são muitas vezes representados com os braços levantados, como nesta pequena escultura. Supõe-se que signifique uma busca na direção dos céus em oração pela chuva.

um mundo à parte, só seu. Ele procriou por meio de relação sexual com a placenta que o mantinha preso ao útero de sua mãe, Terra, mas os frutos dessa união incestuosa eram solitários e impuros. Contaminado por esse ato abominável, o mundo encarava a perspectiva de cair num caos total, mas Amma reassumiu o controle do cosmos, matando os outros Nommos. Ele foi despedaçado e o corpo espalhado por toda a terra, e então os oito ancestrais Nommos foram criados das partes do corpo dele. Mais tarde, os dogons erigiram santuários para os ancestrais (chamados *binu*) nos lugares onde os pedaços haviam caído.

Os primeiros humanos

Os oito Nommos procriaram e povoaram a terra. Nesse estágio, os humanos eram seres primitivos que viviam em buracos no chão, como animais, e só se comunicavam por sons básicos. Quando a prole dos Nommos cresceu, os oito ascenderam aos céus. No entanto, quando os Nommos perceberam o mundo humano caótico, voltaram à terra, um por um, por ordem de idade, cada qual levando uma habilidade valiosa. Primeiro o Nommo mais velho, um ferreiro, introduziu o fogo e o trabalho com metais, roubando um pedaço do sol na forma de uma brasa viva e de uma haste de ferro em brasa. Outro Nommo ensinou à humanidade a arte da tecelagem, e outro ainda a arte de construir silos para os grãos. Estes eram recobertos de palha para evitar que a água da chuva levasse embora a argila, e foram modelados sobre o formigueiro usado por

Para purificar o universo e restaurar sua ordem, Amma sacrificou outro Nommo.
Art of the Dogon
Kate Ezra, historiadora da arte (1988)

Amma para depositar sua semente quando fecundou a terra. A base deles era quadrada para representar os quatro pontos cardeais — Norte, Sul, Leste e Oeste.

Caos e sacrifício

O oitavo Nommo se impacientou e desceu à terra antes de sua irmã, a sétima Nommo, o que a deixou tão zangada que ela se transformou numa serpente gigantesca. Os humanos, porém, com medo da serpente, fabricaram armas para matá-la, usando as habilidades ensinadas pelo primeiro Nommo, o ferreiro. A morte da sétima Nommo trouxe ainda mais caos. Os outros ancestrais decidiram que deviam sacrificar Lébé, o primeiro *Hogon* (líder espiritual da comunidade) e o homem mais velho da família do oitavo Nommo. Lébé foi o primeiro humano a morrer, trazendo assim a mortalidade à humanidade. Seu corpo foi enterrado num campo primordial com a cabeça da sétima Nommo, sob a bigorna do ferreiro Nommo. O ferreiro golpeou a bigorna com suas ferramentas, despertando o espírito do sétimo ancestral. A serpente então devorou Lébé, combinando os espíritos da sétima e do oitavo Nommo para sempre. Esses dois Nommos representaram a linguagem, considerada a essência de todas as coisas: a sétima Nommo

Dançarinos dogons envergam máscaras para os ritos funerários *dama* em Tireli, no Mali. Encena-se para guiar os espíritos para fora da aldeia, para o repouso, junto aos ancestrais.

era o mestre da Palavra e o oitavo, a Palavra em si.

Presentes saneadores

Quando a serpente vomitou os restos de Lébé numa série de pedras, elas adquiriram o formato de um corpo. Primeiro, vieram oito pedras *dugé*, formadas quando um raio atingiu o chão. Essas pedras marcaram as articulações da pélvis, dos ombros, dos cotovelos e dos joelhos. Em seguida, vieram as pedras menores, formando os ossos longos, as vértebras e as costelas. As pedras eram um presente dos Nommos para a humanidade. Elas continham a força de vida de Lébé e eram uma manifestação física da fala. As pedras também absorviam tudo o que era bom dos ancestrais e limpavam as impurezas das pessoas com a água, que era a essência e a força de vida dos Nommos. Quando os restos de Lébé estavam sendo expelidos, vieram também torrentes de água purificadora. Essa água tornou a terra fértil e criou condições para que a humanidade pudesse manter as plantações e desenvolver os cultivos. Os dogons viam Lébé como uma manifestação das forças regenerativas da natureza. Até hoje os *dogons* usam pedras que simbolizam os restos de Lébé, recordando seu vínculo com os antepassados. Embora Amma seja a divindade suprema na religião dogon, e as orações e sacrifícios sejam a ela dirigidos, o foco principal da maior parte dos rituais dos dogons é o culto aos ancestrais. ∎

A água e os dogons

A água é essencial nos mitos do povo dogon. O Mali, pátria dos dogons, situa-se à beira do deserto do Saara, onde a água é escassa e a pluviosidade, variável. O ciclo das águas é inconstante. A região é afetada pela seca e pelas monções, e os rios e lagos aparecem e desaparecem. Contrariando a pressão para se converterem ao islamismo, primeiro os dogons estabeleceram suas aldeias na base das escarpas de Bandiagara, no Mali, há mil anos, atraídos por suas nascentes e por constituir uma área naturalmente protegida. Mais tarde, eles se espalharam pelo platô próximo, onde construíram poços profundos.

QUE BELO CHAPÉU ELE ESTÁ USANDO

EXU E O PANTEÃO IORUBÁ

EM RESUMO

TEMA
Caos e equilíbrio

FONTES
Ifá Divination Poetry, Wande Abimbola, 1977; *Orixás: Deuses iorubás na África e no Novo Mundo*, Pierre Fatumbi Verger, 1981; *Mitologia dos orixás*, Reginando Prandi, 2001.

CENÁRIO
Oeste da África e Américas (especialmente Brasil e Cuba).

PRINCIPAIS FIGURAS
Exu (Legba/ Bará/ Eleguá) Mensageiro; enganador e brincalhão.

Orunmilá (Ifá) O deus do oráculo, o advinho.

Olodumare (Olorum/ Olofim) O Ser Supremo, de quem tudo emana.

Ogum Governa a metalurgia, a tecnologia e a guerra.

Oxóssi Orixá caçador.

Nanã Guardiã do saber ancestral.

Oxumaré O Arco-Íris, deus serpente da chuva.

Omulu (Obaluaê) Senhor das pestes e das curas.

Xangô Dono do trovão, governador da justiça.

Oiá (ou Iansã), Obá e Oxum Divindades do feminino.

Iemanjá Senhora das grandes águas, mãe dos deuses e dos homens.

Oxalá (ou Obatalá) Criador dos seres humanos.

Veja também: O mito de criação san 284 ▪ En-kai e o gado 285 ▪ Ananse, a aranha 286-87 ▪ O cosmos dogon 288-93

No culto do povo iorubá, do oeste africano, os indivíduos interagem todo o tempo com as entidades espirituais, os orixás, já que neles a natureza é dotada de alma. Diversos são os orixás, e cada tradição cultua uma determinada quantidade e os nomeia com variações. Olodumare é a força primordial da criação. Com seu axé (força cósmica que permeia todo o universo), criou todos os orixás; e Oxalá, o orixá mais velho, recebeu de Olodumare o "saco da criação", para criar o mundo. Aconselhado a procurar Exu antes de sua tarefa, Oxalá ignorou a recomendação. No meio do caminho, encontrou uma palmeira, dela bebeu o vinho, e em seguida adormeceu. Exu, passando pelo local, roubou-lhe o saco da criação, dando-o a Oduduá, que tudo cria. Ao acordar, Oxalá, percebendo que tudo já está criado, se dirigiu a Olodumare, que lhe deu uma nova incumbência: criar os homens a partir do barro.

Com frequência, as atividades de Exu são divertidas e inofensivas, mas por vezes seu comportamento pode ser destrutivo para os seres humanos. Devido à influência cristã, algumas vezes Exu é associado à figura do mal. Entretanto, simbolicamente a função de Exu corresponde melhor à figura do embusteiro, trapaceiro ou malandro, acima de qualquer moral. Exu é o promotor do caos, mas também é essencial para que a justiça aconteça, mantendo o universo em equilíbrio e se certificando de que nenhum indivíduo tenha poder em demasia.

A trapaça do chapéu

Conta-se que duas amigas se gostavam tanto que foram perguntar a um babalaô (sacerdote) o que deveriam fazer para ter uma amizade eterna. Ele as aconselhou a fazerem uma oferenda a Exu, mas elas o ignoraram. Certo dia, enquanto trabalhavam em suas roças, cantando, Exu resolveu aparecer e passou por elas com um chapéu metade vermelho e metade branco. Assim que ele se foi, uma mulher voltou-se para a outra: "Que belo chapéu vermelho ele estava usando!", disse. "Você está cega?", perguntou a amiga. "Certamente você deve ter visto que o chapéu era branco." Quando Exu retornou ao final da tarde, passou pelas duas novamente, que descansavam em suas enxadas. "Me desculpe!", disse a amiga para outra, "você tinha razão, o chapéu é vermelho". "Você está me gozando?", respondeu a mulher. "Eu pude ver claramente que era branco!" Ofendendo-se mutuamente, as

Exu é descrito com adereço de cabaças na cabeça nesta escultura de madeira nigeriana (c. 1880-1920). Embora seja em geral representado como um homem, o trapaceiro está aqui esculpido como uma mulher de seios fartos.

Por que Exu é o primeiro a comer

Exu, filho caçula de Iemanjá e Orunmilá, irmão de Ogum, Xangô e Oxóssi, comia de tudo, e sua fome era incontrolável. Comeu todos os animais da aldeia em que vivia, os de quatro pés e os de pena. Comeu os cereais, as frutas, os inhames, as pimentas. Bebeu toda a cerveja, toda a aguardente e todo vinho. Quanto mais comia, mais fome Exu sentia. Começou a devorar as árvores, os pastos, e já ameaçava engolir o mar. Furioso, Orunmilá pediu a Ogum que detivesse o irmão a todo custo. Ogum mandou matar o irmão, mas isso não aplacou sua fome. Mesmo morto sentia-se a presença devoradora de Exu. A terra foi ficando vazia e os homens começaram a passar fome e a morrer. Orunmilá foi alertado pelo oráculo de que Exu pedia sua atenção, e então ordenou: "Sempre que fizerem oferendas aos orixás, deverão em primeiro lugar servir comida a ele".

amigas decidiram seguir o conselho do babalaô. Elas prepararam um ebó (sacrifício) para Exu, que aceitou a oferenda e abençoou a amizade das duas, que continuaram amigas pelo resto da vida.

A multiplicidade de versões é comum em mitos da tradição oral, portanto, há outras versões para esse mito, como a de dois amigos que, sem entrar em acordo sobre a cor do chapéu de Exu, acabam matando um ao outro. Na tradição iorubá também é comum a duplicidade de papéis e a ambivalência dos poderes das divindades para praticar aquilo que o pensamento ocidental considera o bem ou o mal.

Iemanjá ajuda Olodumare na criação do mundo

Olodumare vivia só no infinito, cercado apenas de fogo, chamas e vapores. Cansado de não ter com quem falar, de não ter com quem brigar, decidiu pôr fim àquela situação. Libertou as suas forças e a violência e fez jorrar uma tormenta de águas, que se debatia nas rochas que nasciam, abrindo no chão profundas cavidades. A água encheu as fendas ocas, e os oceanos se formaram, e do que

Exu matou um pássaro ontem com uma pedra que atirou hoje.
Ditado iorubá

sobrou da inundação se fez a terra. Na superfície do mar, junto à terra, nasceu Iemanjá, com suas algas, conchas e estrelas-do-mar, coroada pelo arco-íris de Oxumaré. O fogo na superfície do mundo eles apagaram, e com suas cinzas fertilizaram os campos. As matas foram dadas a Ossaim, o senhor das folhas. Nos lugares em que as cinzas ficaram escassas, formaram-se pântanos, que foram dados a Omulu. Iemanjá encantou-se com a terra e a enfeitou com rios, que foram dados a Oxum. Quando tudo estava pronto e cada orixá tinha seu domínio, Olodumare mandou Oxalá criar o ser humano, que povoou a terra.

Oxóssi desrespeita a proibição ritual e morre

No dia de fazer oferendas, a caça era proibida e ninguém podia trabalhar. Mas Oxóssi queria caçar, como fazia diariamente. Sem consultar o adivinho, ele saiu para caçar, e sua mulher, cansada de ver o marido desrespeitar os tabus sagrados, o abandonou, saindo de casa. Caminhando pela mata, Oxóssi ouviu um canto: "Eu não sou passarinho para ser morta por ti". Era o canto da serpente Oxumarê. Oxóssi então atravessou-a com sua lança e a partiu em vários pedaços. Mas no caminho de casa continuou ouvindo o mesmo canto. Ao chegar, ele preparou a comida com o corpo da serpente e a comeu. Pela manhã, sua mulher retornou à casa e encontrou Oxóssi morto. Havia um rastro de serpente até a entrada da floresta. Ela chorou, implorou e fez sacrifícios a Orunmilá, que trouxe Oxóssi à vida, transformando-o no orixá protetor da caça.

Ogum mata seus súditos e é transformado em orixá

Ogum, filho de Orunmilá, sempre guerreava e trazia os frutos de suas vitórias para o pai. Amante da liberdade e das aventuras amorosas, teve um filho com Ojá e depois amou Oiá, Oxum e Obá, as três mulheres de seu rival Xangô. Ogum guerreou e conquistou o reino de Irê, e só retornou a sua terra depois de muito tempo. Chegou num dia em que se fazia um ritual no qual as pessoas não podiam se falar nem se olhar. Ogum estava morrendo de fome e sede, mas ninguém o atendia nem falava com ele. Sentindo-se desprezado, sacou sua espada e pôs-se a destruir tudo e todos, cortando a cabeça de seus súditos.

Quando a cerimônia religiosa terminou, um grupo sobrevivente veio até ele, o banhou, o alimentou e lhe deu roupas novas. Ogum ficou constrangido e inconsolável por sua ferocidade, pois havia matado quase todos os habitantes da aldeia. Fustigou-se por dias e noites, até que tomou a espada e a fincou fortemente no solo, que se abriu sob seus pés, tragando-o. Ogum foi levado para o Orum (Céu) e tornou-se um orixá.

Xangô seduz a mãe adotiva

Xangô, abandonado pela mãe, foi adotado por Iemanjá, que o criou e o educou com grande zelo, tornando-o rei. Xangô se casou primeiro com Obá, que se sacrificou nos deveres domésticos e perdeu a beleza, sendo desprezada depois por ele. Em seguida, Xangô se casou com Oiá, que fora sua aliada na guerra contra Ogum. Oxum, que vivia com Orunmilá, também se deitou com Xangô, e ele a desposou. Um dia, porém, Xangô enamorou-se de Iemanjá e lhe confessou sua paixão. A mãe o esbofeteou e o expulsou de casa. Ele tentou de novo, e ela novamente o repeliu. Mas Xangô não desistia. Com a ajuda dos Ibejis (filhos gêmeos que tivera com Oxum), ele fez um feitiço e Iemanjá voltou a recebê-lo em casa. Ele então a possuiu.

Nanã fornece a lama para a modelagem dos homens

Dizem que quando Olodumare encarregou Oxalá de fazer o mundo e criar o ser humano, o orixá tentou fazê-lo de várias coisas. Primeiro tentou com o ar, que se desvanecia; depois com madeira e pedra, mas eram duros demais; com fogo, que se consumia; com azeite e água, mas nada funcionava. Foi então que Nanã Burucu veio em seu socorro e apontou seu cetro para o fundo do lago, de onde retirou a lama com a qual Oxalá moldou os seres humanos. E nestes Olodumare soprou a vida. Mas quando o homem morre, ele deve retornar ao seu lugar de origem, pois Nanã lhe deu a matéria, mas quer de volta tudo que é seu.

Exu exige **reverência e respeito** daqueles que o procuram pedindo favores.

Oxóssi sai para **caçar**, **desrespeitando a proibição ritual** imposta pela comunidade.

Ogum se enfurece, **dizima sua tribo** e, após se arrepender, **vai viver no Orum**.

Xangô enamora-se de todas as mulheres, até que **se encanta pela própria mãe**.

As lendas dos orixás versam sobre comportamentos humanos, aproximando os deuses dos mortais.

Oiá recebe o nome de Iansã

Oiá desejava ter filhos, mas não podia conceber. Então foi consultar um babalaô, que a mandou fazer um ebó com um carneiro, muitos búzios e muitas roupas coloridas. Ela assim o fez e teve nove filhos.

Desde então, quando Oiá ia ao mercado vender azeite de dendê, o povo dizia: "Lá vai Iansã", que quer dizer mãe nove vezes, e ela ficava toda faceira. Em sinal de respeito por ter seu pedido atendido, Iansã nunca mais comeu carneiros. ∎

Deuses dos iorubás

Vindas com os negros trazidos como escravos ao Novo Mundo nos séculos XVI a XIX, as crenças do povo iorubá sofreram sincretismos e mudanças, originando diversas vertentes, conhecidas como religiões dos orixás: candomblé no Brasil; santeria em Cuba; vodu no Caribe, entre outras. Nessa transposição, algumas divindades se tornaram mais cultuadas em certas regiões, mas a figura de Exu é central em todos os cultos. O panteão animista (divindades-símbolo da natureza) dos iorubás consiste em vários orixás, sendo os mais conhecidos no Brasil: Xangô (fogo e justiça), Iemanjá (água do mar e proteção), Ogum (metalurgia, tecnologia, guerra), Iansã (vento, tempestade), Oxum (água dos rios, beleza), Nanã (barro, origem), Oxalá (criação, vida), Obaluaê (pestes e curas), Ibejis (crianças, brincadeiras) e Oxóssi (caça, florestas), e regionalmente alguns se destacam mais que outros.

A orixá Iemanjá é a mãe de todos os outros orixás e deusa da água e dos oceanos. Geralmente ela é retratada trajando roupas azuis.

OCEANIA

Um navio holandês, sob o comando de Abel Tasman, faz o primeiro **contato com os maoris**, levando a um confronto violento.

O **capitão James Cook** explora o Pacífico em três viagens, fazendo observações sobre várias sociedades insulares.

Missionários ocidentais convertem a maioria do povo polinésio ao **cristianismo**.

A Holanda governa o **povo marind** da Nova Guiné, Melanésia.

1642　　**1768–1779**　　**1797–1850**　　**1902–1938**

1722　　**1788**　　**1876**　　**1936–2001**

O explorador holandês Jacob Roggeveen descobre a **Ilha da Páscoa**, terra do povo rapanui.

A frota inglesa chega a Botany Bay, estabelecendo as **primeiras colônias** em solo australiano.

William Wyatt Gill reúne contos de vários povos insulares em *Myths and Songs from the South Pacific*.

Raymond Firth estuda os mitos e a história de Tikopia, nas Ilhas Salomão.

Além da Austrália, a Oceania é formada por ilhas espalhadas por mais de 8,5 milhões de quilômetros quadrados do Oceano Pacífico. Os mitos dos povos da Oceania muitas vezes diferem bastante devido à vasta distância geográfica entre eles. Os aborígenes australianos, em particular, possuem tradições bem distintas do resto da Oceania. Os povos indígenas da Austrália foram os primeiros a se estabelecer na Oceania e provavelmente vieram do sul da Ásia, há cerca de 65 mil anos. O próximo grupo de destaque a vir para a Oceania foram os papuas, que chegaram à Nova Guiné há mais de 40 mil anos. As origens de muitos contos da Oceania remontam a esse período. Enquanto a Austrália era relativa e culturalmente isolada até a chegada dos europeus, no final do século XVIII, os papuas interagiam com outros povos que vieram para essas terras. Entre 5 mil e 3 mil anos atrás, novos migrantes nascidos no mar do sudeste da Ásia chegaram à Melanésia, no nordeste da Austrália, estabelecendo-se em Fiji e nas Ilhas Salomão. Por volta de 1000 a.C., os colonizadores já haviam se estabelecido nas ilhas da Micronésia, no oeste do Pacífico, ao norte da Melanésia. A onda seguinte de migração, há 2 mil anos, ocorreu no leste da Polinésia. Ao longo dos séculos, Samoa, Tonga, Taiti, Ilha de Páscoa (Rapa Nui) e as ilhas havaianas foram colonizadas. A Nova Zelândia foi a última grande área na Oceania a ser habitada por humanos; os maoris chegaram por volta do século XIII d.C. Os povos da Polinésia eram descendentes de um grupo da Melanésia chamado lapita, navegadores experientes e exploradores. Dividindo-se em várias tribos, os lapita se estabeleceram no Arquipélago de Bismark, a nordeste da Nova Guiné, por volta de 2000 a.C., e povoaram o oeste do Pacífico de c. 1600 d.C. em diante.

Principais temas
Um tema importante nas mitologias da Oceania é a criação do mundo. Em muitos mitos aborígenes, a criação ocorreu durante o "Dreamtime", período em que espíritos e seres sobrenaturais vagaram pelo mundo, formando a paisagem. Conquanto a criação aborígene seja descrita como um processo gradual, na tradição da Polinésia ela é muito mais dinâmica — tipificada pela figura difundida de

Alfred Métraux estuda a história do povo rapanui da Ilha de Páscoa.

Em *Déma*, Jan van Baal registra os **mitos e crenças do** povo **marind**.

Em *The Speaking Land*, Ronald e Catherine Berndt registram os mitos aborígenes de **Luma-Luma**.

Dreamtime Kullilla de Michael Connolly faz um levantamento da **herança das comunidades aborígenes**.

1940

1966

1989

2009

1964

1989

2003

Edwin G. Burrows publica seus estudos sobre a mitologia do povo do **Atol Ifaluk**.

Kakadu, de Stanley Breeden e Belinda Wright, inclui a mitologia aborígene **Dreamtime** [Tempo do Sonho].

John Flenley e Paul Bah registram o **mito da criação rapanui** em *The Enigmas of Easter Island*.

Ta'aroa, um deus que saiu de sua concha para prover a existência de tudo. Os mitos de criação também exploram o nascimento da humanidade. Na tradição maori, Tane — deus da floresta que aparece em muitas culturas da Polinésia — fez a humanidade soprando a vida na areia e na lama. Nos mitos da ilha de Páscoa, Makemake, o deus dos pássaros marinhos, criou a vida ejaculando no barro, enquanto nos mitos papuas os humanos eram originalmente peixes disformes que foram moldados em pessoas por divindades ancestrais chamadas *démas*.

Mitos dos ilhéus

A geografia das ilhas da Oceania influencia suas histórias. O mito micronésio de Aluluei, por exemplo, enfatiza a navegação e a exploração.

O deus trapaceiro Maui aparece em muitos mitos da Polinésia. Como o poderoso pescador que rebocou ilhas do assoalho oceânico, credita-se a ele a origem do Havaí e da Nova Zelândia, onde a pesca é central para a vida na ilha. Na tradição maori, a Ilha (neozelandesa) do Norte é o peixe pego por Maui, e a Ilha do Sul é sua canoa.

Tradição oral

Os mitos da Oceania se fundamentam numa antiga tradição poética oral e estavam ligados à religião nativa, sendo os sacerdotes os repositórios dos mitos. Suas histórias foram preservadas ao passarem de geração em geração, por meio da memória. A lembrança desses contos era essencial, porque muitos estabeleciam a genealogia de uma família ou um clã. Os maoris

remontam sua ancestralidade à canoa que trouxe seus primeiros ancestrais para a Nova Zelândia, e as tribos papuas se ligam às suas divindades ancestrais, os *démas*. O mito também ajudou a estabelecer o *mana* (conceito na Oceania, significando "poder" ou "prestígio") de indivíduos ou lugares, e a registrar o que era tabu. Os mitos também eram importantes para a preservação de rituais. Na história de Luma-Luma, por exemplo, o gigante ensinou ritos secretos para o povo gunwinggu do norte da Austrália antes de ser morto por eles. Contos como esse começaram a ser transcritos pelos antropólogos europeus durante o século XIX, mas eram originalmente recitados para um público de ouvintes, aprendidos e repassados como um dever cerimonial sagrado. ∎

VENHA E OUÇA NOSSAS HISTÓRIAS, VEJA A NOSSA TERRA

O *DREAMING*

EM RESUMO

TEMA
Cenário vivo

FONTES
Tradição oral, registrada em
*Kakadu, Looking After the
Country the Gagudju Way*, S.
Breeden e B. Wright, 1989; e em
*Dreamtime Kullila Dreaming
Stories*: Michael J. Connolly
(Munda-gutta Kulliwari), 2009.

CENÁRIO
Dreamtime, Austrália.

PRINCIPAIS FIGURAS
Warramurrungundjui
Espírito criador; mãe da
fertilidade.

Serpente do Arco-Íris Um
criador temido; também
conhecido como Almudj e
Ngalyod.

Biami Um espírito criador.

Gumuk Winga Uma mulher
idosa.

D atando de entre 50 mil a 65
mil anos, os aborígenes
australianos têm a história
cultural mais longa e contínua de
todos os povos na terra. Antes da
invasão europeia da Austrália em
1788, havia cerca de seiscentos
grupos diferentes de povos
aborígenes, cada um com sua
própria língua. Comum a tais
grupos é o Dreaming ou
Dreamtime, termo atribuído por
antropólogos ao conceito aborígene
de um período ou estado formativo
em que os espíritos criadores
ancestrais surgiram e formaram as
paisagens, os animais e as
pessoas. Os espíritos criadores
proveram cada grupo de
ferramentas, linguagem e cultura, e
estabeleceram as leis segundo as
quais as pessoas deveriam viver.

O Dreaming pode ser expresso
por música, dança, pintura e
narrativas, criando uma trama de
conhecimentos, de valores culturais,
e um sistema de crenças que são
passadas de geração em geração.
Cada grupo aborígene tem sua
própria história de criação, embora
algumas sejam compartilhadas. Elas

> Nossa espiritualidade é uma
> unidade e uma interligação
> com tudo o que vive e
> respira, mesmo com o que
> não vive ou respira.
> **Mudrooroo**
> *Poeta e romancista australiano*
> *(b. 1938)*

explicam a relação íntima entre a
terra e o povo aborígene e por que o
cuidado com a natureza e os
animais é tão importante para a
cultura aborígene.

A mãe da fertilidade

Para o povo gagudju, da área de
Kakadu, na Ilha do Norte, uma das
mais importantes histórias Dreaming
é a do espírito criador
Warramurrungundjui. A história
conta como a vida começou quando
Warramurrungundjui surgiu no mar e
deu à luz as primeiras pessoas,
equipando-as com várias línguas. Ela
criou montanhas e riachos, e usou
sua vara de cavar para criar poços,
importantes não apenas como fonte
de vida, mas também como um lugar
para encontrar e honrar os seres
criadores. Ela carregava ainda uma
bolsa cheia de inhames e outras
plantas para espalhar em suas
caminhadas; também controlava as
condições climáticas e podia invocar

Dançarinos se apresentam no
Festival de Dança Aborígene de Laura,
local sagrado de reunião para os povos
aborígenes em Cape York, área remota
em Far North Queensland. A área é
conhecida por sua arte rupestre.

Veja também: A origem do universo 18-23 ▪ A criação do universo 130-33 ▪ Pangu e a criação do mundo 214-15 ▪ A criação cherokee 236-37 ▪ O céu faz o sol e a terra 260-61 ▪ A criação e os primeiros espíritos 266-71

chuva, vento e seca. Depois de criar todo o cenário, Warramurrungundjui se transformou numa rocha, de modo que pudesse ser incorporada à paisagem para sempre. Hoje, o povo gagudju a honra em cerimônias sagradas de fertilidade.

A Serpente do Arco-Íris

Como a maioria das tribos aborígenes, o povo gagudju reverencia a Serpente do Arco-Íris. As histórias Dreaming contam como a serpente, chamada pelos gagudjus de Almudj ou Ngalyod, abriu passagens por entre as rochas, criou poços e aparou a superfície das rochas para fazer as colinas. Diferente de muitas figuras do Dreamtime que mudavam de forma, transformando-se em humanos ou animais e voltando à forma original, Almudj nunca modificou sua aparência; ela criou a estação úmida, possibilitando a multiplicação de todas as formas de vida. É uma força criadora, mas também temida e não gosta de ser incomodada. Quando zangada, é capaz de inundar a terra e afogar qualquer um que burle suas leis. Ela mora num lago profundo sob a queda-d'água em Djuwarr Rock, no sudeste de Darwin. Às vezes, Almudj pode ser vista empinada sobre o rabo, criando um arco-íris no céu. A imagem da Serpente do Arco-Íris é comum nas artes rupestres, especialmente em pinturas do final do período pré-estuarino (c. 60000-6000 a.C.), e muitas vezes aparece junto a imagens de inhames. Os arqueólogos acreditam que o aumento do nível dos oceanos causou mudanças no ambiente físico que provocaram a dependência dos inhames durante esse período. Inhames precisavam de água e Almudj a providenciou.

Pinturas rupestres de peixes no Nanguluwur Rock Art Site, no Parque Nacional Kakadu, Ilha do Norte, feitas durante o período estuarino (6000 a.C.-500 d.C.), quando as águas do mar subiram e os vales foram inundados.

O criador e o legislador

De acordo com as histórias Dreaming do povo kullili do sudoeste de Queensland, a Serpente do Arco-Íris permaneceu adormecida no subsolo, até que despertou no Dreaming e abriu um caminho para chegar à superfície. Ela viajou pela terra, deixando o rastro de seu corpo por toda parte onde dormia. Após cobrir a terra inteira, ela gritou pelos sapos, mas eles eram preguiçosos, com a barriga cheia d'água depois do grande sono do Dreaming. A Serpente do Arco-Íris fez cócegas no estômago deles, e quando os sapos riram, a água lhes saiu pela boca e encheu as cavidades dos rastros deixados pela serpente nas suas viagens. Assim foram criados rios e lagos, que, por sua vez, acordaram

Dreamtime

A origem do termo "Dreamtime" remonta a Francis Gillen, chefe de estação de telégrafo e etnólogo que, no final do século XIX, trabalhou em Alice Springs e falava arrernte, a língua do povo aborígene da Austrália central. Ele cunhou o termo Dreamtime para representar o sistema de crenças de *Altyerrenge*, palavra que significa "ver e compreender a lei". Gillen conheceu e trabalhou com Walter Baldwin Spencer, biólogo e antropólogo, nascido em Lancashire, e estudante de arrernte, que usou o termo de Gillen em seu relato sobre uma expedição a Cape Horn, feito em 1896. Sem esse registro, o termo poderia jamais ter saído de Alice Springs. Hoje o conceito de "Dreamtime" se aplica a todos os sistemas de crenças aborígenes australianos.

todos os animais e plantas da terra. A Serpente do Arco-Íris então criou as leis que governariam todos os seres vivos. Quando algumas das criaturas começaram a causar problemas, ela se empenhou em transformar aqueles que obedeciam em seres humanos e os desobedientes, em pedra. A serpente manteve sua palavra e deu àqueles que transformara em humanos um totem da criatura que haviam sido antes, como um canguru, um emu e

Os gritos alegres de pegas australianas no romper do dia são uma celebração do seu sucesso na criação do primeiro alvorecer, de acordo com o povo wathaurong, do sudoeste de Vitória.

uma cobra (*Morelia spilota*). As tribos humanas, então, começaram a se distinguir por seus totens. Para garantir alimento suficiente para todos, a Serpente do Arco-Íris proibiu as pessoas de comerem as criaturas que simbolizavam seus totens. De certa forma, essa crença explica por que os totens são parte tão significativa da identidade cultural dos aborígenes.

Primeiro amanhecer

Muitas histórias Dreamtime descrevem a origem dos fenômenos naturais e da formação de pontos de referência específicos. O povo wathaurong do sudoeste de Vitória, por exemplo, tem uma história Dreaming que explica a origem do nascer do sol. Eles dizem que, certa vez, o céu cobriu a terra como um cobertor, bloqueando a luz do sol e fazendo com que todos se arrastassem no escuro. As inteligentes pegas decidiram fazer algo. Pegaram varas compridas

Somos todos visitantes deste tempo, deste lugar. Estamos de passagem. Nosso propósito aqui é observar, aprender, crescer, amar… e, então, voltar para casa.
Provérbio aborígene

com o bico e, trabalhando juntas, as empurraram contra o céu, até que o ergueram. Entretanto, as varas não eram fortes e o céu corria o risco de ruir. Agindo rápido, elas arranjaram varas ainda mais compridas e as empurraram até o céu se fixar no lugar. O sol, então, apareceu no primeiro amanhecer de todos, estimulando os pássaros a explodirem em cantoria.

Criando um rio

O povo yorta yorta, que tradicionalmente ocupou uma área no nordeste de Vitória e no sul de Nova Gales do Sul, conta a história

A Serpente do Arco-Íris

Um dos mais importantes personagens das histórias Dreaming de grupos aborígenes do continente, a Serpente do Arco-Íris está sempre ligada a cursos d'água, como *billabongs* (o lago que fica depois que um rio muda seu curso), rios, riachos e cavidades nas rochas. É considerada a fonte de toda a vida e a protetora da terra e do seu povo. As histórias variam entre as tribos, dependendo das condições climáticas locais. As das áreas das monções, por

exemplo, ligam a Serpente do Arco-Íris à chuva e ao vento. Sua conexão com o clima faz da serpente uma força destruidora.

Além disso, a mitologia da Serpente do Arco-Íris é ligada aos relacionamentos sociais e à fertilidade. É sempre representada em cerimônias que marcam a transição de garotos da adolescência para a fase adulta.

Uma Serpente do Arco-Íris, de dentes afiados, decora o teto de uma caverna numa projeção de arenito no monte Borradaile, Arnhem Land, Ilha do Norte.

Monte Elephant, ponto de referência na região de Goldfields, em Vitória, segundo o povo tyakoort wooroong, é o corpo de um homem transformado em pedra após uma luta sangrenta.

que explica a formação do rio Murray, o curso d'água mais extenso da Austrália. Na época da criação, Baiame, um espírito criador, viu uma anciã, Gumuk Winga, com um *coolamon* vazio (um vasilhame para transporte de itens variados, servindo até de berço). A idosa parecia estar com fome, então Baiame sugeriu que ela partisse à procura de inhames. Pegando o bastão de cavar, a velha partiu em sua missão, acompanhada do cachorro. Gumuk Winga andou e andou, mas não encontrou os inhames. Com o tempo, ficou fraca e diminuiu o ritmo, arrastando o bastão pela terra. O dia se tornara noite, mas ainda não havia qualquer sinal dos inhames. Baiame esperou por Gumuk Winga, mas ela não voltou. Por fim, o espírito convocou a Serpente do Arco-Íris, que dormia embaixo da terra, e lhe pediu para procurar a idosa e trazê-la de volta em segurança. Almudj partiu

seguindo o rastro deixado pelo bastão de cavar da anciã. O corpo da serpente se movia com graciosidade pela terra, deixando fendas profundas nas colinas e vales. As cores do arco-íris do seu corpo cobriram as árvores, plantas, pássaros, borboletas e todas as outras criaturas. De repente, Baiame gritou. O trovão ecoou com raios, riscando o céu, e a chuva caiu. Choveu por dias, as fendas deixadas por Almudj se encheram de água. Quando a chuva parou e a bruma se dissipou, o rio Murray, chamado *Dungala* pelo povo yorta yorta, estava formado.

Batalha nas montanhas

O povo tyakoort wooroong do sudoeste de Vitória conta outra história sobre como o local em torno deles foi criado. Relatam que as duas montanhas mais proeminentes da área, monte Elephant e monte Buninyong, eram antes dois homens. Elephant tinha um

machado de pedra, que Buninyong cobiçava. Quando ofereceu ouro em troca do machado, Elephant aceitou. Os dois homens se encontraram onde hoje fica Pitfield Diggings (um antigo local de mineração ao sudoeste de Ballarat) e fizeram a troca. Mais tarde, porém, Buninyong decidiu que não precisava mais do machado e quis seu ouro de volta. Quando Elephant se recusou a devolver, Buninyong chamou-o para um duelo no mesmo local onde haviam se encontrado. Tão logo a luta tomou corpo, Elephant golpeou a lateral de Buninyong com a lança. Momentos mais tarde, Buninyong acertou a cabeça de Elephant com seu machado de pedra. Os dois homens, machucados, se arrastaram em direções opostas, e logo ambos morreram. Seus corpos se transformaram em montanhas. Ao lado do monte Buninyong, um buraco simboliza o corte feito com a lança de Elephant, enquanto outro buraco no topo do monte Elephant representa o golpe mortal dado por Buninyong na cabeça de Elephant.■

Os mais velhos defendem a Lei, e a Lei defende o povo. Esta é a Lei que vem da montanha. A montanha ensina o Dreaming.
Guboo Ted Thomas
Líder aborígene (1909–2002)

ATRAVESSA-ME LENTAMENTE COM TUA LANÇA. AINDA TENHO MAIS A TE ENSINAR

A MORTE DE LUMA-LUMA

EM RESUMO

TEMA
Rituais sagrados

FONTES
Tradição oral registrada em
*The Speaking Land: Myth and
Story in Aboriginal Australia*,
Ronald M. Berndt e Catherine
H. Berndt, 1989.

CENÁRIO
Arnhem Land, norte da
Austrália.

PRINCIPAIS FIGURAS
Luma-Luma Gigante
ganancioso que comia tudo,
até mesmo crianças mortas.

As esposas de Luma-Luma
Duas mulheres mortais.

Luma-Luma é um dos monstros sorrateiros presentes no folclore aborígene. A versão de sua história, contada por Mangurug, um membro mais velho da tribo gunwinggu de Arnhem Land, no norte da Austrália, é muitas vezes usada em rituais nativos, conduzidos na iniciação dos meninos na masculinidade. A história mostra a origem e a importância dos rituais vitais que Luma-Luma legou à humanidade, a um preço terrível para todos: ele arruinaria a terra e morreria por ela, mas ainda assim queria passar esses rituais adiante. Luma-Luma era um gigante que tinha duas

esposas, e, em algumas versões da história, teria começado a vida como uma baleia, nadando para Arnhem Land, vindo do leste e cruzando o mar da Indonésia. Chegando a Cape Stewart, Luma-Luma e suas duas esposas partiram depois para oeste, levando com eles rituais sagrados e totens, conhecidos como *mareein*, que eram presentes para a humanidade. Luma-Luma mantinha os objetos ritualísticos numa cesta, ou bolsa, e carregava também grandes lanças a serem usadas nas lutas.

A ganância predomina

Onde fossem, Luma-Luma declarava que o alimento colhido e preparado pelas pessoas que encontravam era proibido, e tão sagrado que apenas ele podia comer. Apavorados, todos abandonavam os alimentos — mel selvagem, grandes inhames, cangurus recém-abatidos e peixe —, deixando-os para o seu consumo. As esposas protestavam por ele por deixar o povo com fome, mas não

Um caçador **aborígene de Arnhem Land** fere com a lança um canguru, numa pintura de 20 mil anos, em Nourlangie Rock, no Parque de Kakadu, na Ilha do Norte da Austrália.

Veja também: O *Dreaming* 302-07 ▪ Ta'aroa dá à luz os deuses 316-17 ▪ Tane e Hine-titama 318-19

Ele está comendo nossas crianças. O que faremos com ele?
The Speaking Land

A mulher com seios projetados, representada com duas bolsas e um bastão de cavar, é provavelmente associada ao ritual da fertilidade.

O gigante lhes disse para matá-lo lentamente, sem usar muitas lanças, para que tivesse tempo de lhes mostrar os rituais que sabia. Dentre eles, estavam *ubar* (que lembrava às mulheres de que deveriam obedecer a seus maridos); *Iorgun* (ritual de iniciação); e *gunabibi* (uma série de músicas e danças para obter o favorecimento dos espíritos totêmicos). Em algumas versões da história, ele também lhes passou os traçados sagrados que eram pintados no rosto durante essas cerimônias e as danças dos rituais.

Satisfeito com a receptividade do povo em relação aos rituais, e depois de lhes dar sua sacola de totens, Luma-Luma morreu, e não foi enterrado. Colocaram-no encostado a uma árvore na praia, amarraram-no com cordas e construíram uma cobertura para lhe fazer sombra.

Com o tempo, o corpo foi varrido pelo mar e desapareceu sob a água. Lá, Luma-Luma voltou à vida como uma criatura marinha; alguns alegam que ele se tornou uma baleia novamente. ▪

adiantava. Luma-Luma continuava comendo, usando os *mareeins* que carregava na bolsa para justificar seu comportamento. À noite, ele colocava a bolsa cheia de *mareeins* em torno do pescoço e batia uma na outra suas varetas para as esposas dançarem, manifestando os rituais sagrados. Um dia, Luma-Luma e as esposas chegaram a um local onde cadáveres de crianças jaziam sobre plataformas. Ele começou a comer esses corpos. Quando viram as plataformas vazias e os rastros gigantes de Luma-Luma, ficaram horrorizadas. Cansadas de vê-lo comendo seus alimentos — e agora suas crianças —, planejaram matá-lo.

Conhecimento transmitido

Armado de varas e lanças, o povo atacou Luma-Luma e suas esposas.

O MUNDO DOS MITOS

NUNCA É DISTANTE

OS DÉMAS

EM RESUMO

TEMA
Fundação e fertilidade

FONTES
Déma: Description and Analysis of Marind-Anim Culture (South New Guinea), Jan van Baal, 1966.

CENÁRIO
Papua-Nova Guiné.

PRINCIPAIS FIGURAS
Nubog A terra.

Dinadin O céu.

Geb e Mahu (Sami) Os antepassados dos démas.

Giriu Déma cachorro.

Aramemb O déma dos curandeiros.

Piakor Esposa de Mahu e Geb.

Uaba Filho de Geb e Piakor.

Rugarug-évai Déma hostil a Uaba.

Sempre que ouvia um mito sendo contado, eu tinha a impressão de que tudo acontecera havia apenas alguns meses.
Reverendo Jan Verschueren
Missionário e etnógrafo

No início havia dois démas, ou seres espirituais: Nubog, a terra feminina, e Dinadin, o céu masculino. Seus filhos, Geb e Sami (chamados de Mahu), são ancestrais míticos do povo marind-anim, do oeste da Nova Guiné, que se considera, todo ele, como descendente de um ou outro. O ritual de reencenar os mitos sobre esses démas, e vários outros démas criados por eles, foi crucial para a identidade e a cultura marind-anim. Um ciclo anual de reencenações começava com o ritual Mayo (um culto de iniciação) na estação seca e terminava com uma expedição de caça de cabeças e um banquete de celebração após o ritual Imo, na estação úmida.

Os humanos tomam forma

A história sobre a origem dos primeiros humanos começa com um grande banquete promovido pelos démas debaixo da terra, no extremo oeste do território marind. Conforme

Marind-anim usam trajes elaborados representando seus déma totens numa fotografia tirada durante uma reapresentação ritual do mito na Nova Guiné holandesa, na década de 1920.

comeram e beberam, os démas gradualmente escavaram para o leste. Em cima, na superfície da terra, um déma cachorro chamado Giriu escutou a comoção. Imaginando o que estaria acontecendo, ele rastreou a viagem dos démas pelo subsolo. Giriu seguiu o barulho até chegar a Kondo, onde o sol nasce. Lá o barulho ficou muito alto e ele arranhou a margem de um riacho para descobrir de onde vinha o ruído. Conforme cavou, a água jorrou da terra, trazendo com ela seres estranhos como bagres, sem face, com braços, pernas, dedos e artelhos que eram parte do tronco. Esses seres eram o povo marind-anim. Um déma cegonha então começou a bicar as criaturas, que de tão duras lhe entortaram o bico, dando-lhe a leve curvatura que tem hoje. Aramemb, o déma dos curandeiros, advertiu o cão e a cegonha para pararem o que estavam fazendo e acendeu uma grande fogueira de bambu para secar as criaturas-peixe. Toda vez que as varas de bambu estalavam no calor, das erupções que se formavam nos corpos surgiam orelhas, olhos, narizes e bocas. Aramemb então

Veja também: A barca da noite de Rá 272-73 ▪ Ta'aroa dá à luz os deuses 316-17 ▪ Tane e Hine-titama 318-19

Quando **o primeiro ser humano** surgiu, eles eram como **peixes desfigurados**.

Os **démas os moldaram** em **pessoas de verdade**.

Os não iniciados são como **peixes desfigurados**.

Os **rituais Mayo os moldam em pessoas de verdade.**

pegou sua faca de bambu e aparou braços, pernas, dedos e artelhos. As aparas descartadas viraram sanguessugas, abundantes até hoje nas terras marind-anim. De fato, o cachorro tinha cavado dois buracos. Do segundo, vieram todas as outras tribos, ou os ikom-anim (estrangeiros), que se dispersaram. Geb e Mahu foram até suas canoas e levaram todos os novos humanos marind-anim a bordo. Geb e Aramemb assumiram as pessoas que formaram as "fratrias" (grupos de parentes) geb-zé e aramemb, e Mahu tomou conta do povo mahu-zé.

A esposa de bambu
Os mitos da fratria geb-zé dizem que Geb é um ser autocriado, cujo rosto foi retirado de uma pedra por uma cegonha usando o bico. No oeste, ele se tornou um homem de pele vermelha aprisionado num formigueiro, onde sofria um calor insuportável do pôr do sol. Incapaz de encontrar uma esposa, ele acasalou com uma haste de bambu, na qual um machado de pedra podia ser encaixado. A haste lhe gerou vários filhos. Pouco depois, Mahu, que vivia numa colmeia próxima, trouxe suas duas esposas para visitarem Geb, que

ficou tão empolgado ao vê-las que Mahu, com pena dele, o presenteou com uma delas, Piakor. Como esposa de Geb, Piakor primeiro deu à luz dois pássaros, depois um peixe e, em seguida, dois meninos e uma menina. Quando a menina, Baléwil, estava, ela própria, no estágio final de gravidez, foi até a praia para dar à luz. Ficou em trabalho de parto por tanto tempo que a maré a arrastou para o mar, onde ela se tornou um banco de argila endurecida. Geb era um caçador de cabeças. Raptava crianças, especialmente meninos de pele vermelha, levava-os para o formigueiro e os decapitava no seu covil. Por fim, o povo decidiu que algo precisava ser feito a respeito de Geb, mas os homens relutavam em se aproximar do formigueiro. Para encorajá-los, as mulheres trouxeram água para resfriar seu calor. Ao despejarem a água no formigueiro, Geb surgiu, e as pessoas lhe cortaram a cabeça.

O sol, a lua e as primeiras frutas
Apavorada com a agressão, a cabeça de Geb fugiu para o subsolo e em direção ao leste, para Kondo, o lugar do sol nascente, onde ela subiu por

Grupos de parentesco
De muitas formas, o mundo invisível dos démas chegou a ser mais importante para os marind-anim que o mundo onde viviam. Jan van Baal, antropólogo e governador da Nova Guiné holandesa na década de 1950, observou que tudo provinha de démas. A sociedade marind-anim é dividida em duas correntes (moieties), cada uma compreendendo dois grupos de parentesco (fratrias), com seus próprios déma totens, como cão, cegonha, coco, banana, sagu e outros mais. Numa sociedade coesa e pacífica, diferentes grupos participavam de caçadas de cabeças, repelindo forasteiros que pudessem representar ameaça. Embora todos os marind-anim compartilhem o mesmo mundo de mitos, cada fratria possui seus mitos específicos, versões ou ciclos de mitos que expressam seus rituais particulares. Alguns são compartilhados pelas fratrias, como a história de Uaba e Ualiwamb (ver p. 314), e o conto da origem do homem. Era comum as fratrias se visitarem para assistir a reencenações das histórias dos démas.

um broto de inhame até o céu para se tornar o sol. Em seguida, viajou pelo céu para o horizonte ocidental, antes de voltar pelo subsolo para Kondo, uma viagem que vem se repetindo todos os dias desde então. Enquanto isso, o corpo sem cabeça de Geb foi dividido entre os diferentes clãs e se tornou a terra. Há também mitos de Geb como o da lua

Crânios decoram o túmulo de um guerreiro caçador de cabeças numa casa longa, na Nova Guiné. Para os caçadores havia nos crânios uma força sagrada capaz de multiplicar os démas.

Tudo vem dos démas. Essa é a visão dos marind ao se referirem aos démas como aqueles que originaram todas as coisas.
Jan van Baal

relatando como os démas banana Wangai e Warungai foram a um banquete em Sangar, organizado pelo déma Wokabu para celebrar a primeira caçada ao porco. Era costume em tais ocasiões os convidados receberem de presente a nova fruta. Nesse banquete do porco, a esposa de Wokabu, Sangon, comeu tanto que precisou defecar repetidas vezes. Suas fezes se tornaram a primeira palmeira de sagu, que veio a ser um alimento básico e um totem da fratria de geb-zé. Nesse ínterim, Geb ainda estava prisioneiro. Após ser atacado pela segunda vez, ele decidiu escapar. Subiu ao céu por um broto de inhame e se tornou a lua — as manchas na lua são suas feridas, e as outras marcas, micose. Tanto como o homem de pele vermelha aprisionado no oeste quanto como o menino de pele branca aprisionado no leste, Geb une os poderes opostos do sol e da lua na figura de um déma dualista.

Uaba e Ualiwamb
O filho de Piakor e Geb, o déma do fogo Uaba, também é o sol encarnado. Quando Uaba estava para ser iniciado no culto Mayo em Kondo, ele trouxe consigo uma jovem, Ualiwamb (também chamada de Kanis-iwag, Mulher Betel), para participar do *otiv-bombari*, rito sexualmente promíscuo que fazia

de pele branca. Quando menino, Geb morava na praia próximo a Kondo e passava todo o tempo pescando. Ficou tanto tempo no mar que seu corpo se cobriu de cracas. Um dia, duas mulheres em idade de casar foram até a praia. Geb estava tão envergonhado com seu corpo que se escondeu na areia. Quando as

mulheres o viram, contaram para alguns homens, que resgataram Geb e lhe tiraram as cracas com bastões de cavar e machados de pedra. Os homens, então, abusaram sexualmente de Geb e lhe trataram os ferimentos com seu sêmen. Naquela noite cresceu a primeira banana no pescoço de Geb. As pessoas vieram das vizinhanças para provar da nova fruta, que tinha o nome secreto de Kandéwa. Um déma banana habita, desde então, próximo a um lago profundo em Kondo. Um mito da fratria de mahu-zé prossegue

Rituais controversos

As meninas e os meninos marind-anim eram doutrinados desde bem pequenos. O abuso sexual de Geb, o coito prolongado de Uaba e Ualiwamb e outros mitos eram reencenados em ciclos de rituais de iniciação de seis meses de duração. Os intérpretes vestiam fantasias elaboradas e incorporavam o espírito dos démas. Essas cerimônias visavam promover a fertilidade dos humanos, da pecuária e das plantações. Eram realizadas, entre outras razões, para facilitar o casamento e marcar a volta da menstruação da mulher depois de dar à luz. Cerimônias como a *otiv-bombari*, que pretendia tornar a mulher fértil, eram vistas por eles como um dever. Mesmo assim o comportamento sexual nesses rituais chocava pessoas de fora, que o viam como cruel e imoral. Os marind-anim viveram sob a tutela dos holandeses de 1902 a 1938. Por volta da década de 1920, as autoridades holandesas baniram em definitivo o *otiv-bombari*, assim como outros ritos, como a caçada de cabeças e o canibalismo.

aramemb. Castrado pelo povo por seu comportamento desregrado — ou em algumas versões da história, pela mãe de uma moça com quem ele ficara travado no ato sexual —, Sosom, então, afugentava as mulheres com seu rosnado e iniciava os homens nos ritos homossexuais. Os marind-anim acreditavam que era por meio desses rituais que os meninos ficavam fortes e aprendiam a ser homens.

Celebração grandiosa

Tradicionalmente, o ciclo anual marind-anim da recriação ritual das histórias dos démas terminava com um banquete entre as aldeias, e um *déma-wir*: nessa grande recontagem dos mitos, os protagonistas competiam para apresentar o melhor espetáculo. Os personagens executavam danças surpreendentes, vestindo trajes elaborados, enquanto *déma-nakari* (irmãs mais novas) representavam atributos menores de seus démas e encenavam as várias tramas secundárias. ∎

parte do ritual Mayo. Entretanto, antes do início da cerimônia, Ualiwamb fugiu. Perseguindo-a rumo a oeste, Uaba por fim chegou à costa, onde a viu entrar num abrigo com uma grande quantidade de sagu. Ele esperou a noite cair e então a seguiu. Na manhã seguinte, ouviram-se gemidos vindos do abrigo, e Uaba e Ualiwamb foram encontrados travados no ato sexual, incapazes de se separar. As pessoas os acomodaram em uma maca e os levaram de volta a Kondo, precedidos por déma Rugarug-évai, que ria deles, ridicularizando-os. Quando chegaram a Kondo, Uaba conseguiu matar Rugarug-évai, mas ainda não se soltara de Ualiwamb. Enquanto isso, Aramemb procurava por Uaba desde sua partida em busca de Ualiwamb. Quando ele veio para Kondo, entrou na choupana onde Uaba e Ualiwamb estavam engatados e pegou Uaba à força, balançando-o e torcendo-o, para libertá-lo. A fricção desencadeou o primeiro fogo (*rapa*), que saiu de Ualiwamb. Quando as chamas se propagaram em seu entorno, ela deu à luz o primeiro casuar (ave) e a primeira cegonha, cujas penas foram chamuscadas de preto pelas chamas.

Atiçado pelos ventos das monções, o fogo primário se espalhou, criando uma extensa praia na costa, vales que se tornaram cabeceiras de rios no interior, e muitas características naturais na paisagem. O fogo também provocou a fuga de animais para o mar, mas a lagosta foi queimada pelas chamas e se tornou vermelha. Em algumas versões do mito, o déma casuar Dawi tentou extinguir o fogo com sua clave de caça, tentativa que levou um pedaço de terra coberto de cocos a se separar, sendo pego pelas presas de uma iguana. Essa história ajudou a explicar a origem da ilha Habee, próxima dali, e sua aparência, que lembra a cabeça do animal.

A história de Sosom

Na fratria aramemb, o irmão de Uaba é um gigante chamado Sosom, que usa um cordão com a cabeça dos inimigos. A história de Sosom é a raiz da homossexualidade ritualizada, praticada entre os

Kar-a-kar, o déma da batata-doce, é evocado durante os ritos funerários. Essa pintura a óleo de Kar-a-kar é do padre P. Vertenten, missionário belga, na Nova Guiné, no início dos anos 1900.

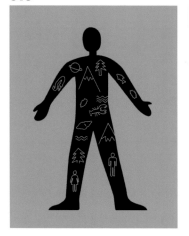

SENHOR DE TUDO O QUE HÁ

TA'AROA DÁ À LUZ OS DEUSES

EM RESUMO

TEMA
O cosmos é feito de uma concha

FONTES
Tradição oral, transcrita em
The World of the Polynesians: Seen through their Myths and Legends, Poetry and Art,
Antony Alpers, 1987.

CENÁRIO
O início dos tempos na mitologia haitiana.

PRINCIPAIS FIGURAS
Ta'aroa O deus criador, autor de todo o cosmos.

Tane Filho de Ta'aroa, o deus da luz e das florestas. Em alguns locais, Tane é uma mulher e não um homem.

Tu Filho de Ta'aroa, o deus da guerra e dos artesãos.

Antes da criação do cosmos havia apenas o vazio. No meio desse extenso nada, flutuava uma imensa concha em formato de ovo. Dentro dela, havia o deus criador emplumado Ta'aroa, que não tinha pai nem mãe.

Ta'aroa acabou se cansando daquela existência confinada. Forçou então a abertura do ovo, partindo-o em dois, e arrastou-se para a beira da concha quebrada. Quando gritou na escuridão, não houve resposta — o único som foi a voz de Ta'aroa. Crescendo sozinho em sua concha de origem, Ta'aroa ficou frustrado por não ter ninguém para cumprir suas ordens, e resolveu trazer a criação e a vida para o vazio.

O primeiro ato de Ta'aroa foi empurrar para cima a metade quebrada da concha, formando a abóbada celeste. Em seguida, usou a outra metade da concha para fazer as rochas que serviram de fundação para a terra. Para criar um habitat para a vida, Ta'aroa usou a própria carne, tornando-a o solo, e suas vísceras, transformando-as em nuvens. Depois, as lágrimas de Ta'aroa formaram as águas da terra, enchendo os oceanos, lagos e rios. A coluna vertebral se transformou nas cadeias de montanhas, e as

Ta'aroa cria outros deuses e seres humanos nesta estátua de madeira (c. séculos XVII-XVIII) de Rurutu, uma das ilhas Austrais, onde hoje é a Polinésia francesa.

Veja também: Pangu e a criação do mundo 214-15 ▪ Viracocha, o criador 256-57 ▪ Tane e Hine-titama 318-19

costelas, nos cumes. As penas de Ta'aroa compuseram a vegetação, e suas tripas se tornaram lagostas, camarões e enguias. Ele usou as unhas dos dedos e dos artelhos para dar as conchas e os mexilhões à vida marinha. Finalmente, seu sangue se transformou nas cores brilhantes no céu e em arco-íris. O grande Ta'aroa usou todo o seu corpo, exceto a cabeça, a parte que permaneceu sagrada para ele.

Os filhos do deus

Ta'aroa então convocou diante dele uma multidão de outros deuses existentes no seu corpo (a razão para Ta'aroa ser com frequência retratado com deuses se arrastando sobre ele). Um de seus filhos, Tane, iluminou a criação, pendurando o sol, a lua e as estrelas no céu. Tane se tornou o deus da paz e da beleza, e algumas vezes o deus das florestas e dos pássaros.

De todos os filhos de Ta'aroa, o artesão mais hábil era Tu, que ajudou o pai a criar mais espécies de plantas e animais para povoar o mundo. Ta'aroa então fez os primeiros homem e mulher e os persuadiu a procriar. Ta'aroa criou o mundo com sete níveis, colocando a humanidade no mais inferior. Para sua grande satisfação, as pessoas se multiplicaram cada vez mais rápido, e por compartilharem o espaço com plantas e animais, logo ocuparam todos os níveis da terra.

Dentro da concha

Concluída a tarefa da criação, Ta'aroa teve uma revelação: tudo o que existia no cosmos estava contido numa concha. Ele havia colocado tudo dentro da concha, o céu era a concha de corpos celestes, e a terra, a concha de tudo o que vivia lá. A concha de toda a humanidade era o ventre da mulher que os havia originado.

Apesar dessa consciência, Ta'aroa sabia que tudo ainda lhe pertencia. E embora tivesse saído de uma concha, ele ainda era o supremo criador de tudo. ▪

Ta'aroa nas culturas polinésias

Nome	Lugar	Papel
Ta'aroa	Arquipélago da Sociedade (incluindo o Taiti)	A divindade criadora
Kanaloa	Havaí	A divindade do mar e um deus da morte.
Tagaloa	Samoa	Criador do universo.
Tangaloa	Tonga	Ancestral de uma extensa dinastia.
Tangaroa	Nova Zelândia	Deus do mar.

Tikis: As esculturas de madeira da Polinésia

A Polinésia compreende mais de mil ilhas que formam um triângulo no sul do Pacífico, do Havaí, numa ponta, até a Nova Zelândia a sudoeste, e Rapa Nui (Ilha de Páscoa) a sudeste. Os nativos dessas ilhas em geral compartilham a crença de que os deuses são onipresentes e assumem várias formas, como a de humanos, de animais ou de características da paisagem. O povo faz oferendas para as imagens entalhadas representativas dessas formas.

Esses entalhes são conhecidos como *tikis*, e feitos em toda Polinésia. Em algumas partes da Polinésia, *Tiki* também era o nome do primeiro homem criado. Os *tikis* podem ter diferentes tamanhos, desde estátuas grandes de figuras humanas a pendentes em colares. Quando os europeus começaram a colonizar a Polinésia, tentaram reprimir cultura e práticas religiosas, destruindo vários *tikis* nesse processo. Entretanto, as estátuas *tikis* ainda são feitas em toda a Polinésia.

Tikis entalhados em madeira vigiam enquanto um marinheiro russo explora um *morai* (cemitério), na ilha de Nuku Hiva, em gravura de c. 1807.

A MORTE GANHOU PODER SOBRE A HUMANIDADE

TANE E HINE-TITAMA

EM RESUMO

TEMA
Mortalidade

FONTES
Tradição oral, transcrita em *Polynesian Mythology and Ancient Traditional History of the New Zeland Race, as Furnished by their Priests and Chiefs*, sir George Grey, 1855.

CENÁRIO
O início dos tempos.

PRINCIPAIS FIGURAS
Rangi O pai do céu.

Papa Mãe terra.

Tu Deus da guerra e da caçada.

Tawhirimatea Deus das tempestades.

Tane Deus da floresta.

Tangaroa Deus do mar.

Hine-hau-one A primeira mulher; mãe de Hine-titama.

Hine-titama Filha e esposa de Tane.

Maui Semideus trapaceiro.

N a mitologia maori, antes da criação do mundo, havia apenas Rangi, o pai do céu, e sua esposa Papa, a mãe terra, deitados num abraço tão apertado que seus filhos viviam em total escuridão, no estreito espaço entre seus corpos.

Cansado dessas condições, os filhos confabularam sobre como forçar a separação dos pais. O belicoso Tu queria matar os dois, mas o deus da floresta, Tane, persuadiu os irmãos de que seus pais deviam ser apenas separados.

Após cada um de seus irmãos falhar em separar o casal, Tane teve êxito, colocando seus ombros contra Papa e empurrando Rangi com as pernas.

Com isso, Tane começou a encher o mundo com florestas, mas teve o trabalho interrompido pelo irmão Tawhirimatea, que ficara furioso porque os pais tinham sido forçados a viver separados. Tawhirimatea procurou se vingar, gerando uma grande tempestade por toda a terra. Tu, o deus da guerra, o conteve, restabelecendo a paz.

Um mundo de escuridão
Com o tempo, Tane se sentiu solitário. A mulher ainda não havia sido criada, então ele se uniu a seres não humanos, dando origem a insetos, pedras, riachos e plantas. Finalmente, desejoso de uma parceira, foi até a praia e moldou a primeira mulher de areia e lama, o que a levou a ser chamada de Hine--hau-one, significando "virgem feita de terra". Ela e Tane conceberam uma filha, e a chamaram Hine-titama, significando "virgem do

Rangi e Papa copulam num entalhe maori do século XVIII. Na cultura maori, *whakairo* (entalhe) é uma prática tanto artística quanto espiritual.

Veja também: A criação do universo 130-33 ▪ O Ahura Mazda e Ahriman 198-99 ▪ Brahma cria o cosmos 200 ▪ Izanagi e Izanani 220-21

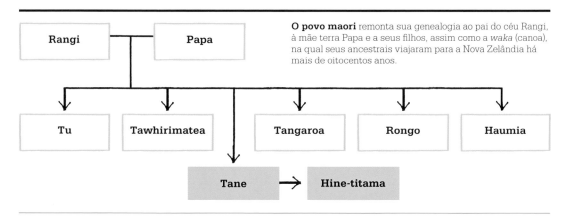

O povo maori remonta sua genealogia ao pai do céu Rangi, à mãe terra Papa e a seus filhos, assim como a um *waka* (canoa), na qual seus ancestrais viajaram para a Nova Zelândia há mais de oitocentos anos.

Canoas de guerra, ou *waka tua*, ainda são usadas pelos maori. No IRONMAN anual na Nova Zelândia, uma *waka* acompanha competidores até o ponto de partida da competição de natação.

amanhecer". Hine-titama foi criada sem saber quem era seu pai. Quando cresceu, Tane se casou com ela. Hine-titama foi feliz como esposa de Tane, e teve filhos com ele, até descobrir que ele era realmente seu pai. Chocada, ela fugiu para o Submundo. Seu pai a seguiu, implorando-a para voltar, mas Hine-titama recusou. Ela lhe disse que ele deveria permanecer onde estava para cuidar dos filhos no mundo de luz. Hine-titama escolheu permanecer no Submundo para cuidar daqueles que chegavam ao mundo das trevas. Lá ela ganhou um novo nome, Hine-nui-te-po, significando "grande virgem da escuridão".

Nenhum humano tinha entrado no Submundo até aparecer o trapaceiro Maui, a quem tinham dito que quem penetrasse o corpo de Hine-nui-te-po livraria a humanidade da morte. Enquanto a deusa dormia, Maui assumiu a forma de um verme e tentou entrar no seu corpo pela vagina. Quando Hine-nui-te-po percebeu, rapidamente fechou as pernas, esmagando e matando Maui: daí em diante, a humanidade foi condenada à mortalidade. ▪

Tu, o deus da guerra

De todos os filhos de Rangi e Papa, apenas Tu resistiu ao ataque do deus da tempestade, Tawhirimatea: Tane nada conseguiu fazer para impedir a destruição de suas árvores, Tangaroa fugiu para o oceano, Haumia e Rongo se esconderam no corpo da mãe, a terra.

Cessados os ventos, Tu culpou os irmãos por não o apoiarem e os atacou. Cortou árvores das florestas de Tane, pegou os peixes das águas de Tangaroa e arrancou as plantas do solo onde Haumia e Rongo tinham se escondido.

As ações de Tu ofereceram aos humanos um modelo para fazer uso dos recursos do mundo natural através de rituais e da agricultura. Tu abriu ainda um precedente para a guerra entre os humanos ao lutar com os irmãos. O nome maori para as forças armadas da Nova Zelândia é *Ngati Tumatauenga*, que significa "Tribo do Deus da Guerra", em honra a Tu.

MAS O TEMÍVEL MAUI NÃO DESANIMAVA

MAUI DOS MIL TRUQUES

Q uando jovem, Maui, o grande herói da mitologia polinésia, recebeu a tarefa de vigiar o caminho até o Submundo. Maui vivia no mundo superior, onde a humanidade habita. Buataranga, a mãe de Maui, passava a maior parte do tempo no Submundo, mas algumas vezes visitava o filho no mundo superior. A comida que ela lhe dava era sempre fria, enquanto suas refeições eram sempre quentes, graças ao (bem guardado) segredo do fogo que era mantido no Submundo e desconhecido no mundo superior. Um dia Maui roubou um pouco da comida de sua mãe enquanto ela dormia. Ele preferiu a comida cozida e resolveu descobrir como era aquecida. Para isso, sabia que

Veja também: Prometeu ajuda a humanidade 36-39 ▪ Fogo e arroz 226-27 ▪ Ta'aroa dá à luz os deuses 316-17 ▪ Tane e Hine-titama 318-19

Tane é conhecido como Tane Mahuta (rei da floresta) na lenda maori. A maior árvore Kauri na floresta de Waipoua, na Nova Zelândia, com mais de mil anos, tem esse nome em homenagem ao deus.

velozmente pelos demônios, eles conseguiram agarrar apenas o rabo de Akaotu, arrancando algumas de suas penas.

O alerta de Buataranga

Maui voou para o local onde sua mãe Buataranga morava quando estava no Submundo. Como não havia pombos vermelhos no reino inferior, Buataranga sabia que havia algo de errado e rapidamente deduziu que seu filho estava envolvido nisso. Maui voltou à sua forma humana, e o pombo vermelho empoleirou-se numa árvore de fruta-pão. Maui contou à mãe que tinha vindo para descobrir como acender o fogo. Buataranga informou ao filho que ela mesma não sabia o segredo e que, sempre que precisava cozinhar, procurava o deus do fogo, Mauike,

> O deus do fogo, confiante em sua própria força prodigiosa, resolveu destruir esse intruso insolente.
> **Myths and Songs from the South Pacific**

que lhe dava gravetos acesos. Buataranga avisou ao filho, entretanto, para não se aproximar de Mauike devido ao seu temperamento violento e grande força física.

Brincando com o fogo

Irredutível, Maui seguiu em frente rumo à casa de Mauike e lhe pediu um tição. Ao recebê-lo, imediatamente atirou-o num riacho. Maui repetiu o pedido e de novo

precisava ter acesso ao Submundo. Seguindo a mãe na volta para casa, Maui a viu falando com uma pedra negra, que se abriu quando ela recitou um poema. Para poder também ir até o Submundo, Maui se empenhou em memorizar as palavras do poema. Ele sabia que para entrar lá despercebido teria de apelar para algum ardil, então foi ter com seu amigo Tane, o deus da floresta, que tinha muitos pombos. Maui pediu a Tane o pássaro que mais estimava, um pombo vermelho chamado Akaotu, domesticado e bem treinado. Tane emprestou-lhe o pássaro, mas fez com que prometesse devolvê-lo ileso. Levando o pássaro consigo, Maui voltou até a rocha por onde sua mãe havia entrado no Submundo, recitou o poema e o portal se abriu. Usando seus poderes de trapaceiro, Maui, então, entrou no pássaro e voou para o Submundo. Conforme passou

Maui na mitologia da Polinésia

Os contos do deus trapaceiro aparecem em toda a mitologia da Polinésia, apesar de seu nome variar; o equivalente samoano de Maui se chama Ti'iti'i. Na mitologia maori, dizem que Maui é um humano, milagrosamente salvo da morte pelos espíritos do oceano quando era muito jovem, depois de sua mãe jogá-lo no mar. Os detalhes exatos de suas façanhas mudam, dependendo do local. Elementos comuns incluem as histórias de Maui empurrando o céu, capturando o sol numa armadilha e conquistando o segredo do fogo,

mas relatos sobre o final de Maui diferem. Nas ilhas Cook, acreditam que ele ascendeu ao paraíso. Em mitos havaianos, ele tem o cérebro destruído. Os outros deuses, cansados de seus truques, o empurraram contra as pedras após ele tentar roubar uma banana que eles estavam cozinhando. Para os maori, Maui é um mortal destruído pela deusa da morte quando tenta ganhar a vida eterna. Maui aparece em *Moana*, animação da Disney de 2016, onde a heroína de mesmo nome, filha de um chefe, procura por Maui numa tentativa de salvar seu povo.

Maui pesca as ilhas

Um dos maiores feitos de Maui foi trazer terra do fundo do oceano, com seu anzol de pesca mágico, criando assim as ilhas do sul do Pacífico. De acordo com a mitologia maori, o anzol mágico era feito da mandíbula de um dos ancestrais de Maui e ajudou o deus a criar a Nova Zelândia. Enquanto estava fora pescando com seus dois irmãos numa canoa, Maui colocou sangue do nariz na isca e pegou um peixe que seria a massa de terra que se tornou a Ilha do Norte, conhecida como *Te Ika-a-Maui* (O peixe de Maui). A Ilha do Sul, formada com a canoa, é conhecida como *Te-Waka-a-Maui* (A canoa de Maui). No mito havaiano, Maui é reconhecido por içar as ilhas havaianas, enquanto, nas ilhas Cook, acreditam que ele trouxe Manihiki das profundezas salgadas.

Maui fisga o peixe que se torna a Ilha do Norte da Nova Zelândia. Narra a lenda maori que os irmãos de Maui disputaram as partes do peixe, criando as montanhas e os fiordes.

jogou o tição fora. Quando Maui pediu fogo pela terceira vez, Mauike lhe deu carvões em brasa num pedaço de madeira seca, que Maui também jogou no riacho. O comportamento insolente fora calculado para provocar Mauike, que não aguentou quando Maui pediu o fogo pela quarta vez. Ele mandou Maui ir embora, ameaçando arremessá-lo no ar. Maui manteve sua posição e, de modo atrevido, respondeu que gostaria de uma prova de força. Mauike entrou, então, em casa para vestir seu *maro* (tanga) de guerra. Quando voltou, chocou-se ao ver que Maui magicamente aumentara de tamanho. Mauike pegou Maui e o jogou para cima, na altura de um coqueiro, mas em pleno ar ele se tornou tão leve que a queda não o machucou. Mauike jogou-o mais uma vez, ainda mais alto. E de novo Maui recorreu à magia para não se machucar. Exausto pelo esforço, Mauike arfava. Maui, então, atirou o deus do fogo bem alto por duas vezes, causando-lhe ferimentos graves. Quando Maui se preparava para jogá-lo pela terceira vez, Mauike lhe implorou que parasse, temendo que outra queda fosse fatal. Maui cedeu, com a condição de que ele lhe ensinasse o segredo do fogo. Mauike concordou e levou Maui a sua casa. Mostrou-lhe, então, alguns fardos de fibra de coco e gravetos secos. Mauike juntou alguns deles e esfregou dois gravetos menores sobre a pilha. Assim começou o fogo, que rapidamente se tornou uma brasa poderosa. Maui, ainda zangado por ter sido atirado no ar, permitiu, de modo vingativo, que a casa de Mauike se incendiasse por completo. As chamas se espalharam por todo

As nuvens não podem ficar sobre as ilhas havaianas. Narra a lenda que, se permanecerem, Maui as arremessará para tão longe que jamais voltarão.

o Submundo. Maui pegou dois gravetos e correu de volta para a casa de sua mãe, onde Akaotu ainda esperava por ele, com algumas de suas bonitas penas faltando. Maui reconstituiu o rabo do pássaro e se escondeu dentro dele novamente. Em cada garra, levou um graveto e voou de volta ao mundo superior, antes de devolver o pombo a Tane. Enquanto isso, as labaredas da grande fogueira no Submundo tinham se propagado, chegando ao mundo superior, e as pessoas começaram a usá-las para cozinhar. Como Maui, tinham descoberto a preferência pelas refeições quentes. Uma vez que o fogo apagou, porém, não havia ninguém no mundo superior que soubesse como fazer as chamas — exceto Maui, que manteve uma fogueira em sua casa. As pessoas foram até Maui, pedindo-lhe para compartilhar seu segredo, que ele ensinou.

Maui sobe aos céus

Naquele tempo, o céu, que era feito de pedra azul uniforme, ficava cerca de dois metros acima do chão, deixando pouco espaço para os humanos. O pai de Maui, Ru, fincou estacas no chão, que elevaram o céu apenas o suficiente para que todos os humanos pudessem se movimentar

> Desde aquele dia memorável, todos os habitantes deste mundo superior usaram gravetos para fazer fogo com êxito, e aproveitaram os luxos da luz e do alimento cozido.
> **Myths and Songs from the South Pacific**

A maior batalha de Maui foi com o sol, *Tama-nui-te-ra* na mitologia maori. Aqui, seus irmãos seguram as cordas com força, e Maui obriga o sol a proporcionar dias mais longos ao seu povo.

livremente. Maui, entretanto, não se impressionou e desaforadamente perguntou ao pai o que ele estava fazendo. Sem paciência para a insolência de Maui, Ru ameaçou jogá-lo no esquecimento. Maui insistiu em aborrecer o pai, que, zangado, o arremessou ao céu. Maui se transformou num pássaro e voou até um lugar seguro. Em seguida, voltou a ter com Ru sob a forma de um humano gigantesco. Colocando a cabeça entre as pernas do pai, ele se pôs completamente de pé, empurrando Ru bem acima dele. Ele o fez com tanta força que o céu se deslocou para longe da terra, criando a grande distância existente entre eles. Ru ficou paralisado — com a cabeça e os ombros presos nas estrelas. Impossibilitado de se mover, Ru acabou morrendo, e seus ossos caíram na terra sob a forma de pedras-pomes, que se espalham pelas paisagens vulcânicas por toda a Polinésia.

Última batalha contra o sol

Maui ainda tinha uma grande tarefa a realizar. O deus do Sol Ra (abreviação de Tama-nui-te-ra, "grande deus do Sol") não era confiável, aparecendo em horários imprevisíveis durante o dia e à noite. Ninguém conseguiu persuadi-lo a aparecer com regularidade. Maui encontrou uma solução. Confeccionou seis cordas da forte fibra de coco e fez nós nelas. Dirigiu-se ao ponto onde Ra surgia no Submundo e lá colocou um deles. Posicionou os outros cinco nós ao longo do trajeto habitual de Ra. Quando Ra se ergueu, o primeiro nó lhe apertou os pés. Conforme ele se deslocava, os outros nós lhe apertaram os joelhos, o quadril, a cintura, as axilas e o pescoço. Maui, então, amarrou o sol tão apertado que Ra mal podia respirar. Temendo a morte, Ra concordou em ajudar as pessoas, aparecendo com maior regularidade. Maui então o soltou, mas manteve as cordas presas, para o sol subir e descer do céu. Os lautos banquetes de Maui ficaram conhecidos por todas as culturas da Polinésia. Ele foi capaz de ser mais esperto que os outros deuses, para grande benefício da humanidade. ∎

O QUE DIRIA SE LEVÁSSEMOS OS PÁSSAROS PARA A ILHA DE PÁSCOA?

MAKEMAKE E HAUA

EM RESUMO

TEMA
Criação e adoração

FONTES
Ethnology of Easter Island,
Albert Métraux, 1940; *Enigmas
of Easter Islands [Os enigmas
da Ilha de Páscoa],* John
Flenley e Paul Bahn, 2003.

CENÁRIO
Ilha de Páscoa; no começo dos
tempos.

PRINCIPAIS FIGURAS
Makemake Deus dos
pássaros marinhos.

Haua Deusa; esposa de
Makemake.

Sacerdotisa Pregadora local.

Na mitologia do povo rapanui,
nativo da Ilha de Páscoa, o
mundo foi criado por um
deus chamado Makemake. Como
principal deus do culto ao homem-
pássaro, ele era retratado na arte
como uma caveira de olhos
esbugalhados ou como uma
andorinha-do-mar coberta de
fuligem. Makemake criou os
primeiros seres humanos. Tentando
procriar, o deus primeiro se
masturbou numa cabaça cheia de
água, sem resultado. Então, copulou
com pedras — que ainda possuem

Entalhes pré-históricos alinhados à
costa da Ilha de Páscoa, e com vista
para a ilha Moto Nui, destino de uma
perigosa competição de corrida anual,
que muitas vezes sacrifica vidas.

os furos que ele fez nelas —, o que
também não funcionou. Por último,
masturbou na argila, resultando no
nascimento de quatro deuses: Tive,
Rorai, Hova e Arangi-kote-kote. Certo
dia, esses deuses atribuíram a uma
sacerdotisa a tarefa de vigiar uma
caveira na baía de Tongariki, na Ilha
de Páscoa. Quando uma grande onda

Veja também: Viracocha, o criador 256-57 ▪ Tane e Hine-titama 318-19 ▪ Ta'aroa dá à luz os deuses 316-17

>
> Não teremos paz até acharmos um lugar onde os homens não possam nos encontrar.
> ### Os enigmas da Ilha de Páscoa

levou a caveira embora, a sacerdotisa nadou atrás dela por três dias, até que finalmente chegou a terra firme na ilha de Matiro-hiva. A deusa Haua, esposa de Makemake, apareceu e perguntou à sacerdotisa o que estava fazendo. Ela respondeu que estava procurando uma caveira. "Aquilo não é uma caveira", Haua lhe disse, "é o deus Makemake."

Novos deuses
A sacerdotisa permaneceu na ilha com Haua e Makemake, e os deuses a alimentaram de peixes. Makemake, então, sugeriu que levassem todas as aves marinhas para Rapa Nui, já que era isso o que ele viera fazer na ilha. Haua concordou e disse que a sacerdotisa deveria se juntar a eles e ensinar ao povo como adorar seus novos deuses. Os três partiram, conduzindo os pássaros à sua frente, em busca de um lugar onde pudessem deixá-los para fazer ninhos. Primeiro tentaram a ilha Hauhanga, onde ficaram por três anos, mas os homens encontraram os ovos e os levaram para comer. Foram, em seguida, para Vai Atare, mas uma vez mais os homens roubaram os ovos e se alimentaram deles. Makemake e Haua concordaram que era preciso encontrar um lugar

inacessível aos homens. Daí, estabeleceram-se nas ilhotas rochosas de Motu Nui e Motu Iti, ao largo da costa de Rapa Nui.

Caça ao ovo
Por todo esse tempo a sacerdotisa viajou por Rapa Nui, ensinando a venerar os novos deuses e a colocar comida para eles antes de cada refeição, dizendo: "Makemake e Haua, isto é para vocês". No local sagrado de Orongo, a máscara de caveira de Makemake e a vulva de Haua foram esculpidas nas rochas, representando um homem com cabeça de pássaro e agarrando um ovo. Desse local, competidores representando os chefes da Ilha de Páscoa disputavam para pegar o primeiro ovo da estação nas ilhotas. Quando um chefe saía vitorioso, ele era declarado o homem-pássaro, o representante vivo de Makemake na terra durante o ano seguinte. ▪

Makemake, no petróglifo esculpido em escória vermelha, c. 1960, que também foi usada na construção das estruturas vermelhas, em forma de chapéu, das estátuas moai da Ilha de Páscoa.

Tábuas rongorongo

Alguns dos mais intrigantes artefatos sobreviventes do colapso cultural da Ilha de Páscoa são as tábuas rongorongo. Desde sua descoberta em 1864, esses pedaços de madeira, entalhados com hieróglifos, foram fonte de muitos debates sobre representarem ou não uma linguagem escrita consistente. Embora os glifos permaneçam indecifrados, a história oral indica que as tábuas são vistas como objetos sagrados, usadas por cantores ou trovadores treinados para contar os mitos. Numa das tábuas, de um total de 960 símbolos, 183 são representações de uma andorinha-do-mar coberta de fuligem, simbolizando o deus Makemake. O "bastão de Santiago" possui a inscrição mais extensa, com 2.320 glifos. Em 1995, um linguista independente, Steven Fischer, afirmou ter decifrado 85% das tábuas rongorongo. Segundo ele, os textos significativos do rongorongo, incluindo o bastão de Santiago, documentaram, por meio de uma estrutura tríade de imagens, a criação do mundo e tudo o que havia nele por meio de uma série de copulações. Suas afirmações foram alvo de várias objeções de estudiosos, que observam, entre outras discrepâncias, que apenas metade das inscrições no bastão de Santiago condiz inteiramente com a estrutura tríade de Fisher.

QUANDO PRONUNCIO SEU NOME, ELE OUVE NOS CÉUS

MAPUSIA E O TRABALHO DOS DEUSES

Os ritos coletivos conhecidos como o Trabalho dos Deuses mantinham unida a sociedade tikopiana em todos os níveis — mitologia, religião, valores comunitários, status social, economia e mera sobrevivência. Supostamente, os ritos teriam sido instituídos por Saku, o herói do povo de Tikopia, uma diminuta ilha do Pacífico. Saku (cujo nome era tabu e jamais podia ser mencionado) era filho de Asoaso, um chefe kafika, e de uma mulher de Faea, uma aldeia próxima. Nascido algumas gerações após os primeiros deuses criadores terem formado a ilha, e numa época em que seus sucessores exerciam poderes sobrenaturais perigosos, Saku estabeleceu a ordem e consolidou o poder dos kafikas, um dos quatro clãs de Tikopia. Saku vestiu os habitantes da ilha, despertando neles a consciência humana e dando-lhes mentes para adquirirem conhecimentos. Ele também fez enxós (ferramentas semelhantes ao machado), cujas lâminas eram tradicionalmente confeccionadas com a concha de um molusco gigante. Naquele tempo, tudo o que havia no mundo tinha voz, até mesmo as árvores e as rochas,

> Kafika, como uma moradia e um nome [clã], era o prêmio pelo qual os aspirantes à liderança lutavam.
> ***History and Traditions of Tikopia***

mas Saku ordenou que guardassem silêncio. Ele então mandou que as rochas se empilhassem e que a terra as cobrisse, criando uma plataforma na qual o templo kafika pudesse ser erguido.

Impondo sua autoridade
Saku tinha um amigo e rival cujos poderes eram semelhantes aos seus. Diziam que aquele homem — Te Samoa — viera de Samoa, a mais de 2 mil quilômetros de distância de Tikopia. Em disputas amigáveis, os dois homens mostravam suas habilidades e velocidade em cultivar e colher as plantações, por exemplo, mas Saku, em geral, era o vencedor. A rivalidade se acirrou quando

Tikopia

Uma ilha de meros 5 Km², de cultura polinésia, Tikopia faz parte das Ilhas Salomão da Melanésia. Apesar de os europeus terem ali chegado há mais de quatrocentos anos, até 1980 não havia lojas, eletricidade ou veículos motorizados. Uma forte crença nos deuses floresceu nesse local remoto, cujos habitantes sempre se sentiram à mercê dos elementos. Quando o antropólogo neozelandês Raymond Firth chegou lá pela primeira vez, em 1928, a população da ilha girava em torno de 1.200 habitantes. Firth ficou fascinado pela cultura da sociedade tikopiana, que naquela época era quase intocada pelas ideias ocidentais, e escreveu dez livros e numerosos artigos sobre o povo da ilha. Quando Firth morreu em 2002, o presidente da sociedade polinésia, sir Hugh Kawharu, prestou uma homenagem a ele com um lamento, que incluía a promessa: "Seu espírito ainda está vivo entre nós, nós que nos separamos de você na Nova Zelândia, em Tikopia, e noutros lugares".

Veja também: Fogo e arroz 226-27 ▪ A morte de Luma-Luma 308-09 ▪ Maui dos mil truques 320-23

Os chefes de Tikopia se encontram com oficiais do navio francês *Astrolabe*. O explorador Jules Dumont d'Urville e seus homens visitaram as ilhas da Polinésia numa expedição de 1826 a 1829.

começaram a construir o templo kafika. Saku derrubou uma grande árvore para criar um pilar e cavou um buraco profundo para fincá-lo. Ele pulou dentro e pediu a Te Samoa para baixar a base da árvore no buraco. Saku encontrou um jeito para escapar entre as raízes, evitando que fosse esmagado e, assim, foi capaz de sair, escalando. Agora era a vez de Te Samoa pular e cavar, mas Saku prontamente moveu o tronco de modo que seu rival ficasse imobilizado. Te Samoa implorou para que o libertasse, mas Saku juntou mais terra em torno do pilar, enterrando o oponente. A força de Saku era lendária. Na aldeia de Faea, quando os parentes de sua mãe lhe pediram para cortar folhas de palmeira para cobrir um telhado, ele arrancou uma palmeira de sagu — uma árvore em torno de 25 metros de altura. De outra feita, perguntou ao povo de Faea se podia pegar umas mudas de taro, um tipo de raiz, para plantar em sua própria terra. Eles concordaram, mas em vez das mudas ele arrancou a plantação inteira.

Ascendendo aos céus

Entretanto, quando Saku tentou se apropriar da terra de seu vizinho e da produção de plantas ali cultivadas, a família vizinha uniu forças contra ele. Saku foi morto pelo filho mais novo — Te Sema —, cujo nome significa "o canhoto". De acordo com o mito, a morte de Saku foi ordenada por divindades. Sua mãe espiritual, a deusa Atua Fafine, alertara Saku para deixar a terra em vez de usar sua grande força para matar Te Sema. Ela e a divindade Atua i Raropuka eram deuses ancestrais de Tikopia. Nos primeiros tempos, quando a ilha fora retirada do fundo do mar, as duas divindades já estavam ali, sentadas no chão: Atua Fafine, tecendo um tapete de folha de pandanus [pinhão de Madagascar], e Atua i Raropuka confeccionando um tapete de fibra de coco — ambos artesanatos tradicionais da ilha. Exatamente como Atua Fafine planejara, a aceitação da morte por parte de Saku significou que ele chegou íntegro entre os deuses. Como resultado, Saku pôde dizer a cada deus: "Dá-me o teu *mana*", isto é, seus poderes sobrenaturais. Depois disso, seu nome passou a ser Mapusia e ele se tornou o mais poderoso dos deuses, temido e apaziguado pelo povo de Tikopia.

O poder supremo

O nome Mapusia era tabu, exceto em certos rituais em que se invocava a ajuda do deus. "Quando pronuncio seu nome, ele ouve nos céus e se curva para ouvir o que está sendo dito", diz uma canção tradicional de Tikopia. Ele era chamado Te Atua i Kafika (a divindade dos kafikas) pelo clã como um todo, ou Toku Ariki Tapu (Meu Chefe Sagrado) pelo Ariki Kafika (líder do clã). Ele também era Te Atua Fakamataku (o chefe que causa medo), que criou o trovão, movendo seu bastão de um lado para outro no céu. Mapusia era visto pelo povo de Tikopia como um deus acima de todos os outros. Conforme disseram ao antropólogo Raymond Firth: "Nenhum deus pode chegar e superá-lo; ele está no alto porque é

> Como [Saku] tinha poder aqui, quando ele morreu, encontrou-se com os deuses, e foi elevado entre eles.
> ***History and Traditions of Tikopia***

Mapusia! Voe pelos seus
caminhos. Passeie pelos céus
e entre em Surumanga.
Os céus obedecerão.
Tikopia Songs

forte." O deus que tudo vê tinha
quatro olhos, dois na frente e dois
atrás, e sua raiva era terrível. Alguém
que o ofendesse poderia ficar doente
ou morrer. Se toda a sociedade
falhasse em apaziguá-lo, ele poderia
enviar uma enfermidade, um ciclone
tropical ou uma seca. Eventos desse
tipo são realidades na vida tikopiana.
A ilha remota é particularmente
vulnerável a tempestades tropicais e
à destruição subsequente, como foi
demonstrado em dezembro de 2003,
quando a ilha foi devastada pelo
ciclone Zoe. Aldeias inteiras foram
varridas e as terras, encharcadas de

água salgada, levando três anos para
se recuperar.

Para apaziguar os deuses

Os rituais conhecidos como o
Trabalho dos Deuses eram
fundamentais para acalmar os
deuses e conquistar sua proteção.
Como Mapusia era o principal *atua*,
ou deus, do clã kafika, o Ariki Kafika
(chefe do clã) agia como sumo
sacerdote. Era ele quem decidia
quando "jogar o graveto de fogo"
(produzindo uma brasa cerimonial
na fogueira) para iniciar o ritual. O
carvão resultante da brasa era
colocado na testa do chefe. O
Trabalho dos Deuses era dividido
em dois ciclos ritualísticos de seis
semanas, o Trabalho dos Ventos
Alísios e o Trabalho das Monções,
forças da natureza essenciais para o
sucesso das colheitas e a prevenção
da escassez. A sociedade tikopiana
como um todo se dedicava às
tarefas sagradas, como a renovação
da oferenda das canoas sagradas, da
consagração dos templos, das
cerimônias de colheita e plantio, e
um festival de danças sagradas. A

Ilhéus de Tikopia integram danças
com canções, chamadas *mako*. As
canções sérias são denominadas
fuatango. Firth descreveu o impulso de
dançar como "quase obsessivo".

cúrcuma, extraída na estação dos
ventos alísios e considerada o
perfume de Mapusia, também tinha
um ritual de preparo especial, já que
era usada como comestível, num
tingimento sagrado em tecido de
casca de árvore, e num ritual de
pintura do corpo. O sacerdote
recitava: "Eu como dez vezes seu
excremento, Meu Chefe Sagrado",
usando uma expressão tikopiana
convencional para indicar sua
subserviência ao deus. "Sua refeição
de cúrcuma será preparada." O
sacerdote então oferecia comida e
kava a Mapusia. A bebida era feita
da raiz de kava, que cresce por todo
o sudeste da Ásia nas ilhas do
Pacífico e é psicoativa, anestésica e
sedativa. A lembrança da sequência
de rituais e respectivas danças, e
ainda a garantia de que tudo fosse
realizado corretamente, era um ato
coletivo de memória e

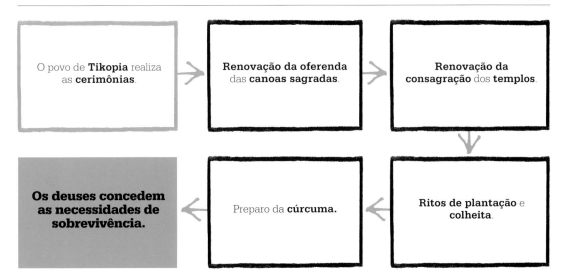

O povo de **Tikopia** realiza as **cerimônias**.

Renovação da oferenda das **canoas sagradas**.

Renovação da **consagração** dos **templos**.

Os deuses concedem as necessidades de sobrevivência.

Preparo da **cúrcuma**.

Ritos de **plantação** e colheita.

comprometimento. O propósito era manter o contato com os *atuas*, deuses cujo favorecimento era solicitado para alimentar e proteger os tikopianos.

Uma troca prática

Acreditava-se que a oferta de comida e de kava aos deuses era a melhor maneira de garantir colheita farta dos cultivos básicos, como a fruta-pão ou o inhame. Não eram simples atos de adoração, mas parte de um sistema lógico de troca

Na maioria das danças, há movimentos vigorosos e ritmados, muitas vezes com gestos de mãos e braços estruturados, em estilo progressivo.
Tikopia Songs

entre os tikopianos e os *atuas*. O povo fazia os rituais para os deuses, e em troca os deuses garantiam aos tikopianos a sobrevivência. Era um sistema em que a realização do ritual e a atividade econômica, como a produção de alimentos, estavam associadas. Embora o sacrifício ostensivo aos deuses fosse de comida e kava, como os *atuas* consumiam apenas o indispensável dos alimentos e kava

Atua

A palavra *atua* é traduzida como "deus" ou espírito", mas os tikopianos achavam os *atuas* tão reais quanto os humanos. Uma das danças cerimoniais da estação das monções era o Taomatangi, para reprimir os ventos. Acreditavam que os *atuas* estavam presentes, sentados de costas contra as pedras sagradas: os masculinos de pernas cruzadas, os femininos de pernas esticadas em frente a eles. Quando Raymond Firth fotografou a dança, os tikopianos

oferecidos, o restante ficava disponível para o consumo humano. O verdadeiro sacrifício era de tempo e energia, mas nada em vão, porque muitas das atividades (como tecer tapetes, confeccionar coberturas de palha ou consertar canoas) eram economicamente valiosas. Os rituais foram encerrados na década de 1950 quando já eram muito poucos os que acreditavam em *atuas* para executá-los. ∎

chocaram-se que os *atuas* não eram visíveis pela câmera. No século xx, o cristianismo demoliu as crenças de Tikopia. Em 1955, após uma epidemia em que morreram duzentas pessoas, incluindo o Ariki Kafika, não havia devotos suficientes para continuar o Trabalho dos Deuses. Os chefes realizaram uma cerimônia final, um "kava de despedida", para informar aos *atuas* que seus rituais estavam sendo abandonados e que eles deviam beber kava e se retirar para descansar para sempre em suas casas espirituais.

EU NÃO ESQUEÇO AS ESTRELAS-GUIA

ALULUEI E A ARTE DA NAVEGAÇÃO

EM RESUMO

TEMA
O conhecimento dos mares

FONTES
Tradição oral, transcrita em
An Atoll Culture, Edwin G.
Burrows e Melford E. Spiro,
1953; *A Flower in my Ear*,
Edwin G Burrows, 1963.

CENÁRIO
Atol Ifaluk; Micronésia,
noroeste das ilhas do Pacífico.

PRINCIPAIS FIGURAS
Aluluei Deus da navegação.

Filha de Aluluei Um dos três
filhos do deus.

Segur Deus dos navegadores.

Valur Deus dos peixes; filho
de Aluluei.

Werieng Deus dos pássaros
marinhos; filho de Aluluei.

Paluelap Grande navegador;
outro filho de Aluluei.

Aluluei é um dos deuses da navegação mais antigos do mundo. Ele era filho do capitão de canoa Paluelap, mas foi morto por seus irmãos mais velhos Grande Rong e Pequeno Rong. Seu pai, então, o trouxe de volta à terra como um espírito com muitos olhos, que, segundo a crença do povo da Micronésia, se transformaram nas estrelas, usadas por eles na navegação.

Aluluei não era um homem comum. De acordo com o povo ifaluk da Micronésia, ele tinha dois rostos, capaz assim de enxergar tudo em volta, e embora a parte superior do corpo fosse humana, a metade inferior era de uma arraia. Os ifaluk, instalados no atol de Ifaluk (nas ilhas Carolinas, na Micronésia), acreditam que Aluluei, a princípio, não conhecia toda a sabedoria do mar — até que a adquiriu com a ajuda de sua filha.

Visitando os deuses

Havia muito tempo Aluluei morava na ilha de Bwennap — uma ilha arenosa com apenas uma árvore. Lá ele arranjou uma esposa e teve vários filhos e uma filha.

Um dia, de manhã cedo, a filha de Aluluei banhava-se no mar quando viu uma canoa se aproximando. Três deuses remavam a canoa: Segur, deus dos navegadores; Valur, deus dos peixes; e Werieng, deus dos pássaros. Valur e Werieng eram dois dos filhos de Aluluei. A filha de Aluluei correu até o pai e pediu que preparasse comida para os visitantes e, em seguida, voltou à praia para

Os cocos são abundantes e importantes para os povos das ilhas do Pacífico, que chamam o coqueiro de "Árvore da Vida", porque todas as suas partes são aproveitadas nas comunidades.

Veja também: Viracocha, o criador 256-57 ■ A primeira canoa 258-59 ■ Ta'aroa dá à luz os deuses 316-17 ■ Maui dos mil truques 320-23

Os ilhéus veem um recife de corais
perto de Puynipet, nas ilhas Carolinas. Esses barcos, também usados no Havaí, em Samoa, no Taiti e na Nova Zelândia, são rápidos e estáveis em águas agitadas.

recepcioná-los. Os deuses, porém, continuaram remando, e parecia que iam passar sem parar. Então a filha de Aluluei pegou um coco bem pequeno, não maior do que seu punho, e o ergueu, chamando-os para vir até ela. Quando lhe perguntaram por quê, ela disse que tinha coco para todos beberem. Eles ordenaram que ela o levasse até a canoa.

Sustento sem fim
A filha de Aluluei entrou pelo mar adentro com o coco. Quando os deuses viram quão pequeno era, debocharam dela, dizendo que não seria suficiente para saciar a sede de três homens, mas a filha de Aluluei lhes disse para beberem mesmo assim. Valur pegou o coco e começou a beber. Bebeu até não poder mais, mas ainda havia muita água ali. Ele passou para Werieng, e este passou para Segur, e depois de beberem o quanto queriam, ainda havia bastante água no pequeno coco. Os deuses riram, achando graça que um coco pequeno daqueles tivesse tanta água. Pediram

Vê todas as ilhas? Vê todos os pássaros? Vê todos os peixes?
An Atoll Culture

à filha de Aluluei para subir na canoa e, quando ela o fez, eles abriram sua carta náutica, onde estavam marcadas todas as ilhas, pássaros e peixes. Disseram-lhe estar muito gratos por ela lhes trazer o coco e que lhe ofereciam a carta, aconselhando-a a entregá-la ao pai.

Sabedoria compartilhada
Quando a filha de Aluluei levou a carta náutica ao pai, ele imediatamente compreendeu seu valor. Ela continha todo o conhecimento dos navegadores: tudo o que um homem necessitaria saber para se tornar um grande capitão. Aluluei chamou seu filho Paluelap, o grande navegador, e lhe mostrou a carta. Aluluei instruiu seu filho a ensinar ao povo tudo o que continha no mapa, de modo que eles aprendessem a navegar com segurança de uma ilha para outra. Poucos compreenderam, e estes se tornaram os primeiros capitães. A decisão de Aluluei de compartilhar o conhecimento é típica do povo ifaluk, que não acredita que exista um limite estabelecido entre um indivíduo e os demais. ■

As canoas ifaluk

A construção e a navegação de canoas são cruciais para os ilhéus de Ifaluk, um atol de corais nas ilhas Carolinas, que as utilizam para transporte e pesca. Todas as canoas de Ifaluk possuem o mesmo design tradicional e são sempre pintadas de vermelho, preto e branco, e carregam uma imagem de madeira de Aluluei, o deus da navegação. A sociedade ifaluk é organizada por classes sociais, e cada pessoa, ao nascer, é atribuída a um dos oito clãs. A única forma de ascensão social é tornar-se um mestre navegador, um construtor de canoas ou o profeta de um deus. O mestre navegador possui o status mais elevado na sociedade de Ifaluk. Muitas das canções da tradição oral de Ifaluk falam da construção e da navegação das canoas, da navegação usando o vento, as correntes, os peixes e os pássaros, e as estrelas, e recitando lamentações por aqueles que se perderam no mar.

OUTROS

EVENTOS

OUTROS EVENTOS

A natureza onipresente do mito ilustra sua essencialidade para a experiência humana. Desde o início dos tempos, as pessoas contaram histórias para dar sentido ao seu mundo. Enquanto muitos desses mitos carregam um propósito aparentemente explícito — como aqueles centrados na fundação de uma cidade e, ao fazê-lo, ajudam a validar suas origens —, outros, com seus elencos de deuses e monstros, referem-se, de um modo mais geral, a medos latentes, inerentes à condição humana. Muitas vezes os mitos compartilham arquétipos — como o deus trapaceiro e o nobre guerreiro —, embora variem imensamente segundo as fronteiras nacionais e culturais. Todas as histórias abaixo pertencem às suas culturas, e ainda assim compartilham características com as outras presentes no livro.

OS HOMENS AZUIS DE MINCH
Escocês, século IX d.C.

O Minch é um estreito a noroeste da costa da Escócia, supostamente habitado por criaturas aquáticas azuis conhecidas como *storm kelpies*. Esses seres, à semelhança das sereias, são metade homem e metade peixe, e eram acusados de atrair crianças para água e devorá-las. Tinham o poder de controlar as ondas e causar tempestades capazes de afundar navios. Quando os homens azuis se aproximavam de um navio, eles gritavam o início de rimas que o capitão devia continuar para evitar que a embarcação fosse virada.
Veja também: A saga de Odisseu 66-71 ▪ Numa engana Júpiter 106-07

BEOWULF
Anglo-saxão, século X d.C.

O rei Hrothgar da Dinamarca com frequência acolhia seus guerreiros em Heorot, uma enorme sala do hidromel, para celebrar suas vitórias. Furioso com o barulho dessas celebrações, por muitos anos o demônio Grendel saiu dos pântanos e matou os dinamarqueses. Beowulf, o jovem guerreiro, veio em auxílio à Dinamarca e matou Grendel. Tudo parecia bem até a mãe de Grendel sair do seu covil para vingar sua morte. Beowulf a destruiu e voltou para Greatland, onde se tornou rei. Quando um ladrão acordou um dragão da região, Beowulf o derrotou num combate, mas foi mortalmente ferido. Ao morrer, seu corpo foi queimado numa pira funerária gigante e enterrado numa colina, com vista para o mar. Sendo o mais antigo poema existente escrito em inglês (arcaico), Beowulf hoje é visto como um épico de fundação.
Veja também: Sigurd, o matador de dragões 158-59 ▪ A lenda do rei Artur 172-77 ▪ *A epopeia de Gilgamesh* 190-97

RAGNAR LODBROK
Norueguês, século IX d.C.

Ragnar Sigurdsson foi um guerreiro viking quase mítico que protagonizou várias sagas norueguesas. A primeira de suas três esposas era a lendária Lagertha, a "donzela do escudo". Diziam que Ragnar liderou o cerco a Paris em 845 d.C. Sua campanha final foi no norte da Inglaterra, onde foi capturado pelo rei da região e jogado num poço de cobras.
Veja também: A guerra dos deuses 140-41 ▪ A lenda do rei Artur 172-77

ROLANDO
Francês, século VIII d.C.

Rolando foi um corajoso soldado franco inspirado numa figura histórica — um governador regional sob o rei Carlos Magno que morreu lutando contra os bascos na batalha da passagem de Roncevaux (778 d.C.). Como um dos mais corajosos generais de Carlos Magno, Rolando era um tema popular para os menestréis medievais, com vários poemas épicos (como *A Canção de Rolando*) descrevendo seus atos honrosos. Outras histórias descrevem a vitória de Rolando sobre Ferragut, um gigante sarraceno, vulnerável apenas no estômago.
Veja também: A saga de Odisseu 66-71 ▪ A viagem de Bran 165 ▪ A lenda do rei Artur 172-77

BAYARD, O CAVALO MÁGICO
Francês, século XII d.C.

Bayard era o cavalo de Renaud, cavaleiro de Carlos Magno, que diziam compreender a fala humana e que aumentou magicamente de tamanho para carregar no lombo Renaud e seus três irmãos numa batalha. Renaud entrou num conflito contra Carlos Magno depois de matar seu sobrinho. Após uma série de batalhas, Renaud foi perdoado com a condição de ir para as cruzadas e abrir mão de Bayard. Quando Renaud concordou, Carlos Magno tentou matar o cavalo, amarrando-o a uma pedra e o empurrando no rio, mas Bayard espatifou a pedra e fugiu para viver na floresta.

Veja também: Os trabalhos de Hércules 72-75 ▪ Perseu e Medusa 82-83 ▪ A lenda do rei Artur 172-77

RENARD, A RAPOSA TRAPACEIRA
Francês, holandês e alemão, meados do século XII d.C.

Renard, a raposa vermelha, foi a figura central do épico *Ysengrimus*, em meados do século XII. A série de fábulas descreve como Renard foi capaz de derrotar continuamente seu maior e mais forte inimigo, o lobo Isengrin, graças à sua inteligência e astúcia. Num dos episódios, Renard usou o pensamento ágil para persuadir Isengrin a pegar peixes usando o rabo, de modo que o lobo ficou preso no gelo quando a água rapidamente voltou a congelar.

Veja também: Numa engana Júpiter 106-07 ▪ As aventuras de Loki e Thor em Jötunheim 146-47 ▪ Finn MacCool e a Calçada do Gigante 168-69

LORELEI, A SEREIA
Alemão, século XIX d.C.

Lorelei é um rochedo às margens do rio Reno, na Alemanha. É associado a uma donzela lendária chamada Lore Lay, declarada culpada de encantar os homens, causando-lhes a morte. Ela foi condenada ao confinamento num convento. No caminho, persuadiu os guardas a deixarem-na subir no rochedo para ver o Reno uma vez mais. Chegando ao topo, pensou ter visto um dos seus amantes nas águas e saltou para a morte. Seu espírito se tornou uma sereia que atraía sedutoramente os pescadores que passavam, levando-os à morte.

Veja também: A saga de Odisseu 66-71 ▪ Jasão e Medeia 84-85

O RETORNO DO REI SEBASTIÃO
Português, séculos XVI-XVII d.C.

Sebastião de Portugal nasceu em 1554, sucedendo ao avô João III como rei em 1557. Ao atingir a maioridade em 1578, o rei Sebastião lançou uma cruzada contra o sultanato muçulmano do Marrocos. Católico devoto e piedoso, ele ignorou seus conselheiros e rapidamente adentrou o continente. O exército foi cercado e derrotado, e o rei de 24 anos foi morto em batalha, apesar de seu corpo nunca ter sido encontrado. Como resultado, surgiu o mito de que Sebastião poderia um dia voltar para salvar Portugal. Tal crença ficou conhecida como "Sebastianismo".

Veja também: A saga de Odisseu 66-71 ▪ Eneias, fundador de Roma 96-101 ▪ A lenda do rei Artur 172-77

MARI E SUGAAR
Basco, anterior ao século IV d.C.

Na mitologia do povo basco, do norte da Espanha e sul da França, um tipo de ninfa chamada "lamiak" habitava a região campestre. Uma das mais conhecidas era Mari, que vivia em cavernas nas montanhas e era servida por um grupo de bruxas chamadas "sorginak". Seu marido era um ser parecido com uma serpente, chamado Sugaar. Toda sexta-feira eles se encontravam e faziam tempestades. Em outro conto, Mari era uma humana transformada numa bruxa capaz de controlar as condições climáticas.

Veja também: Apolo e Dafne 60-61 ▪ Carna e Jano 121

LIBUŠE, A FUNDADORA DE PRAGA
Tcheco, século VIII d.C.

Libuše era a filha mais nova do duque Krok, figura mítica que governou o povo tcheco com benevolência. Libuše era sábia e bonita, e por esse motivo, Krok a escolheu como sua sucessora. Ela tinha também o dom da profecia. Enquanto admirava o rio Moldava, previu que o local, um dia, abrigaria uma grande cidade. Mais tarde, um castelo foi ali construído e ao seu redor cresceu a cidade de Praga. O Conselho de Praga rejeitou uma governante mulher e exigiu que Libuše se casasse, e selecionou um humilde lavrador chamado Premysl. Eles foram os ancestrais míticos da dinastia Premyslid — governantes das terras tchecas do século IX d.C. até 1306.

Veja também: Eneias, fundador de Roma 96-101 ▪ A fundação de Roma 102-05

OS GÊMEOS DIVINOS DO BÁLTICO
Lituano/letão, anterior ao século XIII d.C.

Dievs e Velns eram gêmeos divinos que desempenharam um papel de destaque na mitologia pré-cristã da Europa oriental, em torno do mar Báltico. O mundo foi criado após uma luta entre Dievs e Velns numa rocha no meio do mar, que então se tornou o ponto central do universo. Dievs, a personificação da luz, era uma divindade em geral benevolente. Algumas vezes ele desceu dos céus para testar a bondade e a generosidade da humanidade, andando pela terra como um velho mendigo. Velns, em contrapartida, era um trapaceiro que sempre interferia na criação. Ele criava montanhas, por exemplo, cuspindo lama sobre a terra.

Veja também: Ahura Mazda e Ahriman 198-99 ▪ Os Gêmeos Heróis 244-47 ▪ O cosmos dogon 288-93

HUNOR E MAGOR
Húngaro, século XIII d.C.

Nimrod foi um rei bíblico e poderoso caçador. No *Gesta Hungarorum*, poema épico do século XIII, ele teve filhos gêmeos chamados Hunor e Magor. Enquanto caçava com seus seguidores, eles perseguiram um veado branco desde a Ásia central até a Europa oriental. Decidiram permanecer na região e casaram com as filhas de um rei do local. Os descendentes de Hunor se tornaram os hunos, enquanto no meio dos descendentes de Magor estavam os magiares, que conquistaram a Hungria no final do século IX d.C.

Veja também: *A Epopeia de Gilgamesh* 190-97 ▪ As aventuras do rei Macaco 218-19 ▪ Fogo e arroz 226-27

CHERNOBOG
Russo, século XII d.C.

Na mitologia russa, Chernobog era a divindade da morte e das trevas, e a incorporação do mal. Ele causava desastres e má sorte. Alguns acreditavam que Chernobog era a contrapartida de Belobog (Deus Branco), a divindade do sol, da luz e da boa sorte. Achavam que os dois deuses estavam encerrados numa luta sem fim, com Chernobog controlando os meses de inverno, enquanto Belobog dominava o verão.

Veja também: A guerra dos deuses 140-41 ▪ Viracocha, o criador 256-57

BABA YAGA
Eslavo, século XVIII d.C.

Baba Yaga era uma canibal abominável, de dentes afiados e nariz comprido, que diziam servir para espreitar o interior das florestas da Europa oriental. Ela vivia numa choupana assentada sobre os pés de uma galinha gigante, com uma cabeça de galo por cima e rodeada por uma cerca de ossos humanos. Ela voava pelos céus montada num almofariz gigante, armada com um pilão que usava para moer suas vítimas antes de comê-las.

Veja também: Perseu e Medusa 82-83 ▪ O hidromel da poesia 142-43

TARIEL, O CAVALEIRO NA PELE DE PANTERA
Georgiano, século XII d.C.

Ambientado na Índia e na Arábia, esse conto fala de Tariel, príncipe indiano que ansiava por seu grande amor perdido de longa data, Nestan — que supostamente simbolizava a rainha Tamar, a Grande, governante

da Geórgia de 1184 a 1213. Ele partiu no encalço de Nestan com a ajuda de Avtandil, cavaleiro que servira ao rei da Arábia, Rostevan. Avtandil fora enviado para capturar Tariel, o famoso "cavaleiro na pele de pantera", mas ficou tocado por sua história e, em vez de pegá-lo, juntou-se a ele em sua saga. Finalmente, eles a encontraram, e Nestan e Tariel se casaram na Índia.

Veja também: Afrodite e Adônis 88-89 ▪ Cupido e Psiquê 112-13

HAYK, O GRANDE
Armênio, século V d.C.

Originalmente, Hayk morava na Babilônia, mas fugiu do governo tirânico do titã Bel. Hayk e seus seguidores formaram uma aldeia chamada Haykashen. Bel exigiu que eles voltassem. Quando Hayk se recusou, Bel liderou um imenso exército contra eles. Hayk os enfrentou numa batalha e matou Bel com uma flecha. O exército de Bel fugiu, deixando Hayk e seu povo viver em liberdade. A nação fundada por Hayk se tornou a Armênia.

Veja também: A fundação de Roma 102-05 ▪ A lendária fundação da Coreia 228-29

ZAHHAK
Persa, século X d.C.

O *Shahnameh* [O Livro dos Reis] é um poema de 60 mil versos que rastreia o desenvolvimento da Pérsia desde a era mítica até o século VII d.C. O poema inclui a história de Zahhak, um governante tirano que derrubou um grande rei chamado Jamshid. Zahhak tinha duas cobras que cresciam dos seus ombros e comiam o cérebro de dois homens todos os dias. Ele governou a Pérsia por mil anos, até Kaveh, um ferreiro, liderar uma revolta que o depôs. Um descendente de Jamshid, Fereydun, subiu ao trono e Zahhak foi aprisionado numa caverna para sempre.

Veja também: A origem do universo 18-23 ▪ Marduk e Tiamat 188-89

TENGRI, O CRIADOR
Turco/mongol, século IV d.C.

Vários povos da Ásia central, incluindo os turcos e os mongóis, praticam uma religião xamanista chamada tengriismo, com o deus do céu, Tengri, no centro. Ela ensina que antes da criação o deus do céu era um ganso todo branco que voava sobre um oceano infindável. Tengri criou uma divindade chamada Er Kishi para ajudá-lo a criar o universo. Er Kishi era impuro, e tentava levar as pessoas a fazerem o mal, então Tengri enviou animais sagrados aos humanos para que os guiassem.

Veja também: A origem do universo 18-23 ▪ Yebá Būro, a Avó da Terra 238-39

ASENA, O LOBO CINZA
Turco, século VII d.C.

Os göktürks eram um povo turco que dominou a Ásia central do século VI ao VIII. Quando sua cidade principal, Ötüken, foi capturada em 744 d.C. e o povo, massacrado, apenas um menino foi poupado. Ele estava gravemente ferido, e poderia ter morrido, mas uma loba chamada Asena cuidou dele, recuperando sua saúde. Ele e Asena acabaram tendo dez filhos, um dos quais foi o fundador do clã Ashina, o poder governante dos göktürks.

Veja também: A fundação de Roma 102-05 ▪ Jumong 230-31

KÖROGLU, TURCO
Turco, século XI d.C.

A figura de Köroglu é comum na mitologia da Ásia central. Nascido com o nome de Rusen Ali, ganhou outro nome, que significa "filho do homem cego", porque seu pai foi cegado por um governante real do mal. Köroglu era conhecido por seu desejo ferrenho por justiça e pelo ódio à tirania, que o inspiraram a liderar uma revolta contra o governante, desferindo ataques direcionados contra ele antes de desaparecer pelo campo.

Veja também: A Epopeia de Gilgamesh 190-97 ▪ Jumong 230-31

O ÉPICO DE MANAS
Quirguiz, reunidos no século XVIII d.C.

Com mais de 500 mil linhas, o *Épico de Manas* se fundamenta na tradição oral dos quirguizes. Seu herói é Manas, que unificou os povos quirguizes e os guiou à independência e à prosperidade. Manas, então, conquistou as áreas vizinhas e liderou campanhas distantes, chegando até Pequim. Ainda declamado por intérpretes treinados chamados *manaschis*, o épico prossegue contando a história de seu filho Semetei e do neto Seitek.

Veja também: Marduk e Tiamat 188-89 ▪ A epopeia de Gilgamesh 190-97

PHA TRELGEN CHANGCHUP SEMPA, O CRIADOR
Tibetano, data desconhecida

Na mitologia tibetana, um conto procura explicar a ancestralidade do povo tibetano. Após uma grande inundação, um macaco chamado

Pha Trelgen Changchup Sempa (Pai Macaco Velho Iluminação-Intenção) se fixou numa montanha tibetana para levar uma vida de meditação. Um demônio feminino veio até o macaco e exigiu que se casasse com ela. Juntos tiveram seis filhos que, com a vazante das águas, foram viver na floresta. Passados alguns anos, já eram quinhentos e estavam ficando sem alimento. Pediram, então, ajuda a seu pai que, divinamente inspirado, ensinou-lhes a prática da agricultura.

Veja também: *A Epopeia de Gilgamesh* 190-97 ▪ As origens dos baigas 212-13 ▪ Fogo e arroz 226-27

O ÉPICO DO REI GESAR
Tibetano/mongol, século XII d.C.

Ainda bem criança, Gesar foi covardemente exilado do reino de Ling para o deserto por seu tio. Aos doze anos, ele voltou a Ling para competir numa corrida de cavalos que decidiria quem seria o próximo governante. Gesar venceu e se casou com a filha de um chefe da região. Ele então liderou uma série de campanhas vitoriosas contra inimigos de Ling, dentre eles os demônios que devoravam humanos.

Veja também: Os trabalhos de Hércules 72-75 ▪ A fundação de Roma 102-05

O DEVASURA YUDDHA
Indiano, século c. VIII a.C.

Na mitologia hindu, as divindades benevolentes e virtuosas passaram a ser chamadas de devas, e deuses demoníacos, mais perversos, são chamados de asuras. Tanto o *Rig Veda* quanto o *Ramayana* incluem descrições da luta entre as duas forças. Doze batalhas entre a retidão e a perversidade ocorreram nos céus, na terra e no Submundo. Os deuses empunharam poderosas armas celestiais chamadas "astras", sendo que a mais temível e destrutiva era o "pashupatastra", uma flecha capaz de arruinar toda a criação.

Veja também: O *Ramayana* 204-09 ▪ Durga abate o demônio-búfalo 210 ▪ A deusa do olho de peixe encontra um marido 211

IMPERADOR BHARATA
Indiano, século c. VIII a.C.

O primeiro livro do épico sânscrito *Mahabharata* conta a história do imperador Bharata. Sua mãe, Shakuntala, era filha de um sábio respeitado e de um bonito espírito, e seu pai Dushyanta governava um reino ao norte da Índia. Apesar de sua origem real, Bharata não foi criado na corte, mas nas florestas, onde brincava com animais selvagens. Quando adulto, Bharata sucedeu seu pai como rei, e com seu governo virtuoso fundou uma dinastia imperial que governou toda a Índia. Consequentemente, um dos nomes oficiais da Índia é "Bharat".

Veja também: O Jogo dos Dados 202-03 ▪ O *Ramayana* 204-09 ▪ A deusa do olho de peixe encontra um marido 211

O VAQUEIRO E A JOVEM TECELÃ
Chinês, século c. VII a.C.

O festival Qixi ocorre na sétima noite do sétimo mês lunar. Ele comemora a história de Niulang, um vaqueiro, e a tecelã Zhinu, filha da Deusa Mãe. Apesar das profissões diferentes, eles se apaixonaram. A Deusa Mãe ficou furiosa por sua filha estar com um mortal e chamou Zhinu de volta aos céus. Quando Niulang tentou acompanhar a tecelã, a Deusa Mãe partiu os céus para separá-los, criando a Via Láctea. Eles só podiam se encontrar uma vez ao ano, por uma ponte de pegas (aves).

Veja também: Aracne e Minerva 115 ▪ Pangu e a criação do mundo 214-15

A LENDA DA SERPENTE BRANCA
Chinês, século XVII d.C.

Xu Xian foi um menino que, por acaso, comprou umas pílulas que garantiam a imortalidade. Ao tentar engoli-las, vomitou-as num lago. Elas foram engolidas pelo espírito de uma serpente branca, que adquiriu poderes mágicos. Dezoito anos mais tarde, a serpente branca se transformou numa mulher chamada Bai Suzhen, que se casou com Xu Xian. Eles viveram felizes até ele descobrir a verdadeira natureza da esposa e morreu com o choque. Bai Suzhen partiu numa saga e encontrou uma erva que faria o marido reviver. Trazido de volta à vida, Xu Xian compreendeu perfeitamente a compaixão dela e a amou de novo.

Veja também: Narciso e Eco 114 ▪ Pomona e Vertuno 122 ▪ Pangu e a criação do mundo 214-15

LAC LONG QUÂN E ÂU CO
Vietnamita, século XIV d.C.

Lac Long Quân (Senhor Dragão de Lac) foi o filho do primeiro rei do Vietnã. Após se tornar rei, Lac Long Quân casou com a princesa Âu Co de uma tribo da montanha, mais ao norte. Eles tiveram cem filhos, mas não eram felizes juntos. Âu Co queria viver na parte montanhosa e Lac Long Quân sentia falta do litoral. Cada um ficou com cinquenta filhos e viveram em partes diferentes do Vietnã, prometendo apoiar um ao outro se necessário. Seus filhos foram os ancestrais do povo vietnamita, simbolizando sua união e identidade coletiva.

Veja também: A lendária fundação da Coreia 228-29 ▪ Jumong 230-31

KIVIUQ
Povos inuítes do Canadá, Alasca e Groenlândia, data desconhecida

Kiviuq era um xamã conhecido por andar eternamente pelo Ártico. Ele usava também um trenó, um caiaque, e até as costas de criaturas aquáticas para viajar. Seus poderes mágicos lhe permitiam transpor qualquer obstáculo. Era casado com uma mulher-lobo, mas a união terminou quando a mãe dela, enciumada, a matou. Ela então retirou a pele da filha e a vestiu, tentando enganar Kiviuq para ficar com ela.

Veja também: Jasão e Medeia 84-85 ▪ Raven e a baleia 242-43

CHIFRE VERMELHO
Índios ho-chunk da América do Norte, data desconhecida

O herói de mesmo nome do *Red Horn Cycle* [Ciclo do Chifre Vermelho] é um dos filhos do deus Earthmaker [criador da terra]. Ele ganhou esse nome devido aos cabelos vermelhos compridos e trançados, mas era também conhecido como "Usa Cabeças nas Orelhas" devido aos rostos de humanos vivos exertados nos lóbulos das orelhas. Chifre Vermelho era um grande curandeiro e trabalhava para proteger os humanos da raça de gigantes que

os atormentava. Junto com os irmãos, ele foi desafiado pelos gigantes a participar de uma competição e, apesar de ganharem diversos jogos, Chifre Vermelho e seus irmãos foram mortos depois de perderem uma disputa de luta livre.
Veja também: As aventuras de Loki e Thor em Jötunheim 146-47 ▪ Yebá Būró, a Avó da Terra 238-39 ▪ A primeira canoa 258-59

IKTOMI, O TRAPACEIRO
Índios sioux da América do Norte, data desconhecida

O filho do deus-criador Inyan, Iktomi (aranha) se chamou primeiramente Ksa (sabedoria). Ele foi transformado em aranha e recebeu o novo nome devido a seus comportamentos nocivos. Embora sendo primordialmente uma aranha, Iktomi podia assumir qualquer forma, incluindo a de um ser humano, e se comunicar com animais e objetos inanimados, como árvores e rochas. Por ser fisicamente fraco, Iktomi recorria a truques para sobreviver. Embora manipulador em algumas ocasiões, ele era visto pelos sioux dakota como um protetor da ingenuidade.
Veja também: Prometeu ajuda a humanidade 36-39 ▪ Aracne e Minerva 115 ▪ Yebá Būró, a Avó da Terra 238-39

NANABOZHO, O TRAPACEIRO
Índios ojibwas da América do Norte, data desconhecida

Apesar de Nanabozho ser um espertalhão, suas façanhas nunca eram maldosas. Ele era filho de uma mulher humana e do Vento Oeste. Nanabozho era associado a coelhos e também conhecido como "A Grande Lebre". Seu principal companheiro era o espírito de lobo Moqwaio, algumas vezes retratado como seu irmão. O Grande Espírito enviou Nanabozho para ensinar aos ojibwas os nomes das plantas e dos animais, e para mostrar-lhes como pescar e usar hieróglifos. Ele também salvou a humanidade após uma grande inundação, protegendo-a dos espíritos das águas.
Veja também: Prometeu ajuda a humanidade 36-39 ▪ As aventuras de Thor e Loki em Jötunheim 146-47 ▪ A epopeia de Gilgamesh 190-97

EL SILBÓN
Venezuelano/colombiano, século XIX d.C.

El Silbón ("o assobiador") era um espírito sob a forma de um homem magro, de seis metros de altura. Enquanto humano, ele matou o pai para vingar o assassinato de sua mãe. Os espíritos da mãe e do avô o castigaram, chicoteando-o, esfregando limão e pimenta nos seus olhos e soltando os cachorros sobre ele. Em seguida, foi amaldiçoado, condenado a vagar pelo mundo como espírito pela eternidade, carregando os ossos do pai dentro de um saco. Conforme andava, ele assobiava uma melodia distinta e rezava pelos descuidados, mulherengos e bêbados.
Veja também: Prometeu ajuda a humanidade 36-39 ▪ Orestes vinga Agamenon 64-65 ▪ A sina de Édipo 86-87

O BASILISCO CHILOTE
Chileno, século XVI d.C.

O Basilisco Chilote (o chilota irascível) é uma criatura da mitologia dos chilotas, habitantes do arquipélago Chiloé, no sul do Chile.

Com corpo de serpente e cabeça de galo, dizem que essa criatura aterradora nasceu de um ovo de galinha. Se o ovo não fosse queimado antes que o monstro o chocasse, o Basilisco cavaria uma toca sob uma casa próxima. Depois, desidrataria lentamente seus ocupantes, alimentando-se, de longe, da saliva e da umidade deles. Uma vez chocado, dizia-se que a casa acima da toca do Basilisco precisava ser queimada para matar o animal.
Veja também: A saga de Odisseu 66-71 ▪ Os trabalhos de Hércules 72-75 ▪ Teseu e o Minotauro 76-77

SACI, O BRINCALHÃO
Brasileiro, século XVIII d.C.

O saci apareceu como um moleque de uma perna só que fumava cachimbo e usava um capuz vermelho encantado que lhe dava o poder de aparecer e desaparecer quando bem entendesse. Destacava-se por suas brincadeiras (como entortar agulhas, esconder coisas ou soltar animais), mas realizava os desejos de qualquer um que roubasse seu capuz. Seu mito se baseou num personagem da mitologia dos índios guaranis, adaptado pelos escravos africanos trazidos para o Brasil.
Veja também: O primeiro dia de Hermes 54-55 ▪ As aventuras dos gêmeos Sol e Lua 240-41

GAÚCHO GIL
Argentino, século XIX d.C.

Antônio Gil foi um lendário gaúcho argentino e fora da lei que diziam ter atuado durante o final do século XIX. Ele tirava dos ricos para dar aos pobres, tinha poderes curativos e era imune a balas. Pouco antes de ser executado, prometeu continuar ajudando as pessoas mesmo depois de morto. A primeira pessoa que ele ajudou foi o oficial que o prendeu, cujo filho Gil salvou de uma doença mortal. Até hoje existem santuários em homenagem a Gil por toda a Argentina.

Veja também: Viracocha, o criador 256-57 ▪ A primeira canoa 258-59 ▪ O céu faz o sol e a terra 260-261

A RAINHA DE SABÁ
Etíope, século VI d.C.

Embora a rainha de Sabá apareça na Bíblia e no Alcorão nos séculos VI e VII d.C., o relato mais completo da sua lenda encontra-se no *Kebra Nagast*, um épico etíope de 1322. Depois de tomar conhecimento da sabedoria do rei Salomão, a rainha Makeda viajou para Jerusalém para conhecê-lo. Ela voltou para casa grávida de um filho dele; o menino, Menelik, viria a ser o fundador da dinastia salomônica, que governou a Etiópia de 950 a.C. a 1974.

Veja também: *A epopeia de Gilgamesh* 190-97 ▪ Jumong 230-31 ▪ En-kai e o gado 285

AISHA QANDISHA
Marroquino, data desconhecida

Os jinns são seres sobrenaturais feitos de chama sem fumaça que interagem com o mundo material. Em geral são invisíveis e podem ser bons ou maus. No Marrocos, Aisha Qandisha era uma jinn destacada e poderosa. Ela aparecia sob a forma de uma linda mulher com pernas de cabra, sendo capaz de causar tanto fertilidade e sorte quanto morte e loucura. Quando Aisha Qandisha perseguia as pessoas, era impossível fugir. Eles só conseguiam sobreviver

fincando uma faca na terra e, em seguida, usando-a para afugentá-la ou para negociar um preço por seu favorecimento e apoio.

Veja também: Fogo e arroz 226-27 ▪ Ananse, a aranha 286-87 ▪ O cosmos dogon 288-93

RAINHA AMINA DE ZAZZAU
Nigeriana, século XVII d.C.

Apesar de constar como personagem de muitos mitos, Anima foi uma governante de fato do reino de Zazzau, no norte da Nigéria, durante o século XV ou XVI. Amina era um grande generala, altamente treinada na liderança da cavalaria. Ela transformou Zazzau em uma grande potência, estendendo seu controle sobre áreas vizinhas e rotas de comércio por toda a região. Amina recusou-se a se casar e nunca teve filhos. Depois de cada batalha, entretanto, ela selecionava um amante entre seus inimigos vencidos que era executado após passar uma noite com ela.

Veja também: Cibele e Átis 116-17 ▪ *A descida de Inanna* 182-88 ▪ Exu e o panteão iorubá 294-97

ADU OGYINAE
Axante, data desconhecida

Segundo a mitologia akan, baseada em Gana e na Costa do Marfim, no início dos tempos todos os humanos viviam no subsolo. Então, sete homens, cinco mulheres, um cachorro e um leopardo se arrastaram e saíram por um buraco deixado por um verme gigantesco e olharam ao redor, estarrecidos ante os arredores irreconhecíveis. Adu Ogyinae, o primeiro do grupo a alcançar a superfície, os

tranquilizou, um a um, colocando suas mãos sobre eles. Ele fez com que fossem construídos os primeiros abrigos, mas morreu inesperadamente, atingido por uma árvore.

Veja também: O mito de criação san 284 ▪ En-kai e o gado 285 ▪ Ananse, a aranha 286-87

OS BILOKOS
Congolês, data desconhecida

Os bilokos eram anões que habitavam no interior da floresta tropical do Congo. Eles moravam dentro das árvores e se cobriam com a relva. Embora pequenos de estatura, possuíam garras afiadas e podiam abrir a boca o suficiente para engolir um humano. Os bilokos eram criaturas altamente apegadas ao seu território, capturando os que nele se aventuravam. Eram capazes de encantar os humanos usando sinos, que os faziam cair em sono profundo — assim os bilokos os devoravam inteiros.

Veja também: A origem do universo 18-23 ▪ Teseu e o Minotauro 76-77 ▪ Ananse, a aranha 286-87

NYAMINYAMI, O DEUS DO RIO
Zimbabueano/zambiano, século XX d.C.

Nyaminyami era o deus do rio Zambezi para o povo de Tonga. Em geral era descrito como tendo corpo de cobra e cabeça de peixe, e manchava de vermelho a água por onde nadava. Nyaminyami vivia sob uma rocha e fazia redemoinhos ao redor dela na água, de modo que ninguém podia se aventurar a chegar perto. Quando a barragem Kariba foi construída na década de 1950, ela separou Nyaminyami de sua esposa. O projeto foi assolado por inundações, percalços e acidentes que os locais atribuíram à ira do deus do rio.

Veja também: A fundação de Atenas 56-57 ▪ Perseu e Medusa 82-83 ▪ A deusa do olho de peixe encontra um marido 211

HUVEANE, O CRIADOR
Lesotiano/sul-africano, data desconhecida

Huveane foi o deus criador dos céus, da terra e da humanidade. Com tudo pronto, e não querendo ser perturbado pelas pessoas, ele colocou estacas num grande poste e o usou como escada para subir ao céu. Conforme pisava em cada estaca, ele a retirava para que ninguém pudesse segui-lo. Huveane tem morado no paraíso desde então.

Veja também: Fogo e arroz 226-27 ▪ A criação cherokee 236-37 ▪ O mito de criação san 284

A RAINHA DA CHUVA
De Limpopo, na África do Sul, século XVI d.C.

Dzugundini era filha de um chefe, que foi forçada a fugir de casa. Ela escapou para a região de Limpopo, no noroeste da África do Sul, e ali estabeleceu uma tribo chamada Balobedu. Nesse seu novo reino, a filha mais velha herdaria o trono, e não era permitido que os homens governassem. Dzugundini era famosa por sua habilidade de fazer chover. As rainhas da chuva continuaram a reinar sobre Balobedu até a morte da rainha Makobo Modjadji VI, em 2005.

Veja também: Cibele e Átis 116-17 ▪ *A descida de Inanna* 182-87 ▪ Exu e o panteão iorubá 294-97

RATA E MATUKU-TANGOTANGO
Maori, da Nova Zelândia, século c. XIII d.C.

O pai de Rata, Wahieroa, foi morto por um ogro chamado Mutuku-tangotango. Em busca de vingança, Rata viajou com seus companheiros para encontrar o ogro. Enquanto Mutuku-tangotango se banhava num riacho, Rata o matou, retirou seu coração e o assou no fogo. Em seguida, descobriu que os ossos do pai tinham sido pegos por duendes noturnos chamados ponaturis. Rata e seus companheiros invadiram a aldeia dos ponaturis, derrotaram os duendes e resgataram os ossos do pai de Rata.

Veja também: Orestes vinga Agamenon 64-65 ▪ A sina de Édipo 86-87 ▪ Tane e Hine-titama 318-19

PELE, A DEUSA DO FOGO
Havaiano, data desconhecida

Pele era a deusa havaiana do fogo, do raio, da dança, do vento e dos vulcões. Ela também era conhecida como *Ka wahine 'ai honua* (a mulher que devora a terra). Pele nasceu no Taiti como filha da deusa da Terra Haumea e do pai do céu Kane Milohai, mas foi exilada no Havaí devido ao seu temperamento explosivo e por seduzir o marido da irmã. Ela morreu quando a irmã a encontrou e a matou numa briga. Ao morrer, Pele se tornou um deus e fixou residência dentro do Kilauea, um vulcão na ilha do Havaí, onde ainda habita.

Veja também: Susanoo e Amaterasu 222-25 ▪ A lenda dos cinco sóis 248-55 ▪ Ta'aroa dá à luz os deuses 316-17

O BUNYIP
Aborígene australiano, data desconhecida

Uma das mais temidas criaturas na lenda aborígene era o anfíbio *bunyip* (diabo ou espírito do mal), que vivia nas lagoas, nos pântanos e nas cabeceiras dos rios. O *bunyip* tem sido descrito de diferentes formas — como tendo a cabeça de um cachorro ou de um crocodilo; presas, chifres ou um bico; e o corpo de um hipopótamo, um touro ou um peixe-boi —, com pelo menos nove variações regionais por toda a Austrália aborígene. Acredita-se que a criatura violenta mata e come quaisquer humanos desavisados que andem pelo seu território.

Veja também: A saga de Odisseu 66-71 ▪ O *Dreaming* 302-07 ▪ A morte de Luma-Luma 308-09

ISOKELEKEL
Micronésio, século XVI d.C.

Isokelekel (nobre brilhante) era um guerreiro quase mítico. Ele veio da ilha de Kosrae (hoje Estados Federados da Micronésia) e, em alguns relatos, era filho do deus do trovão Nan Sapwe. Isokelekel liderou uma invasão à ilha de Pohnpei, a quase quinhentos quilômetros de distância. A princípio, o rei local o recebeu bem, mas a guerra entre eles acabou sendo deflagrada. O poderoso Isokelekel triunfou, com o rival fugindo e se transformando em peixe. Isokelekel dividiu Pohnpei entre seus filhos, de quem os chefes locais traçam sua linhagem.

Veja também: Os muitos "casos" de Zeus 42-47 ▪ A criação cherokee 236-37 ▪ Viracocha, o criador 256-57

ÍNDICE

As principais referências estão em **negrito**; *em italico* estão as legendas.

ATRIBUIÇÕES DAS CITAÇÕES

AgRADECIMENTuS

A Dorling Kindersley gostaria de agradecer a Rabia Ahmad, Anjali Sachar e Sonakshi Singh pela ajuda no design.

CRÉDITOS DAS FOTOS

O editor gostaria de agradecer a todos a seguir pela autorização para a reprodução de suas fotos:

(Abreviações: a-acima; b-abaixo; c-centro; l-limite; e-esquerda; d-direita; t-topo)

20 **Alamy Stock Photo:** Ancient Art and Architecture. 21 **Alamy Stock Photo:** bilwissedition Ltd. & Co. KG (be); Granger Historical Picture Archive (td). 22 **Alamy Stock Photo:** Granger Historical Picture Archive. 26 **Alamy Stock Photo:** Granger Historical Picture Archive. 27 **Alamy Stock Photo:** ACTIVE MUSEUM. 28 **Getty Images:** DEA/ G. DAGLI ORTI. 29 **Alamy Stock Photo:** Chronicle (bd). **Getty Images:** Print Collector (te). 30 **Alamy Stock Photo:** Konstantinos Tsakalidis (b). **Getty Images:** Mondadori Portfolio (te). 32 **Alamy Stock Photo:** imageBROKER. 33 **Alamy Stock Photo:** Heritage Image Partnership Ltd. 34 **Alamy Stock Photo:** Georgios Alexandris. 35 **Alamy Stock Photo:** Kim Petersen. 37 **Alamy Stock Photo:** ART Collection (te). **Getty Images:** David Lees (bd). 38 **Getty Images:** Heritage Images. 39 **Getty Images:** UniversalImagesGroup. 41 **Alamy Stock Photo:** Stefano Bianchetti (be). **Getty Images:** Heritage Images (td). 44 **Alamy Stock Photo:** Masterpics. 45 **Getty Images:** DEA/ G. DAGLI ORTI. 46 **Alamy Stock Photo:** ART Collection. 47 **Getty Images:** Print Collector. 48 **Alamy Stock Photo:** The Print Collector. 49 **Alamy Stock Photo:** PvE. 50 **Alamy Stock Photo:** NMUIM. 51 **Alamy Stock Photo:** PRISMA ARCHIVO. 53 **Alamy Stock Photo:** Rex Allen. 54 **Alamy Stock Photo:** Constantinos Iliopoulos. 55 **Alamy Stock Photo:** Artepics. 56 **Getty Images:** Scott E Barbour. 57 **Alamy Stock Photo:** Paul Fearn. 58 **Alamy Stock Photo:** Everett Collection Inc. 59 **Alamy Stock Photo:** Constantinos Iliopoulos. 61 **Alamy Stock Photo:** Peter Horree (te). **Getty Images:** UniversalImagesGroup. 62 **Alamy Stock Photo:** Lanmas. 63 **Alamy Stock Photo:** World History Archive (be). **Getty Images:** Print Collector (td). 65 **Alamy Stock Photo:** gary warnimont (bd). **Getty Images:** Mondadori Portfolio (te). 68 **Alamy Stock Photo:** Paul Fearn. 69 **Getty Images:** UniversalImagesGroup. 71 **Alamy Stock Photo:** World History Archive. 73 **Alamy Stock Photo:** Art Collection 2 (te). **Getty Images:** Mondadori Portfolio (td). 74 **Alamy Stock Photo:** Azoor Photo (te). 77 **Alamy Stock Photo:** Juan Aunion (td). **Getty Images:** Lucas Schifres (bd). 79 **Alamy Stock Photo:** imageBROKER. 80 **Alamy Stock Photo:** ART Collection. 81 **Alamy Stock Photo:** Chronicle (be). **Getty Images:** PHAS (td). 82 **Getty Images:** De Agostini Picture Library. 83 **Alamy Stock Photo:** KKK PICTURES. 84 **Alamy Stock Photo:** Peter Horree. 85 **Alamy Stock Photo:** Ivy Close Images (te); Mohamed Osama (td). 86 **Getty Images:** Print Collector. 87 **Getty Images:** Leemage. 88 **Getty Images:** Photo Josse/ Leemage. 89 **Alamy Stock Photo:** Old Paper Studios. 90 **Getty Images:** adoc-photos. 98 **Getty Images:** DEA/ G. DAGLI ORTI (td); Universal History Archive (be). 99 **Getty Images:** De Agostini/ M. Seemuller. 100 **Alamy Stock Photo:** PRISMA ARCHIVO. 103 **Getty Images:** Leemage. 104 **Alamy Stock Photo:** Pictorial Press Ltd. 105 **Getty Images:** DEA/ N. MARULLO (te). Digitaler Lumpensammler (bd). 107 **Getty Images:** DEA/ ARCHIVIO J. LANGE (bd); Heritage Images (te). 108 **Alamy Stock Photo:** Peter Horree. 109 **Getty Images:** Print Collector. 111 **Alamy Stock Photo:** Granger Historical Picture Archive (te, bd). 112 **Alamy Stock Photo:** Science History Images. 114 **Alamy Stock Photo:** SuperStock. 116 **Getty Images:** DEA/ A. DAGLI ORTI. 117 **Getty Images:** Print Collector. 118 **Alamy Stock Photo:** Granger Historical Picture Archive. 119 **Getty Images:** Francis G.

Mayer. 120 **Alamy Stock Photo:** Paul Fearn. 122 **Alamy Stock Photo:** Art Collection 2. 123 **Alamy Stock Photo:** Classic Image. 125 **Alamy Stock Photo:** PAINTING. 131 **Alamy Stock Photo:** Heritage Image Partnership Ltd.(td). **Getty Images:** National Gallery of Denmark: Nicolai Abildgaard (td). 132 **Alamy Stock Photo:** Heritage Image Partnership Ltd (te, bd). 136 **Getty Images:** DEA PICTURE LIBRARY. 137 **Alamy Stock Photo:** Chronicle (td). 139 **Alamy Stock Photo:** Heritage Image Partnership Ltd (te); Panther Media GmbH (bd). 140 **Getty Images:** Heritage Images. 141 **Alamy Stock Photo:** Science History Images. 142 **Alamy Stock Photo:** Science History Images. 143 **Alamy Stock Photo:** Art Collection 4. 144 **Alamy Stock Photo:** Paul Fearn. 145 **Getty Images:** Heritage Images. 146 **Alamy Stock Photo:** Paul Fearn. 147 **Alamy Stock Photo:** Granger Historical Picture Archive. 149 **Alamy Stock Photo:** Granger Historical Picture Archive. 152 **Alamy Stock Photo:** Granger Historical Picture Archive. 153 **Alamy Stock Photo:** Science History Images. 155 **Alamy Stock Photo:** Chronicle. 156 **Alamy Stock Photo:** INTERFOTO. 157 **Getty Images:** Heritage Images (te); pejft (bd). 158 **Getty Images:** Werner Forman. 159 **Alamy Stock Photo:** Paul Carstairs (te). 161 **Alamy Stock Photo:** ART Collection (be); Paul Fearn (td). 162 **Alamy Stock Photo:** ART Collection. 163 **Alamy Stock Photo:** Heritage Image Partnership Ltd. 164 **Alamy Stock Photo:** Neil McAllister. 167 **Alamy Stock Photo:** Chronicle (td); jackie ellis (be). 169 **Alamy Stock Photo:** Mark Bourdillon (td). **Getty Images:** Heritage Images (te). 171 **Alamy Stock Photo:** Classic Image (tc); Granger Historical Picture Archive (te). 174 **Alamy Stock Photo:** Loop Images Ltd. 175 **Alamy Stock Photo:** Ivy Close Images. 176 **Alamy Stock Photo:** Art Collection 3 (te); World History Archive (bd). 177 **Alamy Stock Photo:** Josse Christophel. 184 **Alamy Stock Photo:** Classic Image. 185 **Alamy Stock Photo:** Heritage Image Partnership Ltd. 186 **Alamy Stock Photo:** Heritage Image Partnership Ltd. 187 **Alamy Stock Photo:** Heritage Image Partnership Ltd (be); World History Archive (td). 188 **Getty Images:** Heritage Images. 189 **Alamy Stock Photo:** Peter Horree. 192 **Alamy Stock Photo:** INTERFOTO. 193 **Getty Images:** Print Collector. 196 **Alamy Stock Photo:** Science History Images. 197 **Alamy Stock Photo:** Ivy Close Images. 198 **Alamy Stock Photo:** INTERFOTO. 199 **Alamy Stock Photo:** imageBROKER. 201 **Wellcome Images <http://creativecommons.org/licenses/by/4.0/>:** Wellcome Collection. 202 **Alamy Stock Photo:** Dinodia Photos. 203 **Alamy Stock Photo:** World History Archive. 207 **Alamy Stock Photo:** Angelo Hornak (td). **Los Angeles County Museum Of Art:** Purchased with funds provided by Dorothy and Richard Sherwood (be). 208 **The Brooklyn Museum, New York:** 78.256.3_IMLS_sl2 Anonymous gift. 209 **The Metropolitan Museum of Art:** Purchase, Friends of Asian Art Gifts, 2008. 210 **Wellcome Images <http://creativecommons.org/licenses/by/4.0/>:** Wellcome Collection. 213 **Alamy Stock Photo:** ephotocorp (be). **Getty Images:** Praveen Bajpai/ Hindustan Times (td). 214 **Rex Shutterstock:** British Library/ Robana. 216 **Alamy Stock Photo:** Granger Historical Picture Archive. 217 **Getty Images:** VCG. 219 **akg-images:** Pictures From History (be). **Getty Images:** Culture Club (td). 221 **Getty Images:** Print Collector (te). 223 **Alamy Stock Photo:** ART Collection. 224 **Rex Shutterstock:** Eileen Tweedy. 225 **Getty Images:** Bettmann. 226 **Rex Shutterstock:** Gianni Dagli Orti. 227 **Getty Images:** John Elk III. 228 **Alamy Stock Photo:** HD SIGNATURE CO., LTD. 229 **Alamy Stock Photo:** Paul Fearn. 231 **Alamy Stock Photo:** Science History Images (bd). **Rita Willaert:** <https://www.flickr.com/photos/rietje/6396626215> (te). 236 **Hickory Museum of Art:** Water Beetle. 241 **Agência O Globo:** Monica Imbuzeiro (bc). 242 **Getty Images:** Werner Forman. 243 **Alamy Stock Photo:** Chronicle (be). **Getty Images:** Werner Forman (td). 245 **Alamy Stock Photo:** age fotostock (td); Chronicle (be). 246 **Getty Images:** Werner Forman. 250 **Alamy Stock Photo:** Chronicle. 251

Alamy Stock Photo: Paul Fearn. 253 **Alamy Stock Photo:** Heritage Image Partnership Ltd.(td). **Getty Images:** DEA/ G. DAGLI ORTI (be). 254 **Alamy Stock Photo:** Granger Historical Picture Archive. 255 **Getty Images:** Oliver Davis. 256 **Getty Images:** Print Collector. 257 **Dreamstime.com:** Kseniya Ragozina. 258 **Alamy Stock Photo:** Sergi Reboredo. 259 **Alamy Stock Photo:** Universal Images Group North America LLC. 260 **Alamy Stock Photo:** Danita Delimont. 261 **Getty Images:** De Agostini Picture Library. 268 **Getty Images:** DEA/ S. VANNINI. 269 **Alamy Stock Photo:** Ancient Artand Architecture. 270 **Getty Images:** Universal Images Group. 271 **Alamy Stock Photo:** Heritage Image Partnership Ltd (be); Peter Horree (td). 272 **Getty Images:** Werner Forman. 273 **Getty Images:** DEA PICTURE LIBRARY. 274 **Alamy Stock Photo:** PRISMA ARCHIVO. 275 **Alamy Stock Photo:** Heritage Image Partnership Ltd. 278 **Alamy Stock Photo:** Heritage Image Partnership Ltd. 279 **Alamy Stock Photo:** Juergen Ritterbach (be). **Getty Images:** Werner Forman (td). 280 **Getty Images:** De Agostini/ G. Sioen. 281 **Alamy Stock Photo:** World History Archive. 282 **Alamy Stock Photo:** Granger Historical Picture Archive. 283 **Alamy Stock Photo:** Heritage Image Partnership Ltd. 284 **Alamy Stock Photo:** Anka Agency International. 287 **Alamy Stock Photo:** Peter Horree (cb); Old Paper Studios (td). 290 **The Metropolitan Museum of Art:** Gift of Lester Wunderman, 1977. 291 **Getty Images:** De Agostini Picture Library. 292 **Alamy Stock Photo:** Heritage Image Partnership Ltd (td). 293 **Getty Images:** Insights. 295 **Wellcome Images <http://creativecommons.org/licenses/by/4.0/>:** Science Museum, London. 296 **Wellcome Images <http://creativecommons.org/licenses/by/4.0/>:** Science Museum, London. 297 **Alamy Stock Photo:** Godong. 304 **Alamy Stock Photo:** Ozimages. 305 **Alamy Stock Photo:** National Geographic Creative. 306 **Alamy Stock Photo:** Dave Watts (te). **Getty Images:** Auscape/ UIG (bd). 307 **Getty Images:** Grant Dixon. 308 **Alamy Stock Photo:** blickwinkel. 309 **Getty Images:** Werner Forman. 312 **Alamy Stock Photo:** Paul Fearn. 314 **Getty Images:** Hulton Deutsch. 315 **Nationaal Museumvan Wereldculturen:** Object Number: TM-5969-78. 316 **Alamy Stock Photo:** Granger Historical Picture Archive. 317 **Getty Images:** Florilegius/ SSPL. 318 **Getty Images:** Werner Forman. 319 **Getty Images:** Print Collector. 321 **Alamy Stock Photo:** LOOK Die Bildagentur der Fotografen GmbH. 322 **Alamy Stock Photo:** Design Pics Inc (bd). **Alexander Turnbull Library, National Library Of New Zealand, Te Puna Matauranga o Aotearoa:** Dittmer, Wilhelm, 1866-1909. Dittmer, Wilhelm, 1866-1909 :Maui fi shing New Zealand out of the ocean. [London, Routledge, 1907]. Ref: PUBL-0088-049. Alexander Turnbull Library, Wellington, New Zealand./ records/ 22470770 (ceb). 323 **Alexander Turnbull Library, National Library Of New Zealand, Te Puna Matauranga o Aotearoa:** Dittmer, Wilhelm, 1866-1909. Dittmer, Wilhelm, 1866-1909 :Maui's fi ght with the sun. [London, Routledge, 1907]. Ref: PUBL-0088-057. Alexander Turnbull Library, Wellington, New Zealand./ records/ 22696137. 324 **Alamy Stock Photo:** Sue Flood. 325 **Getty Images:** Atlantide Phototravel (te); Pictorial Parade (cb). 328 **Alamy Stock Photo:** LOOK Die Bildagentur der Fotografen GmbH. 329 **Alamy Stock Photo:** Paul Fearn. 330 **Alamy Stock Photo:** Paul Fearn. 332 **Alamy Stock Photo:** The Natural History Museum. 333 **Alamy Stock Photo:** Chronicle.

Todas as outras imagens © Dorling Kindersley
Para mais informações, favor visitar: **www.dkimages.com**